Hayatıma renk katan

Sevdiğim güle, Nice yıllar dileği ile,

Bütün mutlulukların

senin'le olma

dileği ile,

Seni Çok Çok Çok SEVEN

Mehmet Saydam.

AUX CONFINS DE L'UNIVERS

Faut-il croire au Big Bang ?

Les sciences et les techniques contemporaines nous contraignent à revoir constamment les bases mêmes de notre savoir. Nos convictions les plus fermes et nos formes de vie les mieux établies s'en trouvent bouleversées. Un avenir chargé d'autant de promesses que de menaces se redessine à un rythme toujours accéléré.

Ne pas céder à la fascination des résultats ou, à l'inverse, au dénigrement de la pensée rationnelle, permettre à chacun de juger par lui-même en puisant aux meilleures sources, tels sont les objectifs de la fondation Diderot.

C'est ainsi qu'elle élabore une Encyclopédie des sciences et des techniques consacrée aux « questions vives » de notre temps. Ces questions, sélectionnées par un comité scientifique réunissant quatre-vingts spécialistes de haut niveau, donnent lieu à la publication de volumes en coédition avec la librairie Arthème Fayard. Dans le même temps, certaines de ces questions font l'objet d'ouvrages au format de poche, illustrés, publiés au rythme de huit titres par an avec Hachette-Jeunesse. Cette dernière collection est complétée par une bibliothèque de logiciels éducatifs dont la réalisation est confiée, sous le contrôle scientifique de la commission Diderot, à la société Carraz-Editions. A partir de 1988, la fondation Diderot mettra en service un *Dictionnaire télématique* accessible sur le Minitel.

Dominique LECOURT
Directeur de la fondation Diderot.

AUX CONFINS DE L'UNIVERS
Faut-il croire au Big Bang ?

OUVRAGE COORDONNÉ
PAR
JEAN SCHNEIDER

FAYARD

FONDATION DIDEROT

DANS LA MÊME COLLECTION

Aux origines de la vie, ouvrage coordonné par Marcel V. LOCQUIN.

Espaces, jeux et enjeux, ouvrage coordonné par Franck AURIAC et Roger BRUNET.

États de langue, ouvrage coordonné par Max-Peter GRUENAIS.

Intelligence des mécanismes, mécanismes de l'intelligence, ouvrage coordonné par Jean-Louis LE MOIGNE.

Le Jaillissement des biotechnologies, ouvrage coordonné par Pierre DARBON et Jacques ROBIN.

L'Ordre et la Diversité du vivant, ouvrage coordonné par Pascal TASSY.

SOMMAIRE

AVERTISSEMENT

Le présent ouvrage écrit en français s'est efforcé de respecter au mieux cette langue. Une langue n'est cependant pas un objet statique, et la nôtre ne doit pas craindre l'immigration de termes étrangers dès lors qu'ils apportent leur génie propre.

Les termes anglo-saxons ont le mérite d'exprimer en un minimum de syllabes un concept parfois élaboré, c'est ce qui explique leur succès. Nous avons pris le parti de respecter cet état de fait, acceptable si ces termes étrangers sont des néologismes, désignés comme tels, de notre langue. C'est ainsi que *Big Bang* signifiera la phase particulière, qui n'est pas nécessairement une explosion, de température quasi infinie, qu'a apparemment traversée l'univers primordial. Le terme *redshift* désigne de façon compacte le décalage vers le rouge des raies spectrales que l'on retrouvera partout dans cet ouvrage. L'adjectif *standard* accolé à *scénario* ou à *modèle* reprend un terme consacré par les professionnels pour exprimer l'idée que la théorie du *Big Bang* est à la fois le modèle orthodoxe qui rassemble le consensus de la profession et qu'elle fait référence en son sein ; ce qualificatif n'atteste pas de sa vérité ultime. Pour revenir au français, le *rayonnement à 3 K* désigne ce *fond de rayonnement universel à 2,7 K* observé dans toutes les directions du ciel et qui sert de pièce maîtresse au modèle standard.

Enfin nous appellerons, pour rendre justice à leurs auteurs, *mécanisme de Brout-Englert-Higgs* ce qui est traditionnellement dénommé *mécanisme de Higgs.*

Le lecteur trouvera à la fin du volume une bibliographie, une table des unités et des symboles, un glossaire et un index général. Les références bibliographiques sont appelées dans le texte par un chiffre arabe entre crochets [1] qui renvoie à la bibliographie générale. Les références plus particulières que nécessite la lecture de certains articles ont été données en notes.

PRÉSENTATION

Jean Schneider est chercheur au C.N.R.S. Après avoir travaillé au Conseil européen pour la recherche nucléaire (C.E.R.N.) à Genève en physique corpusculaire, il mène des recherches en cosmologie depuis 1972 à l'Observatoire de Paris. Il élabore également diverses réflexions sur l'exploration spatiale et le Temps.

PRÉSENTATION

Jean SCHNEIDER

Faut-il croire au Big Bang ? Cette question est en réalité double. D'une part, il y a la question elle-même, d'autre part, ce qu'elle signifie, ce qu'elle met en jeu. La question elle-même est essentiellement d'ordre technique, elle appartient à l'astronomie ; dans son intitulé offert au lecteur, elle résume une exigence : quelles sont les procédures qui légitiment telle ou telle réponse à la question à l'intérieur du registre astrophysique, puisque c'est de cela qu'il s'agit. Mais derrière l'énoncé explicite se profile une autre interrogation : pourquoi poser la question, d'où vient-elle, où nous conduit-elle ? Cette seconde série de questions n'est pas uniquement épistémologique, si l'on entend par là l'étude de l'ensemble des protocoles qui permet d'énoncer un problème. Elle fait appel à un registre qui nous concerne tous, nous les humains. Nous savons bien, en effet, la culture générale nous le dit, que nous sommes tributaires de ce qui nous entoure et nous précède et qui a pour nom l'univers ; mais jusqu'où va cette relation de dépendance et qu'est-ce que la science contemporaine nous dit qui nous permet d'en préciser les contours ?

Le présent ouvrage s'ancre solidement dans la première question et a pour visée de nous amener au bord de la seconde. Pour mener à bien cette stratégie, il fait donc, de la façon la plus complète possible, le point sur les données scientifiques qui ont amené à l'idée de Big Bang en mettant en évidence là où il y a et où il n'y a pas débat et controverse et quelle est la nature du débat.

L'ambition des auteurs est de s'adresser aux lecteurs qui n'ont que très peu ou pas du tout de connaissances scientifiques et de les amener néanmoins progressivement à la pointe des questions telles qu'elles sont aujourd'hui débattues par les experts.

C'est ainsi que, dans le panorama d'entrée de Rémi Hakim, « Histoire brève de la cosmologie et de ses instruments » sont rappelées au lecteur quelques grandes notions qu'il possède déjà : d'une part, les principales étapes des conceptions « mythologiques » et scientifiques de l'univers et, d'autre part, la méthodologie de toute science, ici placée dans son contexte : l'articulation du discours théorique et des observations empiriques.

Les observations astronomiques ont pris ces dernières années un essor extraordinaire dont il n'est pas certain qu'il est la simple amplification du geste de Galilée tournant sa lunette vers le ciel. Pour faire sentir cela, Pierre Lena montre dans « l'Observation en cosmologie » à quel point cette notion a bifurqué dans des directions différentes.

Après ce voyage de l'œil, retour à l'esprit, c'est-à-dire au discours ou à la théorie scientifique qui, avec son arsenal de concepts, permet de quadriller *a priori* l'univers entier. Dans le chapitre « Quelle physique pour la cosmologie ? » R. Hakim arme le lecteur pour l'exploration conceptuelle du cosmos. Cette physique est celle de nos laboratoires et c'est par hypothèse qu'elle s'applique à l'ensemble de l'univers.

La première chose que l'on suppose de l'univers c'est qu'il se déploie dans une dimension spatiale et temporelle ; c'est à l'intérieur de ce cadre que se déroulent un certain nombre de phénomènes matériels : processus physiques à l'échelle subnucléaire, atomique, stellaire ou galactique. La conjonction de ces éléments et de la théorie d'Albert Einstein conduit habituellement de façon logique (et *non à titre d'hypothèse*) à l'idée de Big Bang et d'évolution de l'univers. C'est l'ensemble de ce panorama qui fait l'objet des quatre chapitres suivants.

Dans « Géométries de la variété univers » Jean-Pierre Luminet rappelle ce dont Lagrange avait pris conscience dès 1797 : la cinématique du déroulement des phénomènes dans l'espace à trois dimensions n'est qu'une géométrie à quatre dimensions, celle de l'espace-temps. Soumise à la loi des équations d'Einstein de la gravitation universelle, cette géométrie comporte nécessairement un ombilic, un point aveugle, une singularité disent les mathématiciens, et que l'on nomme le Big Bang. Il y a corrélation entre les caractéristiques de cette singularité et les traits globaux de l'univers dont elle constitue en quelque sorte un bord temporel. En particulier, l'époque à laquelle elle se situe dans le temps dépend d'un paramètre crucial : le taux d'expansion de l'univers qui conditionne également le destin à long terme du cosmos.

Pour parvenir à déterminer ce taux d'expansion, il est capital de pouvoir arpenter de façon précise l'univers ; c'est là le métier des astronomes. Cette tâche se révèle extraordinairement difficile et n'est pas achevée de nos jours. C'est pourquoi l'on ne sait toujours pas si l'univers a une destinée éternelle ou s'il va finir par s'effondrer sur lui-même. Toutes les difficultés rencontrées dans ce domaine sont exposées dans le chapitre : « le Difficile Arpentage de l'univers » de Lucette Bottinelli et Lucienne Gouguenheim.

Après le bornage du terrain, nous pouvons en appréhender la substance.

Celle-ci est, bien entendu, en dernière analyse, faite d'atomes, d'électrons, de photons et des nouveaux constituants microscopiques imaginés par la microphysique contemporaine. Cette matière s'agglutine, à partir de quelques centaines de millions d'années après le Big Bang, en galaxies, étoiles et planètes. C'est le détail de cette différenciation qui est exploré par Richard Schaeffer dans le chapitre « Contenu physique et structuration de l'univers ».

Toute idée d'expansion et d'âge de l'univers mise à part, la compréhension de l'évolution stellaire, à l'aide de la physique nucléaire et de la gravitation newtonienne, permet de calculer l'âge des étoiles à partir de leur observation. Il est crucial pour la théorie du Big Bang que cet âge soit inférieur à celui de l'univers, tel qu'il est déduit de son taux d'expansion. Cette confrontation capitale est examinée par Béatrice Barbuy dans le chapitre intitulé « l'Âge des étoiles et des éléments ».

Mais avant qu'il existe des galaxies et des étoiles qui ont produit les éléments chimiques qui nous sont familiers (oxygène, azote, carbone...) il y eut une période très brève et très chaude où, en l'espace d'une ou deux minutes, ont été formés quelques éléments simples (hélium, hydrogène lourd, lithium). Grâce au domaine très bien maîtrisé de la physique nucléaire, cette histoire brève peut être exposée dans tous ses détails. Hubert Reeves nous la retrace dans le chapitre « Histoire thermique et nucléosynthèse primordiale ».

Faisons une pause et un bilan provisoire. La saga qui précède est, d'une part, admise par la très grande majorité des astrophysiciens et, d'autre part, elle repose sur une physique dûment vérifiable en laboratoire (parce que les conditions de température et de pression nous sont accessibles). Mais ce faisant, nous sommes « bloqués » en deçà d'une minute après le Big Bang. Cependant, les choses ne peuvent en rester là. D'une part, rien ne peut empêcher de chercher à remonter dans le temps et, d'autre part, compte tenu des enjeux anthropologiques, il est capital de s'interroger sur le bien-fondé et la signification de cette fresque.

Pour remonter plus loin dans le temps, il faut explorer un domaine de conditions physiques (température, pression) qui est très loin d'être accessible. Il faut donc faire appel à des extrapolations théoriques qui sont pour le moment spéculatives. Elles présentent cependant une certaine cohérence qui vaut que l'aventure soit tentée. Leur exposé a déjà été préparé par le chapitre « Quelle physique pour la cosmologie ? » qui trouve maintenant sa pleine application. Ces théories, bien qu'hypothétiques, font l'objet de nombreuses tentatives (aucune n'a réussi) de vérification expérimentale. Elles sont appliquées par John Ellis à l'étude de ce qui se passe, ou se serait passé, pendant la première milliseconde de l'univers, dans le chapitre « l'Univers très primordial ». Toutefois, ces développements se heurtent à un nouveau mur conceptuel : celui de la théorie quantique appliquée à la gravitation universelle. Selon le consensus des physiciens, cette théorie devrait entrer en jeu 10^{-43} seconde

(42 zéros après la virgule) après le Big Bang. Mais il n'existe pas actuellement de forme satisfaisante d'une telle théorie. C'est donc nécessairement à une vision fragmentaire et provisoire de cette époque, où la notion de temps semble s'évaporer, que nous convient Robert Brout et François Englert dans le chapitre « la Cosmologie quantique ».

Les développements précédents, pour spéculatifs qu'ils soient, restent dans le cadre de l'idée du Big Bang, c'est-à-dire d'un début de l'univers à partir duquel celui-ci se développe. Ils constituent le terrain de ce qui n'est plus le savoir constitué de la cosmologie mais de la recherche en train de se faire, dans un cadre généralement accepté toutefois. À partir de ce qui peut ainsi être présenté comme un acquis, les choses sérieuses peuvent commencer pour le lecteur : quelle est la signification de tout cela, jusqu'à quel point ces théories sont-elles vraiment incontournables ?

La seconde question est traitée par Enrique Alvarez et Jean-Claude Pecker, chacun à sa manière. D'une part, E. Alvarez nous expose dans le chapitre « Y a-t-il place pour d'autres modèles ? » les théories alternatives au modèle habituel du Big Bang. Mais il reste dans le cadre, accepté par lui, de l'univers en expansion. Cette idée d'expansion est cruciale en cosmologie : c'est à partir d'elle qu'on induit celle du Big Bang. Elle repose sur une interprétation en terme de fuite des galaxies du glissement des fréquences lumineuses observé dans les galaxies et les quasars. J.-C. Pecker est l'un des rares astronomes qui suggèrent que cette interprétation peut être contestée. Il développe son point de vue dans le chapitre « La cosmologie de la grande explosion est-elle contournable ? ». Qu'il soit permis au coordinateur de donner ici son point de vue : si les enjeux anthropologiques qu'il est inévitable d'explorer à partir de la théorie du Big Bang n'étaient si cruciaux pour nous les humains, la voix de ceux qui osent remettre cette théorie en question ne pourrait se faire entendre. Une théorie qui est vérifiée à 90 ou 99 pour cent est généralement acceptée, au moins comme outil de travail. Mais c'est que précisément le un pour cent de doute restant pèse ici anthropologiquement très lourd, suffisamment pour que nous prêtions attention aux idées qui s'opposent au scénario habituel.

Bien qu'avec ces deux derniers chapitres nous soyons sortis de la théorie orthodoxe, il s'agissait encore de technique scientifique. Mais, ne l'oublions pas, ce qui se profile derrière notre question initiale, c'est cette autre interrogation : « comment celui qui pose la question, c'est-à-dire nous-même, se situe-t-il par rapport à la globalité supposée du cosmos et à son déroulement temporel ? ». Il y a quelques années, les physiciens avaient tenté de poser en termes scientifiques la question de certaines coïncidences numériques entre nombres caractérisant la globalité de l'univers et nombres appartenant au domaine de la microphysique. L'expression « principe anthropique », apparue au sein de ces recherches, veut indiquer que si l'univers est tel qu'il est, c'est parce qu'il y a un observateur humain pour l'observer. Face à tous les dérapages occasionnés par cette expression, Jacques Demaret fait dans le chapitre « le Principe anthropique » un point critique de la situation.

Pour rester du côté de l'observateur humain, souvenons-nous que son insertion dans les grandes catégories des sciences de la nature imprime à l'une des plus fondamentales de ces catégories, le *temps*, une sorte de bien curieuse contrainte : son irréversibilité. La curiosité scientifique ne se satisfaisant jamais des évidences a naturellement posé la question : « le cours du temps pourrait-il être inverse de ce qu'il est ? ». Hubert Reeves nous montre, dans le chapitre « la Flèche du temps en cosmologie », comment cette question est reliée à l'expansion de l'univers.

Le présent ouvrage ne veut pas se substituer aux réflexions épistémologiques sur la cosmologie. C'est pourquoi on a volontairement laissé s'exprimer une certaine « philosophie spontanée du savant » qui n'est pas la philosophie officielle de ce volume. C'est aux philosophes eux-mêmes de l'observer en entomologistes et de la prendre, avec le reste de l'information scientifique qu'ils trouvent ici, comme un matériau pour leurs propres réflexions. Sous cette philosophie spontanée, on peut parfois deviner une nostalgie d'une « philosophie naturelle ». Dans le chapitre final, « Discours des origines, origines du discours », Jean Greisch nous montre comment on peut maintenant commencer à réfléchir sur cette nostalgie.

Si, au bout de ce long parcours, le lecteur déjà informé a la patience d'arriver à ce terme, il pourra entrevoir — c'est l'une des ambitions de cet ouvrage — comment on peut poser la question : « que signifie le titre de ce volume ? ». Quant à l'honnête homme, il sera muni d'une information sérieuse propre à alimenter maintenant sa réflexion, car « ce n'est pas l'heure de s'enivrer » [1].

1. Hubert Reeves, *l'Heure de s'enivrer*, Paris, Seuil, 1986.

HISTOIRE BRÈVE DE LA COSMOLOGIE ET DE SES INSTRUMENTS : L'ŒIL ET LA RAISON

Professeur à l'université Paris VII, Rémi Hakim est membre du département d'astrophysique relativiste et de cosmologie de l'Observatoire de Paris. Il travaille dans les domaines de la cosmologie, des étoiles denses (naines blanches, étoiles à neutrons et à quarks) et de la physique théorique (relativité, mécanique statistique, matière ultra-dense, etc.).

Résumé

Après avoir montré comment la cosmologie s'est progressivement dégagée du mythe et a peu à peu acquis un statut scientifique, on rappelle l'histoire et la genèse des principaux concepts qui la fondent. On présente également les grandes lignes du modèle cosmologique contemporain qui, de l'expansion de l'univers, a conduit à l'hypothèse du Big Bang. Enfin on indique brièvement le rôle encore actif des préconceptions philosophiques dans le développement des idées cosmologiques contemporaines.

Abstract

Having shown how cosmology progressively freed itself from myth and came to acquire a scientific status, the author goes on to summarize the history and the genesis of the main concepts on which it has been founded. The essential aspects of the cosmological contemporary scenario that, from the expansion of the universe, led to the Big Bang hypothesis, are also introduced. Finally, the still active part played by the philosophical preconceptions in the development of contemporary cosmological ideas is briefly presented.

HISTOIRE BRÈVE DE LA COSMOLOGIE ET DE SES INSTRUMENTS : L'ŒIL ET LA RAISON

Rémi HAKIM

PRÉHISTOIRE DE LA COSMOLOGIE MODERNE

La cosmologie moderne commence avec l'éclosion des concepts à la base de la mécanique newtonienne (*Principiae,* 1686 ; principes d'inertie et de relativité [Galilée] ; lois de Kepler, 1609 ; système de Copernic, 1543) et, en particulier, avec l'abandon du *monde clos* des Anciens, repris par les penseurs scolastiques, au bénéfice d'un *univers infini*[1] (cf. A. Koyré, 1973). En même temps l'invention de la lunette de Galilée, puis celle du télescope[2] font reculer les frontières du monde visible. Déjà la découverte d'étoiles fixes nouvelles (les *novae*) avait sonné le glas de la « sphère des fixes » tandis que l'observation du mouvement d'une comète réduisait à néant l'idée de sphères translucides et rigides auxquelles auraient été attachées les planètes. Au siècle précédent, Tycho Brahe avait observé une supernova (1572) dans la fameuse sphère des fixes, ce qui avait (un peu) préparé les esprits pour les bouleversements à venir. Au XVIIIe siècle, enfin, Cassini découvre en 1738 le premier mouvement propre d'une étoile, par comparaison avec les données observationnelles de J. Richer de 1672. Bref, les cieux avaient perdu leur belle immutabilité d'antan...

1. Rappelons que Giordano Bruno avait été brûlé en 1600 pour avoir voulu bouleverser le cosmos chrétien du XVIe siècle, sans parler des ennuis, bien connus, de Galilée [91].

2. Le principe du télescope était connu dès le début du XVIIe siècle et les premiers d'entre eux furent construits dans la seconde moitié du même siècle (1663 : Grégory ; 1668 : Newton ; 1672 : Cassegrain). Le télescope ne supplantera la lunette que vers le milieu du XIXe siècle [121, vol. 3, article de J. Lévy].

Mais surtout, la naissance et la généralisation de la méthode scientifique, fondée sur la dialectique de la théorie et de l'expérience, et l'évolution des mentalités (comme en témoignent, par exemple, l'ouverture et la curiosité d'esprit que l'on retrouve souvent vers la fin du XVIIIe siècle) rendaient possible le début de la cosmologie moderne.

Voici, par exemple, ce que déclare Jean-Sylvain Bailly, en 1779, à propos des lois de Kepler :

> La marche des hommes est d'étudier la nature des faits séparés. Lorsqu'ils ont assez vu, ils se retirent avec eux-mêmes. Les faits sont amassés dans leur tête, la chaîne manque : mais cette chaîne existe. Il est donc possible de la découvrir. Ceux qui ont du génie prennent le crayon, ils dessinent un plan : voilà où était parvenu Kepler. Alors il ne s'agit plus que d'appliquer ce plan tracé par l'imagination sur le grand modèle qui est la nature ; il faut revenir à l'observation. Le don le plus heureux du ciel, l'invention, est placé entre les faits qui fondent les systèmes et les faits qui les vérifient.
>
> (*Histoire de l'astronomie ancienne*, cité par G. Walusinski, *in* [121], vol. 2.)

La voie était désormais ouverte à d'autres cosmologies construites sur la base d'un *espace infini.* Ainsi, pour Newton, l'univers est peuplé uniformément d'étoiles analogues à notre Soleil et se trouve dépourvu de centre (quoique, dans sa conception d'un espace absolu, Newton situe *le* système-d'inertie-au-repos précisément au « centre du monde »...). En fait, avec les progrès instrumentaux, l'uniformité de la répartition des étoiles devenait de plus en plus difficile à soutenir. Vers 1750, T. Wright propose deux modèles possibles pour la Voie lactée[3] qui comportent tous deux un centre cosmique surnaturel [67]. Dans le premier modèle, la Voie lactée constitue un anneau, du type de ceux de Saturne, entourant le centre tandis que, dans le second, elle constitue une coquille sphérique que nous observons dans un plan tangent. En outre, le reste de l'univers contient d'autres systèmes analogues (d'autres galaxies) et est infini. Dans sa *Théorie du ciel,* parue en 1755, E. Kant développe, à partir des idées de Wright, des idées voisines : la Voie lactée est de forme elliptique et elle est entourée de systèmes analogues, telles les nébuleuses elliptiques ; son univers est de type *hiérarchique,* car les objets qu'il contient sont regroupés en structures semblables de plus en plus grandes. En 1761, J. Lambert exprime des idées similaires dans ses *Lettres cosmologiques.* Avec Laplace naît la première théorie de la formation du système solaire, conséquence de la contraction d'un tourbillon gazeux : les nébuleuses spirales, telle Andromède, constituent peut-être — dans la conception de

3. Le premier à avoir suggéré que la Voie lactée puisse être constituée d'étoiles fut Démocrite, au Ve siècle avant notre ère.

Laplace — des systèmes solaires en formation. Herschel, enfin, propose en 1785 un modèle dans lequel la Voie lactée est un système d'étoiles au centre duquel se trouve le Soleil. Il aboutissait à cette conclusion par un dénombrement systématique d'étoiles jusqu'à une magnitude donnée (il supposait la même luminosité pour chaque étoile).

> Les notions de magnitude et de luminosité (apparentes ou absolues) intervenant constamment dans la suite, il est bon d'en donner un aperçu simple. La *luminosité absolue* L est la puissance émise par l'étoile (énergie rayonnée par unité de temps). La puissance P reçue par le miroir d'un télescope, de surface S et situé à la distance de l'étoile est :
>
> $$P = LS/4\pi d^2$$
>
> La *luminosité apparente* est alors la puissance reçue par le miroir par unité d'aire :
>
> $$l = P/S = L/4\pi d^2$$
>
> Ainsi la connaissance des luminosités absolue et apparente d'une étoile permet d'en estimer la distance. La *magnitude apparente* est définie (pour des raisons historiques) par :
>
> $$m = -2.5 \log l + C^{te}$$
>
> La *magnitude absolue* M est la magnitude apparente qu'aurait un objet situé à une distance de 10 pc (un parsec = $3{,}086 \times 10^{18}$ cm) ; ces grandeurs dépendent évidemment de la bande passante des instruments qui détectent la lumière émise (yeux, plaques photographiques, etc.), aux diverses longueurs d'onde.

LES UNIVERS-ÎLES ET LE GRAND DÉBAT

Toutes ces hypothèses constituent autant de conjectures sur la nature de l'univers, et, à cette date, elles sont encore loin de pouvoir être vérifiées ou infirmées par l'observation. Néanmoins, elles ont le mérite de poser clairement les termes de ce qui sera le *grand débat* [4] de l'astronomie pendant plus d'un siècle : l'univers est-il héliocentrique ou non ? La Voie lactée — notre galaxie — englobe-t-elle tout l'univers ou bien, au contraire, celui-ci est-il constitué d'un très grand nombre — une infinité — d'autres *univers-îles* analogues au nôtre ?

4. Les dernières phases du débat — les plus décisives — sont analysées en détail dans les chapitres 19 et 20 de l'ouvrage de O. Struve et V. Zebergs [120] ainsi que dans celui de R. Smith [117]. Celui-ci eut lieu, effectivement, en 1920 à Washington et devait être tranché quelques années plus tard.

Il ne s'agissait pas là d'un débat principalement théorique bien que les implications philosophiques d'une conclusion quelconque en fussent claires, mais d'une controverse que seule l'observation pouvait trancher : c'est pourquoi il fallait attendre le progrès des télescopes, l'invention de la photographie, de la photométrie, etc., pour aboutir à une conclusion crédible. Les principaux problèmes concernaient d'abord la *taille de la Galaxie* puis la *nature des nébuleuses* (spirales, systèmes intra ou extragalactiques ?) : il s'agissait donc d'évaluer des *distances* et, à cette fin, de trouver les indicateurs appropriés, les étalons de luminosité convenables. Nous résumerons, et simplifierons, ici les discussions du « grand débat » telles qu'on peut les trouver dans les livres de O. Struve et V. Zebergs [120] ou de R. Smith [117].

Les dénombrements d'étoiles jusqu'à une magnitude donnée, effectués par Herschel au XVIIIe siècle, ne pouvaient donner les dimensions de la Galaxie ; ils ne fournissaient — avec l'hypothèse du système solaire situé au centre — qu'une image (celle d'un système aplati) et des dimensions *relatives* (l'épaisseur de ce système stellaire est de l'ordre du cinquième de son diamètre). En outre, Herschel ne tenait pas compte des *différences de luminosité absolue des étoiles.* Près d'un siècle plus tard, Von Seeliger palliera cette difficulté et obtiendra des résultats analogues. Cependant, après les évaluations de distances moyennes d'étoiles à partir de leurs mouvements propres, par Kapteyn en 1901, il trouve alors les premières dimensions connues pour la Galaxie : un diamètre de 23 000 années-lumière pour une épaisseur de 6 000 années-lumière. Quant à la distribution spatiale des étoiles, elle dépend de deux grandeurs *inconnues* alors, l'*absorption interstellaire* et la répartition des étoiles selon leur *luminosité.*

On aboutit ainsi, au tournant du siècle, à l'« univers-île » de Kapteyn, bien accepté à cette époque : un système stellaire avec, en son centre, le Soleil.

Cependant, Shapley, en 1917, va changer complètement cette image : la Galaxie va être sensiblement plus grande qu'auparavant (un diamètre de 300 000 années-lumière pour une épaisseur d'environ 50 000) et surtout, le Soleil va perdre son statut central.

Pour aboutir à cela, Shapley étudie systématiquement les *amas globulaires*

> Les amas globulaires sont des amas d'étoiles de forme sphérique, et d'environ un million de masses solaires ; ils sont principalement situés dans un seul hémisphère et environ un tiers d'entre eux se trouvent dans la direction de la constellation du Sagittaire où ils occupent une région qui couvre à peu près 2 pour cent de la sphère céleste.

et remarque que leur répartition peut être expliquée si l'on admet que leur distribution spatiale est symétrique par rapport au plan galactique, que cette distribution possède la symétrie sphérique, que le Soleil, tout en étant à l'intérieur du système, ne se trouve pas au centre galactique, et que les amas globulaires sont distribués à peu près de la même manière que les étoiles dans le halo galactique. Si l'on arrive à évaluer la distance des amas globulaires les plus lointains alors, avec cette dernière hypothèse, on peut obtenir une évaluation de la taille de la Galaxie. Fort heureusement, on peut déterminer la distance de quelques amas globulaires, car la plupart d'entre eux contiennent des RR Lyrae, étoiles variables pour lesquelles existe une relation période/luminosité absolue.

> Les RR Lyrae sont des étoiles variables de très courte période inférieure à un jour et la relation (empirique) entre magnitude absolue moyenne et période est du type :
>
> $$\frac{M_{min} + M_{max}}{2} = C^{te} - 1{,}74 \log P$$
>
> où P est la période et où C est une constante dont la valeur dépend de l'étalonnage utilisé.

On peut donc, connaissant la magnitude apparente, déterminer la distance de la RR Lyrae et, par conséquent, celle de l'amas qui la contient. Encore fallait-il pouvoir étalonner correctement la relation période/luminosité, donc évaluer la distance d'au moins une RR Lyrae. Cette méthode ne pouvait être appliquée aux amas globulaires les plus lointains, mais Shapley trouve que les étoiles les plus brillantes des amas (deux magnitudes plus brillantes que les RR Lyrae) peuvent également lui servir d'indicateur de distance : pour des amas globulaires plus lointains, les RR Lyrae ne sont pas visibles, mais on peut observer ces étoiles les plus brillantes et, *si* on les suppose toutes de même luminosité absolue, on peut ainsi déterminer leur distance ; bien entendu, cette luminosité absolue est déterminée à l'aide d'amas globulaires dont on a déjà évalué la distance. Toutefois, on peut aller encore plus loin, en remarquant avec Shapley que les amas globulaires ont sensiblement le même diamètre et la même brillance absolue. C'est ainsi que Shapley évalue les dimensions de notre galaxie. Struve et Zebergs [120] concluent :

> Les vues de Shapley étaient révolutionnaires à l'époque où elles furent proposées : l'estimation de la taille de la Galaxie était accrue d'un facteur dix environ, et le Soleil était situé très en dehors du centre galactique. Pendant quelque temps, ces théories ne furent pas acceptées et la plupart des astronomes continuaient à soutenir le modèle issu du dénombrement d'étoiles.

Aussi bien le « grand débat » ne s'arrête-t-il pas là et la question se posait encore de savoir si l'univers se limitait à notre galaxie ou non : la nature des nébuleuses spirales (objets galactiques ou extragalactiques) était controversée. Shapley pensait que les nébuleuses spirales faisaient partie de la Galaxie (il soutiendra ce point de vue jusque dans les années 1930) tandis que Curtis soutenait le point de vue inverse. La controverse ne sera tranchée que lorsque Hubble, en 1925, montre que la galaxie irrégulière NGC 6822 contient des Céphéides, d'où l'on conclut que cet objet est manifestement extragalactique.

> Les Céphéides sont des étoiles variables périodiques (dont le prototype est l'étoile δ Céphée) de période allant de un à cent jours. Ces étoiles présentent des relations période/magnitude absolue qui permettent d'en déterminer la distance dès lors que la période et la magnitude apparente en ont été mesurées.

À l'aide d'un autre indicateur de distance — l'étoile la plus brillante — Hubble détermine alors les distances d'autres galaxies : ce sont bien des objets situés en dehors de notre propre galaxie !

Il restait cependant une question importante à résoudre : la taille de la Voie lactée, notre galaxie, semblait sensiblement plus importante que celle des autres galaxies. Ce problème sera résolu par W. Baade en 1952 lorsqu'il distinguera deux populations parmi les étoiles et donc des Céphéides des deux types (les étoiles de la Galaxie sont sensiblement du type I tandis que celles du halo appartiennent plutôt à la population II).

CRITIQUE DE LA RAISON COSMOLOGIQUE [5]

Revenons maintenant à la cosmologie et à ses divers aspects scientifiques, non scientifiques ou a-scientifiques. Relève d'abord de la cosmologie scientifique, avant tout, la *description* de l'univers visible (notion qui a évolué considérablement au fur et à mesure que nos regards portaient plus loin), donc l'observation des structures que l'on peut — ou croit — y distinguer (galaxies, amas, superamas, filaments, vides, etc.) par le biais de rayonnements divers (radio, optique, infrarouge, x, γ, et, peut-être dans le futur, neutrino voire gravitationnel). Cependant, la science ne se borne pas à dresser des catalogues d'observations ou de résultats expérimentaux, elle les organise dans des

5. Titre du séminaire de J.-C. Pecker et J. Schneider au Collège de France en 1984.

modèles phénoménologiques qui permettent de regrouper telle ou telle classe de faits, de les lier entre eux, d'établir des corrélations. Ces modèles ouvrent alors la voie à la *théorie*, laquelle permet d'atteindre un niveau plus profond dans la compréhension des phénomènes de la nature ; mais surtout, la théorie possède un pouvoir prédictif qui orientera les observations dans telle ou telle direction : « celui qui ne sait pas ce qu'il cherche ne sait pas ce qu'il trouve » [12] ; autrement dit, sans théorie, pas de science possible. Naturellement, il peut arriver que la théorie précède l'observation ou l'expérience mais, dans tous les cas, celles-ci ont le dernier mot et la théorie doit s'adapter aux faits ! Pour la cosmologie, la compréhension de l'univers observé exige *aussi* une certaine *reconstitution du passé* : ainsi, la question : « comment sont nés et d'où proviennent les objets observés ? » pose inévitablement celle de ce qu'il y avait *avant*. Cependant, plus on remonte le cours du temps et plus les conditions physiques censées régner dans l'univers s'éloignent de celles que l'on peut obtenir en laboratoire (températures, densités, états de la matière, etc.) et, par conséquent, plus la théorie s'éloigne de l'expérimentation et plus la cosmologie devient invérifiable et se rapproche donc du mythe (nous en donnerons des exemples) car, comme l'écrit F. Jacob [76] :

> Il faut bien reconnaître qu'en matière d'unité et de cohérence, l'explication mythique l'emporte de loin sur l'explication scientifique. Car la science ne vise pas d'emblée à une explication complète et définitive de l'univers... Elle se contente de réponses partielles et provisoires. Qu'ils soient magiques, mythiques ou religieux, au contraire, les autres systèmes d'explication englobent tout. Ils s'appliquent à tous les domaines. Ils répondent à toutes les questions. Ils rendent compte de l'origine, du présent et même du devenir de l'univers.

Ainsi, la cosmologie nous apparaît au carrefour de la science, de l'histoire et du mythe auxquels se mêlent de façon inextricable l'idéologie, ou même les fantasmes du — ou des — cosmologue(s). Examinons cela d'un peu plus près.

Les faits

La cosmologie scientifique est fondée — nous le verrons en détail dans la suite — sur trois ensembles de données d'observation. Il s'agit de l'*expansion de l'univers* (la « récession des nébuleuses »), de l'*abondance des éléments légers* non synthétisés dans les étoiles ($\simeq 25$ pour cent d'hélium 4 dans l'univers, le reste en hydrogène, expliqués naturellement dans le cadre du modèle du Big Bang[6]) et enfin, de l'existence du *rayonnement à 3 K* (détecté depuis 1965 dans divers domaines de longueur d'onde). Bien entendu, ces faits à eux seuls ne « prouvent » pas le modèle de l'explosion initiale : ils le rendent plausible dans la mesure où d'autres explications possibles sont à la fois moins cohérentes et plus artificielles. Tels sont les faits *à l'heure actuelle.*

La science

La cosmologie d'aujourd'hui recouvre, en gros, trois domaines assez différents quoique liés. Elle comporte d'abord une partie *géométrique* ou mathématique qui étudie les propriétés locales ou globales de l'espace-temps, ses singularités, ses symétries, etc. La cosmologie *physique* étudie, elle, les divers processus qui peuvent se dérouler au sein de l'univers à tel ou tel stade de son évolution supposée (turbulence, propagation de perturbations, transitions de phase, etc.) et, évidemment, leurs conséquences observables éventuelles. Enfin, la cosmologie *observationnelle* (et phénoménologique) concerne la recherche des faits bruts et leur analyse (décalages spectraux, recherche de quasars lointains, de mirages gravitationnels ; étude des spectres des quasars ; établissement d'étalons de luminosité, etc.). Naturellement, ces trois types de cosmologie sont liés *dialectiquement* les uns aux autres : l'observation pose des contraintes aux modèles théoriques possibles (par exemple, l'isotropie observée du rayonnement à 3 K impose une amplitude maximale aux fluctuations de la matière à telle ou telle époque) et s'efforce de répondre aux questions géométriques (l'univers est-il ouvert ou fermé ?) ou physiques (telle théorie de la formation des galaxies prévoit, par exemple, de grandes structures, en forme de « crêpe », de filament ou de vide : les observe-t-on réellement ?) que l'on peut se poser.

L'histoire

Les principaux faits cosmologiques montrent, dans le cadre conceptuel admis aujourd'hui (relativité générale, thermodynamique, symétries, etc.), que l'univers était plus chaud et plus dense par le passé, et même, de plus en plus chaud et de plus en plus dense au fur et à mesure que l'on remonte dans le temps. Aussi, pour comprendre véritablement ce que l'on observe, est-il nécessaire d'effectuer une *reconstitution* de ce qu'a pu être l'univers à telle ou telle époque : bref, on doit en faire l'*histoire thermique* en étudiant

6. *Big Bang* : « grand boum » = explosion primordiale = explosion initiale = « atome primitif » (Abbé Lemaître, 1928).

tous les processus physiques possibles à une température et une densité données. On conçoit ainsi que la cosmologie puisse s'apparenter à l'histoire, avec la part d'incertitude et d'idéologie que cela suppose. Cette histoire thermique de l'univers, jointe à des hypothèses de symétrie (isotropie et homogénéité) de l'espace-temps, constitue ce que l'on appelle le *modèle standard* de l'explosion primordiale. Cela ne signifie pas nécessairement qu'on doive le tenir pour vrai, mais plutôt que le modèle standard sert de référence pour les innombrables déviations proposées. Bien entendu, ce modèle — cette histoire thermique — est de moins en moins valable à mesure qu'on va plus loin dans le passé. Il arrive donc un moment où la densité et la température sont telles que les lois et même les concepts les plus usuels de la physique sont incertains et que l'on en est réduit à des spéculations hasardeuses. Cette époque charnière se situe un peu avant le « gel » du rapport neutrons/protons qui détermine l'abondance des éléments légers.

L'idéologie

C'est aussi dans la mesure où la cosmologie s'apparente un peu à l'histoire que l'idéologie — implicite ou non, consciente ou non — du cosmologue va s'engouffrer dans les spéculations rendues possibles par les limites naturelles de la physique à un instant donné. Certes la spéculation *scientifique* (c'est-à-dire aller un peu au-delà de ce que l'on sait effectivement) est indispensable au progrès de la connaissance (elle oriente l'expérimentation et l'observation : elle ouvre des voies nouvelles), mais elle ne peut être assimilée à une vérité, même conjoncturelle. C'est pourquoi des affirmations du type « l'univers à 10^{-35} seconde a été ceci ou cela » sont soit imprudentes, soit malhonnêtes. Dans tous les cas, elles ne sont nullement innocentes et véhiculent le plus souvent une idéologie donnée.

Ainsi on lira avec intérêt l'article de vulgarisation de Guth et Steinhardt (1984) sur l'*univers inflatoire* et, notamment, le paragraphe final sur la création *ex nihilo* de l'univers. On en tirera très naturellement une « preuve scientifique » de la véracité de la Genèse... Il suffit alors de poursuivre, comme par exemple A. Giret [61] :

> C'est ainsi qu'en partant de la théorie cosmologique du hasard, en face de l'immensité et de la splendeur de l'univers, on arrive à la notion d'un Dieu ordonnateur de l'univers dont il est aussi le créateur [...].

On pourrait multiplier les citations à cet égard, qu'elles proviennent de scientifiques ou de théologiens, tant la cosmologie se prête aisément à des distorsions de nature idéologique. Citons encore Pie XII (1952)[7] :

> Mais la science moderne n'a pas seulement élargi et approfondi nos connaissances sur la réalité et l'ampleur de la mutabilité du cosmos : elle nous offre aussi de précieuses indications sur la direction suivant laquelle se réalisent les processus de la nature. Il y a encore cent ans, spécialement après la découverte de la loi de la conservation, on pensait que les processus naturels étaient réversibles et, de ce fait, selon les principes de la stricte causalité, ou mieux de la stricte détermination de la nature, on estimait possible un continuel renouvellement et rajeunissement du cosmos ; mais depuis, grâce à la loi de l'entropie, découverte par Rodolphe Clausius, on s'est rendu compte que les processus spontanés de la nature sont toujours accompagnés d'une diminution de l'énergie libre et utilisable ; ce qui, dans un système matériel clos, doit conduire finalement à la cessation des processus à l'échelle macroscopique. Ce destin fatal, que seules des hypothèses parfois trop gratuites, comme celle de la création continue supplétive, s'efforcent d'épargner à l'univers, mais qui ressort au contraire de l'expérience scientifique positive, postule éloquemment l'existence d'un être nécessaire.

Ce que cette citation a de remarquable, c'est qu'elle montre que Pie XII, avant même toute percée observationnelle (par exemple, la découverte en 1965 du rayonnement à 3 K, voire l'observation précise et un calcul convaincant de l'abondance des éléments légers), prenait clairement position en faveur du modèle de l'explosion initiale au moment même où la controverse avec le modèle alors concurrent de l'état stationnaire (voir le chapitre « Y a-t-il place pour d'autres modèles ? » par E. Alvarez) faisait rage et où elle était loin d'être tranchée ; et avec lui, bon nombre d'astronomes (on pourra lire l'article de vulgarisation de H. Alfvén [3]).

Il est vrai — et cela n'est pas indifférent — que le contexte de la controverse était celui de la guerre froide.

Il faut se garder de croire que ces prises de position étaient sans influence sur le développement de la cosmologie ; ainsi en plus de raisons historiques sur lesquelles nous reviendrons, il est clair que la nullité supposée (posée) de la constante cosmologique Λ était moins justifiée par des raisons scientifiques que parce que $\Lambda \neq 0$ entraîne l'existence de solutions cosmologiques des équations d'Einstein *sans* explosion primordiale.

Aujourd'hui, un consensus assez général est de règle concernant les grandes lignes de la période non spéculative de la cosmologie, et ce, quelle que soit l'idéologie du cosmologue : que celui-ci croie ou non en Dieu, qu'il accepte

7. Cité par H. Alfvén [3].

la Genèse ou pas, la cosmologie ne lui démontre rien dans ce domaine, totalement étranger à la science.

Néanmoins, les tentatives d'utilisation de la cosmologie à des fins idéologiques persistent évidemment, que ce soit sous des formes assez claires ou que ce soit sous des formes plus subtiles et plus pernicieuses, comme c'est le cas du *principe anthropique* [8].

8. Voir le chapitre « le Principe anthropique » par Jacques Demaret.

L'OBSERVATION EN COSMOLOGIE

Pierre Léna, ancien élève de l'École normale supérieure, est docteur ès sciences et professeur de physique et d'astrophysique à l'université Paris VII. Ses travaux de recherche ont été liés au développement de l'astronomie infrarouge : étude du Soleil, puis des régions de formation d'étoiles. Il participe aujourd'hui aux projets de très grands télescopes européens, ainsi qu'à la préparation d'instruments d'observation dans l'espace. Il est l'auteur de *Astrophysique : méthodes physiques de l'observation* et de *la Ville aux deux soleils* (en collaboration avec Joël Cuenot).

Résumé

La lumière est le messager principal qui transporte jusqu'à la Terre l'informaton venue des confins de l'univers. Prélever cette lumière à toutes les longueurs d'onde, l'analyser pour en déchiffrer l'origine, voilà l'objectif de l'observation astronomique. S'agissant de cosmologie, la difficulté est grande, puisque ce sont des objets faibles et lointains, des indices cachés à des longueurs d'onde peu accessibles qu'il faudra traquer. Depuis le télescope du mont Wilson, les progrès de ces outils n'ont pas cessé : télescopes de tailles croissantes, radiotélescopes, missions dans l'espace. D'autres messagers que le photon, tels les neutrinos, sont aujourd'hui recherchés. L'article discute les limites, imposées par la nature même de la lumière, auxquelles est confronté l'observateur : quelle stratégie d'observation faut-il adopter, lorsque les coûts élevés des missions spatiales en limitent le nombre ? Où peuvent se faire les découvertes, quelle est la part de la chance et celle des stratégies ?

Abstract

Light is the most important carrier of information, generated on the farthest parts of the Universe and reaching Earth. Astronomical observing collects and samples this light at every possible wavelength, analyzes it to understand its origin. Dealing with cosmological problems makes the task even more difficult, since objects are faint and remote, indices are located at wavelengths of uneasy access. Since the construction of Mount Wilson telescope, the progress of these observing tools has been constant : increasing telescope size, radiotelescopes, space missions. Other messengers than the photon, such as neutrinos, are looked for today. The article discusses the limitation imposed by the very nature of Light : which observing strategy is best, given the high cost of space missions ? Where are the potential cosmological discoveries ? Is it a matter of chance or a matter of strategy ?

L'OBSERVATION EN COSMOLOGIE

Pierre Léna

La cosmologie est l'étude de l'univers considéré comme un tout, objet unique et singulier. Pour connaître l'univers, il faut l'observer et le comprendre. Nulle démarche intellectuelle qui ne soit bâtie sur les matériaux livrés par l'observation, nulle observation qui ne soit suscitée par une interrogation. De par sa nature synthétique, la cosmologie requiert, pour s'édifier, d'innombrables observations, mais, à une étape donnée du développement scientifique, seul un petit nombre d'entre elles sera considéré comme critique : obtenir l'image ou le spectre d'une galaxie n'est pas une observation cosmologique, mais découvrir l'universalité de la vitesse de récession de toutes les galaxies est un résultat cosmologique majeur. Tout modèle cosmologique propose des tests observationnels pour sa mise à l'épreuve : à l'inverse, l'observation, dotée d'outils nouveaux, plus précis ou plus sensibles, apporte parfois des éléments inattendus qui feront élargir ou revoir le modèle, et nous en donnerons quelques exemples pris dans l'histoire récente.

L'astrophysicien observe, mais n'expérimente pas. Qu'est-ce qu'observer ? C'est collecter, sur Terre, une information issue de différentes régions de l'univers, produite à différentes époques, modifiée souvent lors de son cheminement. Les messagers de cette information sont, principalement mais non exclusivement, les photons. Cette information est collectée par les outils d'observation que sont les télescopes, les spectrographes et les récepteurs qui leur sont associés [87].

Concevoir un outil d'observation, c'est concevoir un filtre extrêmement sélectif qui triera, dans la complexité du message reçu, certains éléments considérés comme significatifs et qui en ignorera d'autres, parfois sans même le savoir. La nature physique des outils d'observation apporte elle-même des limites à leur puissance de pénétration : le domaine de la cosmologie est par excellence celui des objets très lointains, donc peu brillants et de très petit diamètre apparent ; les limitations observationnelles y sont donc particulièrement ressenties. Rares d'ailleurs sont les outils d'observation qui ne sont construits que dans le dessein de valider la prévision d'un modèle cosmologique. Peut-être parce que ces prévisions sont souvent trop incertaines pour justifier, à elles seules, l'aspect ingrat de l'investissement requis. Peut-être aussi parce que, à l'inverse, la riche moisson de découvertes qu'apporte un outil nouveau a-t-elle presque toujours quelque contrepartie cosmologique importante, directe ou indirecte. Nos deux dernières parties montreront quels sont les outils présents ou prochains et ce qu'en attend la cosmologie.

QUELQUES REPÈRES HISTORIQUES

Les premiers principes cosmologiques

À partir de l'observation visuelle par l'homme d'une même toile de fond, le ciel étoilé, l'imagination eut tôt fait d'élaborer des modèles très divers de cosmos : ainsi la pensée chinoise ancienne, contrairement à l'occidentale, ne répugnait-elle pas dès avant notre ère à placer des corps célestes en mouvement dans un vide de matière formant un espace illimité. Le statut scientifique de la cosmologie n'émerge que progressivement en Occident : on a « vu » des taches solaires avant Galilée, mais la conclusion qu'il en tire émergera comme un principe cosmologique essentiel : la matière solaire est susceptible de changement, elle n'est pas d'une nature différente de la matière terrestre. Cet énoncé est le fondement du principe d'homogénéité et d'universalité des lois physiques dans l'univers, ce même principe qui permet d'affirmer que la lumière émise par un atome d'hélium sis aux confins de l'univers observable a des propriétés *a priori* identiques à celles de la lumière émise dans un laboratoire terrestre par des atomes de même espèce.

Un autre principe cosmologique (Copernic) est de n'attribuer à la Terre, et aux observateurs qu'elle porte, aucune position privilégiée dans l'univers : il s'agit davantage ici d'une position de principe méthodologique, puisque l'hypothèse avait été énoncée avant Copernic ; néanmoins, ce sont bien les observations des mouvements planétaires par Tycho Brahe, dont les instruments de visée, très rigides, donnaient une précision de positionnement angulaire jusqu'alors inégalée (inférieure à la minute d'arc), qui conduisirent Kepler à identifier les mouvements planétaires dans un système héliocentrique.

Autre observation d'importance cosmologique : le fait que le ciel nocturne ne soit pas uniformément brillant (paradoxe de H. Olbers, 1748-1840). De cette observation d'apparence triviale, on déduisit dès le XVIIIe siècle qu'il n'était pas possible que l'espace fût uniformément empli d'étoiles, car, dans toute direction de l'espace, une droite menée depuis l'observateur finirait par rencontrer la surface d'une étoile. Bien qu'elle ait joué un rôle important dans la réflexion cosmologique, cette observation n'est que très partielle, car elle ne considère que les longueurs d'onde visibles, ignore l'absorption interstellaire, ainsi que le fait que le rayonnement d'une étoile peut voir modifiée sa longueur d'onde lors de son cheminement.

Les grandes découvertes de la cosmologie au XXe siècle

Première découverte fondamentale de la cosmologie moderne, la mise en évidence de la vitesse de récession des galaxies résulta de deux progrès observationnels décisifs : une grande surface collectrice (le télescope de 250 cm du mont Wilson) et la plaque photographique. Cette combinaison, associée au spectrographe, permit en 1926 à Hubble de déterminer la vitesse et la distance (par l'éclat) de quarante-six galaxies, et de mettre en évidence la loi qui porte son nom, par laquelle la vitesse est fonction linéaire de l'éloignement. Il est certain que, sans l'un ou l'autre de ces outils d'observation, la découverte, fortuite d'ailleurs, eût été impossible. Notons aussi que l'expansion des galaxies avait été envisagée dès 1917 (Sitter) comme l'une des solutions possibles des modèles d'univers d'Einstein et pourtant cette éventualité n'était pas le motif de l'analyse des vitesses de galaxies entreprise par Hubble.

Tout aussi fondamentale à la cosmologie contemporaine est l'observation du rayonnement de fond de ciel à 2,7 K dont l'histoire de la découverte est assez proche de la précédente. Les modèles d'univers élaborés dès les années 1940 par G. Gamow, R. Ander et R. Herman prévoyaient l'existence d'un rayonnement électromagnétique isotrope, fossile de l'explosion initiale, de très basse température. À la même époque, la spectroscopie de deux raies du radical moléculaire carbone-azote présent dans l'espace interstellaire révélait à Adams et Mc Kellar une température de rotation de 2,7 kelvins, incroyablement basse et inexpliquée. Non seulement cette molécule n'avait pas été étudiée pour fournir un test observationnel du modèle cosmologique de Gamow, mais encore le rapprochement entre le modèle et la mesure ne fut pas fait. Il fallut attendre plus de vingt ans, pour qu'en 1962 Penzias et Wilson observent le ciel à l'aide d'un radiotélescope très sensible, équipé des antennes nouvelles développées pour la poursuite radio des tout récents satellites artificiels. C'est la sensibilité de ces récepteurs qui les conduisit à découvrir, initialement à la longueur d'onde de 7,2 cm, la présence d'un rayonnement électromagnétique isotrope qui, d'ailleurs, ne fut pas immédiatement identifié à celui qu'avait prédit Gamow. Depuis cette date, la répartition spectrale de ce rayonnement fut mesurée à diverses longueurs d'onde, entre 0,7 mm et 50 cm, et la dépendance en longueur d'onde observée a conduit à le qualifier de « rayonnement du corps noir cosmologique ». On pourrait ajouter que, reprenant des observations de E. Ohm antérieures de deux ans à celles de Penzias et Wilson, il est possible d'y mettre en évidence le phénomène ; il avait, pourtant, échappé à l'auteur de ces observations...

Ces deux épisodes [68] illustrent bien la façon dont les grandes découvertes d'importance cosmologique ont pu souvent résulter davantage d'une progression systématique des capacités de mesure et d'observation, elles-mêmes liées au progrès technologique, que de la volonté explicite de procéder à un test observationnel précis.

La mesure de l'abondance de l'hélium présente un autre versant de l'observation cosmologique : les astrophysiciens mesurent systématiquement les abondances des éléments chimiques relativement à l'hydrogène, et interprètent ces abondances relatives comme le résultat de l'évolution chimique de l'univers, c'est-à-dire du brassage des éléments par les réactions nucléaires, principalement au sein des étoiles. Or, contrairement aux autres éléments, l'hélium traverse presque intact ces cycles stellaires. Dans l'univers, où que l'on se trouve ou presque, l'hélium présente un rapport d'abondance de 0,25 à mieux que 10 pour cent près. Cela est interprété comme une valeur primordiale, relique de la formation initiale des atomes légers ; mais pour pouvoir asseoir un tel énoncé, ce sont toutes les ressources de la spectroscopie — qui permet de déterminer la quantité relative d'hélium présente dans telle étoile ou tel nuage de gaz ionisé — et de la physique stellaire — qui interprète l'évolution des abondances —, qu'il faut mobiliser. Plus généralement, la notion d'univers en évolution, qui inspire largement les cosmologies contemporaines, ne pourrait se bâtir sans une extraordinaire diversité d'observations, permettant de situer la chronologie de l'abondance des éléments, celle de la formation de générations d'étoiles successives et de composition chimique lentement évolutive, et celle, antérieure, de la formation des galaxies.

Aussi, contrairement aux deux observations précédentes, la détermination du caractère universel et primordial de l'abondance de l'hélium n'est pas la conséquence immédiate d'une mesure directe et relativement simple, elle résulte de la convergence d'un très grand nombre d'éléments théoriques et observationnels.

L'OBSERVATION AUJOURD'HUI

Progrès et découverte en cosmologie résultent de la collecte, toujours plus élaborée, de l'information reçue sur Terre. S'agissant des photons, l'accès à l'espace, depuis 1960, a éliminé les effets limitatifs de l'atmosphère terrestre, et l'ensemble du spectre électromagnétique — des rayons gamma aux ondes radio — est désormais couvert, même si cette couverture est très inégale en sensibilité ou résolution angulaire (fig. 1).

La réception du rayonnement électromagnétique

Chaque domaine spectral porte la signature d'une catégorie de phénomènes physiques : le rayonnement thermique se produit à longueur d'onde d'autant plus courte qu'il est caractérisé par une température plus élevée ou des phénomènes plus énergétiques (loi de Planck) : depuis le rayonnement à 2,7 K dans le millimétrique jusqu'au rayonnement du gaz intergalactique chauffé à 10^8 K et rayonnant dans les domaines X et gamma. De même, les transitions discrètes entre états d'énergie de la matière se produisent aux énergies des photons gamma pour les noyaux, des X pour les couches électroniques profondes des atomes, dans l'ultraviolet ou le visible pour les couches superficielles, aux radiofréquences pour la structure hyperfine. Les molécules à leur tour rayonnent la signature spectrale de leurs mouvements de rotation aux radiofréquences, dans le millimétrique et dans l'infrarouge lointain, tandis que les mouvements de vibration se traduisent dans l'infrarouge proche et moyen.

La sensibilité d'un télescope, c'est-à-dire sa capacité de détecter le rayonnement d'objets lointains, dépend, quelle que soit la longueur d'onde à laquelle il fonctionne, de deux facteurs : sa surface collectrice et son récepteur [79, 87].

Il est d'autant plus aisé de construire des miroirs de grande taille que la longueur d'onde est élevée, car la précision requise est inférieure : aussi la dimension des miroirs actuels s'étage-t-elle entre quelques dizaines de centimètres aux hautes énergies et quelques centaines de mètres aux radiofréquences (fig. 2).

Idéalement, un récepteur de rayonnement électromagnétique doit fournir un signal mesurable dès qu'il a reçu un quantum d'énergie, c'est-à-dire un photon. L'œil s'approche de ces performances, puisqu'il est capable, avec un rendement de 80 pour cent, de détecter un flux d'environ un quantum par seconde au voisinage de 500 nm de longueur d'onde. Même s'ils demeurent encore un peu inférieurs, les récepteurs astronomiques s'approchent de cette limite idéale à toutes longueurs d'onde allant des rayons gamma au tout proche infrarouge ($\simeq 1\ \mu$m). Par contre, au-delà, et jusqu'aux ondes radio, les performances sont environ du centième de cette limite, mais les progrès sont rapides : dans l'infrarouge, par exemple, la sensibilité des récepteurs a progressé de près de huit ordres de grandeur en vingt ans ; les deux ordres de grandeur qui restent à conquérir ne sont sans doute pas infranchissables.

Cette sensibilité ultime atteinte, le caractère quantique de l'interaction entre l'onde incidente porteuse de l'information et le récepteur impose alors la limitation fondamentale des mesures : si N photons en moyenne, par intervalle de temps, sont reçus, ce nombre N fluctue, toujours en moyenne, de $\sqrt{N}$. Ainsi la précision relative de la mesure est-elle de $1/\sqrt{N}$, d'autant meilleure que N est grand ; or, pour un objet donné, N est proportionnel à la surface collectrice et au temps de pose ; il faudra donc maximiser l'un et l'autre.

Deux facteurs toutefois jouent un rôle perturbateur et doivent être pris en compte dans la recherche de la sensibilité ultime. Tout d'abord, dans tout l'infrarouge et les ondes radio, les photons du signal sont noyés dans l'émission thermique propre des instruments ou de l'atmosphère. Ainsi, si N photons sont reçus de la source, un flux $N' >> N$ est reçu de l'instrument lui-même. Ce sont alors les fluctuations $\sqrt{N'}$ de ce dernier flux qui imposent la précision de la mesure qui est alors de $N/\sqrt{N'}$, bien inférieure à la précision qui pourrait être atteinte. La solution consiste à refroidir les télescopes à une température telle que $N' << N$ quelle que soit la longueur d'onde d'observation, et à les placer dans l'espace ; ainsi la première cartographie complète du ciel dans l'infrarouge (entre 10 et 100 μm) a-t-elle été obtenue en 1983 par le satellite IRAS, équipé d'un télescope refroidi à 4 K de 60 cm de diamètre.

Ensuite, les objets lointains de l'univers sont toujours observés à travers un voile lumineux formé par l'environnement proche de la Terre. L'atmosphère de cette dernière est luminescente la nuit ce qui perturbe les observations faites depuis le sol ; même lorsque l'observation se fait dans l'espace, les poussières du nuage interplanétaire (nuage zodiacal) diffusent la lumière solaire (fig. 3) ou émettent leur rayonnement thermique propre. Les étoiles même de la Galaxie forment un fond lumineux (fig. 4).

Ce voile, de surcroît, est spatialement hétérogène à une échelle de quelques secondes d'arc, comparable à la dimension angulaire des objets recherchés, ce qui accroît la difficulté de discrimination de ces objets faibles et lointains. La présence de ce voile représente sans doute la limitation ultime à notre capacité d'observer les objets très faibles ; pourtant certaines longueurs d'onde sont plus favorables que d'autres. Ainsi, une « fenêtre cosmologique » existe aux alentours de 3,5 μm, au-delà de la diffusion zodiacale qui domine dans le visible, et avant que l'émission thermique infrarouge de ces poussières interplanétaires ne devienne importante. En revanche, aux radiofréquences supérieures à 50 cm, l'émission galactique diffuse est si importante que les objets lointains deviennent difficilement décelables, sauf s'ils sont de très petite taille (radiosources lointaines, de l'ordre de la seconde d'arc).

Les conditions du progrès de l'observation cosmologique sont ainsi clairement énoncées : croissance du diamètre des télescopes, progrès des récepteurs infrarouge et radio, temps de pose longs, mise en orbite, recherche des fenêtres cosmologiques. Une vue générale de la sensibilité des instruments est donnée (fig. 5).

L'imagerie

Toutefois, détecter les objets ne suffit pas : on veut aussi en faire l'image, y distinguer les détails les plus fins. La recherche de la précision et de la résolution angulaire est une autre requête majeure de l'observation. Son impact cosmologique est indéniable : depuis Tycho Brahe, cité plus haut, jusqu'à la détermination de la nature physique des quasars, dont l'évaluation de la dimension par Palmer, en 1960, a été déterminante pour les positionner dans l'espace. La résolution angulaire maximale d'un instrument est donnée par le rapport de la longueur d'onde d'observation aux dimensions de l'instrument, ou, plus précisément, à son extension physique. Les résolutions angulaires les plus élevées atteintes sont de l'ordre de la milliseconde d'arc : paradoxalement, elles l'ont été aux radiofréquences, avec des instruments dont la base d'extension est intercontinentale (fig. 6). La même résolution angulaire serait, dans le visible ou l'infrarouge, à portée d'un instrument construit sur une base de quelques centaines de mètres, mais les variations d'indice de réfraction de l'air perturbent les phases de l'onde incidente et, de ce fait, ont longtemps limité la résolution des télescopes optiques au voisinage de la seconde d'arc. Des développements récents ont permis de contourner partiellement cet obstacle dans l'observation au sol, atteignant alors une résolution de 0,1 à 0,01 seconde d'arc (interférométrie des tavelures), avant qu'il ne le soit définitivement à l'avenir dans l'observation spatiale.

Les extraordinaires propriétés de la plaque photographique, disponible depuis plus d'un siècle, pourraient masquer une difficulté à laquelle est confrontée l'astronomie observationnelle pratiquement à toutes les longueurs d'onde : celle de posséder un récepteur disposant d'un grand nombre de pixels, c'est-à-dire de points sensibles indépendants et nécessaires pour former une image. Une plaque photographique contient aisément 10^9 pixels, mais ce nombre est bien inférieur pour les autres types de récepteurs photo-électriques utilisés : de l'ordre de 10 en gamma, quelque 10^2 à 10^3 en X, quelque 10^6 à 10^7 en ultraviolet et visible, quelque 10^2 à 10^3 en infrarouge, quelques unités en radio. Des progrès considérables, liés au développement de la physique du solide et de la micro-électronique, sont attendus, et tout particulièrement importants pour cartographier le ciel profond ; une image de la sphère céleste à une résolution de 1 seconde d'arc demande environ 5×10^{11} pixels. D'ici à la fin du siècle, on s'attend à pouvoir disposer de récepteurs photo-électriques dans le visible ayant 10^8 à 10^9 pixels. L'information, directement fournie sous forme numérique, sera alors stockée sur disque optique dont la capacité atteint déjà 1 gigabit.

De nouveaux véhicules de l'information

Messagers principaux de l'information lointaine, les photons n'en ont pas néanmoins l'exclusivité. Toute autre onde ou particule libre de se propager, pour laquelle l'univers soit raisonnablement transparent et que le physicien sache détecter par une interaction convenable, est susceptible de remplir ce rôle de messager. Certains de ces messagers sont très anciens : les météorites ont apporté de précieux renseignements sur la matière primitive du système solaire, mais leur vitesse intrinsèquement faible, ainsi que leur origine locale, restreint leur contribution à la cosmogonie plus qu'à la cosmologie.

Les rayons cosmiques, plus rapides, sont des atomes couvrant tout le spectre de masse des éléments chimiques, mais l'origine de l'information qu'ils apportent ne dépasse pas les frontières de la Galaxie.

Deux messagers nouveaux peuvent, en revanche, apporter à l'avenir une contribution radicalement nouvelle à l'observation : il s'agit des ondes gravitationnelles et des neutrinos. La relativité exclut toute propagation instantanée d'information : le champ de gravitation produit à distance par une répartition de masses est donc modifié lorsque la répartition de ces masses se modifie, et il faut un temps de propagation fini pour que l'information se propage depuis les masses jusqu'au point d'observation. Comme pour le photon, une énergie finie est nécessaire pour transporter cette information, et c'est cette énergie qui produira une modification de l'état physique du récepteur utilisé, conduisant à la détection de l'onde. De même que la Terre baigne dans un réseau d'ondes électromagnétiques, elle baigne également dans un réseau d'ondes gravitationnelles, qui traduisent toutes les modifications gravitationnelles de l'univers. On sait que ces ondes n'ont pas encore été détectées directement, car l'interaction gravitationnelle est 10^{37} fois plus faible que l'interaction électromagnétique. La preuve observationnelle indirecte de leur existence a toutefois été donnée de la façon suivante : en 1982, Taylor et Weisberg ont observé le ralentissement de la période d'un pulsar appartenant à un système double, et ce ralentissement de réaction correspond très exactement à l'énergie emportée par les ondes gravitationnelles émises, tel que la théorie le prédit ; toutefois, l'intensité de ces ondes serait beaucoup trop faible, dans ce cas particulier, pour être détectée sur Terre. L'intensité d'une onde gravitationnelle se mesure à la variation relative de longueur $\delta h/h$ qu'elle provoquerait sur une masse cylindrique de hauteur h : les récepteurs existant atteignent une sensibilité $\delta h/h$ de 10^{-18}, mais il faudra atteindre au moins 10^{-19} à 10^{-22} pour être en mesure de détecter les événements proches comme l'effondrement d'une étoile, qui sont vraisemblablement sources d'ondes gravitationnelles.

Comme les photons ou les ondes gravitationnelles signent respectivement les interactions électromagnétiques ou gravitationnelles, les neutrinos, vraisemblablement au nombre de six, signent l'interaction faible. Neutres et stables comme les photons, ils se propagent en ligne droite et conservent donc une information sur la direction et l'énergie de leur source, même très lointaine. Différents « télescopes à neutrinos » sont à l'étude, utilisant par exemple la transformation, qu'ils produisent, des atomes de germanium en atomes de gallium, eux-mêmes radioactifs. La détection des neutrinos présente exactement les mêmes limitations que celle des photons, à ceci près que la difficulté est accrue par la très faible valeur des sections efficaces, dans le rapport d'intensité des deux interactions.

QUELS INSTRUMENTS POUR DEMAIN ?

Quatre paramètres principaux suffisent, pour l'essentiel, à définir les performances d'une observation : le domaine de longueur d'onde, caractérisé par une technologie qui lui est propre ; la sensibilité, qui définit à la fois les objets les plus faibles dont la présence puisse être décelée ou le spectre analysé ; la capacité de former des images et leur nombre de pixels ; enfin la résolution angulaire.

Les futurs instruments améliorent tout ou partie de ces paramètres, et chacune des améliorations aura son impact sur la cosmologie observationnelle [7, 8, 20].

Dans l'ultraviolet, le visible et l'infrarouge, domaines non exclusifs mais dans lesquels la connaissance de l'univers est encore souvent la plus approfondie, la recherche d'une plus grande sensibilité est sans conteste l'ambition principale des grands programmes d'observation qui marqueront les deux ou trois prochaines décennies. Plusieurs voies peuvent conduire à un tel résultat.

Observation depuis la Terre

Construire, sur Terre, de très grands télescopes optiques, sensibles dans le visible et le proche infrarouge (jusqu'à 25 μm), longueurs d'onde transmises par l'atmosphère terrestre. Plusieurs instruments d'un diamètre équivalent de 10 à 15 mètres sont en projet : *Keck Telescope* de 10 m en Californie,

National New Technology Telescope (États-Unis) de 16 m à Hawaï, *Very Large Telescope* équivalant à un 16 m en Europe, etc. L'apport principal de ces télescopes, faisant appel à une technologie très nouvelle de miroirs allégés de grande taille, sera une sensibilité plus grande en spectroscopie infrarouge et surtout visible ; en effet, en spectroscopie, l'émission nocturne du fond du ciel atmosphérique, réduite dans une étroite bande spectrale, ne conduit pas aux mêmes limitations qu'en imagerie. Les techniques de fibres optiques, ou d'autres techniques de masques encore à leurs débuts mais très prometteuses (multiplexage spatial), permettront d'obtenir simultanément le spectre d'un très grand nombre de galaxies situées dans le champ de l'instrument.

Pour les objets de dimension inférieure à la seconde d'arc, comme les quasars, il est utile de réduire l'effet de l'étalement des images par la turbulence de l'atmosphère terrestre, ce qui améliore le contraste avec le voile de fond. Des méthodes nouvelles d'optique adaptative, compensant en temps réel la déformation atmosphérique, pourraient permettre de gagner un facteur dix sur cet effet de fond parasite, et d'atteindre couramment au sol une résolution angulaire de 0,1 seconde d'arc.

Les télescopes spatiaux

Placer dans l'espace des télescopes de plus petite taille, mais totalement libérés, d'une part, de l'absorption atmosphérique, d'autre part, de l'émission parasite du voile atmosphérique (ciel nocturne ou émission thermique). La spectroscopie de l'ultraviolet n'est possible que dans l'espace : le Télescope spatial, à lancer en 1989, n'a que 2,4 mètres de diamètre, mais il sera en orbite pour plusieurs dizaines d'années et ses instruments focaux pourront être renouvelés par des visites en orbite [66]. Par ailleurs, en utilisant tous les photons émis par une source, c'est-à-dire sans sélectivité spectrale, il pourra atteindre des objets plus faibles qu'au sol, sa seule limitation étant alors le fond lumineux zodiacal (fig. 3) ; la magnitude $m_V = 28$ sera atteinte en une heure de pose, avec une résolution angulaire de 0,043 seconde d'arc, et un champ de 800 × 800 pixels.

Dans l'infrarouge, couvrant tout le domaine qui sépare le visible des ondes radio, trois grandes missions dans l'espace sont en préparation : toutes trois disposeront d'un télescope de taille encore modeste (moins d'un mètre), mais refroidi à la température de l'hélium liquide (environ 4 kelvins) pour éliminer également le voile de photons parasites infrarouge d'origine thermique et instrumentale ; là encore, la limitation à la détection d'objets très faibles viendra finalement du voile zodiacal. La mission COBE *(Cosmic Background Explorer)* prévue pour 1988, aura pour principal objectif l'étude, à champ relativement grand, du rayonnement à 2,7 K. En 1993, la mission européenne

ISO *(Infrared Space Observatory)*, suivie vraisemblablement d'une mission comparable aux États-Unis *(Space InfraRed Telescope Facility)*, sera plus spécialement destinée à la découverte et à la spectroscopie d'objets très faibles et lointains. Ces télescopes, refroidis à l'hélium liquide, n'auront en orbite qu'une durée de vie limitée — deux ans environ —, mais il est vraisemblable que la colonisation progressive de l'espace permettra de renouveler leurs fluides cryogéniques et d'en prolonger à volonté la durée.

Dans les hautes énergies (X et gamma), les gains de sensibilité envisagés atteignent un facteur 100 par rapport à la première génération d'instruments, celle des années 1970 : ces gains résulteront principalement d'une croissance de la surface collectrice, puisque la détection à haut rendement des photons individuels est déjà un résultat acquis. La capacité d'imagerie doit particulièrement progresser en gamma, et la résolution angulaire, jusqu'ici de l'ordre du degré, atteindre la minute d'arc. Un gain d'un facteur 10 est également attendu en X, pour atteindre 0,1 seconde d'arc, c'est-à-dire une résolution angulaire comparable à celle du Télescope spatial. Les missions spatiales, seules envisageables à ces longueurs d'onde, comprennent de véritables observatoires automatiques, tels le *Gamma Ray Observatory* ou GRO (NASA, fin des années 1980), la mission Satellite d'imagerie gamma ou SIGMA (France-Union soviétique, 1988), et les observatoires X de la décennie suivante comme AXAF (NASA) ou XMM (Agence spatiale européenne).

L'interférométrie, au sol et dans l'espace

Une mention particulière doit être faite pour la très haute résolution angulaire.

Les réseaux de grands radiotélescopes, comme le *Very Large Array* (VLA, Nouveau-Mexique), apportent déjà une cartographie excellente à la résolution de 0,1 seconde d'arc : l'image de la répartition de gaz dans les galaxies très lointaines ($z \leqslant 0,1$) peut ainsi être obtenue, et l'adjonction de capacités de résolution spectrale fournira également à l'avenir des cartes de vitesse de ce gaz. Le temps d'observation pour composer une image reste encore très élevé.

Libres de l'atmosphère, les images du Télescope spatial représenteront, avec 0,05 seconde de résolution, un important progrès par rapport au sol, mais resteront très loin des résolutions couramment acquises aujourd'hui en interférométrie intercontinentale en radiofréquences (VLBI), c'est-à-dire la milliseconde d'arc.

Cette interférométrie à longue base aux radiofréquences va se libérer des limites que lui imposait jusqu'ici la dimension de la Terre (fig. 6), en plaçant des antennes en orbite (projet QUASAT) pouvant atteindre une résolution de la nanoseconde d'arc (10^{-9} seconde). Certaines sources très compactes, comme les noyaux actifs de galaxies ou les quasars, seraient à coup sûr résolues à cette échelle, même au-delà de $z = 1$. Les mécanismes d'émission des noyaux seraient alors sans doute élucidés. Faisant suite aux travaux de Michelson, pionnier en la matière (1920), cette technique d'interférométrie à plusieurs télescopes a été étendue au visible par Labeyrie, en 1976, avec des télescopes de taille modeste, mais on assiste aujourd'hui à une floraison de réalisations ou de projets d'interféromètres, dans le visible ou l'infrarouge, au sol, sur des bases de l'ordre de la centaine de mètres. Leur résolution est déjà comparable à celle atteinte aux radiofréquences sur des bases intercontinentales. Il est probable qu'avant le tournant du siècle une seconde génération d'interféromètres optiques au sol verra le jour, combinant de très grands télescopes, comme les quatre pupilles de 8 mètres du *Very Large Telescope* européen, et conduisant à un gain de sensibilité, tout particulièrement dans l'infrarouge où seront produites les images des noyaux de galaxies. La troisième génération de tels interféromètres, disposée dans l'espace, ne connaîtra plus de limitation en longueur d'onde, de l'ultraviolet à l'infrarouge lointain, ni en extension de base. La sensibilité prévisible est considérable, puisque des objets de magnitude visuelle ($m_V = 21$ à 22) seront résolus en moins d'une heure. De tels programmes spatiaux, dont il est difficile de mesurer immédiatement toutes les implications cosmologiques, deviendront vraisemblablement la préoccupation des grandes agences spatiales avant la fin du siècle, pour aboutir dans la première décennie du siècle suivant.

Ces programmes instrumentaux très variés montrent que la contribution du messager « photon » à l'information astronomique n'est pas prête de s'achever. Rien n'interdit de penser toutefois que d'autres programmes, plus exotiques, apporteront leur contribution à la cosmologie, comme l'éventualité d'observation d'un fond de neutrinos à 3 kelvins ou celle de monopôles magnétiques. En ce qui concerne les ondes gravitationnelles, plusieurs types de détecteurs sont en développement : détecteurs cylindriques résonnants à très basse température, sur le principe du dispositif initial de Weber (1960) ; interféromètres laser ; poursuite très précise de satellites éloignés mutuellement de 10^5 km ou davantage. Ces dispositifs devraient atteindre une sensibilité $\delta h/h$ de 10^{-21}, soit l'ordre de grandeur de l'intensité d'une onde gravitationnelle émise par l'effondrement d'une étoile dans l'amas Virgo. Une telle détection ne paraît pas concerner à première vue la cosmologie, mais en ce domaine il faut rester prudent dans ses pronostics !

LES DOMAINES CLÉS DE L'OBSERVATION COSMOLOGIQUE

Bien qu'il ne soit pas totalement exclu de disposer d'observations nouvelles qui modifieraient radicalement le paysage cosmologique, il est plus probable que le modèle d'univers de Friedmann-Lemaître restera la base d'interprétation. C'est donc dans ce cadre que nous discuterons la pertinence des observations à venir (fig. 7). Il serait possible alors de les classer par valeurs croissantes de z, donc par époques de plus en plus reculées. Certaines des données cosmologiques, pertinentes dans l'intervalle $z = 0$ à $0{,}1$, sont assez solides, mais susceptibles encore d'améliorations importantes. Celles qui concernent le volume d'espace $z = 0{,}1$ à 3, qui nous sépare des quasars lointains, 10^{10} ans après le Big Bang, requièrent de sérieux progrès. Enfin, les observations les plus critiques concernent la phase antérieure, à partir de la synthèse de l'hélium. Les inférences sur le passé plus lointain résultent davantage de la théorie et de l'expérimentation dans le domaine des particules élémentaires que de l'observation directe [116]. La présentation qui suit est ordonnée de façon légèrement différente, traitant successivement de la structure physique globale de l'univers, de la valeur des principales constantes physiques qui le caractérisent, enfin de l'évolution de l'univers jeune. À ces trois thèmes contribueront, peut-être de façon décisive, les observations nouvelles [62].

Structure physique globale de l'univers

La matière est-elle répartie de façon uniforme à l'échelle de l'univers dans le volume $z \lesssim 1$? Peut-on traiter les 10^{11} galaxies connues comme les molécules d'un gaz emplissant également l'espace ? Quelle est la structure de l'univers dans le domaine $z = 0$ à $z \leqslant 5$? La localisation tridimensionnelle d'une galaxie repose sur la mesure précise du décalage vers le rouge de son spectre, corrigé de son mouvement propre local. Cet énoncé fait l'hypothèse d'une valeur uniforme de la constante H_0 ; à moins de 100 Mpc, il est possible d'ignorer les effets d'évolution des galaxies et de déduire leur distance de leur magnitude apparente. Le Télescope spatial ainsi que les télescopes au sol de type VLT permettront de disposer d'un échantillon complet de galaxies, non biaisé d'effets de sélection, avec une précision de détermination de vitesse supérieure à 75 km/s jusqu'à une magnitude bleue de 15. Pour les galaxies elliptiques géantes, la relation magnitude-décalage vers le rouge sera étendue jusqu'à $z = 1$, de même que la relation nombre de galaxies par unité de volume - magnitude sur un échantillon partiel (fig. 8). La relation nombre de galaxies-décalage vers le rouge pourra être étendue avec une précision en z de 10 pour cent, de sa limite actuelle $z = 0,3$, jusqu'à $z = 0,5$ à 1,0 pour la plupart des galaxies brillantes d'amas (valeur maximale de la magnitude visuelle : 23 à 25). Cet ensemble de données fournira une représentation précise de l'organisation des galaxies en amas, confirmera la répartition des trous (*voids*) entre amas découverts à la fin des années 1970, ainsi que l'existence d'une structure filamenteuse, sans doute liée aux conditions de formation des galaxies.

Les sondages très profonds ($z = 1,5$ à 4) font nécessairement appel à des sources suffisamment puissantes : quasars et radiogalaxies. La sensibilité des observatoires X devrait permettre la détection de quasars jusqu'à $z = 4$ et même 10 (le quasar le plus distant connu est à $z = 4$) ainsi que l'établissement de leur répartition spatiale : l'organisation des quasars en amas est un point controversé à cause de l'échantillon trop limité et biaisé aujourd'hui disponible.

Moderne version du problème d'Olbers, la question d'un rayonnement de fond isotrope se pose à toutes les longueurs d'onde (fig. 9). Son existence est liée à l'état de l'univers pour des valeurs de z allant de 10^3 à 10^9 .

Le rayonnement de fond observé aux longueurs d'onde millimétriques et centimétriques (2,7 K) est considéré comme la preuve observationnelle la plus solide du Big Bang, ce qui justifie de le scruter avec la plus grande attention. La mesure de son spectre, pour mettre en évidence des écarts éventuels à un rayonnement de corps noir au sein de l'intervalle de confiance actuel, 2,7 ± 0,2 K, est à poursuivre ; d'éventuelles distorsions, suggérées par certaines mesures (Woody et Richards, 1981), pourraient traduire l'existence d'une génération prégalactique d'étoiles.

La mesure précise de l'isotropie du rayonnement de fond est une autre indication de l'uniformité de l'univers à l'époque du découplage matière-rayonnement ($t = 10^{13}$ s, soit $z \simeq 100$). La précision actuelle des mesures est de 0,03 pour cent, et a mis en évidence une anisotropie du spectre, qui traduit un mouvement relatif du Groupe local vers l'amas Virgo, à une vitesse de 550 $km.s^{-1}$ (Smoot, Gorenstein et Muller, 1977). À la précision de 0,01 pour cent, aucune autre anisotropie n'a encore été décelée : ces mesures sont extraordinairement difficiles, mais le satellite *Cosmic Background Explorer* (COBE) devrait en améliorer la précision d'un facteur trois environ, à l'échelle du degré, ou mieux, entre 1,5 et 3 cm de longueur d'onde.

La recherche d'anisotropies de l'ordre de 10^{-5} à des échelles angulaires plus fines est un projet observationnel plus difficile encore, requérant sans doute la mise en orbite d'une antenne radio de 30 m d'ouverture, qui n'est pas programmée. Cette mesure difficile est pourtant la seule qui renseignerait sur les fluctuations correspondant à la taille vraisemblable d'une protogalaxie située à $z \sim 100$: bien que peu probable, l'hypothèse de sources discrètes à $z \geqslant 10$ formant l'origine du fond à 2,7 K ne peut être totalement éliminée tant que cette mesure n'est pas faite.

Les fonds infrarouge et visible sont très difficiles à déceler à cause de l'environnement proche de la Terre (cf. fig. 4).

En revanche, la détermination de l'origine des fonds gamma et X (entre 3 et 50 keV), observés comme très isotropes, est cruciale : s'agit-il d'un gaz primordial intergalactique de température 5.10^8 K environ, ou du rayonnement cumulé d'un fond discret de quasars, ou encore d'un reliquat d'annihilation (vers 0,5 MeV) baryons-antibaryons, expliquant l'asymétrie baryonique de l'univers connu ? La mesure du spectre X (entre 10 et 100 keV jusqu'à $z = 4$ pour le continu et $z = 2$ pour les raies du fer) et du spectre gamma d'un échantillon suffisant de quasars, par les observatoires à haute énergie disposant d'une résolution angulaire suffisante ($\leqslant$ 1 minute d'arc), devrait résoudre cette question, assignant alors une masse et une température à l'éventuel gaz intergalactique. Jusqu'ici celui-ci n'a été détecté avec certitude que par les raies d'émission X du fer très ionisé (XVII)au sein d'amas de galaxies aussi éloignés que $z = 0,75$.

Ce gaz peut également interagir avec le rayonnement de fond à 2,7 K par interaction Compton inverse (Sunyaev et Zeldovitch, 1970). Cet effet a vraisemblablement été mis en évidence dans certaines directions. S'il se confirme, la distorsion du spectre produite conduirait à une masse de gaz inter-amas susceptible de représenter jusqu'à 40 pour cent de la densité de fermeture de l'univers.

Les constantes physiques

La constante de Hubble, H_0, n'est connue qu'à un facteur 2 près : cette incertitude, due à des erreurs systématiques, entraîne à son tour une incertitude d'un facteur 2 sur les distances et donc d'un facteur 8 (= 2^3) sur les quantités liées au volume. L'amélioration de la précision est donc essentielle et passe par une amélioration de l'échelle des distances (fig. 10). Le Télescope spatial, joignant sensibilité et résolution angulaire, permettra l'observation des étoiles pulsantes Céphéides jusque dans l'amas Virgo (10 Mpc), à une magnitude $m_v = 26$ ou 27. Les amas globulaires de $m_v \geqslant 20$, autres indicateurs standard, seront observables jusqu'à l'amas Coma (60 Mpc), après avoir été étalonnés avec précision dans la galaxie M31 (galaxie d'Andromède).

D'autres méthodes nouvelles sont proposées, comme la relation entre la luminosité absolue d'une supernova et la vitesse d'expansion du gaz qu'elle éjecte, utilisable seulement avec des télescopes à haute résolution comme le Télescope spatial ou le VLT. L'utilisation de l'effet Sunyaev-Zeldovitch, cité plus haut, permettrait aussi de déterminer H_0, à condition de disposer de télescopes submillimétriques spatialisés ayant une résolution angulaire de l'ordre de la minute d'arc — un programme expérimental qui devra sans doute attendre les premières années du siècle prochain. On a également suggéré d'utiliser les mirages gravitationnels, observés dans le visible ou le proche infrarouge avec une résolution angulaire de 0,1 seconde d'arc.

Toutes ces approches conjuguées pourraient conduire à une détermination de H_0 à 10 pour cent près.

La détermination de la densité ϱ_0 de l'univers, comparée à la densité critique ϱ_0 conduit à Ω_0. La présence de masse cachée, c'est-à-dire non lumineuse, soupçonnée dès 1932 (Oort, Zwicky) dans le voisinage solaire, est aujourd'hui confirmée de façon indiscutable, mais sa nature n'est pas encore élucidée, et la valeur de ϱ_0 est encore imprécise : entre 0,5 et 2.10^{-29} g.cm^{-3}. À l'échelle des amas de galaxies, la masse directement observée par son rayonnement pourrait ne représenter que 5 à 10 pour cent de la masse totale, mesurée par son interaction gravitationnelle, avec toutefois d'importantes fluctuations locales, d'un ordre de grandeur ou plus, à l'échelle des galaxies.

Une première approche consiste à déterminer la répartition radiale de masse dans une galaxie spirale, en mesurant avec précision la vitesse de rotation des étoiles et du gaz en fonction de leur distance au centre. Les observations actuelles donnent une masse présente environ dix fois supérieure à la masse observée par sa luminosité (sous forme d'étoiles et d'hydrogène neutre ou ionisé) localisée pour l'essentiel à l'extérieur de la partie lumineuse de la galaxie. Le meilleur test systématique est l'observation des amas globulaires, très excentriques dans les galaxies ; leur dynamique est un traceur précis du potentiel gravitationnel dans lequel ils sont immergés. La détermination de la vitesse Doppler de ces objets très peu lumineux (m_v = 20 à 24) requerra les télescopes de la classe VLT.

D'autres objets sont des candidats possibles à être source de la masse cachée : le gaz interamas, déjà cité, ne paraît pas présenter une densité suffisante, bien que certaines radiogalaxies apparaissent soumises à la pression d'un gaz de densité 10^{-29} g.cm^{-3}, qui, s'il emplissait l'univers à large échelle, pourrait lui donner une densité proche de ϱ_c. Des étoiles effondrées (naines blanches), trop peu lumineuses pour avoir été détectées, pourraient y contribuer : il ne peut s'agir d'étoiles massives, car elles n'auraient pu se former qu'aux premières époques de l'existence des galaxies, et l'on ne retrouve pas trace des éléments chimiques lourds qu'elles auraient synthétisés alors. En revanche, les naines rouges, résidus d'étoiles de faible masse (moins de 0,1 masse solaire), ou bien des objets presque stellaires, de la masse de la planète Jupiter, pourraient exister en très grand nombre : les naines rouges se révèlent par une activité X coronale, dont la détection et la cartographie deviendront possibles dans les galaxies du Groupe local.

Les abondances de l'hélium et du deutérium conduisent à une densité de matière baryonique de l'ordre de 0,1 ϱ_c. La dynamique des superamas de galaxies conduit, de son côté, à une quantité de matière baryonique au plus égale à 40 pour cent de la masse dynamique nécessaire. Le reliquat de masse pourrait être dû à la contribution de neutrinos massifs, dont l'observation directe est peu vraisemblable. La détermination directe du paramètre de décélération q_0 est aujourd'hui très incertaine (fig. 11). L'importance de cette détermination indépendante provient du fait que la relation $q_0 = \Omega_0/2$ n'est satisfaite que dans un univers à constante cosmologique Λ nulle (Λ est la constante de couplage entre l'accélération de l'expansion et la distance). La difficulté provient de ce que la relation entre distance et décalage vers le rouge des galaxies, qui traduirait une valeur non nulle de q_0, est extrêmement sensible aux effets d'évolution des galaxies, au-delà de $z = 1$: ces effets doivent être pris en compte pour corriger la magnitude observée et comparer des galaxies d'égal âge vrai. Comme pour la détermination des abondances et leur interprétation, il est probable qu'une détermination indépendante de q_0 devra attendre, d'une part, l'établissement d'une relation entre nombre de galaxies ou de quasars et distance jusqu'à $z = 2$ au moins, d'autre part, une compréhension détaillée de l'évolution des galaxies et des quasars pour corriger les données brutes observationnelles de ces effets d'évolution.

L'évolution de l'univers jeune

Pour accéder, dans le cadre de la description spatio-temporelle de l'univers telle qu'elle est esquissée par J.-P. Luminet dans le chapitre « La géométrie de la variété univers », aux époques les plus « jeunes » de l'univers, deux moyens s'offrent à l'observateur :

— appliquer le précepte « voir loin c'est voir dans le passé » ; en effet, comme nous l'avons déjà vu, l'information est véhiculée au mieux à la vitesse de la lumière ; donc celle qui nous arrive aujourd'hui remonte à des époques d'autant plus reculées qu'elle émane de plus loin ;

— observer ici et maintenant des fossiles que le schéma théorique d'ensemble du cosmos (il n'y a pas d'observation sans théorie !) attribue hypothétiquement à ces périodes jeunes de l'univers : c'est ce que nous appelons des *carottes temporelles.*

Ces deux types d'approches sont synthétiquement schématisées par la figure 12. Ces rappels étant faits, l'observation directe ne peut apporter d'information qu'au-delà des premières secondes postérieures au Big Bang, c'est-à-dire à partir de la formation de l'hélium ($t \simeq 1$s).

La mesure des abondances du deutérium et de l'hélium reste un test essentiel. Tout le problème est de s'assurer que la matière observée reflète bien la composition primordiale, puisque le deutérium est généralement détruit lorsque le gaz est traité dans une étoile. La découverte (Boksenberg, 1977) de systèmes de raies d'absorption dans le spectre des quasars lointains a été interprétée comme la signature de nuages intergalactiques présents entre le quasar et l'observateur. La raie spectrale dominante est Lyman-α , due à l'hydrogène. Les raies dont le décalage spectral est peu différent de celui du quasar révèlent des abondances chimiques normales, et sont interprétées comme dues à de la matière éjectée par le quasar ; les raies plus décalées ne proviennent que de l'hydrogène et résultent sans doute de nuages intergalactiques froids et primordiaux, bien que leur origine puisse être aussi attribuée à des nuages entourant certaines galaxies. L'hélium ionisé n'a pas encore été observé dans ces spectres : sa raie de résonance est située à 30,4 nm, et ne deviendra observable par les spectrographes ultraviolets de première génération du Télescope spatial qu'au-delà de $z = 3$, donnant ainsi une mesure du degré d'ionisation du gaz intergalactique. Un instrument ultraviolet plus lointain, non encore programmé, serait nécessaire pour étudier l'hélium à des valeurs inférieures de z. Une résolution spectrale d'environ 6 000 sera par ailleurs requise pour séparer les raies de l'hydrogène de celles du deutérium. Ces déterminations définitives des abondances primordiales établiront finalement le contenu de matière baryonique dans l'univers.

Les nouveaux instruments apporteront sur la formation et l'évolution des galaxies des éléments entièrement nouveaux, que la découverte du bleuissement des galaxies plus anciennes permet de suspecter.

Le Télescope spatial aura la résolution angulaire suffisante pour tracer la morphologie des galaxies aussi éloignées que $z = 1$ (plus de 50 pour cent de l'âge de Hubble), tandis que les télescopes géants au sol auront la sensibilité nécessaire pour en déterminer le spectre. Ainsi, l'évolution de la composition stellaire, de la structure spirale, de la composition en éléments lourds progressivement dispersés par les supernovae devrait apparaître en remontant dans le temps par l'observation de galaxies de même type de Hubble, mais de plus en plus éloignées. Peut-être même des galaxies dans leur état primordial seront-elles découvertes.

La formation des premières générations d'étoiles sera plus probablement découverte par les observatoires infrarouges comme ISO, sensibles à l'émission thermique des cocons de poussière entourant ces étoiles.

L'interaction mutuelle des galaxies, confirmée par de nombreuses observations et simulations numériques dans les années 1970, a rompu avec la conception originale des « univers-îles » de Hubble. Les phénomènes d'échange de matière (cannibalisme), d'interactions gravitationnelles intenses sont longs à étudier, car ils requièrent des observations radio en cartographie et vitesse, avec des instruments de type VLA. L'étude de ces phénomènes en remontant dans l'histoire des galaxies reste à faire.

La genèse des quasars est un autre domaine à défricher : les observatoires X comme AXAF pourront confirmer ou infirmer la déplétion suspectée des quasars au-delà de $z = 3,5$, en les observant jusqu'à des valeurs de z entre

4 et 10, en détectant l'émission X du fer, totalement insensible à la présence éventuelle de poussières intergalactiques qui bloquerait l'observation visible. L'association systématique du quasar et d'une galaxie sous-jacente, fortement soupçonnée aujourd'hui, sera facilement démontrée lorsque le Télescope spatial apportera simultanément la suppression du voile atmosphérique et la résolution angulaire.

Le problème de la formation même des galaxies (z = 30 à 100) est très difficile à aborder par des modèles théoriques conçus *ab initio,* faute de disposer d'un ensemble raisonnable de conditions physiques initiales. Le modèle isotherme propose une coalescence de nuages (10^5 à 10^6 masses solaires), conduisant aux galaxies, puis ultérieurement aux amas ; le modèle adiabatique propose une coalescence inverse, où des agrégats de 10^{13} à 10^{14} masses solaires s'individualisent d'abord, donnant ensuite naissance à la séquence d'évolution des galaxies. La mesure des fluctuations du rayonnement de fond à l'échelle du degré serait déterminante pour discriminer ces modèles.

Le rayonnement intense visible et ultraviolet émis par ces protogalaxies dans la phase z = 10 à 100 serait aujourd'hui observable dans l'infrarouge : extrêmement difficile à discerner du fond zodiacal et galactique proche, il sera néanmoins recherché avec les observatoires infrarouges ISO et SIRTF. Dans cette même période, les explosions de supernovae ont pu conduire à des ondes de choc excitant le gaz à des énergies de 100 keV, aujourd'hui décalées autour de 1 keV, et au niveau de la sensibilité des futurs observatoires X.

CONCLUSION

La moisson observationnelle des vingt années qui vont de 1960 à 1980 incite à la prudence : l'accès à la quasi-totalité du spectre a conduit à des découvertes cosmologiques majeures. Aussi ne faut-il pas sous-estimer les faits inattendus qu'apporterait l'exploration des domaines submillimétrique et gamma, encore presque vierges, ou du domaine des basses radiofréquences ($\leqslant$ 10 MHz), ou encore l'accès à la très haute résolution angulaire visible et infrarouge, ou enfin l'avènement des astronomies plus exotiques mais bien réelles, comme celle des ondes gravitationnelles.

Deux contributions majeures à la cosmologie ne peuvent être ignorées : il y a d'abord celle de la physique des particules élémentaires, qui se fait auprès des grands accélérateurs et par l'étude du produit des gerbes cosmiques à très haute énergie. L'impact, sur les modèles cosmologiques et sur les observations subséquentes, d'une confirmation de l'existence de neutrinos massifs ou d'une durée de vie finie du proton, serait considérable.

Il y a ensuite le rôle croissant joué par les simulations numériques à l'aide de calculateurs puissants : par l'expérimentation qu'ils autorisent, l'étude de la dynamique de systèmes atteignant 10^5 à 10^6 particules pourrait progresser au point de préciser, par exemple, le mécanisme de formation des protogalaxies.

Bien que le nombre d'astronomes sur Terre ne soit pas considérable (entre 2 000 et 3 000), les instruments existants sont trop peu nombreux pour fournir le volume de données nécessaire aux objectifs décrits dans ce texte : les grands télescopes optiques au sol de la classe 4-5 m se voient proposer quatre à cinq fois plus de programmes que leurs capacités observationnelles peuvent en absorber. Le seul télescope infrarouge lointain en opération constante, sur un avion de la NASA, est demandé au-delà de dix fois ses capacités... Le développement de détecteurs plus performants, l'automatisation des tâches, la croissance du nombre et de la qualité des télescopes, l'observation permanente depuis l'espace sont autant de facteurs indispensables au progrès de l'observation en cosmologie, mais aucun ne se substituera à l'imagination créatrice de l'homme.

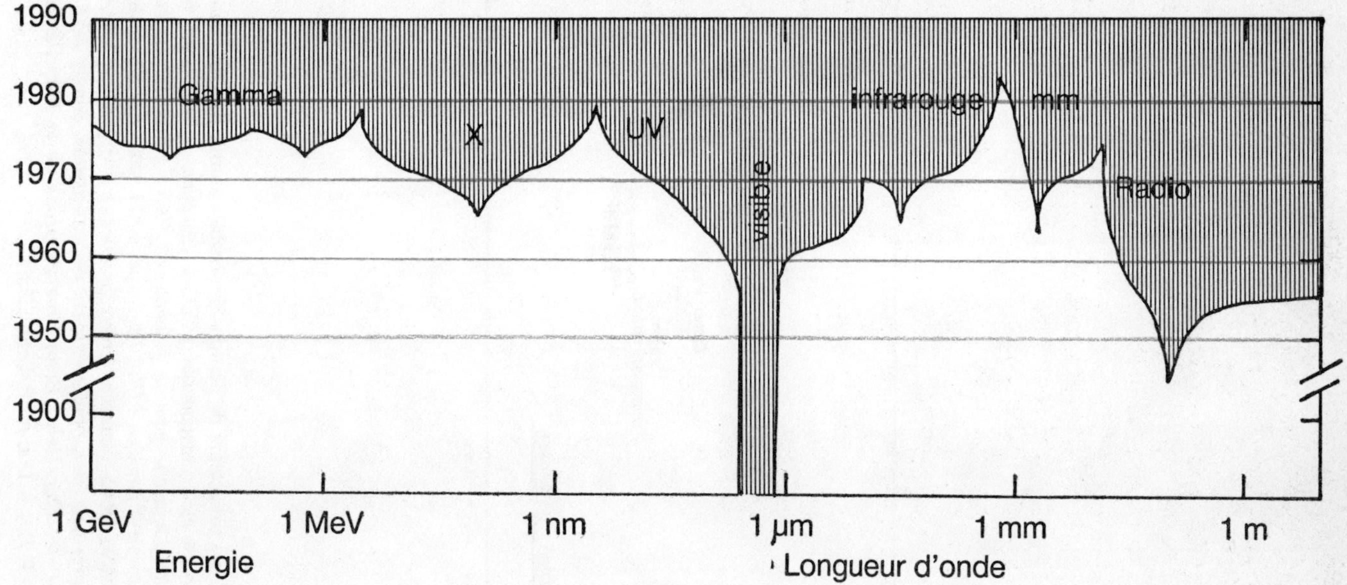

FIGURE 1. L'accès progressif à toutes les longueurs d'onde (ou énergies) du spectre électromagnétique émis par les objets de l'univers. *L'apparition d'une zone grisée signifie que certains objets ont été détectés, mais la sensibilité, la résolution spectrale ou angulaire atteintes peuvent rester extrêmement différentes selon les domaines spectraux.* (D'après P. Léna - *Astrophysique : méthodes physiques de l'observation*, Paris, Interéditions / Éditions du CNRS 1986).

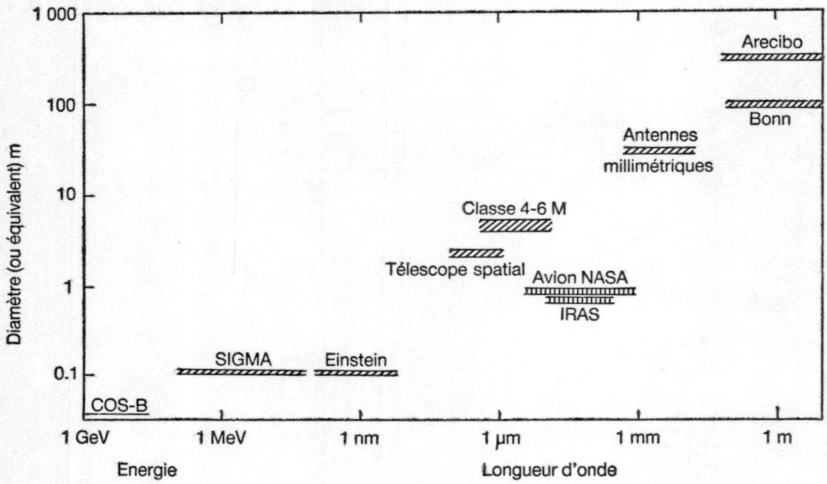

FIGURE 2. Le diamètre des collecteurs de photons disponibles autour de 1985, dans toute l'étendue du spectre électromagnétique. *COS-B : satellite gamma lancé en 1977 ; SIGMA : satellite d'imagerie gamma à lancer en 1988 ; Einstein : satellite d'imagerie et de spectroscopie X lancé en 1978 ; Télescope spatial : télescope ultraviolet et visible, à lancer en 1989 ; IRAS : satellite infrarouge lancé en 1983 ; avion NASA KAO : observatoire infrarouge et submillimétrique, en exploitation depuis 1974 ; Arecibo : radiotélescope des États-Unis ; Bonn : radiotélescope de la Max Planck Gesellschaft (Effelsberg, R.F.A.).*(D'après P. Léna ; *ibid)*.

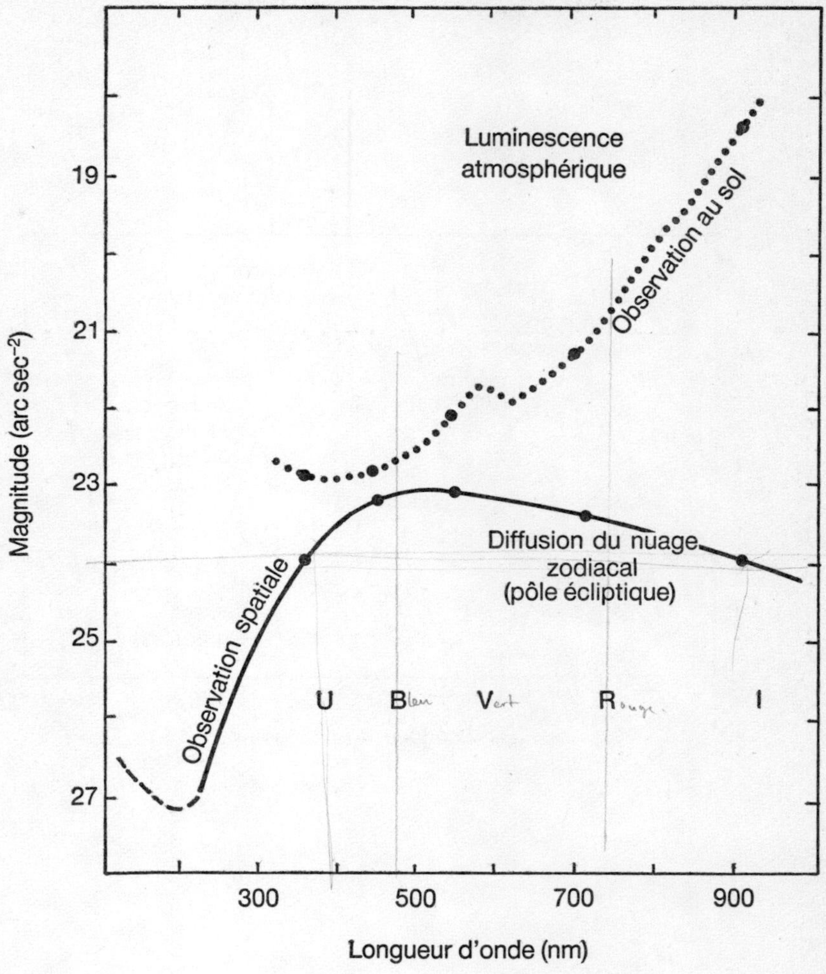

FIGURE 3. La luminescence atmosphérique limite les observations au sol *(courbe en pointillé). Chaque seconde d'arc du "voile" ainsi formé a une magnitude m_v, dans la bande photométrique V voisine de 550 nm, donnée en ordonnées. La situation s'améliore dans l'espace, tout particulièrement dans l'ultraviolet, mais l'effet de la diffusion interplanétaire (zodiacale) reste important.* (D'après G. Courtès ; H. Smith et E. Burbidge ; C. Leinert ; F. Machetto).

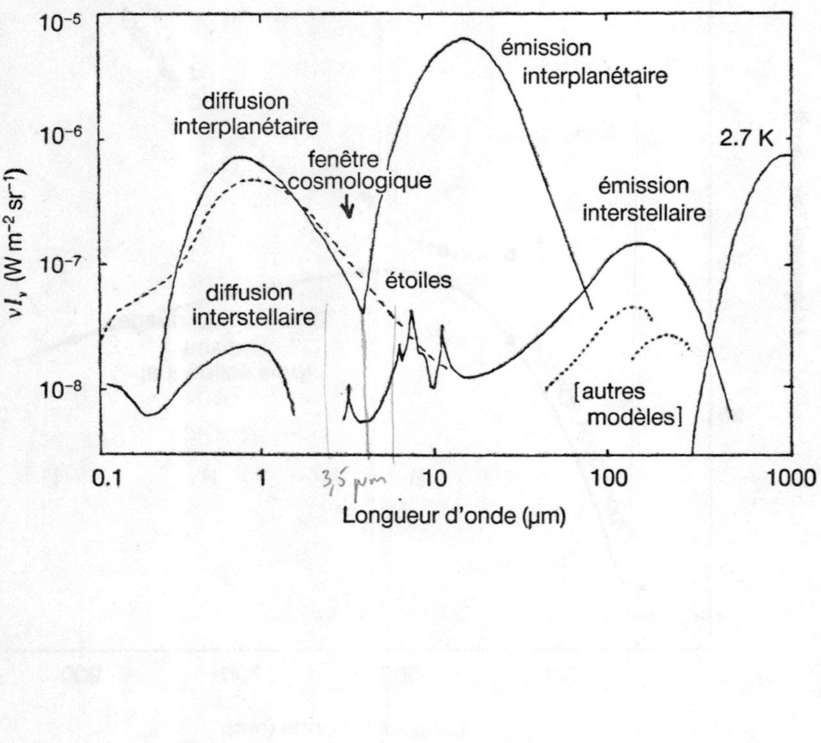

FIGURE 4. De l'ultraviolet aux radiofréquences, le voile cosmique. *Diffusion et émission interplanétaires sont causées par les poussières du nuage zodiacal autour du Soleil. L'émission interstellaire est principalement due au rayonnement des poussières de la Galaxie chauffées par les étoiles jeunes qui les entourent. Le rayonnement direct des étoiles contribue à plus courte longueur d'onde. La diffusion de la lumière des étoiles par ces poussières interstellaires donne une autre contribution, plus faible. Les courbes en pointillé correspondent à d'autres modèles possibles.* (D'après J.-L. Puget, 1984).

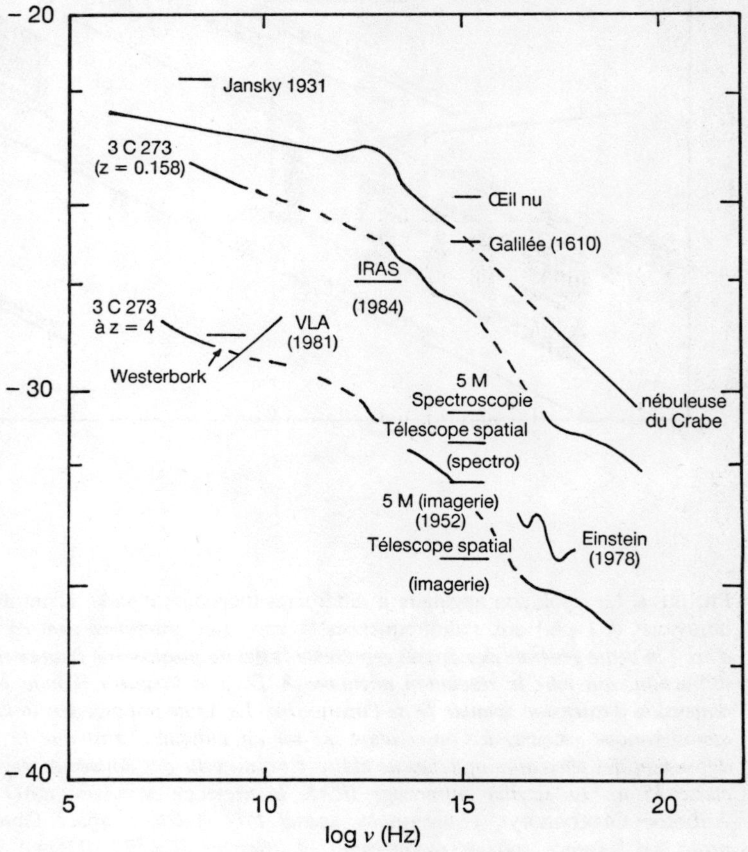

FIGURE 5. La sensibilité atteinte par différents moyens d'observation est comparée au flux produit à la Terre par différents objets typiques : *la nébuleuse du Crabe, résidu d'explosion d'une supernova de la Galaxie ; le quasar le plus brillant 3C273 (m_v = 13) ; le même quasar s'il était placé à z = 4. Parmi les moyens d'observation représentés, noter les grands télescopes optiques de classe 5 m, en imagerie ou spectroscopie, et le progrès qu'ils ont représenté par rapport à l'œil ; les satellites infrarouge IRAS et X Einstein ; le réseau de radiotélescopes* Very Large Array *ou VLA, ainsi qu'un réseau un peu plus ancien aux Pays-Bas (Westerbork). La première observation radioastronomique du Soleil (Jansky) est également indiquée.*

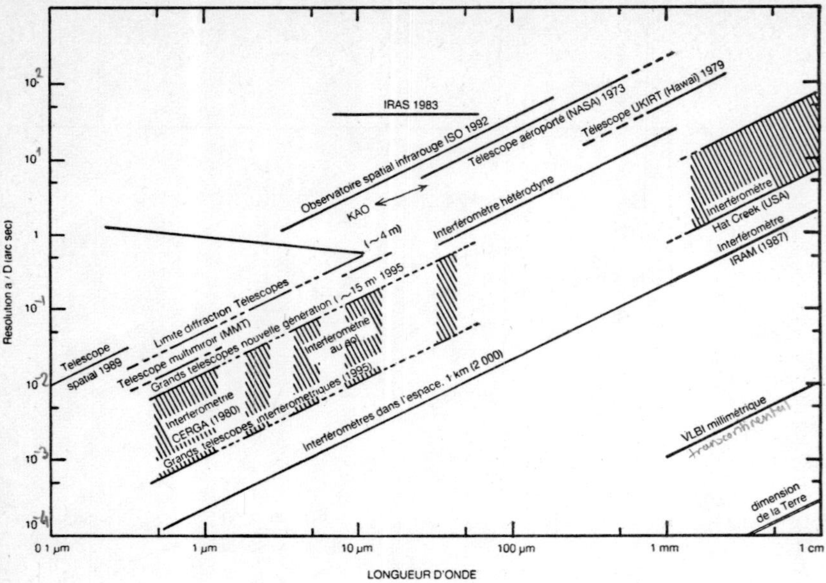

FIGURE 6. La résolution angulaire à différentes longueurs d'onde, allant du proche ultraviolet (0,1 µm) aux radiofréquences (1 cm). *Les ordonnées sont en secondes d'arc ; la pente générale des droites représente l'effet du phénomène fondamental de la diffraction, qui relie la résolution angulaire λ /D, à la longueur d'onde λ et à la dimension d'extension spatiale D de l'instrument. La limite imposée par la turbulence atmosphérique (*seeing*) à l'observation au sol est indiquée, ainsi que la limite de diffraction des télescopes optiques de classe 4 m, ou celle des nouveaux télescopes de classe 15 m. Le satellite infrarouge IRAS, le télescope aéroporté KAO (*Kuiper Airborne Observatory*), l'observatoire spatial ISO (*Infrared Space Observatory, *projet de l'Agence spatiale européenne), le télescope UKIRT (*United Kingdom Infrared Telescope, *situé sur le sommet du Mauna Kea dans l'île d'Hawaï), sont des instruments limités par la diffraction. Les performances de l'interférométrie millimétrique existante sont indiquées pour les instruments de Californie (Hat Creek) et européens (Institut franco-germano-espagnol de radioastronomie millimétrique IRAM). Les projets d'interférométrie millimétrique intercontinentale (VLBI) rapprocheront la résolution de la limite imposée par la dimension de la Terre. La résolution atteinte par les premiers interféromètres optiques au sol (CERGA = Centre d'études et de recherches en géodésie et astrométrie, situé en France) préfigure les capacités des grands télescopes interférométriques et, au-delà, celles des interféromètres dans l'espace, pour lesquels il n'existe,* a priori. *plus de restrictions ni à la longueur de la base, ni au domaine spectral couvert.* (D'après P. Léna, *Astrophysique : méthodes physiques de l'observation,* Paris, Interéditions / Éditions du CNRS 1986)

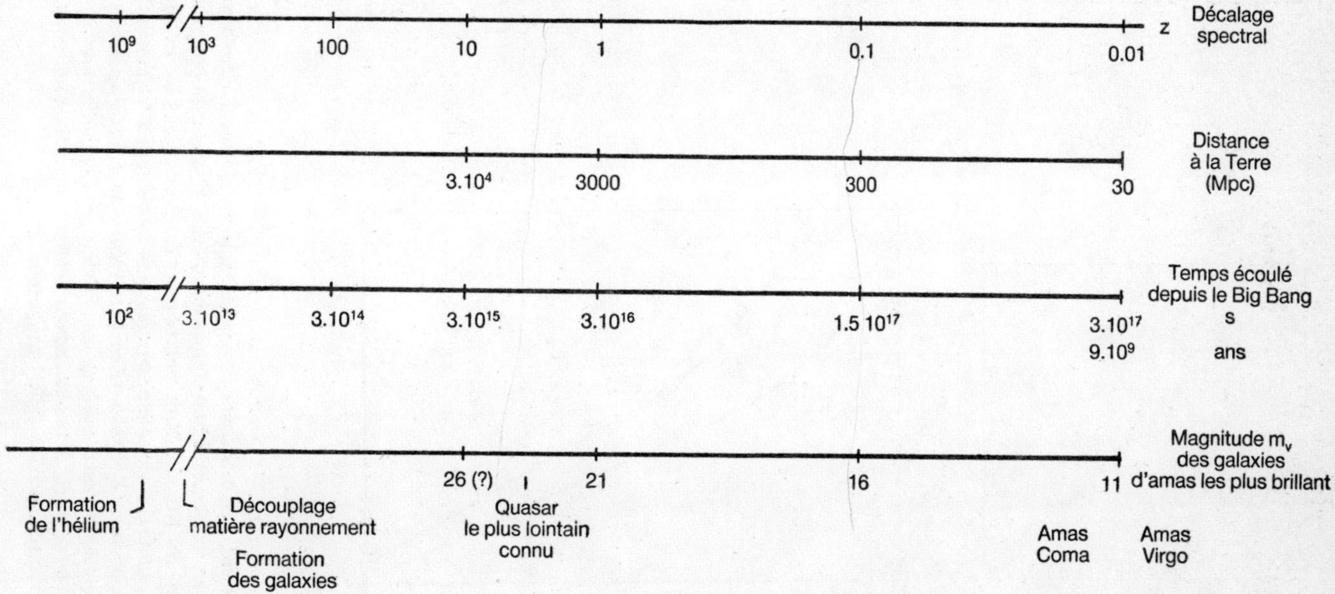

FIGURE 7. Pour faciliter la lecture du texte, cette figure situe les ordres de grandeur des différentes grandeurs qui y sont utilisées, relatives à des époques passées. *Les valeurs numériques dépendent du modèle cosmologique retenu, ainsi que de la valeur des constantes. Pour fixer des ordres de grandeur, on a pris la constante de Hubble* $H_0 = 100\ km\ s^{-1}\ Mpc^{-1}$, $q_0 = \Lambda = 0$.

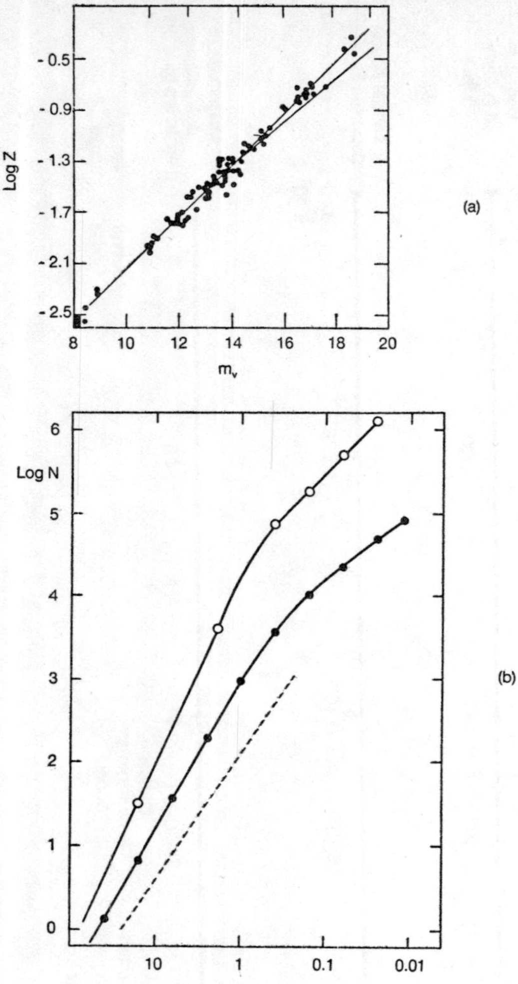

FIGURE 8. (a) Relation entre la magnitude apparente m_v à 550 nm et le décalage spectral *z* pour les galaxies les plus brillantes d'amas de galaxies relativement proches *(échantillon de 82 amas). (b)* Nombre N de radiosources extragalactiques (•) et de quasars optiques (○) par unité d'angle solide (stéradian) en fonction de l'éclairement observé à la Terre. *L'éclairement S est mesuré en Jansky (10^{-26} W m^{-2} Hz^{-1}) pour les radiosources, et en nombre équivalent d'étoiles de magnitude m_b = 19 pour les quasars. La ligne pointillée a une pente = −1,5, qui correspondrait à une répartition uniforme en volume.* (D'après L. Woltjer, *in* ESO/CERN symposium, *ibid*).

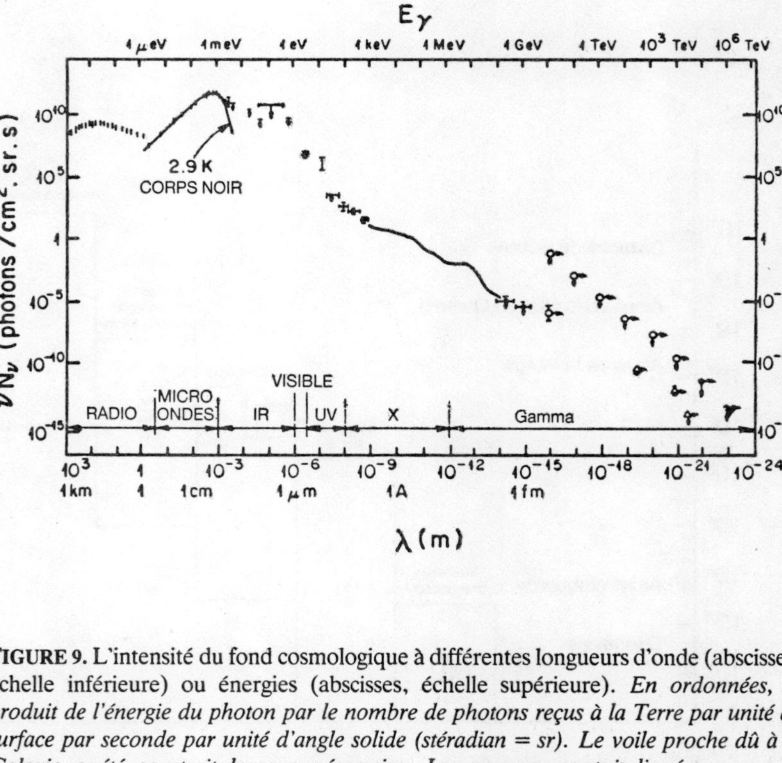

FIGURE 9. L'intensité du fond cosmologique à différentes longueurs d'onde (abscisses, échelle inférieure) ou énergies (abscisses, échelle supérieure). *En ordonnées, le produit de l'énergie du photon par le nombre de photons reçus à la Terre par unité de surface par seconde par unité d'angle solide (stéradian = sr). Le voile proche dû à la Galaxie a été soustrait lorsque nécessaire. Les mesures sont indiquées avec une estimation des incertitudes, dans certains domaines de longueur d'onde (infrarouge, visible, proche ultraviolet, gamma de haute énergie), seules des limites supérieures sont fournies par l'observation, et le fond proprement dit n'est donc pas détecté.* (Figure citée par D.T.Wilkinson, *in Large Scale Structure of the Universe : Cosmology and Fundamental Physics,* ESO-CERN symposium, 1983. La figure est reprise de M. Turner, université de Chicago).

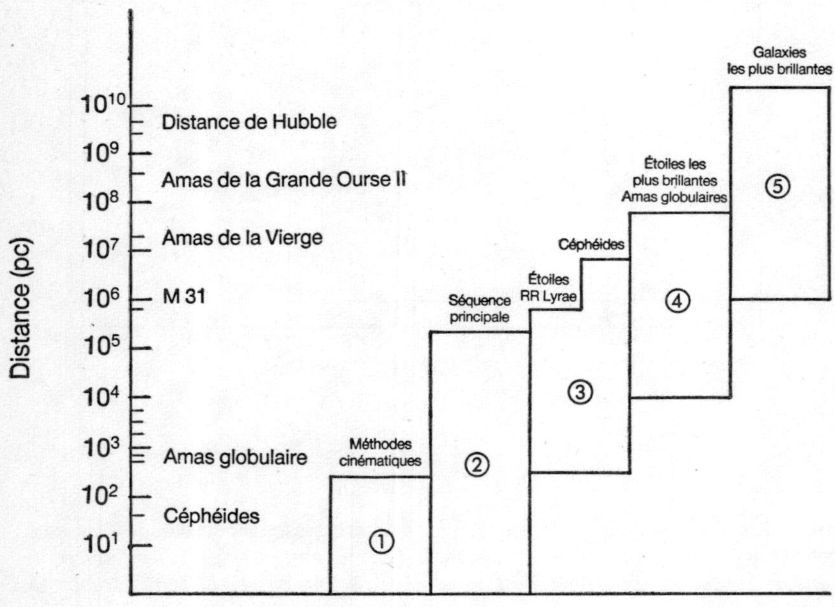

FIGURE 10. Les différents indicateurs de distance couramment utilisés.

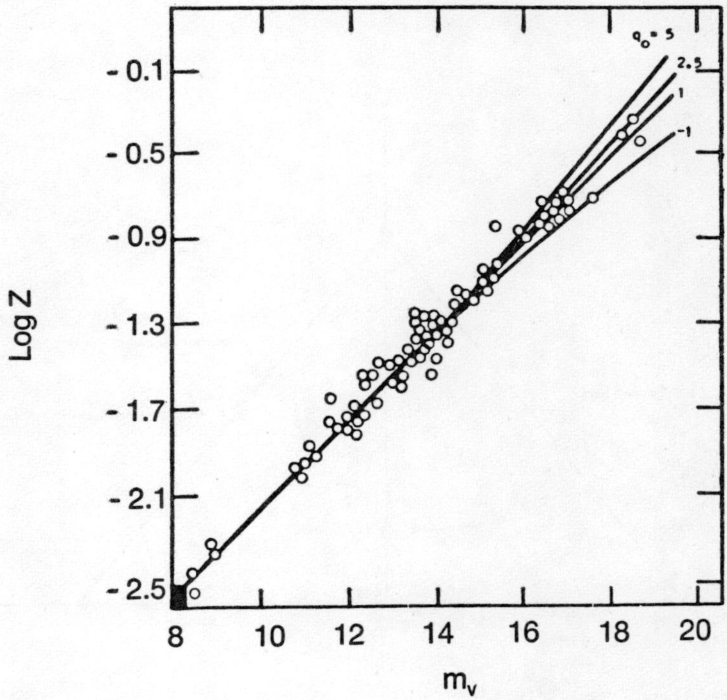

FIGURE 11. *Relation entre le décalage vers le rouge et la magnitude m_v des galaxies. Les courbes correspondent à différentes valeurs de q_0 dans un univers de Friedmann : il est aisé de constater l'insuffisance des déterminations au-delà de $z = 0.1$ pour discriminer entre les valeurs de q_0.*

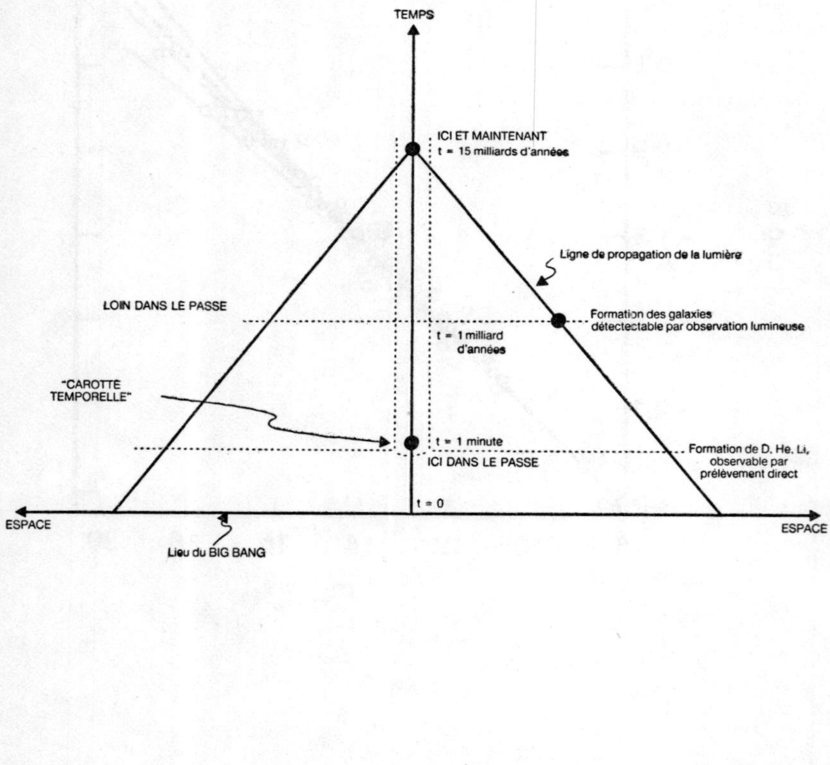

FIGURE 12. Carotte temporelle.

QUELLE PHYSIQUE POUR LA COSMOLOGIE ?

Professeur à l'université Paris VII, Rémi Hakim est membre du département d'astrophysique relativiste et de cosmologie de l'Observatoire de Paris. Il travaille dans les domaines de la cosmologie, des étoiles denses (naines blanches, étoiles à neutrons et à quarks) et de la physique théorique (relativité, mécanique statistique, matière ultra-dense, etc.).

Résumé

La cosmologie, dans son aspect scientifique, est fondée sur un petit nombre de faits d'observation (décalages spectraux vers le rouge pour les galaxies lointaines, rayonnement à 3 K, nucléosynthèse primordiale des éléments légers) et sur les concepts théoriques de notre époque concrétisés aussi bien dans la relativité générale que dans la physique corpusculaire. Les idées essentielles de ces deux théories sont présentées dans ce chapitre. Elles sont surtout développées dans le contexte cosmologique auquel elles s'appliquent. C'est ainsi que l'on montre le rôle capital des transitions de phases intervenant dans les théories de jauge.

Abstract

Cosmology, in its scientific aspect, lies on a little number of observational phenomena (spectral redshifts for the distant galaxies, cosmic background radiation, primordial nucleosynthesis of the light elements) and on the theoretical concepts of our time, that have been applied in corpuscular physics as well as in general relativity. The main ideas concerning both theories are presented in this chapter. They are essentially developed in the cosmological context which they are related to. So is defined the key role played by the phases transitions that intervene in the gauge theories.

QUELLE PHYSIQUE POUR LA COSMOLOGIE ?

Rémi HAKIM

Lorsque nous examinons les trois principaux faits cosmologiques — l'expansion de l'univers, le rayonnement à 3 K et l'abondance des éléments légers —, notamment en effectuant l'histoire thermique de l'univers, la physique nécessaire apparaît assez clairement.

Il nous faut avant tout expliquer l'expansion du facteur d'échelle R *(t)*. Il s'agit là d'un phénomène à très grande échelle et la seule force *connue* susceptible d'agir arbitrairement loin, sans être écrantée (comme c'est le cas des forces électromagnétiques), est l'attraction gravitationnelle. Aussi la seule explication possible de l'expansion réside-t-elle dans une théorie de la gravitation. Nous y reviendrons plus loin.

> Si le proton et l'électron n'avaient pas tout à fait la même charge électrique, la matière ne serait pas électriquement neutre et se repousserait même à longue distance. Si l'on admet que c'est bien le cas, on peut alors tenter d'attribuer l'expansion de l'univers aux forces électrostatiques de répulsion entre la matière. Si, à cette fin, on attribue *tout* l'effet de l'expansion à cette éventuelle différence de charge entre le proton et l'électron, un calcul simple montre que celle-ci doit être de l'ordre de $\delta Q/Q \sim 10^{-18}$. Cela fournit donc une limite supérieure à une telle différence de charge. En fait, on obtient expérimentalement, en laboratoire, $\delta Q/Q \sim 10^{-20}$, ce qui permet d'éliminer l'hypothèse de départ.

La formation du corps noir cosmologique tel qu'on l'observe actuellement trouve son origine dans la période de l'univers où la température était de l'ordre de 3 000 K, température à laquelle l'hydrogène ionisé se recombine en hydrogène atomique ; lors de cette période, l'interaction des photons et de la matière joue un rôle capital dans l'édification du spectre du rayonnement électromagnétique. Cela est d'autant plus important à étudier que de nombreux phénomènes liés à l'existence de fluctuations de matière sont présents à cette époque, ces fluctuations de matière donnant lieu à la formation des structures observées (galaxies, amas...). La physique des plasmas et du rayonnement est donc essentielle à la description de cette époque et de ses conséquences.

Avec l'augmentation de la température, on atteint le stade de la formation des éléments légers que la physique nucléaire habituelle décrit bien. Au moment du *gel* du rapport neutron/proton, la température est telle que le plasma cosmologique est un plasma relativiste et non quantique ($T \sim 10^9 K$).

Ainsi donc l'ensemble des trois faits de base de la cosmologie s'explique bien dans le cadre d'une *physique connue*, même si nombre de problèmes restent à résoudre. Il n'en est pas de même pour l'univers primordial où la physique est « sur le point d'être connue » (le confinement, par exemple) si ce n'est « totalement inconnue » (la gravitation quantique, par exemple).

Dans tous les cas, la cosmologie est un domaine multidisciplinaire où l'on utilise *toute* la physique dans ses avancées les plus extrêmes ; c'est ce qui la rend passionnante et incertaine à la fois. Dans cette section, nous nous limiterons à trois points particuliers, le premier concernant la gravitation relativiste — base de la cosmologie —, les deux autres se rattachant aux tendances de la physique de l'univers primordial à l'heure actuelle, c'est-à-dire au rôle du *vide*, aux symétries et aux modèles de jauge : les divers modèles actuels d'*unification* des différents types d'interaction s'appuient, en effet, très fortement sur les notions de *vide* et de théorie de jauge [73].

La gravitation relativiste

La relativité restreinte d'Einstein (1905) était fondée sur le principe de la relativité étendue à *toute* la physique,

> « Les lois de la physique ont la même forme dans tous les systèmes d'inertie » ; un système d'inertie est la donnée d'un système de référence et d'une échelle de temps dans lesquels une particule libre se meut d'un mouvement rectiligne et uniforme...

et sur le principe de constance de la vitesse de la lumière *c* (dans le vide) dans tout système d'inertie. Ces deux principes faisaient de la relativité la *théorie de la liaison mutuelle de l'espace et du temps* et fondait le concept d'espace-temps (Minkowski, 1908).

L'espace-temps de la relativité restreinte est caractérisé par le *cône de lumière* (fig. 1), lieu géométrique de tous les rayons lumineux aboutissant et partant d'un point spatio-temporel donné. L'existence de ce cône de lumière entraîne l'existence d'une pseudométrique

$$ds^2 = c^2dt^2 - dx^2 \quad (1)$$

dans l'espace-temps. La lumière se propage de manière telle que $ds^2 = 0$, ce qui est aussi l'expression de $c = C^{te}$.

Cependant, l'extension de ces principes à des considérations dynamiques a conduit Einstein à poser la célèbre relation

$$E = mc^2 \quad (2)$$

à *toute* forme d'énergie est associée une masse, et réciproquement.

C'est cette relation fondamentale qui va induire des modifications essentielles dans la théorie de la gravitation. En effet, désormais *tout* pèse ; tout est soumis à l'action de la gravitation, dont la force newtonienne s'écrit, comme on sait :

$$F = - Gmm'/d^2 \quad (3)$$

(m et m' étant les masses de deux corps donnés et d leur distance).

Dans ces conditions, *même la lumière pèse :* à un photon de fréquence ν est associée l'énergie $h\nu$ (formule de Planck) et donc la « masse » $h\nu / c^2$. La modification capitale imposée par la « pesanteur de la lumière » est que l'espace-temps est désormais *courbe.*

Montrons-le rapidement à l'aide de deux arguments intuitifs. Le premier argument est dû à A. Schild (1967) et est fondé sur le *décalage vers le rouge* de la lumière dans un champ de gravitation,

Donnons une idée de cet effet et, à cette fin, considérons un photon émis à la surface d'une étoile de masse M et de rayon R avec une fréquence ν. Pour atteindre l'altitude H au-dessus de la surface de l'étoile, le photon doit dépenser une énergie GMH $(h\nu/c^2) / R^2$ (avec $H \ll R$) ; à cette altitude, il possède donc l'énergie $h\nu'$.

$$h\nu' = h\nu - GMH\,(h\nu / c^2) / R^2 \quad (4)$$

et l'on a donc un *rougissement* du photon de

$$\delta\nu/\nu = GMH/R^2c^2, \quad (5)$$

décalage observé expérimentalement (R.V. Pound et G.A. Rebka, 1965), sur Terre, pour le Soleil et les naines blanches. Cet effet *ne peut être* expliqué dans le cadre de l'espace-temps plat (sans courbure) de la relativité restreinte (voir fig. 2). Un autre argument intuitif repose sur la *courbure observée* des rayons lumineux au voisinage de masses importantes, en l'occurrence le Soleil (1922) (voir fig. 3). Or, la propagation de la lumière représente, dans un contexte classique, notre étalon de *rectitude* (ce qu'il y a de plus « droit » dans la nature) ; elle détermine le cône de lumière et donc la (pseudo) métrique de l'espace-temps. Il s'ensuit que si la lumière ne se propage plus en ligne droite, le cône de lumière est déformé, devient un *conoïde* et la métrique d'espace-temps (1) « plate » doit être changée en une métrique beaucoup plus générale, du type

$$ds^2 = g_{oo}\, c^2dt^2 + \sum_{i=1}^{i=3} c\, dt\, g_{oi}\, dx^i + \sum_{i,j=1}^{i,j=3} g_{ij}\, dx^i\, dx^j, \qquad (6)$$

où les g_{oi} et g_{ij} sont des fonctions de x et t telles que la relation (6) ne puisse être réduite à 1 partout, à l'aide d'un changement de variables.

La notion de courbure d'une surface à deux dimensions a été étudiée par Gauss (1816) et généralisée par Riemann (1894) pour des variétés de dimension quelconque [34], après les remarquables travaux de J. Bolyai (1823) et de N.I. Lobachevski (1826). La courbure intrinsèque d'une variété est une propriété *locale* susceptible de nombreuses manifestations (voir fig. 4) qui traduisent la non-validité du (ou l'écart au) théorème de Pythagore, bien connu.

La gravitation *et* la relativité impliquent donc la courbure de l'espace-temps, l'existence d'*un* ds^2 de la forme (6)[1]. Si l'on impose des symétries particulières à l'espace-temps, alors il est possible de diminuer notablement l'arbitraire des seize fonctions g de (6) : par exemple, la symétrie sphérique permet de ne laisser subsister que deux g arbitraires au lieu de seize. Le principe cosmologique, qui impose que l'espace physique soit homogène et isotrope, ne laisse subsister qu'*un seul* arbitraire, celui du facteur d'échelle R(t) et la métrique de la cosmologie (homogène et isotrope) la plus générale est la métrique de Robertson-Walker.

Reste à fixer les équations de la gravitation relativiste, c'est-à-dire les équations auxquelles obéissent les fonctions g (ou, en ce qui concerne la cosmologie, le facteur d'échelle R(t)). La courbure des rayons lumineux évoquée plus haut indique que la répartition des masses dans l'espace va jouer un rôle prépondérant ; il nous faut, par ailleurs, traduire le fait que la courbure de l'espace-temps — sa géométrie locale — est déterminée par cette répartition des masses. On est donc amené à admettre le schéma intuitif suivant :

gravitation = géométrie
géométrie = répartition des masses (7)

(une intuition due, originellement, à W.K. Clifford, 1876). La géométrie se

1. En outre, les dérivées secondes des différentes fonctions g ne peuvent toutes être annulées à la fois et partout.

traduit par ce qu'on appelle le *tenseur de courbure* tandis que la répartition des masses s'exprime dans le *tenseur énergie-impulsion.* Si l'on admet, en outre, que les équations de la gravitation relativiste (tout comme l'équation de Newton pour le champ de gravitation) sont des équations du second ordre qui *doivent* se réduire aux équations habituelles lorsque $c \rightarrow \infty$ et que la courbure de l'espace-temps est faible, alors les seules équations admissibles sont les *équations d'Einstein,* de la relativité générale.

Les éléments heuristiques que nous venons de donner sont, en fait, très approximatifs et ne reflètent nullement la démarche historique d'Einstein. Nous avons omis nombre de points délicats dont une discussion serrée montrerait qu'il existe la possibilité d'autres théories que la relativité générale pour la gravitation relativiste (donc d'autres équations que les équations de Friedman pour le facteur d'échelle). Cependant, la théorie d'Einstein est, de toutes les théories existantes pour la gravitation, la mieux vérifiée expérimentalement [136], la première historiquement et aussi celle que tout un faisceau d'éléments théoriques très variés vient conforter. Au niveau observationnel, elle est vérifiée à l'échelle du système solaire, donc pour des champs de gravitation faibles[2], bien que, depuis quelques années, l'étude détaillée du mouvement du pulsar binaire PSR 1913 + 16 permette d'éliminer des théories alternatives et fournisse des indications quant à sa validité pour des champs relativement forts[2]. Il se pourrait très bien que la relativité générale ne soit pas valable à l'échelle d'objets plus grands (comme des amas ou des superamas de galaxies, ou à une autre échelle) encore qu'il n'y ait pas réellement d'indication en ce sens à l'heure actuelle.

Enfin, il est nécessaire de mentionner que les *propriétés globales* de l'espace-temps — sa topologie — sont limitées par ses propriétés locales sans qu'elles soient fixées univoquement. Cette question sera traitée par J.-P. Luminet au chapitre suivant[3].

SYMÉTRIES ET THÉORIES DE JAUGE

L'univers primordial est, par excellence, le domaine où règne la physique des particules élémentaires. C'est pourquoi les tendances et résultats actuels de cette physique doivent être rappelés succinctement et leurs consé-

2. *Faible* et *fort* sont relatifs aux valeurs du paramètre GM/Rc^2.

3. On trouvera une discussion de modèles cosmologiques divers dans le livre de Stamatia HAURIDES, *l'Univers relativiste,* Paris, Masson, 1973 et dans celui de Jean HEIDMANN, *Introduction aux cosmologies,* Paris, P.U.F., 1973, Collection « Sup ».

quences cosmologiques analysées. On distingue, dans les diverses particules observées, les *hadrons* (ou particules à interaction forte), les *leptons* (particules légères), et le photon (voir tableau I). Les hadrons sont formés de *quarks* (trois quarks pour les *baryons* [neutron, proton, Λ, Ω^- etc.] ; une paire quark/antiquark pour les *mésons* [π, ρ, K°, $K^\pm$, etc.]) et sont susceptibles d'interactions fortes, faibles et électromagnétiques. Les leptons (électrons, muons, particules tau, neutrinos) sont susceptibles d'interactions faibles, et électromagnétiques lorsqu'ils sont chargés. Le photon interagit électromagnétiquement.

Historiquement, c'est l'interaction électromagnétique qui a servi de modèle aux autres types d'interaction (la dynamique de ce genre d'interaction s'appelle l'*électrodynamique quantique* et est extrêmement bien vérifiée expérimentalement).

Les diverses interactions s'effectuent par l'intermédiaire d'*échanges de particules :* ainsi l'interaction électromagnétique est véhiculée par le photon (fig. 5) et l'interaction faible par les « bosons intermédiaires » $W^\pm$ et Z^0 (fig. 6) mis en évidence au CERN[4] en 1984 ; l'interaction entre quarks s'effectue par l'échange d'une particule, non observée, le *gluon,* dont on pense qu'elle est confinée, tout comme le quark. Les diverses interactions ont une portée qui est de l'ordre de la longueur d'onde Compton

$$r_0 = h/mc$$

de la particule échangée : les interactions électromagnétiques ont une portée infinie, car le photon est de masse nulle ; les interactions faibles ont une portée de l'ordre de 10^{-15} cm, la masse des $W^\pm$, Z^0 étant de l'ordre de 80 et 90 GeV ; en ce qui concerne le cas des interactions entre quarks, on ne peut dire qu'elles sont de portées infinies bien que les gluons aient une masse nulle, car ceux-ci interagissent entre eux de manière complexe, donnant lieu au confinement sur des distances de l'ordre de 10^{-13} cm.

Tout comme les différentes particules, ces diverses interactions possèdent des symétries, qui ont été mises en évidence graduellement ces trente dernières années. Ces symétries — ou invariances — sont soit discrètes, soit continues ; il s'agit soit de symétries d'espace-temps, soit des symétries internes.

Symétries discrètes

Ces symétries peuvent éventuellement être violées selon la nature des interactions mises en jeu. Ainsi, on trouve d'abord l'invariance par *parité* P

4. CERN : Organisation européenne pour la recherche nucléaire à Genève (Suisse), anciennement Conseil européen pour la recherche nucléaire.

(symétrie gauche/droite) violée par les interactions faibles ; puis l'invariance dans le *renversement du temps* T (vérifiée avec une précision de l'ordre de 0,5 pour cent dans les interactions fortes et dans les interactions électromagnétiques, violée, par exemple, dans la désintégration du système $K_0 - \overline{K}_0$) ; enfin la *conjugaison de charge* C (symétrie particule/antiparticule) vérifiée dans les interactions fortes et électromagnétiques, violée dans les interactions faibles. En outre, ces trois symétries discrètes sont conservées simultanément, *i.e.* C.P.T. est une symétrie de la nature. C'est le *théorème CPT* fondé sur des propriétés très générales comme l'invariance de Lorentz de la théorie, la relation spin-statistique (*i.e.* les particules de spin demi-entier sont des fermions ; les autres sont des bosons), etc. Ce théorème a d'importantes conséquences : égalité de la masse des particules et des antiparticules, propriétés électromagnétiques opposées entre particules et antiparticules, égalité des temps de vie des particules et des antiparticules, etc.

Donnons une illustration un peu fallacieuse du théorème CPT. Pour cela, considérons dans l'espace-temps un électron libre : sa trajectoire est représentée par une ligne droite. Appliquons l'opération T puis P : on retrouve la même trajectoire mais orientée vers le passé. Adoptant l'interprétation de Feynman qui considère qu'une antiparticule est une particule qui remonte le cours du temps, il suffit de changer, par exemple, q en $-q$, *i.e.* d'appliquer C pour retrouver l'état initial (fig. 7).

En termes de cosmologie, ces invariances discrètes — ou plutôt leur brisure — peuvent avoir d'importantes conséquences. Ainsi, si l'on veut expliquer le rapport η dont nous avons parlé plus haut (ou, si l'on préfère, si l'on souhaite comprendre pourquoi l'univers semble constitué principalement de matière et non d'antimatière), il est nécessaire qu'il existe une certaine dissymétrie entre particules et antiparticules, c'est-à-dire une brisure de l'invariance discrète C. En fait, on peut montrer qu'il est également nécessaire de briser l'invariance discrète CP afin d'expliquer le rapport η [137 ; 81]. Une autre conséquence cosmologique d'une brisure d'une invariance discrète est l'existence éventuelle de *domaines* de l'univers où la matière serait dans un état de symétrie donné. À la frontière de tels domaines la matière serait très concentrée, de sorte que l'univers nous apparaîtrait très anisotrope : cela est tout à fait contraire aux données de l'observation ; c'est pourquoi, si de telles anisotropies sont prévues par un modèle de l'univers primordial, elles doivent nécessairement être inobservables et ce, soit parce qu'elles excèdent notre horizon, soit pour de toutes autres raisons.

Symétries continues

Outre les symétries discrètes que nous venons d'évoquer, il existe des symétries continues dont le prototype est la *symétrie isotopique* imaginée par Heisenberg en 1932. On sait, en effet que le proton et le neutron ont sensiblement la même masse (respectivement 938,28 MeV et 939,57 MeV), le même spin 1/2 et ne diffèrent essentiellement que par la charge ($+e$ pour le proton, 0 pour le neutron). Ces propriétés frappantes ont amené Heisenberg puis Wigner à postuler qu'il s'agissait de la même particule, le *nucléon*, susceptible de deux états de charge ($+ e$, 0) :

$$N = \begin{bmatrix} P \\ N \end{bmatrix}, \text{ ou nucléon} = \begin{bmatrix} \text{proton} \\ \text{neutron} \end{bmatrix}.$$

Cette hypothèse était fondée sur les résultats d'expériences de diffusion de ces particules : protons et neutrons se comportent de la même manière.

> L'invariance isotopique, ou *symétrie de charge*, n'est valable que pour autant que les interactions électromagnétiques ne jouent pas de rôle prépondérant. C'est le cas, notamment, des forces nucléaires (forces entre nucléons), et la différence de masse entre le proton et le neutron est due précisément aux interactions électromagnétiques. Cette invariance isotopique se manifeste non seulement dans les expériences de diffusion de nucléons, mais encore dans les propriétés à peu près semblables des *noyaux miroirs*[5], noyaux dans lesquels les protons ont été remplacés par des neutrons et réciproquement [123]. Les petites différences observées sont dues aux interactions électromagnétiques.

Le *doublet* introduit plus haut pour le nucléon constitue un vecteur dans un espace complexe à *deux* dimensions, très analogue au doublet de spin habituel de la mécanique quantique : c'est pourquoi on dit que le nucléon possède un *spin isotopique* (ou isospin) 1/2. Ainsi dans les interactions nucléaires (ou fortes) le neutron et le proton se comportent de manière semblable : ces forces ne permettent pas de discerner le neutron du proton (en revanche, les forces électromagnétiques les distinguent très bien).

Cette propriété se traduit par une *invariance* de la théorie dans le groupe des transformations du spin isotopique, un groupe analogue au groupe des rotations.

---

5. Il existe dans les divers ouvrages de physique nucléaire *deux* définitions des noyaux miroirs.

Rappelons qu'un groupe de transformations est un ensemble d'opérations tel
— qu'il contienne la transformation identique (celle qui ne change rien),
— que la transformation inverse de la transformation initiale doit exister et faire partie de l'ensemble (il faut pouvoir passer d'un état à un autre et *réciproquement*),
— que l'application de deux transformations successives doit elle-même donner lieu à une transformation de l'ensemble, etc. (voir fig. 8).

Cependant, tout comme il existe des particules de spin 0, 1,... existent également des particules à interactions fortes d'isospin 1, comme le *méson* π, qui constitue un *triplet* d'isospin :

$$\pi = \begin{bmatrix} \pi^+ \\ \pi^0 \\ \pi^- \end{bmatrix}$$

qui fait lui aussi partie d'un espace vectoriel complexe, mais à trois dimensions cette fois (les masses des π^+ et π^0 sont respectivement 139,57 MeV et 134,96 MeV).

Ainsi toutes les réactions suivantes :

$$\begin{aligned} \pi^+ + P &\rightarrow \pi^+ + P, \\ \pi^- + P &\rightarrow \pi^- + P, \\ \pi^- + P &\rightarrow \pi^0 + N, \\ \pi^0 + P &\rightarrow \pi^0 + P, \\ \pi^\pm + N &\rightarrow \pi^\pm + N, \end{aligned}$$

et les réactions inverses seront décrites dans un même formalisme, en même temps, avec la même force ; ce formalisme possédera l'invariance isotopique. L'expression « invariance isotopique du formalisme » signifie que l'interaction ne changera pas si l'on fait subir à π et à N une même transformation du groupe isotopique.

La symétrie isotopique est une symétrie *globable* en ce sens qu'elle s'applique à un espace interne aux particules à interactions fortes et qu'il ne s'agit pas là d'une transformation portant sur les positions : une transformation globale transforme les doublets, triplets, etc., de particules *indépendamment* des x et t.

Cette symétrie globale se traduit par la conservation de *nombres quantiques,* l'isospin I et sa composante I^3.

Dans le cas du nucléon $I = 1/2$ et $I_3 = \pm 1/2$ selon que l'on a affaire à l'état proton (+) ou neutron (−). Pour les mésons π, $I = 1$ et $I_3 = \pm 1, 0$. Si l'on attribue aux nucléons le nombre baryonique + 1 (et − 1 aux antinucléons) et aux mésons le nombre baryonique 0, on s'aperçoit que la charge Q, le nombre baryonique B et I_3 sont liés par la formule de Gell-Mann et Nishijima :

$$Q = I_3 + B/2.$$

I désigne donc un nombre quantique lié au nombre de composantes du vecteur isotopique (ce nombre est $2I + 1$) tandis que I_3 désigne les composantes mêmes du vecteur spin isotopique.

Bien entendu, il existe de nombreux exemples de particules élémentaires faisant partie de *multiplets* (singlet, doublet, triplet, etc.) d'isospin.

Le *deutéron,* formé d'un neutron et d'un proton, est un *singlet* d'isospin ($I = I_3 = 0$; c'est un « vecteur » à une seule composante), de même que l'hypéron Λ. Le système (K^+, K°) forme un doublet d'isospin et $I = 1/2$. Le système Σ ($\Sigma\pm$, Σ_0) de nombre baryonique + 1, forme un triplet d'isospin et $I = +1$, etc.

À côté de l'isospin, de la charge ou du nombre baryonique, il existe un autre nombre quantique conservé dans les interactions fortes, l'*étrangeté.* Ce nombre quantique a été introduit par M. Gell-Mann en 1950 pour expliquer que, dans les réactions où les interactions *fortes* interviennent, d'une part, la production d'*hypérons* [Λ, Σ, Ξ...] s'accompagne toujours de mésons K et, d'autre part, certaines réactions permises par les lois usuelles de conservation (de l'énergie et de l'impulsion, de la charge, du nombre baryonique) ne se produisaient jamais.

On observe ainsi les réactions :

$$P + P \rightarrow P + \Lambda + K^+,$$
$$K^- + P \rightarrow \Lambda + \pi^0,$$
$$K^- + P \rightarrow \Sigma^- + \pi^+.$$

mais pas les suivantes :

$$P + N \rightarrow P + \Lambda,$$
$$P + P \rightarrow P + N + K^+,$$

pourtant compatibles avec la conservation du nombre baryonique, de la charge et de l'impulsion-énergie.

On est ainsi conduit à attribuer l'étrangeté $S = 0$ aux nucléons, aux mésons π, etc. ; l'étrangeté $S = -1$ aux hypérons Λ et Σ, l'étrangeté $S = +1$ pour le système ($K+$, K^o), etc. Avec cette règle empirique les diverses anomalies mentionnées plus haut s'éliminent sans problème.

Lorsqu'on a affaire à des particules « étranges » — c'est-à-dire telles que $S \neq 0$ – la formule de Gell-Mann et Nishijima s'écrit :

$$Q = I_3 + (B + S) / 2 .$$

La grandeur $Y = B + S$ s'appelle l'*hypercharge.*

L'existence de deux nombres quantiques conservés à la fois dans les interactions fortes entre particules a conduit alors les théoriciens à envisager une invariance de ce type de force « plus grande » que celle de la simple symétrie d'isospin. Après quelques tâtonnements, M. Gell-Mann et Y. Ne'eman trouvaient un tel groupe, le groupe $\mathbf{SU_3}$,

$\mathbf{SU_3}$ est le groupe des matrices 3×3 unitaires et de déterminant égal à $+1$ *i.e.* transformant un vecteur x en un vecteur x' de même longueur que x.

et l'une des prédictions les plus frappantes de cette théorie se trouvait vérifiée de manière éclatante peu de temps après : en 1964, le baryon Ω^- prédit par la théorie était découvert. Une conséquence beaucoup plus profonde de cette théorie est qu'elle conduisit M. Gell-Mann et G. Zweig à l'hypothèse des *quarks* (1964), qui devait se révéler d'une extrême fécondité.

Symétrie de jauge

Les symétries *locales*, ou symétries de jauge, sont d'une nature très différente. On connaissait depuis longtemps un exemple d'une telle symétrie, celui des transformations de jauge de l'électromagnétisme.

Lorsque les phénomènes électromagnétiques sont décrits en termes de *potentiels* (potentiel scalaire ou vectoriel) plutôt qu'en termes de champs (électrique ou magnétique), il existe des transformations des potentiels qui laissent subsister les *mêmes* champs. En outre, ces transformations forment un *groupe.* Par exemple, le champ électrique **E** s'écrit

$$\mathbf{E} = -\,\mathbf{grad}\ V - (1/c).\,(\partial\,\mathbf{A}/\partial t)$$

où V est le potentiel scalaire et **A** le potentiel vectoriel, et la transformation

$$V \rightarrow V - (\partial/\partial t)\,\Lambda$$
$$\mathbf{A} \rightarrow \mathbf{A} - \mathbf{grad}\,\Lambda$$

(Λ : fonction arbitraire de $\mathbf{x}$ et t)
ne change rien à la valeur du champ électrique **E**.

Cependant, cette invariance locale n'était pas réellement considérée comme physiquement significative. En 1954, C.N. Yang et R.L. Mills, désireux d'établir une théorie des interactions fortes, généralisaient l'invariance de jauge de l'électromagnétisme en l'*étendant* à des groupes continus arbitraires. En fait, cette tentative tomba dans l'oubli pendant une bonne dizaine d'années, car elle se heurtait à des difficultés techniques auxquelles on ne savait pas remédier : en outre, elle était physiquement inadéquate, dans la mesure où l'on sait, aujourd'hui, que ce modèle aurait dû décrire une interaction entre quarks plutôt qu'entre nucléons.

> On ne savait comment attacher des particules aux « champs de jauge » (quantification) ; ces particules auraient eu une masse nulle et auraient donc été les agents d'une force de portée infinie alors que les interactions fortes ont une portée finie ; la théorie est non linéaire ; enfin, la théorie contient des grandeurs infinies dont on ne savait comment se débarrasser (renormalisabilité).

Indiquons maintenant comment les champs de jauge s'introduisent naturellement. Lorsqu'on impose aux équations du mouvement des particules constituant la matière de ne pas changer de forme dans les transformations d'un groupe local, il est absolument nécessaire d'introduire des champs « compensateurs » dont le rôle est précisément de contrebalancer le « manque d'invariance » des équations de la mécanique, que celle-ci soit quantique ou classique.

> Un « groupe local » est un groupe continu dont le (ou les) paramètre(s) sont changés en des fonctions arbitraires de la position et du temps. Par exemple, dans un plan quelconque, les transformations constituées par les rotations autour d'un point donné forment un groupe continu de paramètre θ, l'angle de la rotation. Si θ est maintenant considéré comme fonction arbitraire de $\mathbf{x}$ et t, ce groupe de global devient local : ses transformations sont assujetties à la position où l'on se place et à l'instant considéré.

À titre d'exemple, considérons l'expression de l'énergie (non relativiste et non quantique) d'une particule d'impulsion $\boldsymbol{p} = m\mathrm{v}$:

$$E = \mathbf{p}^2/2m.$$

Essayons d'*imposer* l'invariance de cette expression dans les transformations :

$$\boldsymbol{p} \rightarrow \boldsymbol{p} - \mathbf{grad}\ \Lambda\ (\boldsymbol{x}).$$

On a alors

$$E \rightarrow E' = (\boldsymbol{p} - \mathbf{grad}\ \Lambda\ (\boldsymbol{x}))^2\ /\ 2m \neq E.$$

Si nous introduisons un champ **A** qui, dans ce groupe de transformations, se change comme

$$\mathbf{A} \rightarrow \mathbf{A} - \mathbf{grad}\ \Lambda\ (\boldsymbol{x}),$$

alors l'expression

$$E = (\boldsymbol{p} - \mathbf{A})^2\ /\ 2m$$

est bien invariante dans les transformations du groupe local de départ : on a ainsi « engendré » un *nouveau* champ **A**, un champ de jauge.

D'autres considérations, comme l'invariance relativiste de la théorie ou sa renormalisabilité (c'est-à-dire la possibilité d'en éliminer les infinis), permettent alors d'obtenir les équations satisfaites par le champ de jauge.

Dans les années 1970, les principaux problèmes mentionnés plus haut étaient peu à peu résolus (quantification, renormalisabilité) et surtout appliqués à ce qu'on appelle le modèle de Weinberg-Salam, un modèle de jauge qui unifiait les forces faibles *et* électromagnétiques à la fois. Ce modèle prédit, entre autres, l'existence des *bosons intermédiaires* Z^0 et $W_\pm$ observés au C.E.R.N. en 1984 (voir fig. 6) et est bien vérifié expérimentalement. C'est pourquoi les théories de jauge ont tout de suite été envisagées plus sérieusement dans d'autres domaines. Cependant, des raisons théoriques suggéraient aussi d'étendre les théories de jauge aux interactions entre quarks. En effet, certains modèles fondés sur des groupes de jauge *non abéliens* conduisent

Un groupe de transformations est dit non abélien, ou encore non commutatif, si deux transformations successives ne conduisent pas au même résultat selon que l'on fait agir d'abord l'une ou l'autre (un exemple simple est donné figure 9). Ainsi, le groupe des rotations dans l'espace R^3 habituel n'est pas abélien ; en revanche, le groupe des translations dans le même espace est abélien.

à la propriété de *liberté asymptotique* : la force effective entre particules devient de plus en plus faible à mesure que les énergies mises en jeu deviennent de plus en plus élevées. Or, c'est précisément ce que l'on observe à l'intérieur d'un proton, par exemple, au cours d'expériences de diffusion de leptons à très haute énergie : les quarks qui le composent apparaissent sensiblement libres dans le proton. Cette propriété de liberté asymptotique est due pour l'essentiel à la *non-linéarité* des théories de jauge non abéliennes : les particules de jauge interagissent alors entre elles (voir fig. 10) (en revanche, le photon — une particule de jauge associée au champ électromagnétique, lui-même résultant d'un groupe de jauge abélien — n'interagit pas avec lui-même directement). En outre, les simulations numériques, effectuées depuis plusieurs années, semblent bien indiquer que les théories de jauge non abéliennes devraient permettre d'expliquer le confinement des quarks.

La théorie des interactions entre quarks généralement admise à l'heure actuelle s'appelle la *chromodynamique quantique* ou QCD (*Quantum Chromo-Dynamics*) et repose sur l'usage d'un groupe $\mathbf{SU}_3$ dit « de couleur » (pour le distinguer du groupe $\mathbf{SU}_3$ déjà mentionné) [88], dont découle la propriété de liberté asymptotique, dont on a besoin pour la description des interactions entre quarks.

> La *couleur* des quarks est le nom d'une propriété particulière de ces particules, introduite pour tenir compte du fait que ce sont des fermions, qui présentent donc des symétries particulières. Cette symétrie de couleur est très bien vérifiée expérimentalement. Ainsi, la désintégration du méson π^0 en deux photons γ (fig. 11) serait trois fois moins importante qu'observée si les quarks n'étaient pas *colorés*. Bien d'autres évidences expérimentales indiquent toutes que les quarks existent en *trois* couleurs, par exemple bleu, rouge, blanc ou marron, vert, violet, etc., le mot « couleur » n'étant qu'un nom pour désigner une propriété que l'on aurait pu appeler tout autrement [32].

Les particules de jauge de la chromodynamique quantique s'appellent des *gluons* et permettent des échanges de couleur entre quarks. Pas plus que les quarks, on n'a observé directement les gluons qui, eux aussi, sont supposés confinés.

Conceptuellement, les théories de jauge sont très intéressantes, car elles permettent de faire entrer dans un schéma unique les différentes interactions entre particules élémentaires : les interactions électromagnétiques sont engendrées par le goupe $\mathbf{U}_1$ (groupe multiplicatif des nombres complexes de module + 1), les interactions électrofaibles (qui comprennent donc les précédentes) par le groupe $\mathbf{U}_1 \times \mathbf{SU}_2$ ($\mathbf{SU}_2$: groupe des matrices 2×2 complexes unitaires de déterminant + 1), les interactions fortes par le groupe $\mathbf{SU}_3$. Il est donc légitime de se demander si en utilisant un groupe de jauge « plus grand », qui engloberait les précédents, on ne pourrait décrire *à la fois* toutes les interactions de la nature y compris — pourquoi pas ? — les interactions gravitationnelles. Une telle tentative est d'autant plus naturelle que si l'on examine les intensités des diverses forces entre particules élémentaires, elles coïncident à peu près à une énergie de l'ordre de 10^{15} GeV, énergie à laquelle les diverses forces sont sensiblement égales.

L'intensité de ces forces est caractérisée par une constante de couplage (comme la charge électrique pour les interactions électromagnétiques) *effective,* qui dépend de l'énergie mise en jeu (voir fig. 12). En mesurant expérimentalement ces constantes de couplage à basse énergie, on peut (à l'aide d'une relation théorique) les évaluer à des énergies plus élevées.

C'est ainsi que H. Georgi et S. Glashow ont imaginé le modèle d'unification le plus simple[6] construit sur le groupe de jauge $\mathbf{SU}_5$ (groupe des matrices unitaires 5×5 de déterminant + 1), qui est le plus petit groupe qui contienne $\mathbf{SU}_3 \times \mathbf{SU}_2 \times \mathbf{U}_1$. Ce modèle conduit à d'importantes prédictions expérimentales ; par exemple, le proton devrait être instable et avoir une durée de vie de l'ordre de 10^{31} ans (rappelons que l'âge de l'univers est évalué à quelque 10^{10} ans) et il devrait exister des monopôles, ou charges magnétiques. À l'heure actuelle, on ne pense pas avoir observé ces monopôles et le proton possède très certainement une durée de vie supérieure à 10^{32} ans. En tout état de cause, les recherches expérimentales se poursuivent activement. D'ores et déjà, la limite inférieure donnée pour le temps de vie du proton permet d'éliminer les modèles d'unification les plus simples fondés sur le groupe de jauge $\mathbf{SU}_5$.

Brisure spontanée de symétrie

L'existence ou l'hypothèse d'une symétrie entre certaines particules élémentaires implique qu'elles doivent toutes avoir la même masse à l'intérieur d'un même multiplet, alors qu'en réalité leurs masses sont généralement différentes.

Ainsi le neutron et le proton forment un doublet d'isospin et sont supposés avoir la même masse ; leur différence effective de masse vient de la *brisure de la symétrie* d'isospin $\mathbf{SU}_2$ par les interactions électromagnétiques. Il en est de même pour le triplet de mésons π ($\pi^{\pm}$ π^0).

6. Pour un exposé élémentaire, voir A. Bouquet [19]. Un aspect plus technique peut être trouvé chez P. Ramond [109].

Pour résoudre ce problème, les théoriciens ont imaginé un mécanisme, le mécanisme de Brout-Englert-Higgs, qui permet aux particules d'acquérir des masses différentes à l'aide de ce que l'on appelle une *brisure spontanée de symétrie.* Sans entrer ici dans le détail, il est une analogie qui permet de comprendre ce qu'est une brisure spontanée de symétrie : c'est l'analogie avec la transition d'un corps vers un état ferromagnétique (aimanté). En effet, si nous considérons l'énergie libre d'un corps susceptible d'une telle transition en fonction de l'intensité du champ magnétique appliqué, elle possède la forme de la courbe de la figure (fig. 13) où σ est l'intensité du champ magnétique ; pour $T > T_c$, l'énergie libre est minimale seulement pour $\sigma = 0$ et le corps n'est pas aimanté ; en revanche, dès que $T < T_c$, l'équilibre thermodynamique est obtenu pour un champ magnétique non nul et le corps est dans un état ferromagnétique. La phase $\sigma \neq 0$ correspond à une phase désordonnée (possédant la symétrie sphérique puisque les spins de tous les atomes constituants sont orientés au hasard) tandis que la phase $\sigma = 0$ est une phase ordonnée (possédant une symétrie seulement cylindrique puisque les spins sont maintenant sensiblement alignés selon une direction bien définie, celle du champ magnétique). En physique des particules, le mécanisme de Higgs est fondé sur l'introduction d'un champ scalaire et des particules associées, dont les interactions induisent les masses des diverses particules de la théorie, brisant ainsi sa symétrie originelle. Par exemple, dans la théorie de Weinberg-Salam qui unifie les interactions faibles et fortes *via* la symétrie de jauge $\mathbf{SU_2 \times U_1}$ les particules de jauge acquièrent une masse et l'on observe bien les bosons intermédiaires $W^{\pm}$ et Z^{o} avec les masses prévues.

LE RÔLE DU VIDE EN COSMOLOGIE

Dans le langage courant, le vide est habituellement assimilé au *rien du tout*, à l'absence totale de matière. En fait, même l'espace et le temps sont des formes d'existence de la matière et le « vide » est graduellement apparu comme un milieu physique donnant lieu à des propriétés observables et observées, susceptible de posséder des symétries, de fluctuer, d'avoir une énergie, etc. Cependant, les manifestations concrètes de ce milieu matériel, d'un type différent, n'apparaissent généralement que dans des conditions physiques extrêmes : courtes distances, énergies très élevées, etc. C'est pourquoi l'univers primitif peut constituer un *laboratoire* privilégié permettant l'étude du vide, un milieu quantique par excellence. Une bonne introduction aux notions modernes de vide est due à I.J.R. Aitchison [2] à laquelle on se rapportera pour un exposé élémentaire simple (voir aussi Ya. B. Zeldovich, [137]).

Qu'est-ce donc que le vide physique ? Plutôt que le « rien du tout », c'est essentiellement l'*état fondamental*, c'est-à-dire l'état d'énergie minimum, d'un système comprenant des champs et des particules ; lorsque le système est en équilibre thermodynamique, cet état fondamental correspond au minimum absolu de l'énergie libre [7] (cas de l'univers primordial).

Le vide de Dirac

Pour illustrer la notion de vide quantique et indiquer quelques-unes de ses conséquences observables, nous nous limiterons à ce qu'on appelle l'*océan de Dirac,* le premier vide connu (1930). En 1928, Paul A.M. Dirac donne la première équation d'onde relativiste pour des fermions de spin un demi, en l'occurrence des électrons. Cependant, l'énergie E et l'impulsion $\boldsymbol{p}$ de ces particules étant liées par la relation relativiste habituelle,

$$E^2 = \boldsymbol{p}^2 c^2 + m^2 c^4,$$

(du moins pour des particules *libres* ; c'est-à-dire sans interaction), Dirac se heurtait à la difficulté suivante. La relation précédente conduit immédiatement à :

$$E = \pm [\boldsymbol{p}^2 c^2 + m^2 c^4]^{1/2},$$

ce qui montre l'existence de solutions à *énergie négative,* dont le sens n'était pas clair à cette époque.

> Dans le cas non quantique, on rejette purement et simplement les énergies négatives comme étant dénuées de sens physique. En revanche, dans le cadre de la mécanique quantique, les états à énergie négative sont mathématiquement indispensables et conduisent à une relation très bien vérifiée expérimentalement pour la diffusion de la lumière par les électrons (formule de Klein-Nishina).

Pour pallier cette difficulté, Dirac fait une hypothèse tout à fait audacieuse (1930). Il suppose que tous les états à énergie négative sont déjà occupés, de sorte que le *principe d'exclusion* de Pauli (fig. 14) interdit à un électron

> Le principe d'exclusion provient de l'analyse des spectres atomiques (1924), et est très bien vérifié. Il spécifie que deux fermions (les électrons, les nucléons ; de manière générale les particules de spin demi-entier, sont des fermions) ne peuvent se trouver dans le même état. Ainsi, deux électrons de même énergie et de même spin ne peuvent avoir *aussi* la même impulsion $\boldsymbol{p}$.

7. À température nulle, l'énergie libre d'un système thermodynamique se réduit à son énergie interne.

(ou à un fermion, de manière générale) de passer d'un état à énergie positive à un état à énergie négative. Ces états à énergie négative auraient eu des propriétés paradoxales (impulsion opposée à la vitesse, etc.) et doivent donc être inobservables, du moins directement. C'est l'ensemble de ces états à énergie négative, tous occupés, que l'on appelle l'océan de Dirac et qui constitue le *vide* ; l'état fondamental est un état comprenant une infinité de particules à énergie négative et *aucun* électron à énergie positive. Il y a là une différence essentielle avec le *vide* non relativiste, formé de *zéro* électron de quelque énergie que ce soit.

Ce vide de Dirac est, on le voit, d'une grande richesse et son énergie (tout comme sa charge) est infinie : cependant, il ne s'agirait là que d'une construction purement *ad hoc,* si aucune conséquence expérimentale n'en découlait. Nous avons indiqué qu'un électron à énergie positive ne pouvait passer à un état à énergie négative ; en revanche, un électron du vide de Dirac, pour peu qu'on lui fournisse de l'énergie, peut sauter vers un état à énergie positive. Il va donc subsister un trou dans l'océan de Dirac. Ce trou d'énergie et de charge négatives (s'il s'agit d'un électron) va apparaître comme une particule d'énergie positive et de charge *positive* (donc comme un positron). Ainsi l'hypothèse de Dirac permet la prédiction d'anti-électrons (ou positrons, découverts en 1932 par C.D. Anderson), d'anti-protons (1955), etc. Ce n'est évidemment pas la seule prédiction possible. La quatrième relation d'incertitude de Heisenberg.

$$\Delta E.\ \Delta t \gtrsim \frac{1}{2}\ h$$

indique que pendant des intervalles de temps Δt très courts, des énergies ΔE importantes peuvent être mises en jeu. Il s'ensuit que si Δt est assez petit, ΔE peut être supérieur à 2 mc^2, l'intervalle d'énergie minimum nécessaire à un fermion d'énergie négative pour passer à un état d'énergie positive. Dans ces conditions, le vide de Dirac peut *fluctuer* pendant des temps très courts, créant puis annihilant des paires particule/antiparticule. Ces paires virtuelles (virtuelles, car elles n'ont d'existence que pendant des temps très courts) *polarisent* le vide et modifient donc ses propriétés diélectriques. Les paires virtuelles qui existent autour d'une charge électrique Q, par exemple, forment un écran : une autre charge Q' ne sera pas sensible à toute la charge Q mais seulement à une partie (fig. 15).

Le vide que nous venons d'évoquer concerne les fermions élémentaires de spin un demi : électrons, mésons μ ou τ, neutrinos, quarks... Ses propriétés peuvent être modifiées si l'on tient compte des diverses interactions, de leurs symétries, de la possibilité d'un équilibre thermodynamique. Cependant, il existe non seulement un vide pour les fermions mais aussi pour les bosons (qui véhiculent l'interaction entre fermions [fig. 5 et 6], comme les photons, les bosons intermédiaires Z^0, $W^{\pm}$ ou les gluons — qui transportent de la couleur entre quarks et sont responsables de leurs interactions). Si l'on considère, par exemple, le cas de la chromodynamique quantique, il existe non seulement des paires virtuelles quark/antiquark qui font écran à la « charge de couleur » des quarks, mais aussi des paires virtuelles de gluons qui, au contraire, renforcent la charge de couleur des quarks (fig. 16). Si la théorie comporte suffisamment peu de quarks, le bilan de cet *écrantage* et de cet *anti-écrantage* est en faveur de l'anti-écrantage et la théorie est asymptotiquement libre : la force effective entre quarks décroît avec la distance (voir, par exemple, N.K. Nielsen [93]).

Le vide chaud

Venons-en maintenant au vide *chaud*, c'est-à-dire modifié par l'existence de matière à l'équilibre thermodynamique ; c'est là un cas particulièrement intéressant en ce qui concerne l'univers primordial. Dans certains cas, en effet, il arrive que l'énergie du vide — l'énergie de l'état fondamental — soit très supérieure à l'énergie de la matière. Dans ces conditions, l'univers est « dominé par le vide » et cela se traduit par l'usage de l'équation d'état du vide dans les équations de Friedmann pour le facteur d'échelle $R(t)$. Cette équation d'état s'écrit généralement :

$$P + \varrho/c^2 = O,$$

et découle des symétries d'espace-temps du vide. Si, de plus, la densité d'énergie ϱ (et donc la pression P également) reste sensiblement constante au cours d'un intervalle de temps Δt , alors, pendant ce même intervalle de temps, la solution des équations de Friedmann est exponentielle :

$$R(t) = R(t_0) \exp [H_0 (t - t_0)],$$

où H_0 est la constante

$$H_0 = (8\pi G\varrho/3)^{1/2} .$$

C'est ce qu'on appelle encore un comportement *inflatoire* et l'on parle alors d'*univers inflatoire* ou en inflation [64 ; 65].

Un tel comportement est particulièrement intéressant, car il fournit une solution élégante à certains problèmes cosmologiques comme le problème de l'horizon ou celui des monopôles. Le problème de l'horizon est résolu par le fait que les cônes de lumière s'évasent (voir fig. 1), tandis que celui des monopôles l'est comme conséquence d'une dilution plus grande au cours du temps lorsque le facteur d'échelle est exponentiel que lorsqu'il a le comportement en $t^{1/2}$ caractéristique de l'univers primitif dominé par le rayonnement (cas du modèle standard).

Deux modèles inflatoires

Comment peut-on cependant réaliser les conditions nécessaires à l'existence d'une période inflatoire ? Nous avons indiqué ci-dessus que, la dominance du vide étant réalisée, la densité doit rester sensiblement constante pendant une période Δt. Nous exposerons ci-dessous deux manières d'y parvenir qui conduisent respectivement à ce que l'on appelle l'« inflation de Guth » et à la « nouvelle inflation » (cette dernière est due à A. Linde, P.J. Steinhardt et A. Albrecht). Ces deux types de modèle inflatoire étaient, à l'origine, tout à fait liés aux théories complètement unifiées puis à ce que l'on nomme les modèles « supersymétriques ». En réalité, les mécanismes d'inflation qu'ils proposent pourraient s'appliquer à d'autres théories des particules élémentaires : c'est ce qui en fait à la fois l'intérêt et la généralité. C'est pourquoi nous exposerons ces deux types d'inflation sans trop de références aux théories complètement unifiées ou aux supersymétries.

Le modèle originel de Guth. Il est fondé sur le fait que l'énergie libre (c'est-à-dire la fonction thermodynamique qui permet la description à l'échelle macroscopique de l'univers primordial ; il s'agit essentiellement de la différence entre l'énergie interne et l'énergie thermique, donc de l'énergie disponible) est de la forme indiquée dans la figure 17 : en fonction d'un paramètre σ à préciser plus loin, elle possède un seul minimum pour des températures supérieures à une température critique T_c, deux lorsque cette température est inférieure à T_c. L'équilibre thermodynamique du système est alors obtenu pour l'état (c'est-à-dire la valeur du paramètre σ) qui rend l'énergie libre minimale. Pour $T > T_c$, il n'existe qu'un seul minimum qui correspond donc à $\sigma = 0$. Pour $T < T_c$, l'état d'équilibre thermodynamique est obtenu pour $\sigma \neq 0$. Il s'agit là d'un équilibre stable alors que le minimum existant à $\sigma = 0$ correspond à un état métastable. C'est-à-dire à un état qui possède une durée de vie limitée : seule une fluctuation d'amplitude suffisante peut permettre au système de franchir la barrière d'énergie qu'indique la figure. Ces fluctuations peuvent être soit quantiques, soit thermiques, voire les deux à la fois. Le comportement inflatoire de l'univers vient de ce que celui-ci reste « piégé » pendant un certain temps dans l'état métastable $\sigma = 0$, alors même que la température est tombée au-dessous de T_c. Les caractéristiques thermodynamiques de l'univers restent alors sensiblement constantes pendant cette période métastable, notamment la densité de masse, ce qui entraîne bien l'inflation.

Deux problèmes se posent immédiatement : il s'agit, d'une part, du réchauffement éventuel de l'univers, d'autre part, de l'évolution des petites fluctuations du système. Dans l'un et l'autre cas, il faut pouvoir relier la période inflatoire au modèle standard, lequel est chaud et contient des galaxies.

Le premier problème peut être résolu ainsi : à mesure que l'univers se dilate, la température chute et un moment arrive où une fluctuation plus importante que les autres le fait passer de l'état métastable, où il se trouvait, à l'état stable ; mais, ce faisant, il y a aussi changement (diminution) d'énergie libre. En termes quantiques, il y a passage d'un niveau d'énergie à l'autre, plus bas ; cela se traduit, qualitativement, par l'émission de rayonnements, de particules diverses qui réchauffent l'univers et, thermodynamiquement, par le dégagement d'une chaleur latente de la transition de l'état $\sigma = 0$ à l'état $\sigma \neq 0$.

Le second problème est quelque peu lié au premier. On admet, en effet, que les fluctuations présentes dans l'univers primordial pourraient donner lieu à la formation de galaxies (ou d'amas de galaxies, voire d'autres structures) après croissance au cours du temps. Ces fluctuations initiales sont alors assimilées à de petites bulles remplies de matière dans la phase $\sigma \neq 0$, qui croissent jusqu'à former un mélange inextricable des deux phases ($\sigma = 0$ et $\sigma \neq 0$), puis jusqu'à ce que toute la matière soit dans la phase d'équilibre ($\sigma \neq 0$). La chaleur latente de la transition est alors dégagée soit en raison du choc des bulles entre elles, soit par des échanges thermiques beaucoup plus complexes. En tout état de cause, quelques-unes des fluctuations du milieu devraient donner lieu aux galaxies que nous observons (ou à des amas, etc.).

Ce schéma, séduisant, est très difficile à élaborer et exige que l'on soit sûr de la théorie des particules élémentaires sur laquelle il est fondé ; ce qui n'est évidemment pas le cas. En outre, dans le cadre du modèle complètement unifié le plus simple, et avec des valeurs vraisemblables pour ses paramètres, il est impossible d'achever la transition de l'état inflatoire ($\sigma = 0$) vers l'état standard ($\sigma \neq 0$). Bien plus, l'univers aurait un aspect totalement différent de celui qui est observé. Il n'empêche que le modèle initial de Guth pourrait quand même être valable dans le cadre d'une autre théorie des particules et de leurs interactions.

La « nouvelle inflation ». Elle repose sur la possibilité d'une allure très différente de l'énergie libre en fonction du paramètre σ, au-dessous de la température critique T_c (fig. 18). Si l'énergie libre est très « plate » au voisinage de $\sigma = 0$, un mécanisme totalement différent peut donner lieu à l'inflation. Alors que dans le modèle initial il y avait piégeage de l'univers dans un état métastable, ici on a affaire à une perte de stabilité lente. En effet, l'état $\sigma = 0$ est maintenant un état instable, mais, comme l'énergie libre reste sensiblement constante à mesure que le système « dégringole » vers l'état stable, la densité de masse et les autres grandeurs thermodynamiques le sont également, ce qui entraîne encore une fois l'inflation du facteur d'échelle.

La situation considérée dans la nouvelle inflation est cependant un peu différente de celle que nous venons de mentionner. En effet, l'état $\sigma = 0$

n'est pas réellement instable, mais est plutôt faiblement métastable (autrement dit, la courbe de l'énergie libre présente une très légère bosse au lieu d'être monotone décroissante, quoique sensiblement plate comme l'indique la figure). Il s'ensuit que les fluctuations de densité de la matière — qu'elles soient quantiques ou thermiques — sont capables de franchir la barrière d'énergie présentée par l'énergie libre (notamment par effet tunnel) et leurs dimensions croissent avec le temps. Dans les théories complètement unifiées considérées par Linde d'une part, Albrecht et Steinhardt d'autre part, ces dimensions passaient de 10^{-20} cm à $10^{32 \text{ à } 40}$ cm très rapidement. Par conséquent, dans ce schéma, l'univers visible (environ 10^{28} cm) se trouve tout entier contenu à l'intérieur de cette fluctuation ! Dans ces conditions, le reste de l'univers est composé d'autres fluctuations (pour lesquelles $\sigma \neq 0$) évoluant dans une phase où la matière est telle que $\sigma = 0$.

Il est peut-être utile de préciser, à ce stade, que cette nouvelle inflation — en admettant que l'on puisse trouver un modèle physique crédible qui y conduise — est un peu en contradiction avec la conception moderne de ce qu'est une théorie scientifique : les prévisions de la nouvelle inflation ne sont pas toutes vérifiables (la nouvelle inflation n'est pas réfutable au sens de Popper) ; en effet, ces autres univers que sont les autres fluctuations de matière ne sont pas accessibles à l'observation.

Le paramètre σ. Pour comprendre ce paramètre, nous pouvons revenir à l'analogie mentionnée plus haut concernant les milieux ferromagnétiques (susceptibles de devenir des aimants) à basse température. Si l'on trace l'expression de l'énergie libre en fonction du champ magnétique et pour diverses températures, on obtient des courbes du *même type* que celles données sur la figure 13. À basse température ($T < T_c$) la symétrie sphérique de l'état fondamental est brisée spontanément : $\mathbf{H} \neq \mathbf{0}$. À haute température ($T > T_c$), la symétrie sphérique est restaurée et $\mathbf{H} = \mathbf{0}$. Dans cet exemple, le paramètre σ est simplement $|\mathbf{H}|$. C'est un paramètre qui est nul pour un état de symétrie donné et non nul seulement lorsque la symétrie de l'état fondamental est moindre : c'est ce que l'on appelle un *paramètre d'ordre.*

Dans le cadre des théories complètement unifiées, ce qui joue le rôle de ce paramètre d'ordre, c'est le champ scalaire (moyen) — ou champ de Higgs — nécessaire pour que les particules acquièrent une masse : en se refroidissant l'univers passe d'un état de symétrie maximale ($T \gtrsim 10^{15}$ GeV), qui dépend du groupe de grande unification considéré, à un état de symétrie moindre et finalement à la symétrie $\mathbf{U_1 \times SU_2 \times SU_3}$, qui est celle des particules observées en laboratoire.

Le vide est donc susceptible de *transitions de phase* très complexes, riches d'incidences possibles en ce qui concerne l'univers primordial.

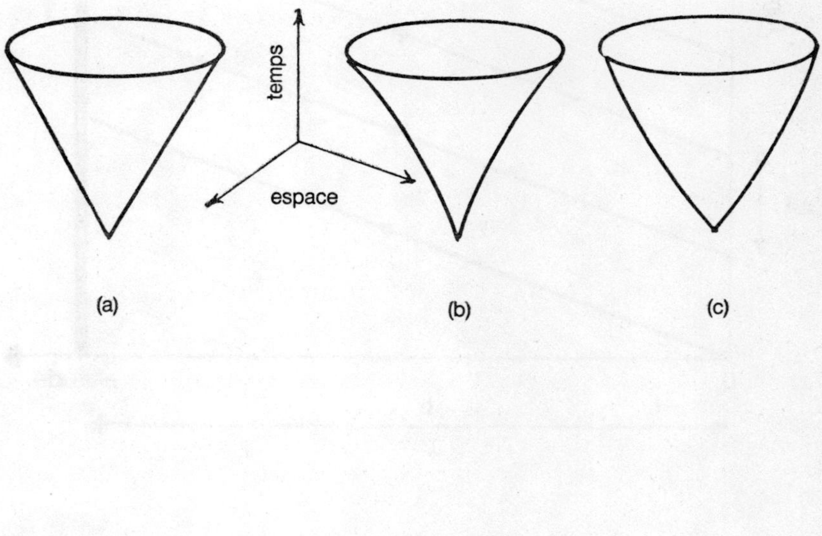

FIGURE 1. Le cône de lumière de la relativité restreinte (a) *se transforme en un conoïde du type* (b) *si l'espace-temps est à courbure négative et du type* (c) *s'il est à courbure positive. La courbure des rayons lumineux en présence d'un champ de gravitation résulte du fait qu'en relativité "tout pèse" [$E = mc^2$], et, par conséquent, la lumière également est sujette à l'attraction gravitationnelle.*

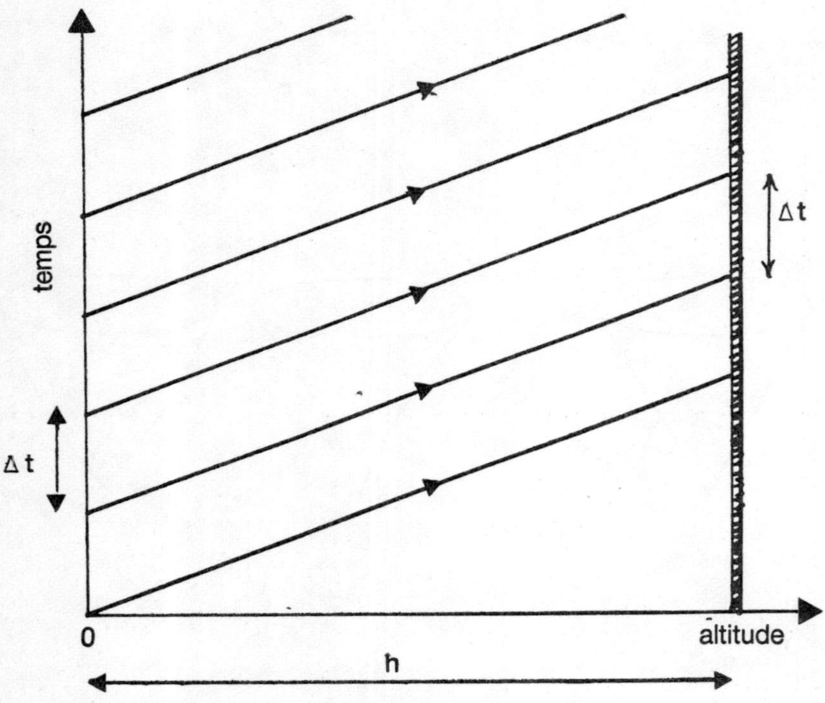

FIGURE 2. Un argument de Schild en faveur d'un espace-temps courbé. *Un photon émis à l'altitude zéro avec une fréquence* ν, *dans le champ gravitationnel terrestre, est observé à l'altitude* h *avec une fréquence* $\nu' < \nu$ *(expérience de Pound et Rebka). Ce phénomène est incompatible avec l'espace-temps "plat" de la relativité restreinte : la figure représente les trajectoires de photons depuis la surface de la Terre jusqu'à l'atitude* h *; si ces photons sont espacés de* Δt *à l'émission, ils doivent également l'être à la réception ; or, expérimentalement,* $\Delta t_{réc.} \Delta t_{émi.}$. *Pour que ceci ait lieu, il est nécessaire que la gravitation modifie les étalons de temps, donc courbe l'espace-temps.*

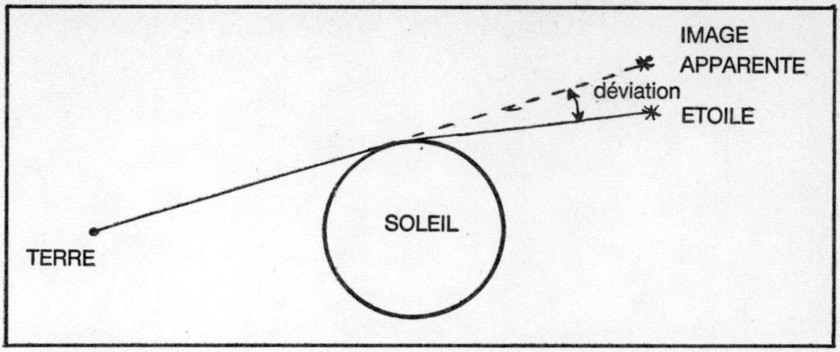

FIGURE 3. Déviation des rayons lumineux par le Soleil. *La position vraie d'une étoile dans le ciel, mesurée à une époque où le Soleil ne modifie pas la trajectoire de la lumière (de l'étoile), et la position apparente -lorsque la position du Soleil permet la courbure des rayons lumineux issus de l'étoile (cas de la figure), peuvent être comparées et fournissent alors une mesure de la déviation produite.*

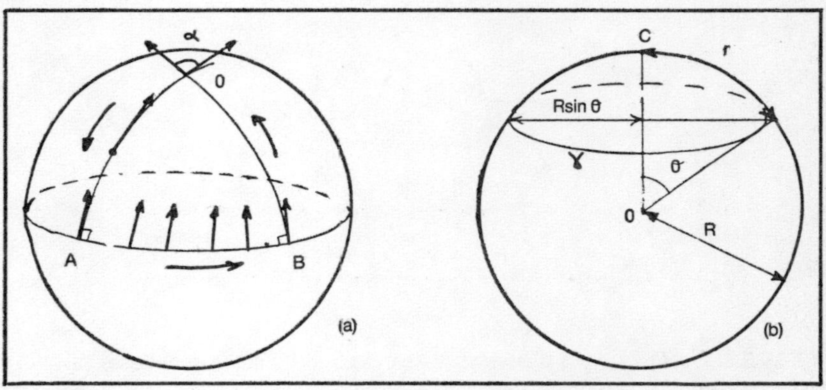

FIGURE 4. Quelques manifestations de la courbure (sur une sphère). *(i) La somme des angles du triangle curviligne (les "droites" sur la sphère sont constituées par des arcs de grand cercle) OAB vaut* $180^\circ + \alpha > 180^\circ$ (a). *(ii) lorsqu'on transporte un vecteur parallèlement à lui-même le long d'un circuit fermé (dans un espace courbé), son orientation change (ici d'un angle X)* (a). *(iii) en* (b), *on a tracé, sur la sphère, un cercle de centre C et de rayon* r *; sa longueur est (voir figure* (b)*)* 2π *Rsin0 ou R est le rayon de la sphère et où 0 =* r*/R ; il s'ensuit que cette longueur vaut* moins *que la valeur usuelle* $2\pi r$.

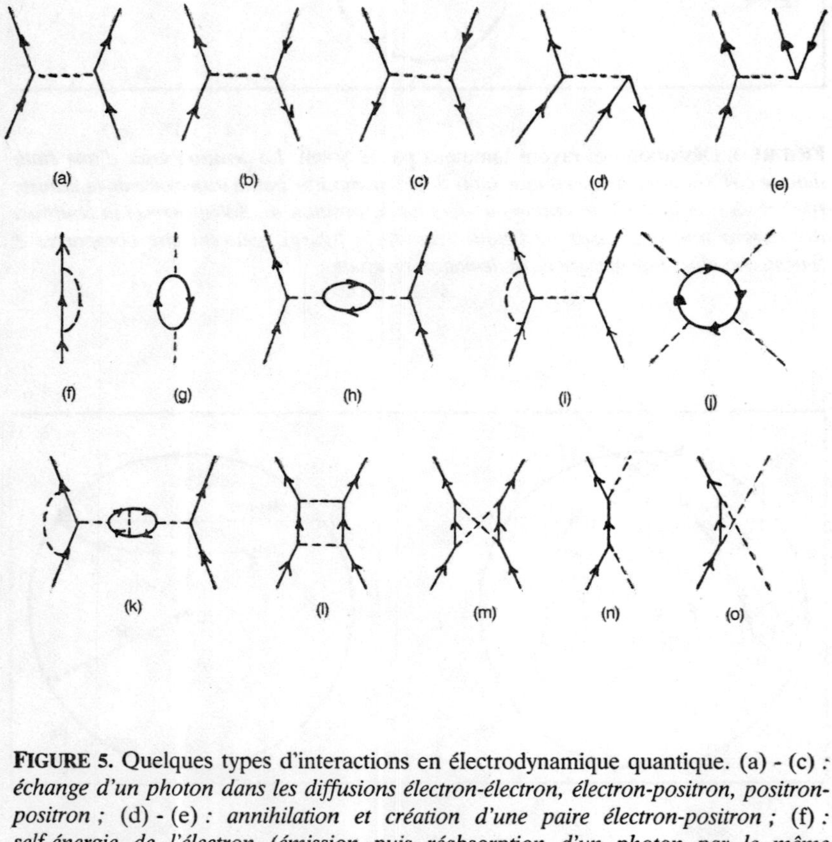

FIGURE 5. Quelques types d'interactions en électrodynamique quantique. (a) - (c) *: échange d'un photon dans les diffusions électron-électron, électron-positron, positron-positron ;* (d) - (e) *: annihilation et création d'une paire électron-positron ;* (f) *: self-énergie de l'électron (émission puis réabsorption d'un photon par le même électron) ;* (g) *: self-énergie du photon (polarisation du vide par une paire virtuelle électron-positron) ;* (h) *: correction due à la polarisation du vide de la diffusion électron-électron ;* (i) *: correction à la charge de l'électron ;* (j) *: diffusion photon-photon ;* (l) - (m) *: échange de deux photons dans la diffusion électron-électron ;* (n) - (o) *: diffusion photon-électron. Bien d'autres diagrammes peuvent être tracés tel* (k). *Il existe des règles précises -les règles de Feynman- qui permettent de calculer tel ou tel processus représenté par un diagramme.*

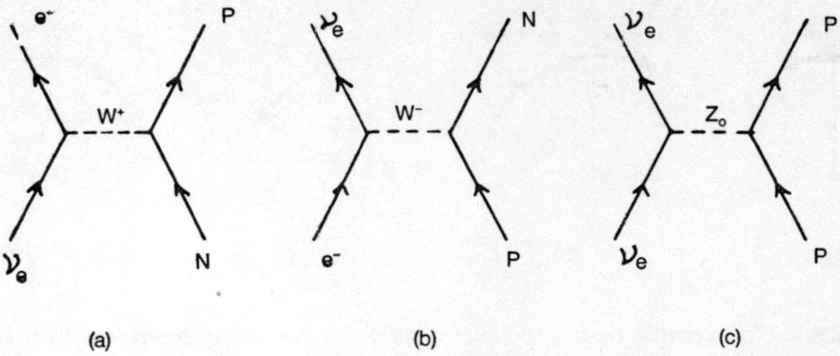

FIGURE 6. Échange des bosons lourds Z_0, $W^{\pm}$ dans quelques interactions faibles : *(a)* $\nu_e + N \rightarrow P + e^-$ *(b)* $e^- + P \rightarrow \nu_e + N$ *(c)* $\nu_e + P \rightarrow \nu_e + P$ *(P : proton ; N : neutron ;* ν_e *: neutrino de l'électron* e^-*)*

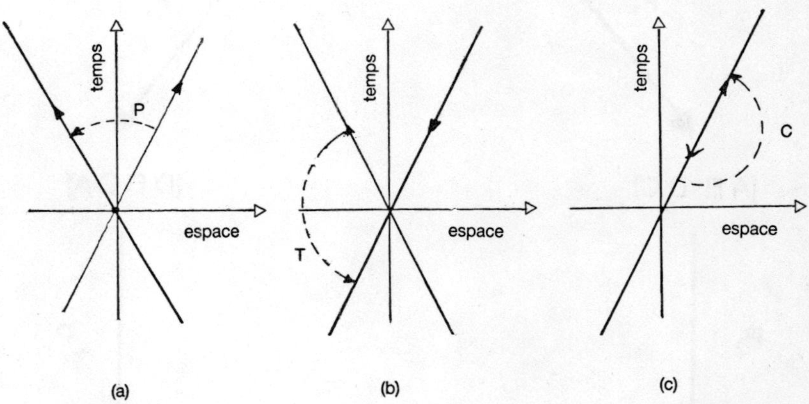

FIGURE 7. Démonstration heuristique du théorème CPT. (a) *la trajectoire de la particule est transformée par parité P (symétrie* $x \rightarrow -x$*) et l'on obtient la courbe en trait gras.* (b) *on effectue alors un renversement du temps T (symétrie* $t \rightarrow -t$*). (c) on effectue alors l'opération C (changement d'une particule en anti-particule ; cela revient à changer la flèche de la trajectoire : une antiparticule est une particule qui remonte le cours du temps (Feynman) on est finalement revenu à la trajectoire originelle : CPT = I.*

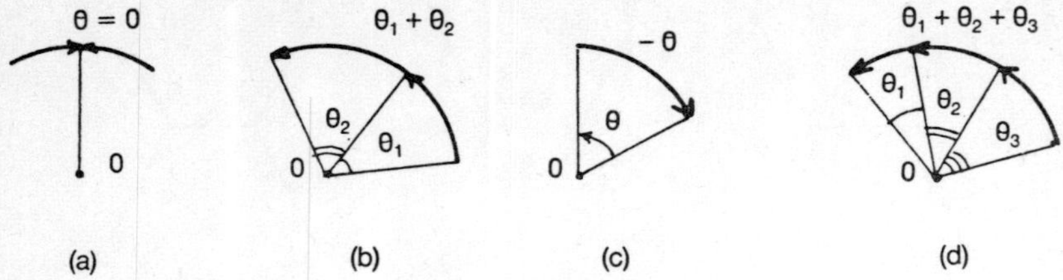

FIGURE 8. Un exemple de groupe : *les rotations autour d'un point 0 dans le plan.* (a) *La rotation d'angle 0 ne change rien* (b) *L'action successive d'une rotation d'angle θ_1, puis d'angle θ_2 donne une nouvelle rotation (d'angle $\theta_1 + \theta_2$)* (c) *À chaque rotation d'angle θ on peut faire correspondre une rotation inverse, d'angle $-\theta$* (d) *Si l'on effectue trois rotations successives ont peut, soit appliquer la troisième au résultat de l'application des deux premières, soit appliquer le résultat des deux dernières sur la première, et l'on obtient le même résultat (associativité).*

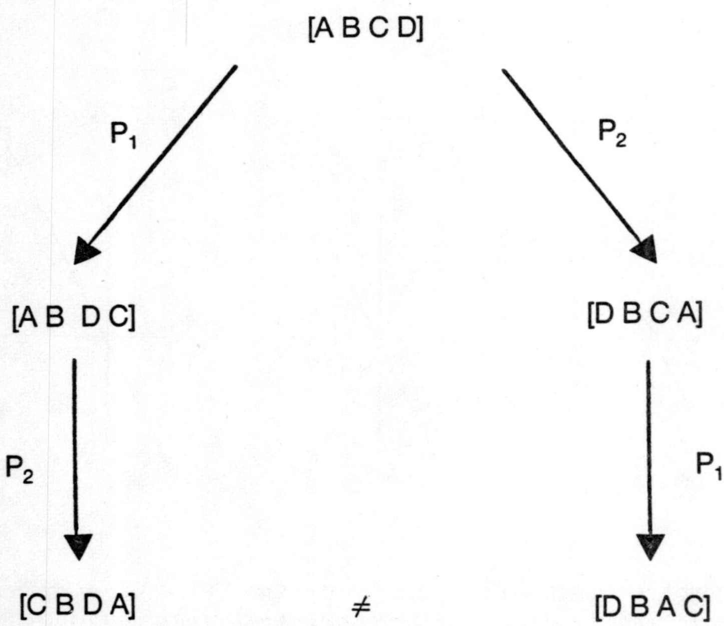

FIGURE 9. Un groupe non abélien : *le groupe des permutations de quatre objets (ABCD). Soit P_1 la permutation qui échange les deux derniers objets et soit P_2 celle qui échange le premier et le dernier. L'application de $P_1 P_2$ ou de $P_2 P_1$ à [ABCD] ne donne pas le même résultat : le groupe est* non commutatif *ou encore* non abélien.

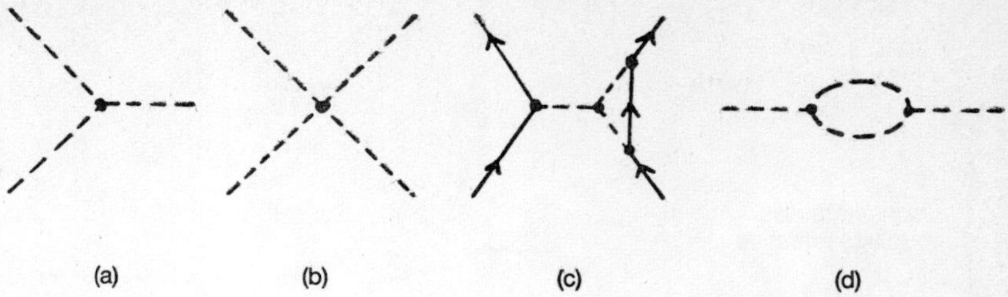

FIGURE 10. Quelques interactions des particules de jauge. *Lorsque le groupe de jauge est non-abélien, les particules de jauge utilisé (les* gluons, *dans le cas de la chromodynamique quantique) peuvent interagir entre elles (ce n'est pas le cas des photons, qui sont les particules de jauge d'un groupe* abélien U_1*).Ceci donne lieu à l'interaction de trois* (a) *ou quatre* (b) *particules de jauge ensembles. Les figures* (c) *et* (d) *montrent des exemples d'interaction entre fermions (lignes continues* (c)*) ou bosons de jauge (lignes tiretées* (d)*) qui n'existent pas en électrodynamique quantique (voir figure (5)).*

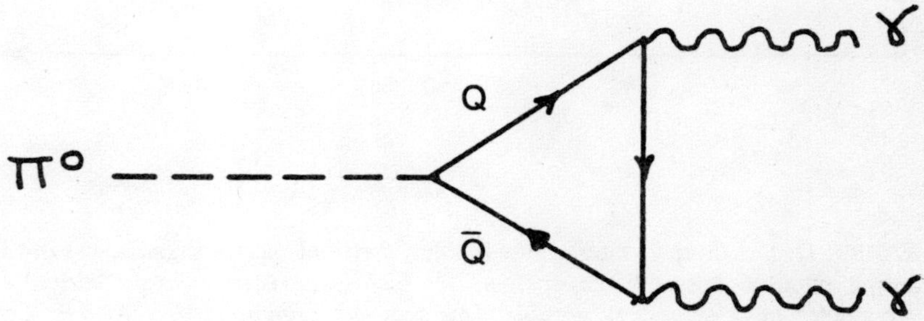

FIGURE 11. La "couleur" des quarks *se manifeste dans de nombreux phénomènes où interviennent ces particules. Ainsi dans la désintégration du méson* π^o *en deux photons* γ*, le diagramme ci-dessus compte trois fois : les quarks existent, en effet en* trois *"couleurs" et l'on a donc trois fois la même contribution à la désintégration du* π^o*. Le calcul du temps de vie du* π^o*, comparé avec les données expérimentales, sont en très bon accord, confirmant ainsi l'hypothèse de la "couleur" des quarks.*

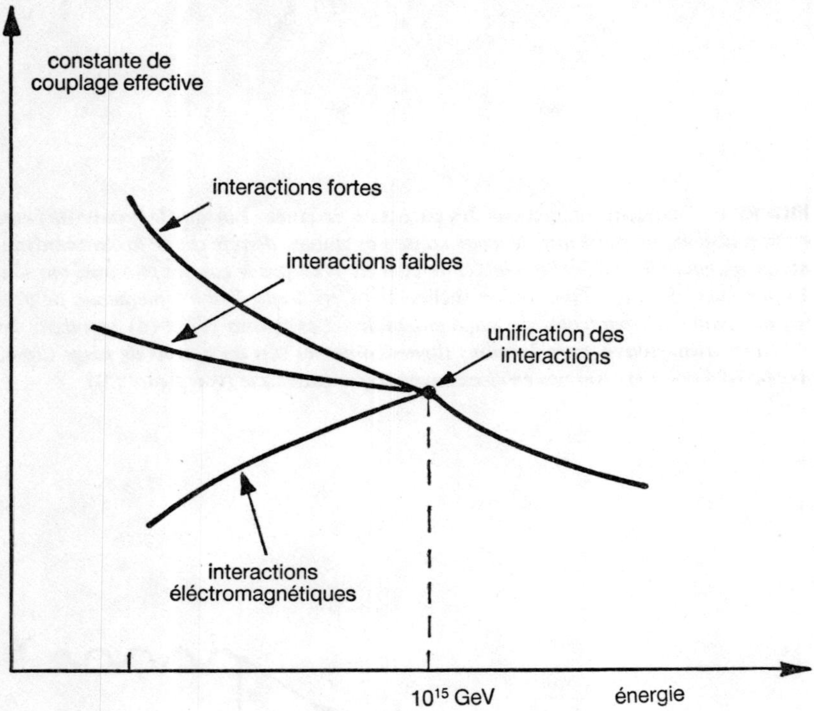

FIGURE 12. Les diverses interactions (faibles, fortes et électromagnétiques) ont la même intensité à très haute énergie 10^{15} GeV *(une énergie hors d'atteinte en laboratoire mais (peut-être) possible dans l'univers primordial vers 10^{-35}s). Ceci* suggère *que les diverses forces puissent être* unifiées *à une telle énergie. Les interactions fortes et faibles sont décrites respectivement par les groupes* non abéliens SU_3 *et* SU_2 *(ce qui se traduit sur la figure par la décroissance de leurs constantes de couplage respectives), tandis que les interactions électromagnétiques sont décrites par le groupe* abélien U_1 *(ce qui se traduit par la croissance de ce type d'interaction avec l'énergie mise en jeu).*
Pour unifier ces trois types de force, on a imaginé de trouver un groupe de jauge G, plus "grand", et qui contiendrait donc $SU_3 \times SU_2 \times U_1$. Telle est l'essence des théories complétement unifiées (voir, par exemple, P. Ramond (1983) ou A. Morel (1985)).

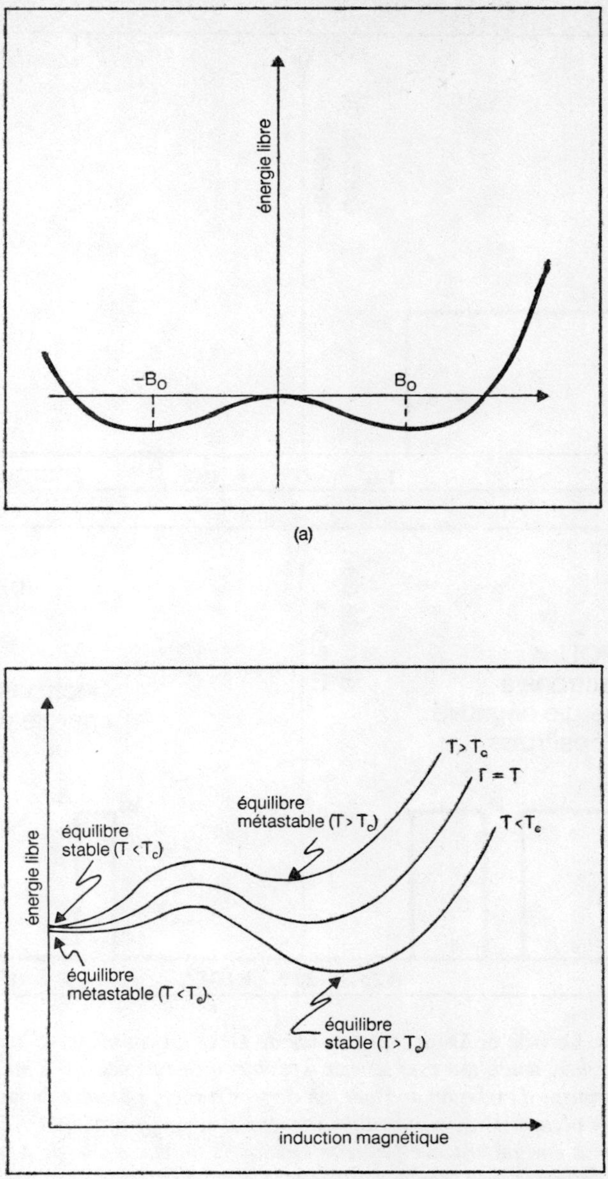

FIGURE 13. Un exemple de "brisure spontanée de symétrie".

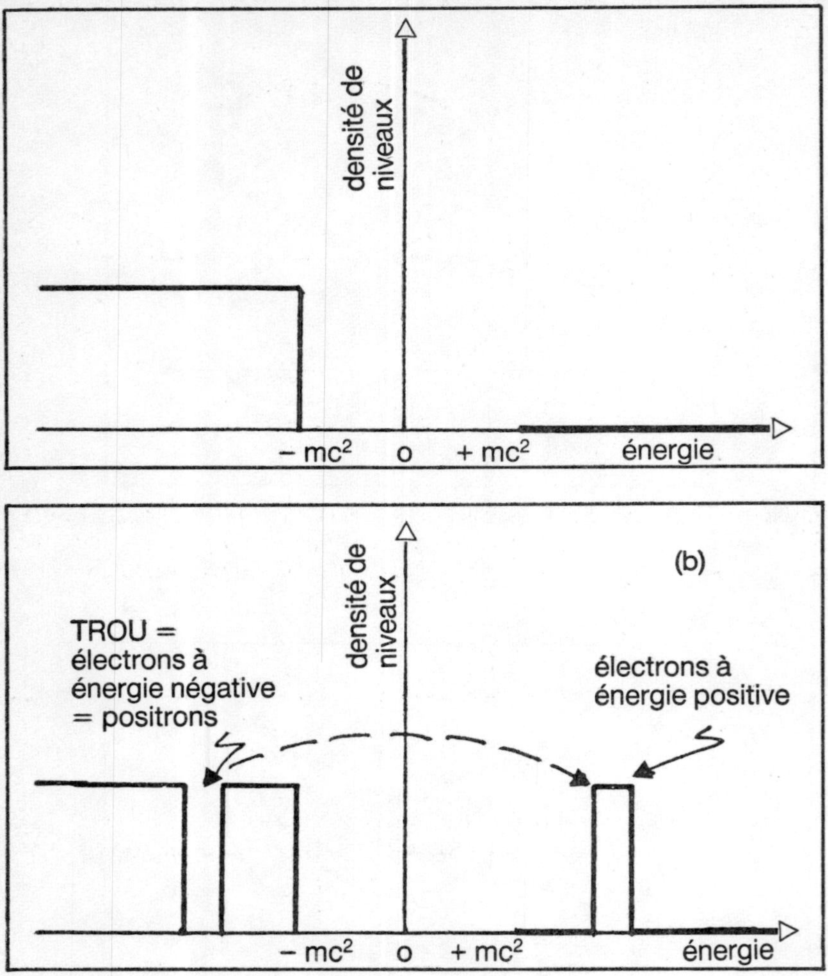

FIGURE 14. Le vide de Dirac. (a) *Le vide de Dirac est constitué par zéro électron à énergie positive, tandis que tous les états possibles à énergie négative sont occupés ; en vertu du principe d'exclusion de Pauli, un électron à énergie positive ne saurait occuper un état* déjà *occupé et ne pourrait donc acquérir une énergie négative* (b) *En revanche, un électron à énergie négative peut être excité vers un état à énergie positive pourvu qu'on lui fournisse une énergie supérieure à* 2mc², *il subsiste alors un "trou" dans l'"océan de Dirac" (voir figure* (b)*) interprété comme une particule de charge + e et d'énergie positive ; ainsi la théorie de Dirac prévoit la création de paires d'électrons* e^+. *Ce qui vient d'être dit pour les électrons est également valable pour tous les fermions de spin 1/2, comme le proton, le neutron, etc.*

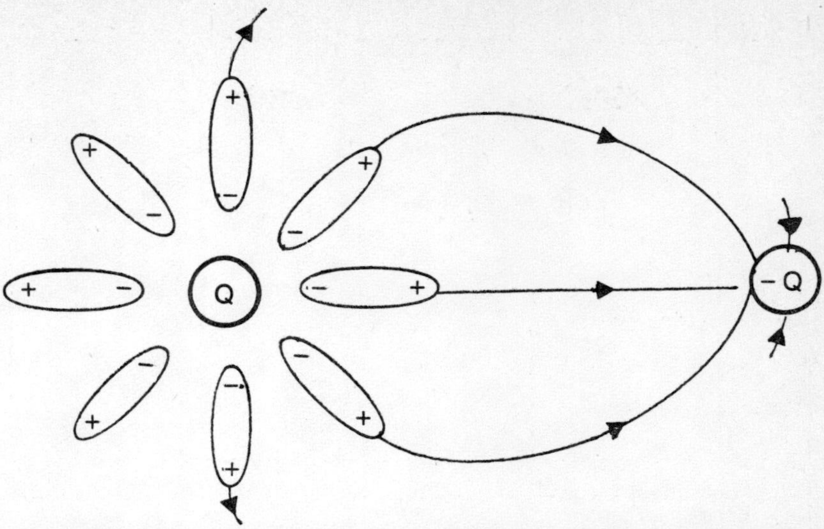

FIGURE 15. Ecrantage d'une charge électromagnétique. *Au voisinage d'une charge Q de forts champs électriques règnent, qui permettent la création de paires* $e^{\pm}$ *pendant des temps très courts ; ces paires* polarisent *le vide et font* écran *à la charge Q.*

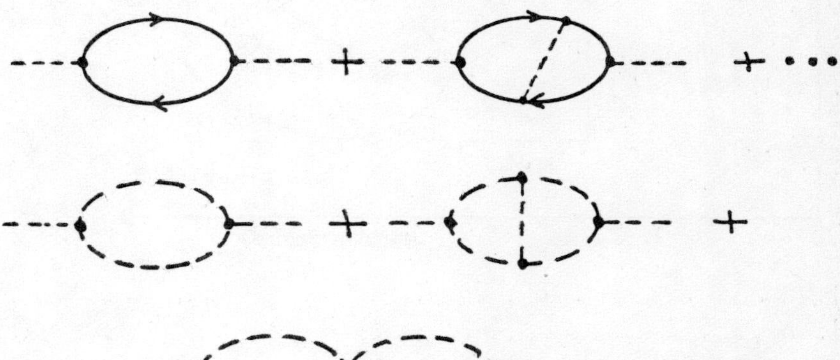

FIGURE 16. Anti-écrantage des quarks. *Les diagrammes qui contribuent à la polarisation (au sens de la "charge de couleur") du vide sont indiqués sur la figure. Cependant, si le premier diagramme (première ligne) correspond bien à un* écrantage, *celui de la seconde ligne est, en réalité, affecté d'un signe moins, ce qui traduit un* anti-écrantage. *Si la théorie contient trop de quarks, alors on aura écrantage de la charge de couleur ; si elle en contient assez peu (< 16), on aura au contraire anti-écrantage.*

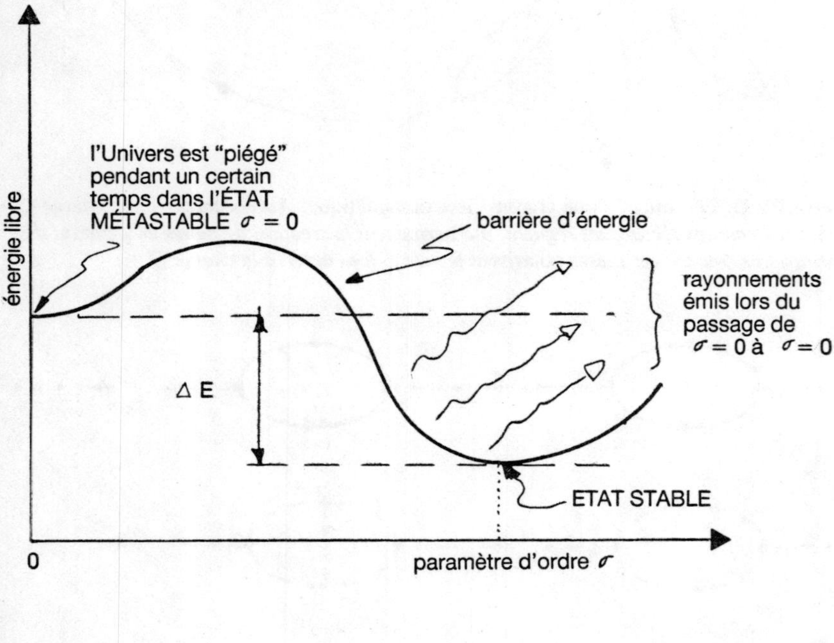

FIGURE 17. L'énergie libre dans le cas de l'inflation de Guth. *Au-delà d'une température critique T_c l'énergie libre la plus basse (c'est-à-dire celle qui correspond à l'équilibre thermodynamique) correspond à $\sigma = 0$, alors que, en deçà de T_c elle correspond à un état pour lequel $\sigma \neq 0$. Dans le cas de l'inflation de Guth, l'univers reste "piégé" dans l'état $\sigma = 0$ "même" pour des températures inférieures à la température critique T_C.*

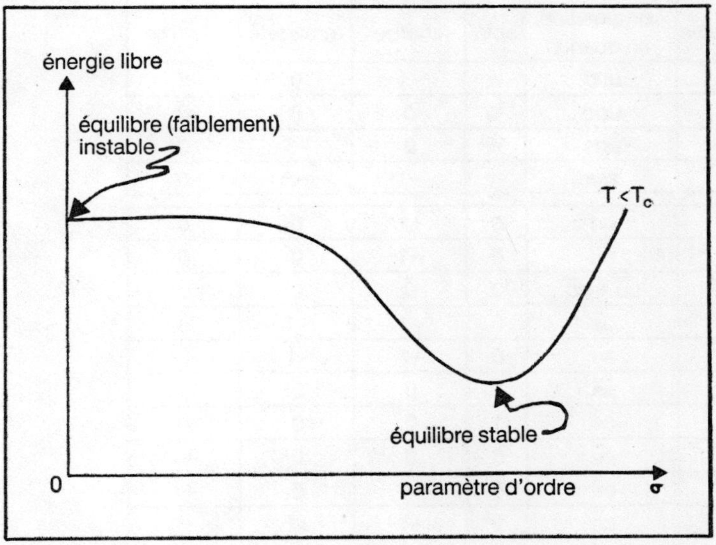

FIGURE 18 : La "nouvelle inflation". *Le fait que cette courbe soit très "plate" au voisinage de $\sigma = 0$ entraîne que cet état est faiblement instable pour $T < T_c$. Il s'ensuit qu'une fluctuation quelconque de densité dans l'univers "dégringole" lentement vers l'état d'équilibre stable ($\sigma \neq 0$). On a alors affaire à une inflation tant de l'univers lui-même que de la fluctuation, dont l'univers visible ne constitue qu'une petite partie.*

Quarks (Saveur)	Q	I	I_3	B	S	C	Y	b	t ?
u	⅔	½	½	⅓	0	0	⅓	0	0
d	–⅓	½	–½	⅓	0	0	⅓	0	0
s	–⅓	0	0	⅓	–1	0	–⅔	0	0
c	⅔	0	0	⅓	0	1	–⅔	0	0
t ?	⅔	0	0	⅓	0	0	–⅔	0	1
b	–⅓	0	0	⅓	0	0	–⅔	–1	0

(a) Les différents quarks. *Q : charge ; I, I_3 : spin isotopique ; B : nombre baryonique ; S : étrangeté ; C : charme ; Y : hypercharge ;* b *: beauté ;* t *: top. Notons que la "saveur", la "couleur" ou le "charme" des quarks ne possèdent aucune incidence gastronomique ou esthétique sur les propriétés de la matière. Chacun des quarks* u, d, s, c, t, b, *existe en trois "couleurs".*

symbole	composition en quarks	spin	charge	étrangeté	charme
p	uud	½	+1	0	0
n	udd	½	0	0	0
V	uds	½	0	–1	0
Ω^-	sss	3/2	–1	–3	0
π^+	$u\bar{d}$	0	+1	0	0
π^-	$d\bar{u}$	0	–1	0	0
π^0	$u\bar{u} + d\bar{d}$	0	0	0	0
K^+	$u\bar{s}$	0	+1	+1	0
K^-	$s\bar{u}$	0	–1	–1	0
ϕ	$s\bar{s}$	1	0	0	0
ψ	$c\bar{c}$	1	0	0	0
D^0	$c\bar{u}$	0	0	0	+1
D^+	$c\bar{d}$	0	+1	0	+1
F^+	$c\bar{s}$	0	+1	+1	+1

nom		spin	charge
électron	e	½	–1
neutrino e	ν_e	½	0
muon	μ	½	–1
neutrino μ	ν_u	½	0
tau	τ	½	–1
neutrino τ	ν_τ	½	0

(b) Quelques hadrons, parmi les centaines connues. *Les baryons ont un nombre baryonique B égal à 1/3 + 1/3 + 1/3 [les antibaryons ont un nombre baryonique opposé], tandis que les mésons ont B = 1/3 – 1/3 = 0.*

(c) Les différents leptons. *A chaque lepton lourd* [e, u, t] *est associé un neutrino* [ν_e, ν_u, ν_t].

TABLEAU I : Les diverses particules élémentaires.

(d) γ : photon.

GÉOMÉTRIES DE LA VARIÉTÉ UNIVERS

Docteur ès sciences, chargé de recherches au C.N.R.S. (groupe d'astrophysique relativiste de l'Observatoire de Paris), Jean-Pierre Luminet travaille sur les applications de la relativité générale à l'astrophysique : astres condensés, trous noirs, structures de l'univers primordial et modèles cosmologiques.

Résumé

La géométrie de l'univers est la mesure de l'espace et du temps. Selon la relativité générale, elle est représentée par une « variété » espace-temps à 4 dimensions, lisse et incurvée par son contenu matériel. L'uniformité de la distribution de matière observée à grande échelle et le principe cosmologique font émerger les modèles particulièrement attrayants de Friedmann-Lemaître. Leurs propriétés les plus remarquables sont associées à deux limitations fondamentales à la prédictabilité : l'existence de singularités *du temps, où l'Histoire cosmique s'interrompt dans le passé — parfois dans le futur —, et celle d'*horizons, *frontières de régions causalement disconnectées. Mais la relativité générale ne dit pas si l'espace est fini ou non, car ses équations ne spécifient que la métrique, locale, et non pas la topologie, globale, de la variété.*

Abstract

The geometry of the Universe is the measure of space and time. According to General Relativity, Universe is a smooth, 4-dimensional space-time « manifold », curved by its matter content. The uniformity of the matter distribution observed on large scale and the Cosmological Principle give rise to the specially attractive Friedmann-Lemaître models. Their most remarkable properties are associated with two fundamental limitations to predictability : the occurrence of time singularities, *where cosmical History breaks down in the past — sometimes in the future —, and the existence of* horizons, *frontiers of causally disconnected regions. But General Relativity does not say it space is finite or not, since its equations specify only the local metric, not the global topology of the manifold.*

Maintenant que nous savons quels sont les instruments conceptuels et matériels qui servent à découvrir l'univers, voyons comment celui-ci se présente dans sa globalité. Avant de revenir au contenu physique de l'univers, commençons par le cartographier. Cette cartographie s'obtient par l'usage concomitant de ces deux instruments hétérogènes : la théorie de la relativité d'Einstein et l'observation astronomique. Comme les concepts précèdent leur application au monde sensible, commençons par voir quel type de géométrie globale va servir à décrire l'univers dans son ensemble.

GÉOMÉTRIES DE LA VARIÉTÉ UNIVERS

Jean-Pierre LUMINET

LA VARIÉTÉ UNIVERS

Pourquoi la Nature aurait-elle choisi la géométrie euclidienne, si particulière, comme on en formait le préjugé jusqu'au XIXᵉ siècle ? En fait, selon la relativité d'Einstein, seul l'univers vide est plat. Dès lors qu'il y a matière, c'est-à-dire gravitation, il y a courbure. La théorie de la relativité générale dicte ainsi le cadre mathématique de la description de l'univers. Les quatre dimensions sont conservées, trois pour l'espace, une pour le temps ; mais leur association devient bien plus complexe que dans l'espace-temps sans gravitation, celui de la relativité restreinte qui se réduisait à une multiplication (produit cartésien) de l'espace euclidien ordinaire par l'axe infini du temps (fig. 1).

En relativité générale, les géométries quadridimensionnelles sont extraordinairement diverses (fig. 2 et 3). En termes mathématiques on les appelle des *variétés.* L'être géométrique « variété » correspond naturellement à nos idées intuitives sur la continuité de l'espace et du temps, qui jusqu'à présent sont vérifiées expérimentalement jusqu'aux échelles de 10^{-15} cm, et l'on suppose qu'il en est ainsi jusqu'à la longueur naturelle du champ gravitationnel qui est 10^{-33} cm.

Par ailleurs, comme on veut pouvoir y mesurer des intervalles spatio-temporels entre événements, il faut que cette variété soit munie d'une règle locale appelée la *métrique.* Autrement dit, la variété est essentiellement un espace qui, localement, est en correspondance avec un espace euclidien en ce sens qu'il peut être couvert par morceaux par des systèmes de coordonnées. Le plan euclidien lui-même est bien entendu une variété, qui peut être couverte par un seul système de coordonnées (par exemple les coordonnées rectangulaires). La surface de la sphère est aussi une variété simple, mais dont le repérage complet requiert l'usage d'au moins deux systèmes de coordonnées différents (centrés par exemple en deux pôles distincts).

La variété « univers » se présente donc comme un patchwork de systèmes de coordonnées, et l'un des propos de la géométrie différentielle est de dicter les règles de transport d'un système de coordonnées à l'autre. Le choix des différents systèmes de coordonnées possibles (il peut y en avoir autant que de points de la variété) semble *a priori* un problème purement technique indépendant de la physique : pourtant, il s'avère capital pour tout calcul pratique. Par exemple, puisqu'on sait mesurer les intervalles entre événements dans l'espace-temps plat de la relativité restreinte, il est commode d'associer à chaque observateur tombant librement dans un champ de gravitation un système de coordonnées local identique à celui de l'espace-temps de Minkowski, ce choix étant rendu possible par l'application du principe d'équivalence.

La description de la variété espace-temps courbe en termes des cônes de lumière traduit aussi bien la conservation locale des lois de la relativité restreinte que les effets déformants de la courbure (fig. 4).

Les équations d'Einstein décrivent le couplage entre la géométrie de la variété espace-temps et son contenu matériel. Ces équations sont si compliquées qu'elles peuvent s'écrire sous la forme extraordinairement simple : G = T. La partie de gauche représente la courbure, celle de droite représente la densité de masse-énergie de la matière. On se doute bien que G et T ne sont pas de simples nombres ; ce sont des objets mathématiques appelés tenseurs, sortes de supervecteurs ou tableaux à 16 composantes contenant toute l'information sur la géométrie et la matière. Les équations d'Einstein enchevêtrent de manière très complexe toutes les composantes, de sorte qu'il n'est généralement pas possible de trouver une solution, ni même de définir exactement ce qu'est l'espace et ce qu'est le temps. Pour espérer trouver une solution des équations d'Einstein, il faut à la fois simplifier le contenu matériel (selon la région de l'univers que l'on veut décrire, on peut supposer le vide, ou un champ électromagnétique pur, une masse isolée, un fluide de galaxies de pression nulle, etc.) et la géométrie en imposant des symétries. On voit là ressurgir la vieille idée platonicienne, mais ici pour de moins nobles raisons : il s'agit de parvenir à résoudre une équation !

Pourtant, quand il s'agit de décrire au moyen de la relativité générale l'*univers dans son ensemble,* il se trouve que nombre de ces simplifications sont justifiées et que l'on peut trouver des solutions exactes des équations d'Einstein offrant des modèles cosmologiques plausibles. C'est le propos de la *cosmologie relativiste.* Mais attention ! nombre de solutions cosmologiques ne sont pas pour autant réalistes, entrant un jour ou l'autre en contradiction flagrante avec de nouvelles observations astronomiques. Cela a notamment été le cas pour les premières cosmologies relativistes proposées dès 1917 par Einstein et Sitter.

COSMOLOGIES SANS LENDEMAIN

La croyance en un univers statique (invariable dans le temps éternel) subsistait encore en 1915 lorsque Einstein formula sa théorie de la relativité générale. Aussi proposa-t-il tout naturellement deux ans plus tard *sa* solution représentant le cosmos dans son ensemble. Tous les grands inventeurs portent naïvement en eux leur représentation du monde et sans doute y croient-ils avec suffisamment de force pour l'imposer un temps à la communauté.

L'univers d'Einstein est donc un espace-temps statique, rempli de matière sans pression et de densité constante dans l'espace et dans le temps. Qui dit distribution de matière uniforme dit courbure uniforme : la partie spatiale de l'univers d'Einstein a effectivement une courbure positive partout la même : c'est un espace fermé de type sphérique. L'univers d'Einstein peut d'ailleurs s'interpréter comme le produit d'une hypersphère par une droite du temps infinie, et c'est son principal mérite que d'avoir ébranlé le mythe de l'univers infini au profit d'un espace fini mais sans limite. Mais si Einstein avait osé toucher à l'espace, il n'avait pas osé toucher au temps et c'est là le principal défaut de son modèle : l'univers d'Einstein, c'est de la matière sans mouvement. À vouloir exiger le statisme de l'univers, Einstein dut d'ailleurs introduire dans ses équations originales un terme supplémentaire équivalant à une « force » répulsive s'opposant à grande échelle à la gravitation attractive. Ce terme s'appelle la *constante cosmologique* et a connu par la suite bien des fortunes ; car s'il se justifie pleinement sur le plan du formalisme géométrique, sa nécessité physique est moins évidente. En ajustant la valeur de la constante cosmologique, Einstein put faire en sorte qu'elle contrebalance exactement la gravité uniforme résultant de la distribution de matière, assurant par là le statisme. Mais alors l'univers d'Einstein souffre du même défaut majeur que l'univers statique euclidien de Newton : il est instable à toute perturbation. La moindre irrégularité dans la répartition de matière dans l'univers doit inéluctablement faire pencher la balance dans un sens ou dans l'autre. En termes imagés, il est interdit au ciel d'être fixe : ou bien il nous tombe sur la tête, ou bien il s'éloigne. Mais il a fallu attendre encore quelques années et des faits expérimentaux pour que cette idée soit admise.

À la même date, en 1917, Willem de Sitter proposa une cosmologie relativiste (solution des équations d'Einstein avec constante cosmologique) complètement différente de celle d'Einstein. Les sections d'espace sont plates et infinies, vides de toute matière. Le temps aussi est infini. Sitter crut d'abord que sa solution était statique. Or, les lignes d'univers (géodésiques suivies par des particules libres) se séparent les unes des autres comme s'il y avait une expansion générale du tissu cosmique. En introduisant un facteur d'échelle spatial R (par exemple la distance séparant deux galaxies largement distantes), la variation du facteur d'échelle au cours du temps est exponentielle (fig. 5) ; aux temps très reculés dans le passé, toutes les lignes d'univers de toutes les galaxies sont extrêmement serrées, mais ensuite elles se séparent très rapidement. On a reconnu plus tard que le statisme présupposé de la solution de Sitter était une pure fiction mathématique, due au fait que, le modèle ne contenant pas de matière, il ne pouvait exhiber son comportement dynamique réel ; c'est précisément là que réside son principal défaut : c'est du mouvement sans la matière. Le modèle de Sitter ne peut donc représenter l'évolution complète de l'univers réel. Il a cependant été réutilisé en 1948 comme support de la théorie de la création continue, et surtout plus récemment pour décrire la phase d'*inflation* de l'univers, à expansion très rapide, que l'on pense avoir eu lieu dans les tout premiers instants de l'univers.

Bien d'autres solutions cosmologiques non viables ont vu le jour. L'une d'entre elles, due à K. Gödel (1949), mérite un intérêt tout particulier, car elle offre l'exemple d'un univers statique *en rotation* bien que spatialement infini. La question est d'importance, car dans la mesure où tous les corps astronomiques tournent sur eux-mêmes, pourquoi l'univers ne tournerait-il pas ? Mais, outre son caractère statique, la cosmologie de Gödel rencontre bien des difficultés ; en particulier elle illustre combien il peut être impossible de définir un *temps cosmique absolu*, c'est-à-dire de synchroniser les horloges le long des lignes d'univers du fluide cosmique. En fait, dans ce modèle, pour certaines lignes d'univers, le temps est infini mais, pour d'autres, il est *fermé* sur lui-même. Une telle propriété viole de façon flagrante la sacro-sainte loi de causalité (découlant du principe de relativité restreinte) selon laquelle toute cause précède l'effet ; car, voyageant le long d'une ligne d'univers fermée du modèle de Gödel, il serait possible d'explorer son propre passé ! C'est la raison essentielle pour laquelle les univers infinis en rotation ne sont pas viables. On sait d'ailleurs maintenant, grâce à l'observation astronomique, que l'univers ne tourne pas, ou en tout cas moins vite qu'un seul tour en cent mille milliards d'années...

QUELQUES PRINCIPES COSMOLOGIQUES

Bâtir des cosmologies raisonnables ne signifie pas calculer des solutions des équations d'Einstein en simplifiant à son goût la géométrie et le contenu matériel. Encore faut-il que ces solutions supportent la confrontation avec tout un ensemble d'arguments issus de l'observation, de la physique, voire du bon sens et, pourquoi pas, de la philosophie.

À l'échelle microscopique la matière semble obéir à des symétries fondamentales qui permettent de classer les particules et de mieux comprendre leurs interactions. Qu'en est-il des symétries du macrocosme, celles de l'univers à grande échelle ?

Tout d'abord, il ne faut pas oublier que la cosmologie est le fait d'un observateur localisé dans une petite région de l'espace-temps, qui n'a accès qu'à l'information disponible sur et dans son cône de lumière du passé. À cause de cette limitation, l'observateur est confronté à deux problèmes essentiels : l'univers observable possède-t-il des symétries spatio-temporelles, et si oui reflètent-elles les symétries de l'univers en général ou ne résultent-elles que de la position particulière de l'observateur ?

En réponse à la première interrogation, l'observateur doit oublier toutes les irrégularités locales telles que planètes, étoiles, galaxies, voire amas de galaxies, et ne retenir qu'un seuil de distance minimale au-dessus duquel les irrégularités disparaissent ; si ce seuil est inférieur à la taille de l'univers accessible, il pourra légitimement en conclure que l'univers est globalement lisse. Ce seuil existe bel et bien. Il se trouve que l'aspect du ciel lointain ne change pas si l'on tourne le télescope d'une région à l'autre. On dit que le ciel lointain est *isotrope* (de la racine grecque *trepein*, qui signifie tourner). Puisque ce qui est observé est du rayonnement émis par de la matière lointaine, on voit combien l'analyse de la distribution de cette matière peut permettre de découvrir les symétries (plus ou moins exactes) de l'univers. Avec l'isotropie, il s'agit des trois rotations d'espace. La meilleure preuve de l'invariance du ciel lointain sous l'action des trois rotations spatiales provient de l'isotropie quasi parfaite (à 99,99 pour cent près) du rayonnement à 3 K. Ce dernier s'interprète généralement comme le vestige refroidi de la radiation émise par l'univers chaud d'il y a quinze milliards d'années, plus précisément à l'époque du *découplage* lorsque la température cosmique est tombée au-dessous de 3 000 degrés et que la matière a cessé de piéger le rayonnement.

Venons-en maintenant à la seconde question. Si le ciel lointain observable depuis la Terre est isotrope, cela signifie-t-il que la Terre est le centre de symétrie de l'univers ? Ici intervient un principe si fondamental qu'on l'appelle tout simplement *principe cosmologique* : il interdit toute position particulière de tout observateur. Pour illustrer simplement comment fonctionne ce principe, imaginons que nous vivions dans une petite région d'une grande surface bidimensionnelle fermée, et que par des observations du paysage lointain (faisant abstraction du relief local tel que montagnes et vallées) nous trouvions que la courbure est la même dans toutes les directions : il s'agit bien là d'une invariance locale par symétrie rotationnelle. Mais, mathématiquement parlant, cela ne signifie pas nécessairement que nous nous trouvions à la surface d'une sphère, pour laquelle *tous* les points sont effectivement des centres de symétrie rotationnelle ; on pourrait par exemple se trouver exactement à l'un des sommets d'une surface ovoïde (fig. 6), de sorte que *juste à cet endroit* l'espace environnant semblerait isotrope. C'est précisément cela que condamne le principe cosmologique : l'isotropie perçue localement n'est pas fortuite, mais doit exister partout ailleurs.

Cette extrapolation détermine un groupe de symétries plus vaste régissant la géométrie de l'univers pris dans son ensemble : l'univers non seulement est isotrope mais il est aussi *spatialement homogène.* Cela implique qu'à chaque instant (sur chaque section spatiale de l'espace-temps), la courbure (la matière) est répartie uniformément (mais cette distribution spatialement uniforme peut parfaitement évoluer au cours du temps). Cela dit, l'homogénéité de l'espace n'implique pas nécessairement l'isotropie en chacun de ses points. Le meilleur exemple à deux dimensions est celui du cylindre, qui est un espace homogène (sa courbure est nulle partout), mais non isotrope (la direction parallèle à l'axe n'est pas équivalente à la direction orthogonale). De la même façon, il existe des solutions cosmologiques des équations d'Einstein spatialement homogènes mais anisotropes. On les appelle *univers de Bianchi,* et leur application à la description des débuts de l'univers (suffisamment tôt en tout cas pour que l'isotropie ne puisse pas être prouvée observationnellement) a longtemps été discutée.

Le principe cosmologique généralise le principe de Copernic qui avait délocalisé la Terre du centre de l'univers. Mais, si du temps de Copernic il s'agissait véritablement d'un principe philosophique plus que d'une preuve, il existe aujourd'hui nombre d'arguments observationnels confirmant l'homogénéité spatiale de l'univers, depuis maintenant jusqu'à une époque très reculée dans le passé. C'est ainsi que la mesure de l'abondance des éléments légers synthétisés dans les quelques centaines de secondes ayant suivi l'explosion primordiale (hélium et surtout deutérium) exclut des inhomogénéités spatiales importantes dès cette époque. Le principe cosmologique est devenu une nécessité observationnelle.

D'autres principes plus « dignes de ce nom », car ressortissant plus du domaine de l'extrapolation, voire de la conviction pure et simple, que de celui de l'expérience, sont souvent invoqués dans la construction de cosmologies relativistes. Prenons l'exemple de la gravitation elle-même. On l'a dit et on le répète, c'est elle qui gouverne les structures à l'échelle astronomique. Les interactions nucléaires, bien que considérablement plus fortes que l'interaction gravitationnelle, sont de portée si courte qu'elles ne structurent que les noyaux atomiques ; l'interaction électromagnétique, en revanche, est non seulement considérablement plus forte que l'interaction gravitationnelle mais elle est aussi de portée infinie. Elle véhicule cependant deux types de charges, celles de même signe tendant à se repousser et celles de signes contraires tendant à s'attirer. Par le jeu des accouplements de charges opposées et parce que l'interaction électromagnétique est forte, la matière a tendance à se neutraliser dès une certaine échelle : l'interaction électromagnétique ne peut donc plus jouer aucun rôle dans la structuration macroscopique. Reste la gravitation, attractive, pour modeler le cosmos. Mais précisément, ce caractère attractif de la gravitation n'est rigoureusement testé que dans un intervalle de distances allant de 10^{-8} cm à 10^{22} cm, tandis que l'univers est rempli de structures débordant largement cette amplitude. Il est d'usage d'extrapoler la propriété attractive de la gravitation aux plus grandes distances (l'introduction d'une constante cosmologique dans les équations d'Einstein est une façon de considérer une composante répulsive de la gravité efficace à très grande distance). À l'autre extrémité de l'intervalle, on extrapole aussi la propriété attractive jusqu'à la longueur de Planck (10^{-33} cm), sorte de longueur d'onde « naturelle » de la gravitation. En dessous, espace, temps, gravité entrent dans le flou quantique et, en l'absence actuelle de théorie unifiant relativité générale et mécanique quantique, on peut toujours inférer un comportement répulsif de la gravité sans conséquence macroscopique.

Il convient aussi de remarquer que la délocalisation de l'observateur terrestre ne garantit nullement que les lois de la physique sont les mêmes partout : les constantes de la nature pourraient après tout varier dans l'espace et dans le temps. Cependant, et bien que des modèles à « constantes fondamentales » (constante de la gravitation, vitesse de la lumière, etc.) variant dans le temps aient connu une certaine popularité, l'observation astronomique pose des contraintes tellement strictes sur l'amplitude de leurs variations éventuelles qu'il est beaucoup plus raisonnable de les ignorer. Quant aux variations spatiales, elles semblent également interdites, du moins à l'échelle de l'univers observable ; on notera toutefois que les théories les plus modernes tolèrent l'existence de bulles d'espace-temps, chacune d'entre elles ayant ses propres constantes de la nature.

Dans un tout autre registre, le *principe anthropique* connaît actuellement une grande faveur. Il consiste simplement à remarquer que dans l'ensemble (infini) de tous les modèles d'univers, seul un minuscule sous-ensemble permet l'élaboration de structures telles que galaxies, étoiles, planètes et... cosmologistes. Autrement dit, l'univers est tel qu'il est parce que, s'il était différent, nous ne serions pas là pour l'observer. Ce principe peut servir à éliminer certains modèles, mais certainement pas à en construire.

Le *principe de simplicité* stipule que dans un ensemble de théories expliquant des faits, la théorie préférable est celle qui fait appel au nombre minimal d'hypothèses. Ce principe s'appelle aussi *rasoir d'Occam,* en hommage au théologien anglais du XIVe siècle qui avait avancé l'idée en termes imagés. Son application, fondée sur une approche scientifique « raisonnable », n'est pourtant pas aisée dans la mesure où tout phénomène encore ignoré peut être source de paramètres supplémentaires. Faut-il par exemple préférer les modèles sans constante cosmologique à ceux avec constante cosmologique ? Le fait est que les premiers ont reçu plus d'attention que les seconds, mais, à la suite de certains développements récents de la physique des particules, la situation est en train de se renverser.

Pour terminer nous n'omettrons pas un principe déjà énoncé par le philosophe irlandais Berkeley (1721) et repris indépendamment par Mach (1872), selon lequel les propriétés inertielles de chaque corps devraient être déterminées par la distribution de masses globales dans l'univers. L'idée de départ consiste à remarquer que tout mouvement d'un corps n'a de sens que par référence à d'autres corps. C'est ainsi qu'un corps unique dans un univers vide ne saurait avoir de mouvement quelconque, donc ne connaîtrait aucune force d'inertie (en particulier, l'absence de rotation signifie l'absence de forces centrifuges). Cela suggère que les propriétés d'inertie locales d'un corps — le seul fait qu'il ait une masse — sont indissolublement liées à l'existence d'autres corps, en fait de tous les corps de l'univers. Le principe de Mach lie donc le local au global en ce qui concerne l'inertie, et il est tentant de le généraliser en inférant que les propriétés de chaque chose sont déterminées par les propriétés de toutes les autres choses. On retrouve une vue bien attirante pour le philosophe désireux d'identifier la partie au tout, le microcosme au macrocosme. L'enthousiasme doit s'arrêter là, car il semble techniquement impossible d'incorporer complètement le principe de Mach dans une théorie physique cohérente. Einstein, très influencé par Mach, a bien tenté d'élaborer sa théorie de la gravitation en tenant compte de ce principe (l'introduction de la constante cosmologique afin de stabiliser son modèle d'univers statique fut une tentative dans ce sens : parce qu'elle est uniforme, la densité — locale — de la matière y est effectivement déterminée par la valeur universelle — globale — de la constante cosmologique). Einstein a pourtant dû se rendre à l'évidence : la relativité générale est incompatible avec le principe de Mach. Une preuve suffit : l'univers infini de Gödel, solution exacte des équations d'Einstein, a un mouvement de rotation global sans pour cela entraîner la rotation d'une tige suspendue à un fil, ce qui contredit le principe de Mach.

LES UNIVERS DE FRIEDMANN-LEMAÎTRE

Les modèles qui prennent en compte les symétries (homogénéité spatiale et isotropie) vérifiées dans l'univers observable servent aujourd'hui encore à décrire l'évolution quasiment complète de l'univers. Selon l'état supposé de la matière cosmique (fluide de pression nulle si l'on considère l'univers des galaxies, rayonnement pur dans un univers chaud antérieur à la formation des galaxies) et selon que l'on prend ou non en compte la constante cosmologique, on obtient une très grande variété de modèles non statiques (c'est-à-dire évoluant au cours du temps).

Certains d'entre eux, et les plus simples, présentent des phases où le facteur d'échelle croît, s'accordant ainsi à la découverte capitale des années 1920 sur la fuite des galaxies. En fait, la plupart de ces modèles d'univers avaient déjà été découverts théoriquement avant que le débat sur l'expansion ne fît rage. C'est ainsi que le mathématicien Alexandre Friedmann avait résolu en 1922-1924 les équations d'Einstein pour un univers spatialement homogène et isotrope, sans constante cosmologique et rempli de matière sans pression. En 1927, l'abbé Georges Lemaître avait réintroduit la constante cosmologique et, augmentant le nombre de paramètres libres, augmentait l'éventail des solutions possibles.

Une propriété essentielle de tous ces modèles a été découverte par H. Robertson et A. Walker, de sorte que les cosmologiques relativistes uniformes portent parfois leur nom. Il s'agit de la possibilité de synchroniser les horloges le long de toutes les lignes d'univers orthogonales aux sections spatiales homogènes (fig. 7). Les symétries spatio-temporelles imposent donc un découpage unique de la variété univers en tranches d'espace de densité constante, percées par les lignes du temps cosmique, véritable temps universel pour tout observateur désireux de décrire la dynamique à grande échelle. Toute irrégularité se démarquant du temps cosmique est due à des vitesses et des champs gravitationnels locaux ; par exemple le temps propre d'un observateur en chute libre dans un trou noir se démarque largement du temps cosmique universel. Le temps cosmique est le temps des galaxies participant au mouvement général d'expansion (ou de contraction) de l'univers.

Les distances entre galaxies lointaines augmentent au cours du temps dans un univers en expansion et diminuent dans un univers en contraction. Il existe un facteur d'échelle universel R qui, à chaque instant, a la même valeur dans l'espace et tel que la distance entre deux points quelconques varie proportionnellement à R (ce facteur d'échelle est parfois appelé « rayon d'univers », mais le terme est abusif, car il ne prend un sens que dans le cas des géométries de type sphérique).

Les univers de Friedmann servent de base à la cosmologie relativiste depuis six décennies, et à ce titre leurs propriétés sont largement développées dans d'autres chapitres de cet ouvrage. Nous ne retiendrons ici que leurs caractéristiques géométriques essentielles. Ils peuvent être rangés en trois classes selon que leur courbure est positive, négative ou nulle (fig. 8).

L'un d'entre eux est un modèle spatialement fermé (les sections spatiales sont de type sphérique, c'est-à-dire de courbure constante positive) dans lequel le temps est lui-même fini : l'univers a un début et une fin dans le temps. Dans la première partie de sa course il est en expansion, dans la seconde partie il est en contraction. Dynamiquement, on peut dire que les galaxies sont suffisamment lentes pour que l'attraction gravitationnelle mutuelle finisse par arrêter leur fuite et les force ensuite à se rapprocher.

Dans le deuxième modèle de Friedmann, les sections spatiales sont de type hyperbolique (courbure constante négative). Le temps a un début mais pas de fin : les galaxies fuient si vite que la gravitation ne pourra jamais les arrêter et l'expansion durera éternellement. Ce modèle dit « ouvert » est considéré généralement comme spatialement infini, mais ce n'est pas nécessairement le cas : un modèle hyperbolique admet des topologies finies, et ce fait peu connu est une question capitale qui mérite une section particulière (voir, dans ce chapitre, le paragraphe « Topologies globales de l'univers »). Le qualificatif « ouvert » du modèle hyperbolique s'applique donc plutôt au temps qu'à l'espace.

Enfin, le troisième modèle (appelé aussi univers Einstein-Sitter) se situe juste à la frontière entre les deux précédents. Ses sections spatiales sont de type euclidien (courbure nulle), l'expansion se poursuit à jamais (modèle ouvert) et il est d'usage de dire que l'espace est infini, ce qui là non plus n'est pas nécessairement vrai.

Dans le cadre de cette description, l'appartenance de notre univers réel à telle ou telle de ces classes est une question qui bat encore son plein, les débats n'étant qu'en partie motivés par des arguments observationnels. Puisque la courbure est déterminée par le contenu matériel, il existe une densité de matière critique au-dessus de laquelle l'univers est nécessairement fermé (il se replie en quelque sorte sous l'effet de sa propre gravitation), tandis qu'en dessous de (et à) cette densité critique l'univers est ouvert. L'observation astronomique donne une estimation de la densité moyenne de l'univers dix fois inférieure à la densité critique et favorise donc le modèle ouvert. Mais la valeur observée n'est qu'une borne inférieure de la valeur réelle, car il serait vain de croire que toute la matière puisse être vue. D'ailleurs, en référence au principe anthropique, il semble que les seuls univers capables de former des galaxies et de la vie intelligente doivent nécessairement être très proches du modèle de Friedmann à courbure nulle (mais cela pourrait ne traduire que notre incapacité à comprendre comment les galaxies se sont formées et ce qu'est réellement la vie).

S'agissant de questions aussi fondamentales, le débat est bien entendu alimenté aussi par des convictions philosophiques ; mais là encore il est fallacieux de croire que l'univers est comme nous aimerions qu'il soit (de toute façon, le clan des finitistes aussi bien que le clan adverse font souvent la confusion entre modèles ouverts dans le temps et modèles infinis dans l'espace).

LA SINGULARITÉ COSMIQUE

L'intérêt exceptionnel des univers de Friedmann, outre qu'ils s'accordent de façon assez satisfaisante à la plupart des phénomènes cosmiques observés (ce qui n'est pas mince), vient aussi de ce qu'ils proposent un début — parfois même une fin — au temps cosmique universel : il existe un temps zéro (il y a environ quinze milliards d'années dans le passé) où le facteur d'échelle était nul. L'univers aurait alors été concentré dans un volume infiniment petit, sa courbure étant infiniment grande. Dans le modèle fermé en expansion-contraction, le même sort attend d'ailleurs l'univers dans un futur fini (plusieurs dizaines de milliards d'années tout de même !). Cet état pour le moins singulier se nomme précisément, en termes mathématiques, une... *singularité.*

Le type de singularité existant dans les modèles de Friedmann marque réellement une interruption des lignes d'univers du fluide cosmique (fig. 9). Pour cette raison, la singularité n'est pas un événement et pour le mathématicien n'appartient pas à la variété espace-temps : c'est un bord à distance finie.

Lemaître a généralisé les modèles de Friedmann en y incluant la constante cosmologique (fig. 10). Déjà, le débat univers ouvert — univers fermé prend une autre dimension, puisque l'espace peut être fini et l'expansion se poursuivre à jamais. La vision du temps est aussi changée : pour certaines valeurs de la constante cosmologique, la singularité disparaît ; l'univers peut par exemple se contracter depuis un temps infiniment éloigné dans le passé, traverser une phase de compression minimale mais non singulière puis se dilater indéfiniment dans le futur. Ces modèles exigent cependant des valeurs trop particulières de la constante cosmologique pour être vraisemblables. Lemaître (peut-être influencé par ses convictions religieuses) a pour sa part opté pour les univers à singularité initiale parce que, dans ces modèles, l'univers dans sa phase initiale devait être extrêmement chaud et dense, comme dans toute bonne Genèse. Il appela cette phase l'« atome primitif », on lui donne aujourd'hui le nom anglo-saxon de *Big Bang,* qui a fait fortune.

Tandis que Lemaître était attiré par l'idée d'un Big Bang, le célèbre physicien Arthur Eddington l'avait en horreur. En ajustant convenablement la constante cosmologique, il proposa (1930) un modèle infini dans le passé et le futur, partant d'un état initial voisin de celui de l'univers statique d'Einstein puis, à la suite d'une instabilité, s'engageant dans une expansion sans fin.

Le spectre de la création soudaine « à la Lemaître » a par ailleurs effrayé d'autres bâtisseurs de cosmologies. En 1948, H. Bondi et T. Gold ont avancé la thèse de la *création continue,* qui tente d'accorder le phénomène observé de l'expansion cosmique avec la croyance philosophique en un état stationnaire de l'univers (invariable aussi bien dans l'espace que dans le temps). La seule géométrie admissible était celle de l'univers de Sitter, à courbure nulle et expansion exponentielle. Par ailleurs, puisque la fuite des galaxies contribue à diminuer la densité moyenne de l'univers, il fallait que de la matière fût créée constamment et partout de façon à maintenir la densité stationnaire ; pour cela, il suffisait d'un atome d'hydrogène par mètre cube d'espace créé chaque 5 milliards d'années !

La suite des événements semble avoir donné raison à Lemaître : l'abondance observée des éléments légers, la découverte du rayonnement à 3 K et d'autres arguments militent en faveur des modèles à Big Bang, plus exactement en faveur d'une phase *chaude* de l'univers primordial.

Quant à la singularité au sens strict du terme, où énergie et courbure de l'univers deviennent infinies, tout a été tenté pour montrer qu'elle ne devait pas réellement se produire. Une tentative d'élimination de la singularité cosmique a été de prouver qu'elle n'était qu'un produit des nombreuses symétries des solutions de Friedmann-Lemaître. Ce fut un échec : il fut au contraire prouvé que des classes beaucoup plus générales de solutions des équations d'Einstein avaient des singularités sans obéir à aucune contrainte de symétrie.

Une avancée théorique capitale fut réalisée au cours des années 1960, due essentiellement à Roger Penrose et Stephen Hawking. Ils démontrèrent que n'importe quel modèle d'univers satisfaisant la relativité générale et contenant autant de matière que ce qui est observé doit inévitablement avoir une singularité cosmique dans son passé (ainsi qu'une singularité dans son futur si l'univers se recontracte). Ils démontrèrent également que même si l'univers n'a pas de singularité cosmique dans son futur, il peut contenir des singularités *locales,* des *fins du temps* le long de certaines trajectoires telles celles de l'effondrement gravitationnel des étoiles massives conduisant à la formation de trous noirs.

Avec ces théorèmes, l'existence de singularités se révélait conséquence inéluctable de la théorie d'Einstein, plus généralement conséquence de la propriété attractive et *auto-accélérée* de la gravitation. Cependant, les physiciens considèrent habituellement que l'existence d'une singularité dans une théorie marque la limite de validité de cette théorie. Il est vrai que la relativité générale (ainsi que tout autre théorie de la gravitation) n'est pas une théorie complète : elle n'incorpore pas le principe d'incertitude, pierre de touche de la théorie de la mécanique quantique régissant le comportement du monde microscopique. Il est donc bien téméraire d'extrapoler la relativité générale jusqu'à des distances arbitrairement petites. On sait même qu'on n'a pas le droit de le faire en dessous de la longueur de Planck (10^{-33} cm), où la géométrie elle-même devient sujette aux fluctuations quantiques. Or, l'univers dans son passé a dû traverser cette ère de flou quantique (entre le temps cosmique « zéro » extrapolé du modèle de Friedmann et 10^{-43} seconde). L'univers n'avait plus alors telle ou telle géométrie spatiale, mais telle *probabilité* de géométrie.

Le cadre habituel de la variété espace-temps continue à quatre dimensions éclate complètement au cours de cette ère quantique. Diverses descriptions en ont été tentées, notamment celle de John Wheeler qui a introduit le concept de *superespace*, à nombre infini de dimensions, chacun de ses points représentant une géométrie spatiale tridimensionnelle. Mais jusqu'à présent, aucune théorie complètement cohérente et calculable de la gravitation quantique n'est établie. Certains indices laissent soupçonner que les singularités pourraient disparaître d'une telle théorie unifiée (c'est en tout cas ce qui est souhaité). S. Hawking a récemment développé la *cosmologie quantique* en exploitant l'idée du superespace de Wheeler. La singularité temporelle y disparaît, plus exactement se transforme en une simple singularité de système de coordonnées (comme le pôle Nord d'une sphère par exemple), sans qu'aucune violation des lois de la physique ne s'y produise. L'univers (supposé spatialement fermé) n'aurait alors plus aucune frontière spatiale ni temporelle. Science et philosophie peuvent y trouver leur compte.

TOPOLOGIES GLOBALES DE L'UNIVERS

La topologie est la branche de la géométrie qui classifie les espaces (à nombre quelconque de dimensions) de sorte qu'à l'intérieur d'une classe donnée tous les espaces peuvent se déduire les uns des autres par déformation continue (sans découpage ni déchirure). À deux dimensions, il est par exemple évident que la sphère a la même topologie que n'importe quelle surface fermée ovoïde, mais que le tore a une topologie différente (fig. 11)

La topologie, qui signifie littéralement *connaissance des lieux*, réserve bien des surprises. Prenons le plan euclidien : c'est un feuillet infini plongé dans l'espace euclidien à trois dimensions. Sa géométrie est définie par sa métrique, c'est-à-dire la façon de mesurer les longueurs. Ici, il s'agit simplement d'appliquer le théorème de Pythagore pour un système de deux coordonnées rectangulaires x et y couvrant le plan jusqu'à l'infini. C'est une opération *locale* qui ne dit rien sur le caractère fini ou infini de l'espace. Changeons de topologie. Pour cela, découpons le plan en bandes de « hauteur » infinie dans la direction y mais de largeur finie, égale à $2 \pi r$, dans la direction x.

Identifions ensuite les deux extrémités d'une bande quelconque : on obtient un cylindre centré sur l'axe y et de rayon r (fig. 12). Dans cette opération, la métrique n'a pas changé, c'est-à-dire que le théorème de Pythagore continue de s'appliquer à la surface du cylindre, mais la topologie a changé. Allons encore plus loin. Rien ne nous empêche d'identifier non seulement les coordonnées dans la direction x, mais aussi dans la direction y, c'est-à-dire qu'on impose maintenant que les points de coordonnées (x, y) sont identiques aux points de coordonnées $(x + 2\pi R, y + 2\pi r)$. On obtient alors un tore, qui est une surface parfaitement *finie* (fig. 13) Là encore, le tore a localement la même métrique que le plan (notamment sa courbure est partout nulle), mais une topologie différente.

Que peut-on dire de la topologie de l'espace-temps « univers » ? Nous avons vu que les modèles de Friedmann ont des espaces de type sphérique, de type euclidien ou de type hyperbolique selon que leur courbure est positive, nulle ou négative. Leur topologie spatiale est usuellement supposée la même que celle des espaces prototypes : sphère, plan, hyperboloïde (à trois dimensions), la première étant finie et les deux autres infinies. Mais pourquoi l'univers devrait-il avoir la topologie « triviale » ? La relativité générale ne décrit en effet qu'un comportement local (la métrique spécifiant la courbure), non pas global. Ce n'est que l'application la plus stricte du principe cosmologique qui incite à généraliser les propriétés observées localement (au plus dans notre cône de lumière du passé) à la totalité de l'univers. On se met alors dans la position de la fourmi au milieu du désert qui est persuadée que le monde entier est composé de grains de sable. La topologie de l'univers est donc une question cruciale.

Le nombre de variantes topologiques d'un espace-temps à quatre dimensions est extraordinairement grand (en fait infini), si bien qu'à première vue un éventail infini de possibilités s'offre à la cosmologie. En réalité, des considérations même sommaires sur les propriétés réelles de l'univers permettent de limiter déjà sévèrement les topologies admissibles. Examinons par exemple le cas des univers de courbure uniforme. On sait que l'homogénéité permet de distinguer sans ambiguïté les sections spatiales sur lesquelles l'homogénéité est réalisée, et un axe du temps cosmique orthogonal à ces surfaces. Il est clair que le principe de causalité sous-tendant toute la physique interdit toute identification le long de l'axe du temps (bien que pour l'univers de Friedmann en expansion-contraction, offrant un début et une fin du temps, l'identification entre *Big Bang* et *Big Crunch* ait sérieusement été envisagée). La question de la topologie de l'univers se réduit donc principalement à celle de sa partie spatiale.

Reprenons l'exemple de l'univers de Friedmann de courbure positive, spatialement fermé. Bien qu'il existe plusieurs variantes topologiques, toutes compatibles avec la relativité générale, toutes restent spatialement fermées. La situation est bien différente pour les univers de Friedmann à courbure négative ou nulle. De même que la métrique du plan euclidien est conservée dans des variantes topologiques différentes, tels le cylindre et le tore, il n'est pas difficile d'imaginer qu'il en va de même pour l'espace de Friedmann euclidien. On démontre qu'il existe 18 types topologiques distincts de l'espace tridimensionnel plat. Certains d'entre eux sont *fermés* : c'est le cas de l'*hypertore* (généralisation tridimensionnelle du tore), obtenu par les identifications de coordonnées $x = x + L_1$, $y = y + L_2$, $z = z + L_3$. Dans cette topologie l'univers acquiert le volume fini $L_1 \times L_2 \times L_3$. Quant à la solution de Friedmann de courbure négative, il n'y a pas moins d'une infinité de variantes topologiques, dont certaines sont fermées.

On voit ainsi disparaître un mythe répandu de la cosmologie moderne selon lequel l'espace est ou bien fini ou bien infini, et que pour le savoir il suffit de mesurer la quantité de matière qu'il contient.

La possibilité de « compactification topologique » de l'univers par identifications de points a suscité le modèle fort intéressant du *mini-univers*, développé principalement par les Russes Sokolov et Schvartsman et repris récemment par G. Ellis. Il s'agit d'un univers réellement *petit*, c'est-à-dire un univers dont les sections spatiales sont fermées (bien que de courbure négative ou nulle) et ont un rayon égal à une faible fraction du rayon de l'horizon. L'exemple le plus simple est naturellement donné par la topologie de l'hypertore. Dans une telle situation, les rayons lumineux auraient eu le temps de faire plusieurs fois le tour de l'univers et chaque objet aurait des images fantômes (c'était déjà le cas dans l'univers statique d'Einstein et dans celui de Lemaître à expansion lente). En fait, on pourrait observer dans différentes régions du ciel la répétition d'un même ensemble de galaxies (le ciel lointain des grandes structures telles qu'amas et superamas de galaxies semble en effet être constitué de la juxtaposition de blocs semblables). Le mini-univers propose donc une explication naturelle à l'apparente homogénéité : bien qu'inhomogène à l'intérieur du bloc contenant amas et superamas, il semble homogène à plus grande échelle parce qu'on voit le même bloc partout !

Outre l'explication simple des symétries de l'univers à grande échelle (que l'on n'aurait pas besoin d'imposer dans les conditions initiales), la théorie du mini-univers offre d'autres attraits. En particulier, certaines conditions relevant du principe de Mach pourraient être satisfaites (c'est l'existence d'un infini spatial qui cause l'une des objections majeures au principe de Mach), les champs physiques seraient périodiques avec une longueur d'onde égale à l'échelle d'identification spatiale, et tout le futur de l'univers pourrait être prédit (puisque toute la matière y serait vue).

Si nous vivions dans un mini-univers, il ne serait *a priori* pas évident de le vérifier, parce qu'avec des topologies compactes très compliquées on pourrait observer chaque galaxie dans différentes directions et à des époques très différentes de son évolution. Même l'isotropie du rayonnement cosmologique n'est pas un argument contre une topologie compliquée. La topologie de l'univers est-elle donc réellement inaccessible à l'observation ? (Elle en perdrait de l'intérêt.)

La situation n'est pas aussi décourageante. Tout d'abord, la physique fondamentale permet d'éliminer certains types topologiques ; c'est ainsi qu'en physique des particules la droite et la gauche ne sont pas équivalentes (en langage technique on dit que les symétries P et CP sont brisées dans l'interaction faible), de sorte que tous les types topologiques déduits d'une déformation continue d'un système gauche à un système droit peuvent être éliminés (on retrouve là encore une connexion étroite entre les structures du microcosme et du macrocosme). La cosmologie observationnelle permet aussi d'éliminer quelques possibilités. Supposons par exemple que, dans la topologie de l'hypertore, les valeurs d'identification L_1, L_2, L_3 soient toutes trois beaucoup plus petites que la distance parcourue par la lumière depuis le Big Bang (le rayon de l'horizon). On devrait en conséquence trouver certaines corrélations dans la distribution apparente des galaxies lointaines. Des recherches intensives en Union soviétique ont été entreprises pour détecter de tels effets et ont toutes donné un résultat négatif. On peut d'ores et déjà affirmer que si l'univers a la topologie d'un hypertore, l'échelle de répétition spatiale est supérieure à 3 milliards d'années-lumière ; c'est déjà un cinquième du rayon de l'horizon, autrement dit le mini-univers ne serait pas si petit que cela ! Il est probable que même les promoteurs du mini-univers n'ont pas voulu proposer un modèle de l'univers réel mais ont indirectement lancé un appel aux astronomes pour qu'ils effectuent les mesures spécifiques prouvant que notre univers n'est pas petit !

HORIZONS COSMIQUES

L'existence de singularités empêche toute prédiction des événements au-delà d'une certaine frontière de l'espace-temps. Un autre type de limitation — moins dramatique — à la prédiction se rencontre dans l'univers : les *horizons.*

Le mot lui-même fait penser au navigateur qui, scrutant la mer lointaine, cesse de voir au-delà d'un certain cercle centré sur lui : conséquence de la courbure de la Terre, il y a une distance où le ciel semble rejoindre la mer, frontière au-delà de laquelle toute observation devient impossible : c'est l'horizon. Que le navigateur se déplace, son horizon se déplace avec lui. L'univers nous présente les mêmes effets ; nous sommes au centre de notre région d'univers observable, portion de l'univers entier comprise dans notre cône de lumière du passé, et la frontière de cette région est un horizon cosmique.

On se doute que les horizons cosmiques ne sont peut-être pas aussi simples que l'horizon du navigateur. La variété espace-temps permet généralement l'existence de deux types bien distincts d'horizons. Le premier, appelé *horizon des particules*, correspond effectivement à l'horizon familier. C'est la frontière *dans l'espace* entourant la portion d'univers observable. Le second type divise non plus l'espace mais les événements, et à ce titre est appelé *horizon des événements*. Il contient l'ensemble de tous les événements observables à n'importe quelle époque : ceux qui l'ont été, ceux qui le sont et ceux qui le deviendront. En dehors de lui résident les événements à jamais inaccessibles, c'est-à-dire dont les rayons lumineux ne nous parviendront jamais.

Une série de diagrammes est particulièrement utile pour bien comprendre le propos. Considérons à nouveau le diagramme espace-temps d'un univers en expansion depuis une singularité initiale (fig. 14). Tous les cônes de lumière du passé se referment sur la singularité sous l'influence de la gravitation (c'est une traduction du principe d'équivalence). Les lignes du temps cosmique sont à chaque instant perpendiculaires aux surfaces spatiales. Nous ne pouvons, à un instant donné, recevoir les rayons lumineux d'une galaxie lointaine que si la ligne d'univers de celle-là coupe notre cône de lumière du passé. Cela signifie tout simplement que la distance de toute galaxie observable doit être plus petite que la distance parcourue par la lumière depuis le temps cosmique t mesuré à partir du Big Bang, pour que la lumière émise par cette galaxie ait bien eu le temps de nous parvenir. Les lignes d'univers initialement tangentes à notre cône de lumière du passé déterminent précisément la frontière de notre horizon des particules. L'horizon des particules est mesuré dans l'espace instantané de l'observateur et n'est autre que la distance de réception des galaxies dont le décalage spectral vers le rouge est infini. Pour cette raison, la taille de l'horizon s'accroît plus vite que l'expansion cosmique. Dans l'univers d'Einstein-Sitter, la récession de l'horizon des particules se fait à trois fois la vitesse de la lumière ! Autrement dit, de nouvelles galaxies peuvent « rentrer » dans notre horizon et devenir observables (fig. 15), et, une fois entrée, aucune galaxie ne peut en sortir.

Un autre type de diagramme d'espace-temps permet de mieux saisir encore la signification profonde des horizons cosmiques. Il s'agit de diagrammes dits « conformes » parce qu'ils ne déforment pas la structure des cônes de lumière (ils ne changent pas les angles), mais en contrepartie ils déforment l'axe du temps. La figure 16 est le diagramme d'espace-temps de l'univers de Friedmann spatialement fermé, présentant un début et une fin du temps (en représentation conforme les singularités sont des droites et non plus des points). Notre cône de lumière du passé *ultime* — c'est-à-dire lorsque nous serons parvenus à la fin du temps — délimite clairement dans l'espace-temps deux régions, l'une contenant les événements qui ont été ou qui seront observés, l'autre ceux qui ne le seront jamais. Ce cône de lumière n'est autre que l'horizon des événements, fixé une fois pour toutes dans l'espace et le temps.

On voit dès lors que l'existence d'un horizon des particules est liée à un *début du temps* (s'il n'y a pas de début du temps, la lumière de n'importe quel objet si distant soit-il a toujours eu le temps de nous parvenir), tandis que celle d'un horizon des événements est liée à une *fin du temps* (il y a des objets distants qui n'auront jamais le temps de nous communiquer leurs rayons lumineux). Le diagramme d'espace-temps conforme du modèle de Friedmann en expansion continue (fig. 17) montre bien un horizon des particules mais pas d'horizon des événements : le temps y a un début mais pas de fin. Le diagramme espace-temps de l'univers statique d'Einstein, à temps infini dans le passé et le futur, n'a ni horizon des particules ni horizon des événements (fig. 18) ; il permet *a priori* la connaissance totale. À noter que l'univers de Friedmann à expansion continue, dont l'horizon des particules s'agrandit à la vitesse de la lumière, permet aussi la connaissance totale... si l'on attend suffisamment longtemps. Comme pour les singularités, des horizons des événements « locaux », associés à la formation de trous noirs, sont aussi prédits par la relativité générale ; il s'agit là encore d'une limitation de la prédiction du futur due à l'existence de singularités locales (fig. 19).

Si dans les univers de Friedmann, l'interruption des lignes du temps cosmique due à l'existence de réelles singularités de courbure coïncide avec l'interruption des lignes du temps « altéré » qui permet l'existence des horizons, il n'y a généralement pas équivalence entre singularités de courbure et horizons ; l'existence des premières entraîne celle des seconds, mais pas l'inverse. L'univers de Sitter offre l'exemple plutôt pervers de modèle non singulier (les lignes du temps cosmique sont infinies dans les deux sens) dont le temps « altéré » a néanmoins une extrémité dans le futur ; cela est dû au comportement exponentiel du facteur d'échelle entrant dans la construction du temps altéré. En conséquence, à chaque observateur fondamental de l'univers de Sitter est associé un horizon des événements, défini comme le cône de lumière du passé de l'intersection de sa ligne d'univers avec l'infini spatial du futur (à temps altéré fini). Plus prosaïquement : dans l'univers de Sitter, les trajectoires cosmiques des galaxies se séparent exponentiellement au cours du temps tandis que la sphère de Hubble — frontière à laquelle les galaxies ont une vitesse de récession égale à la vitesse de la lumière — reste fixe ; en remontant dans le passé, toutes les trajectoires sont donc arbitrairement proches les unes des autres et pénètrent toutes dans notre sphère de Hubble : il n'existe pas d'horizon des particules. Inversement, en avançant dans le futur, toutes les trajectoires deviennent arbitrairement éloignées et finissent tôt ou tard par sortir de la sphère de Hubble. La sphère de Hubble engendre donc dans l'espace-temps un véritable horizon des événements au-delà duquel les événements ne seront jamais observés, même en disposant d'un temps propre infini !

Tout comme les théorèmes sur les singularités, la relativité générale prédit également l'existence d'horizons des événements « locaux », associés à la formation de trous noirs ; il s'agit là encore d'une limitation de la prédiction du futur due à l'existence de singularités locales (fig. 19).

Les horizons cosmiques ne constituent pas un simple jeu amusant pour l'esprit. Conséquence inéluctable de toute solution cosmologique vraisemblable des équations d'Einstein au même titre que les singularités, ils ont fourni une objection majeure aux modèles de Friedmann, pourtant satisfaisants sur la plupart des autres points. Le problème est le suivant. Considérons la surface spatiale (tridimensionnelle) au temps où a été émis le rayonnement cosmologique reçu aujourd'hui à la température de 2,7 K. L'époque d'émission réelle a suivi de peu (entre cent mille et un million d'années environ) le Big Bang marquant le début du temps : ce fut le découplage entre matière et rayonnement. Sur cette surface existent des points suffisamment distants pour que leurs cônes de lumière de passé ne se coupent pas (fig. 20). Autrement dit, ces points n'ont *jamais eu de relation causale entre eux* : ni particule, ni rayon lumineux, ni onde gravitationnelle n'ont eu le temps de voyager de l'un à l'autre depuis le début de l'univers. En fait, cette surface du découplage peut être divisée en environ un millier de « cellules » causalement indépendantes. Le paradoxe vient de ce que le rayonnement cosmologique est parfaitement isotrope : autrement dit, toutes les cellules ont exactement les mêmes propriétés physiques sans jamais avoir pu interagir !

Cela constitue un grave défaut des modèles de Friedmann car, pour l'expliquer, on est obligé de supposer que les symétries actuellement observées dans l'univers (homogénéité spatiale et isotropie) existaient déjà dans les conditions initiales, à la singularité même. Le destin de l'univers aurait en quelque sorte été fixé d'avance. Ce fait, peu acceptable pour nombre de physiciens, a jeté quelques doutes sur la valeur du modèle de Friedmann pour décrire l'évolution complète de l'univers. Tout comme les biologistes, les cosmologistes estiment que les propriétés actuelles de l'univers sont le résultat de processus évolutifs. L'idéal serait de partir d'une cosmologie initiale chaotique (sans aucune symétrie) et de découvrir des processus physiques capables de *lisser* le comportement ultérieur de l'univers de façon qu'il s'accorde à ce qui est actuellement observé.

À la fin des années 1960, un modèle très intéressant d'univers primordial chaotique a été avancé par Charles Misner : le *Mixmaster* (c'est-à-dire le *malaxeur*). Ce modèle était fondé sur l'étude du comportement près de la singularité des univers de Bianchi, solutions cosmologiques des équations d'Einstein spatialement homogènes mais non isotropes. Certains de ces derniers modèles, spatialement fermés, avaient été étudiés tout particulièrement par les cosmologistes russes Belinskii, Lifshitz et Khalatnikov. Ils présentaient la propriété intéressante qu'en remontant le cours du temps en direction de la singularité l'univers passait successivement par des configurations spatiales tantôt aplaties dans une direction et allongées dans les deux autres (phase crêpe), tantôt aplaties dans deux directions et allongées dans l'autre (phase cigare) (fig. 21). De telles oscillations des « rayons principaux » de l'univers impliquaient que son contenu matériel devait y être brassé dans toutes les directions à la vitesse de la lumière, causant la suppression de tout horizon des particules (toutes les régions de l'univers ayant été en contact à un moment ou un autre du grand malaxage). Misner argumenta qu'une solution cosmologique *générale* des équations d'Einstein (non seulement anisotrope mais aussi inhomogène) devait se comporter au voisinage de sa singularité de la même façon que les univers de Bianchi en convulsion. Cette théorie élégante du *Mixmaster* s'est révélée inexacte.

Non seulement le comportement d'un univers de Bianchi n'est pas générique de celui d'un univers sans symétrie, mais même un univers initialement homogène et anisotrope répugne à s'isotropiser au cours du temps. En fait, il n'a tout simplement pas le temps de le faire, le nombre d'oscillations depuis la singularité jusqu'aujourd'hui étant bien trop faible pour réussir à isotropiser quoi que ce soit. De plus, on sait que l'univers réel devait être homogène et isotrope non seulement à l'époque du découplage, mais déjà au moment de la fabrication de l'hélium, une centaine de secondes seulement après le Big Bang. Voilà les cosmologies chaotiques repoussées bien loin dans le passé !

Que les partisans du chaos initial se rassurent : on peut toujours dire que l'univers a émergé, lisse, du chaos quantique qui, avant 10^{-43} seconde, devait agiter la géométrie de fluctuations aléatoires. Cette pirouette ne résout en tout cas pas le dilemme posé par les horizons des particules disjoints sur la surface de découplage. Certains développements récents de la physique des particules ont peut-être apporté une réponse à ce problème sous la forme des modèles cosmologiques à *inflation primordiale*. Ceux-là seront largement discutés par ailleurs dans ce volume, de sorte que nous ne parlerons ici que de la résolution du paradoxe des horizons.

Ces nouvelles cosmologies prévoient l'existence d'une phase très primordiale de l'univers (entre 10^{-35} et 10^{-32} seconde) au cours de laquelle l'expansion du facteur d'échelle n'était pas gouvernée par celle des modèles de Friedmann, mais par celle du modèle de Sitter. On a vu que, dans l'univers de Sitter, l'expansion croît exponentiellement au cours du temps et qu'il n'y a pas de début du temps, donc pas d'horizon des particules. Il suffit donc d'une période d'inflation très courte (de l'ordre de 10^{-32} s) pour mettre en contact causal toutes les régions de l'univers actuellement observable (fig. 22).

Notons que la même théorie prédit qu'à la sortie de la période d'inflation, l'univers doit se trouver dans un état extrêmement proche de celui du modèle de Friedmann à courbure spatiale nulle. De même, elle n'exclut pas l'émergence de plusieurs bulles d'univers aux caractéristiques distinctes, de sorte que tout en nous trouvant nous-mêmes dans une bulle homogène et isotrope (en accord avec le principe anthropique), l'ensemble de toutes les bulles pourrait constituer un univers complètement chaotique à très grande échelle.

Si tentants qu'ils soient, ces nouveaux modèles d'univers primordial reposent sur des théories de « grande unification » entre interactions électrofaibles et interactions fortes qui extrapolent bien loin nos connaissances réelles de la matière. Il faut même avouer que nombre de prédictions de ces théories ont été infirmées par les expériences et les observations astronomiques : les monopôles magnétiques ne courent pas les rues et les protons refusent de se désintégrer dans les souterrains. On a tenté de corriger les contradictions des théories initiales en les sophistiquant, au prix de l'introduction de paramètres ajustables qui enlèvent à ces théories tout caractère prédictif et infligent un camouflet sérieux au principe de simplicité. Je pense néanmoins que, même si certains détails des théories d'unification seront amenés à changer dans un avenir proche, l'idée d'une phase d'inflation de l'univers primordial a de bonnes chances de se perpétuer. La cosmologie quantique de Hawking prétend d'ailleurs que les modèles de Friedmann fermés à inflation primordiale sont les solutions les plus probables engendrées par le superespace quantique (voir, ci-après, le chapitre « Cosmologie quantique »).

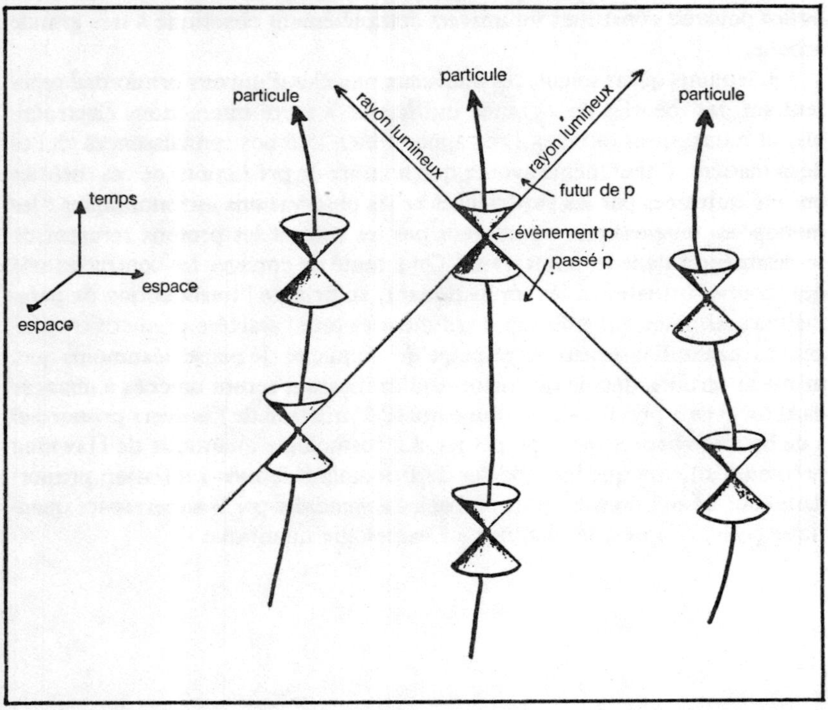

FIGURE 1. Cônes de lumière en relativité restreinte. *En chaque événement* p *de l'espace-temps de Minkowski, les rayons lumineux engendrent les deux nappes d'un cône de lumière ; les rayons émis de* p *balayent la nappe du futur, les rayons reçus en* p *balayent la nappe du passé. L'invariance de la vitesse de la lumière dans le vide se traduit par le fait que tous les cônes de lumière sont parallèles : l'espace-temps de Minkowski, vide de matière gravitante, est une structure indéformable, "plate". Puisqu'aucune particule physique ne peut dépasser la vitesse de la lumière, les trajectoires spatio-temporelles de toutes les particules passant par l'événement* p *sont astreintes à rester sur ou à l'intérieur du cône de lumière de* p *(sur la figure, l'une des trois dimensions spatiales a été supprimée pour les besoins du dessin).*

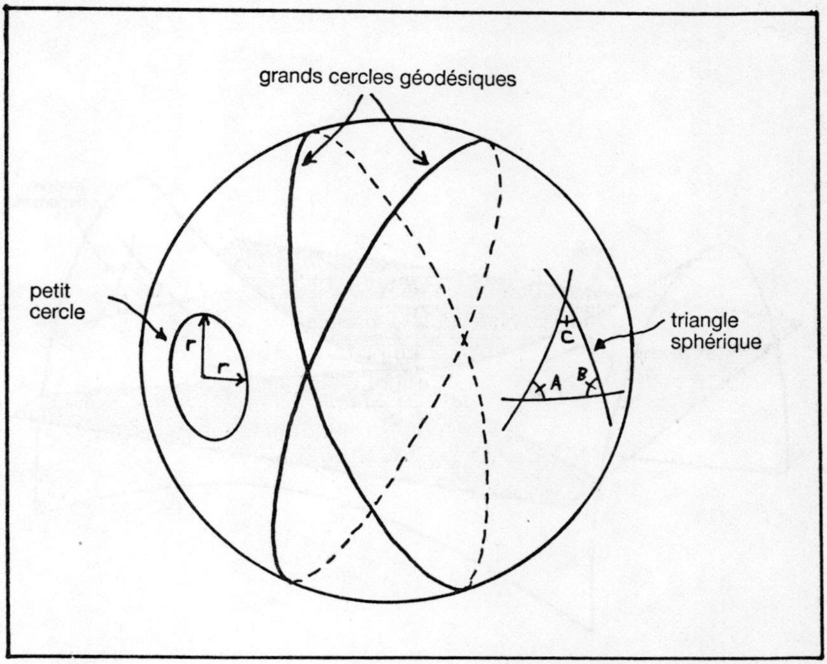

FIGURE 2. La géométrie sphérique. *La sphère est une surface fermée à deux dimensions, de courbure uniforme et positive. Les géodésiques (trajectoires les plus courtes équivalant aux droites du plan) sont les "grands cercles", tous centrés sur l'origine et de même rayon que la sphère. Il n'existe donc pas de géodésiques parallèles. La géométrie de la sphère n'est pas euclidienne ; la circonférence d'un "petit cercle" de rayon* r *est plus grande que* 2πr*, la somme des angles d'un "triangle sphérique" (délimité par trois arcs de grands cercles) est supérieure à 180°.*

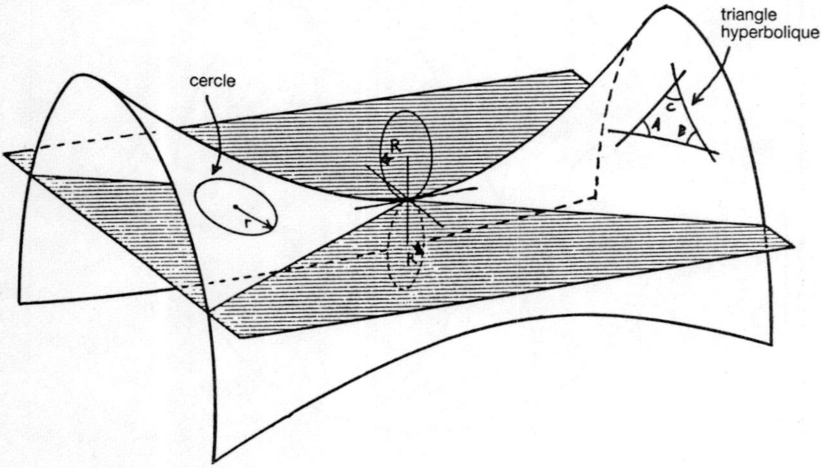

FIGURE 3. La géométrie hyperbolique. *L'hyperboloïde, dont une partie "en selle de cheval" est représentée sur la figure, est une surface infinie à deux dimensions, de courbure uniforme et* négative *(en chacun de ses points, les deux cercles osculateurs sont de même rayon et centrés de part et d'autre de la surface). La circonférence d'un cercle est plus petite que 2 π fois son rayon, la somme des angles d'un triangle hyperbolique est plus petite que 180°.*

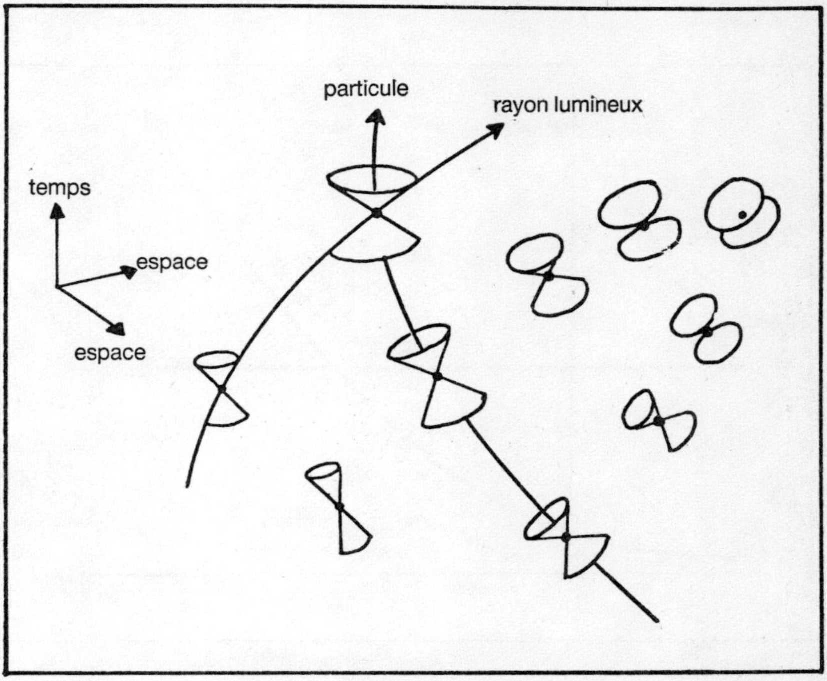

FIGURE 4. Cônes de lumière en relativité générale. *La théorie de la relativité générale stipule que la matière donne de la courbure à la variété espace-temps. Dans la représentation des cônes de lumière, ces derniers ne sont plus parallèles entre eux mais s'inclinent et se déforment au gré de la courbure, traduisant la déviation des rayons lumineux dans les champs gravitationnels. Toutefois, la relativité restreinte reste valide* localement, *de sorte que les trajectoires des particules matérielles restent confinées à l'intérieur des cônes de lumière.*

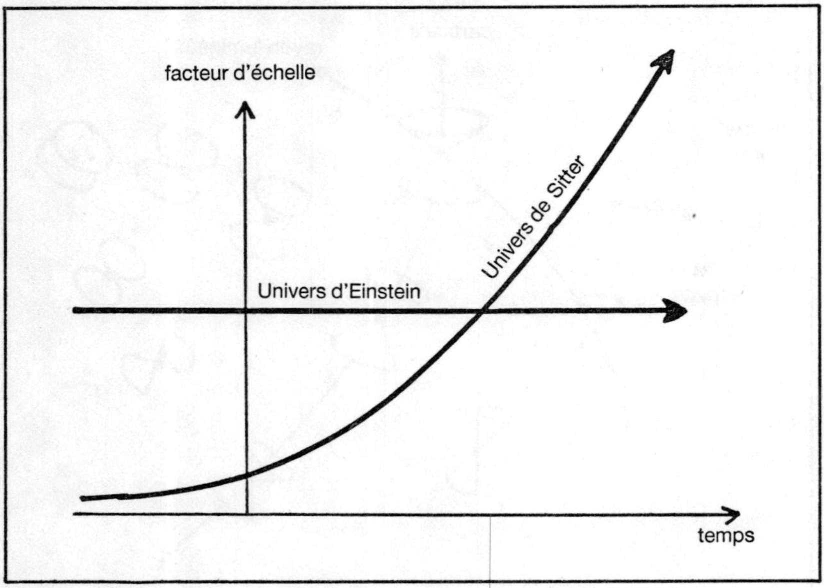

FIGURE 5. L'univers statique d'Einstein et l'univers exponentiel de Sitter. *Ces deux modèles d'univers sont infinis dans le temps. L'univers d'Einstein n'évolue pas, de sorte que la séparation spatiale entre deux quelconques de ses points reste constante. Dans l'univers de Sitter au contraire, cette séparation spatiale croît exponentiellement au cours du temps.*

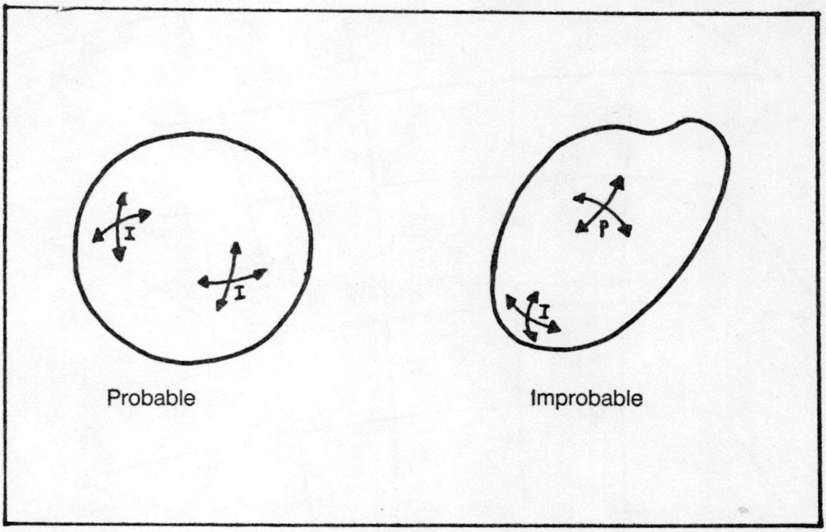

FIGURE 6. Illustration du principe cosmologique : la sphère et le patatoïde. *À la surface d'une sphère, tous les points sont des centres d'isotropie I (la courbure est la même mesurée dans toutes les directions). À la surface d'un "patatoïde", seuls des points exceptionnels sont des centres d'isotropie. Le principe cosmologique interdit à l'observateur terrestre toute position privilégiée ; puisque l'univers nous apparaît isotrope, il doit l'être en chacun de ses points. Il est donc tout à fait improbable que sa géométrie soit celle d'un patatoïde !*

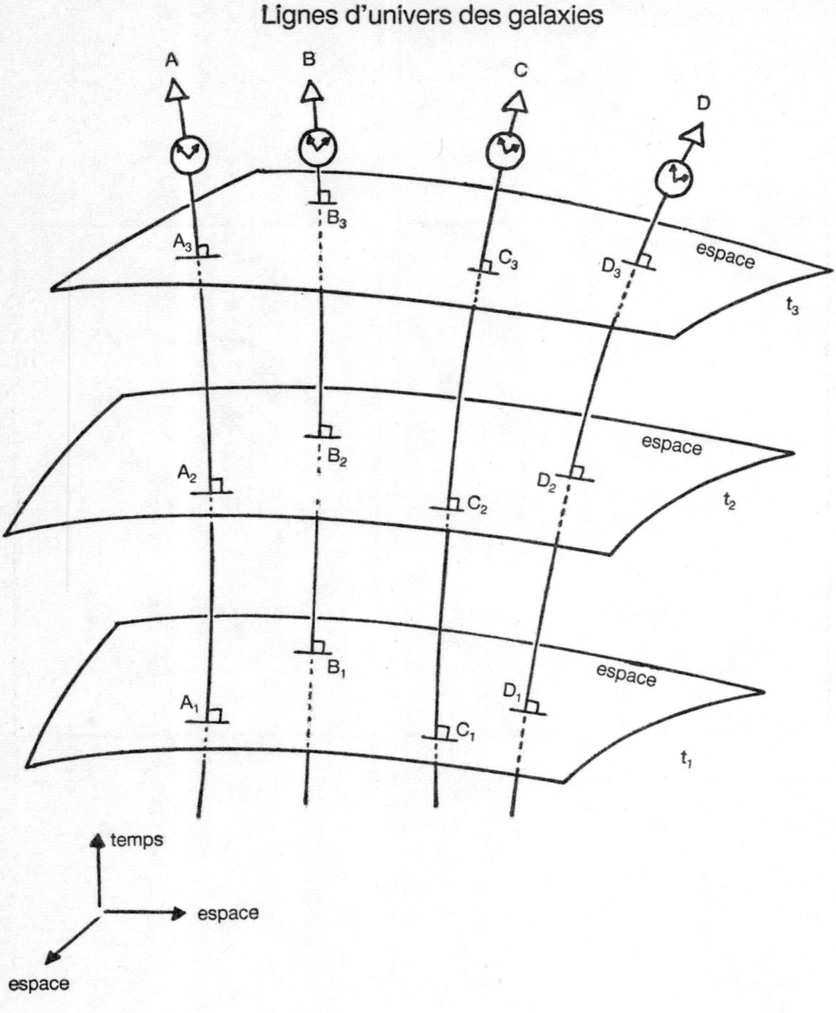

FIGURE 7. Homogénéité et temps cosmique. *Dans les modèles spatialement homogènes et isotropes de Robertson-Walker, les lignes d'univers du fluide cosmique (dont les particules sont les galaxies) sont à chaque instant perpendiculaires aux sections spatiales de densité uniforme. Ce feuilletage détermine un temps cosmique universel, sur lequel toutes les horloges des galaxies peuvent se synchroniser.*

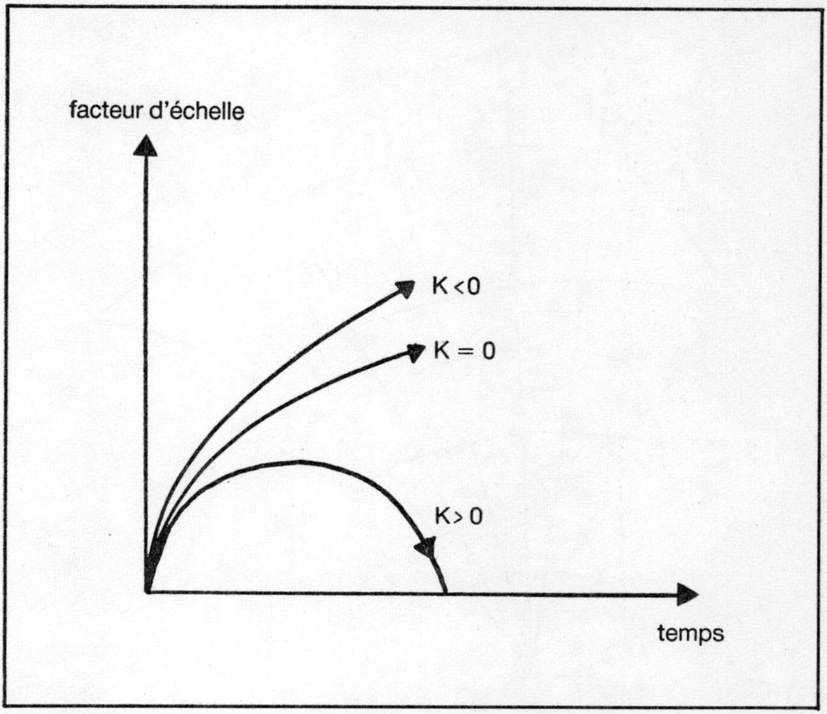

FIGURE 8. Les trois modèles de Friedmann. *Le signe de la courbure K des sections spatiales détermine la dynamique temporelle des univers isotropes de Friedmann. Si K est positif, l'univers est borné dans le temps et dans l'espace.*

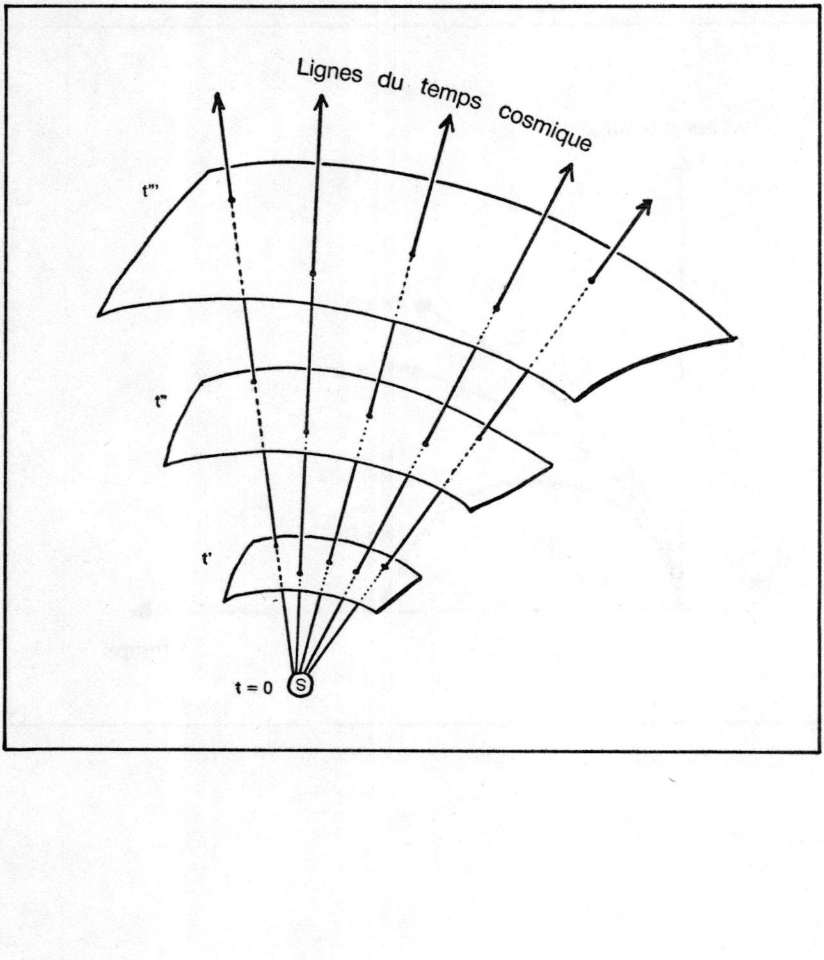

FIGURE 9. Le début du temps dans les univers de Friedmann. *En prolongeant dans le passé les lignes synchronisées du temps cosmique, on aboutit inéluctablement à un temps zéro, véritable singularité où toutes les lignes d'univers se coupent.*

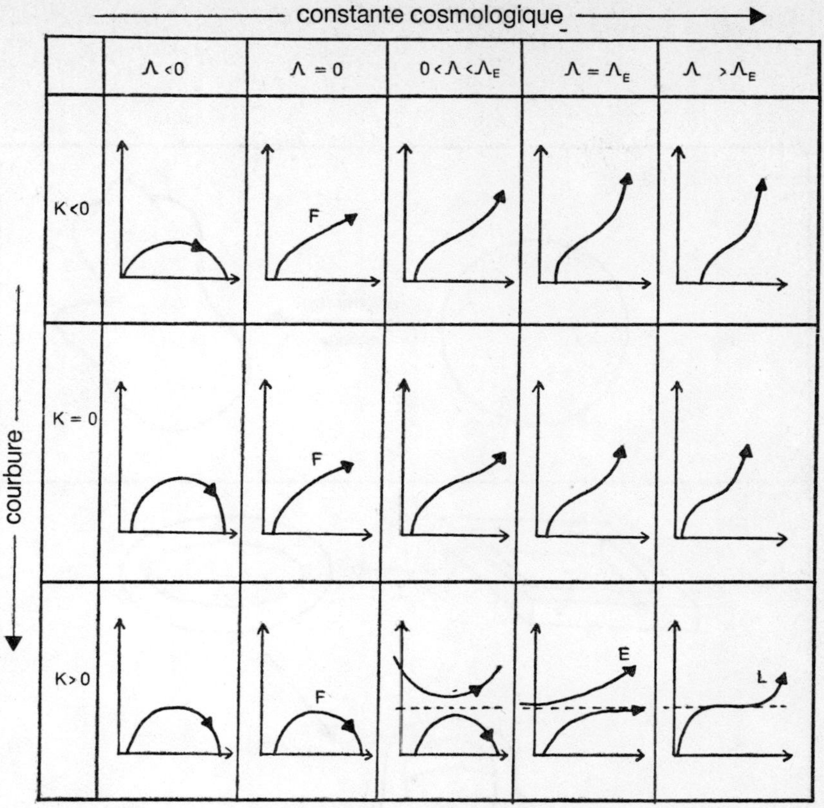

FIGURE 10. Les univers de Friedmann-Lemaître. *La dynamique temporelle (c'est-à-dire la variation du facteur d'échelle spatiale en fonction du temps cosmique) des modèles spatialement homogènes et isotropes de Lemaître est déterminée par le signe de la courbure des sections spatiales et par la valeur de la constante cosmologique. Deux valeurs critiques de cette constante sont $\Lambda = 0$ (on retrouve alors les modèles de Friedmann originaux, indiquée par la lettre F), et $\Lambda = \Lambda_E$, où Λ_E est la valeur proposée en 1917 par Einstein afin d'assurer le statisme de son univers sphérique. Puisqu'une constante cosmologique positive équivaut à une action répulsive à grande distance, tous les modèles à grande constante cosmologique ($\Lambda > \Lambda_E$) - qu'ils soient spatialement fermés ou non - sont "ouverts dans le temps", c'est-à-dire en expansion continue. À l'inverse, une constante négative ($\Lambda < 0$) contribue à augmenter encore la gravité effective, de sorte que les modèles d'univers correspondants finissent tous par s'effondrer sur eux-mêmes.*
Dans certains cas ($K > 0$ et $0 < \Lambda < \Lambda_E$), la singularité initiale peut même disparaître ; en particulier, le modèle d'Eddington (marqué E) est un univers spatialement fermé en expansion continue à partir de la sphère statique d'Einstein (indiquée en traits pointillés). Le modèle à explosion primordiale prôné par Lemaître (marqué L) a une constante cosmologique légèrement supérieure à la valeur critique Λ_E, de sorte qu'il traverse une phase plus ou moins longue au cours de laquelle il frôle l'état statique d'Einstein, avant de repartir en expansion continûment accélérée.

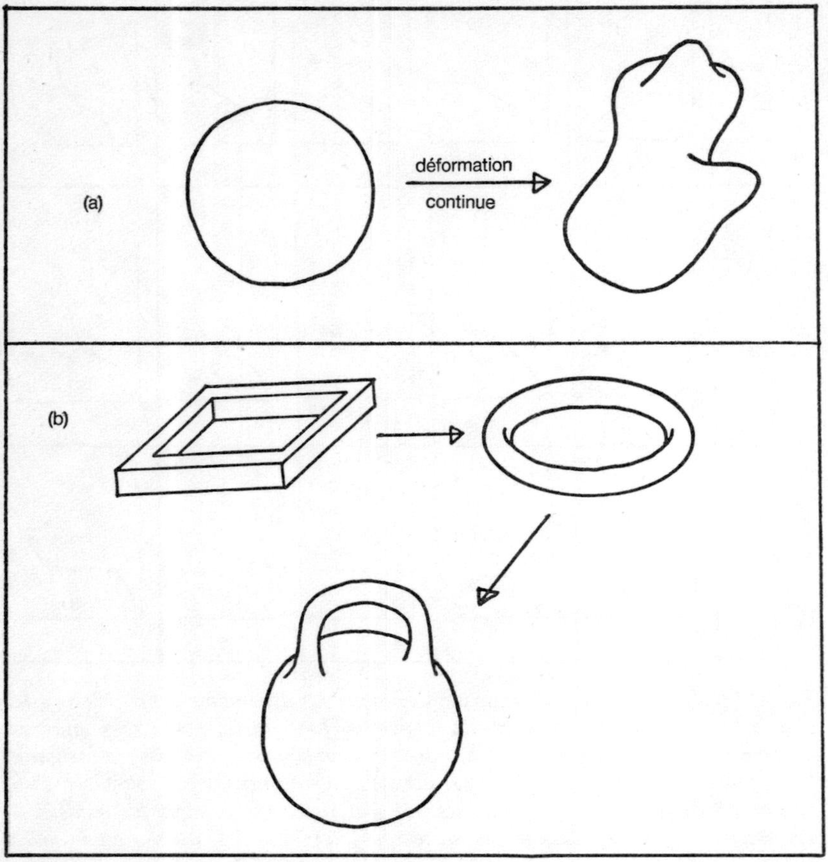

FIGURE 11. Classes topologiques. *(a) Par déformation continue on peut passer d'une sphère à une surface fermée de type "patatoïde" ; elles appartiennent à la même classe topologique. (b) Une classe topologique distincte contient le tore, qui peut se déformer continûment en une sphère munie d'une poignée.*

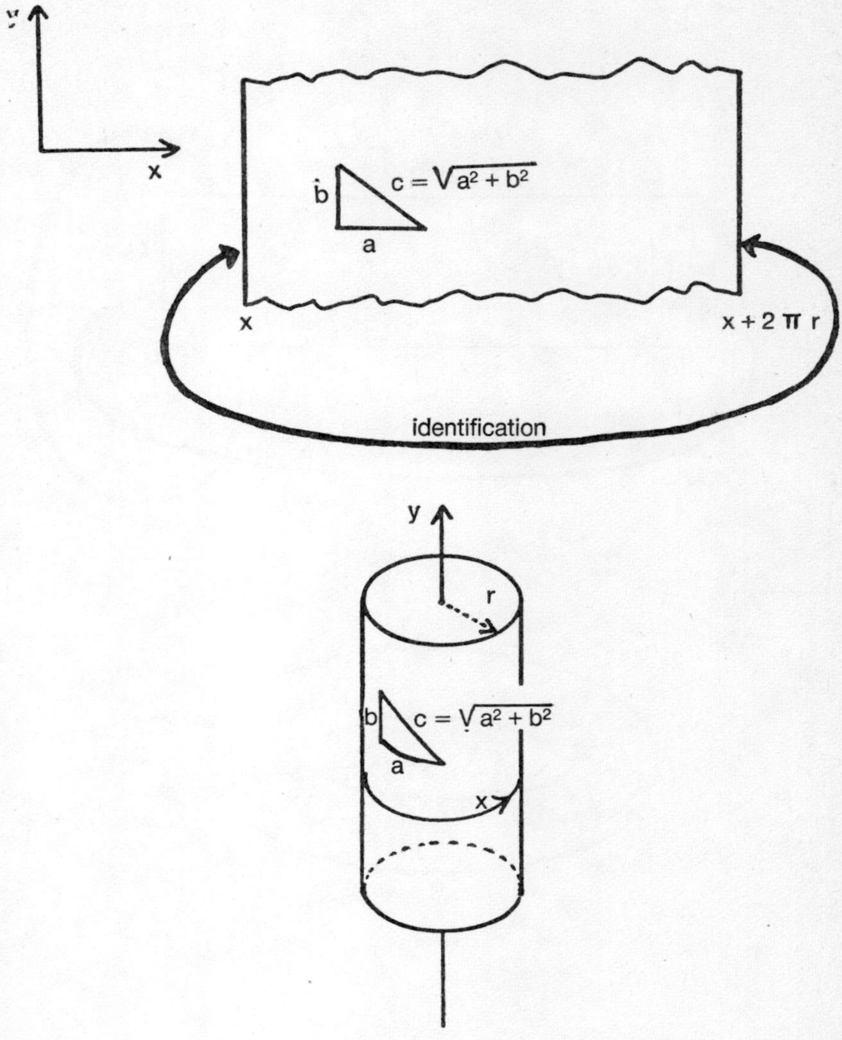

FIGURE 12. Transformation plan-cylindre. *Si dans le plan euclidien on identifie périodiquement les abscisses* x *et* x + 2πr, *on obtient un cylindre. La métrique reste inchangée (se traduisant ici par l'application du théorème de Pythagore), mais la topologie est différente.*

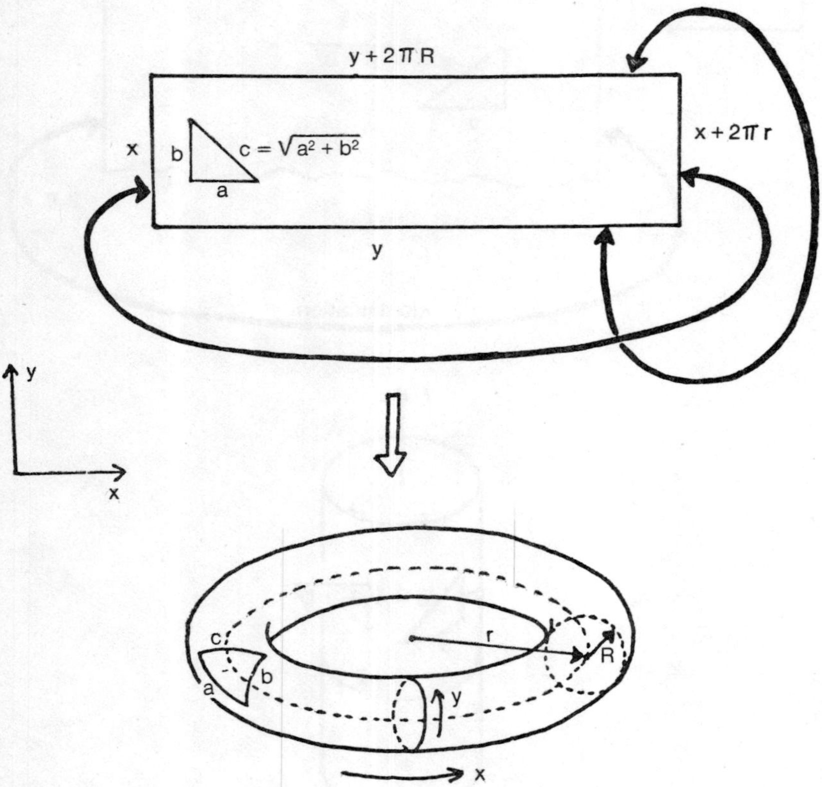

FIGURE 13. Transformation plan-tore. *En identifiant périodiquement non seulement les abscisses, mais aussi les ordonnées du plan euclidien, on obtient le tore, de même métrique mais de topologie radicalement différente : le tore est en effet une surface finie !*

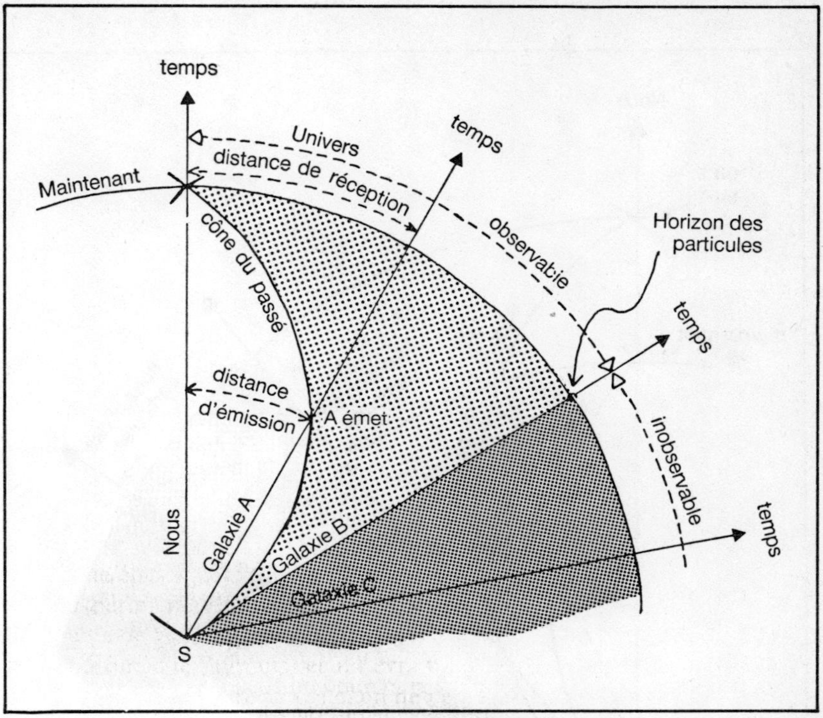

FIGURE 14. L'horizon des particules. *Dans ce diagramme espace-temps d'une cosmologie de Friedmann, les lignes d'univers des galaxies divergent toutes à partir de la singularité initiale S en raison de l'expansion cosmique. Toutes les galaxies dont la ligne d'univers coupe notre cône de lumière du passé sont en principe observables, en ce sens que leur lumière a eu le temps de nous parvenir. C'est ainsi que la galaxie A est observée "maintenant" telle qu'elle était à une certaine époque dans le passé ("A émet"), alors que sa distance (à l'émission) était notablement plus courte que sa distance actuelle (à la réception). La galaxie B, dont la ligne d'univers est tangente en S à notre cône de lumière du passé, est à la limite de l'observabilité : son décalage spectral cosmologique est infini. L'intersection de sa ligne d'univers avec la section spatiale "maintenant" détermine la frontière de la région actuellement observable : c'est l'horizon des particules. Au-delà de l'horizon (zone en hachures sombres), les galaxies sont inobservables car leur lumière n'a pas eu le temps de nous parvenir.*

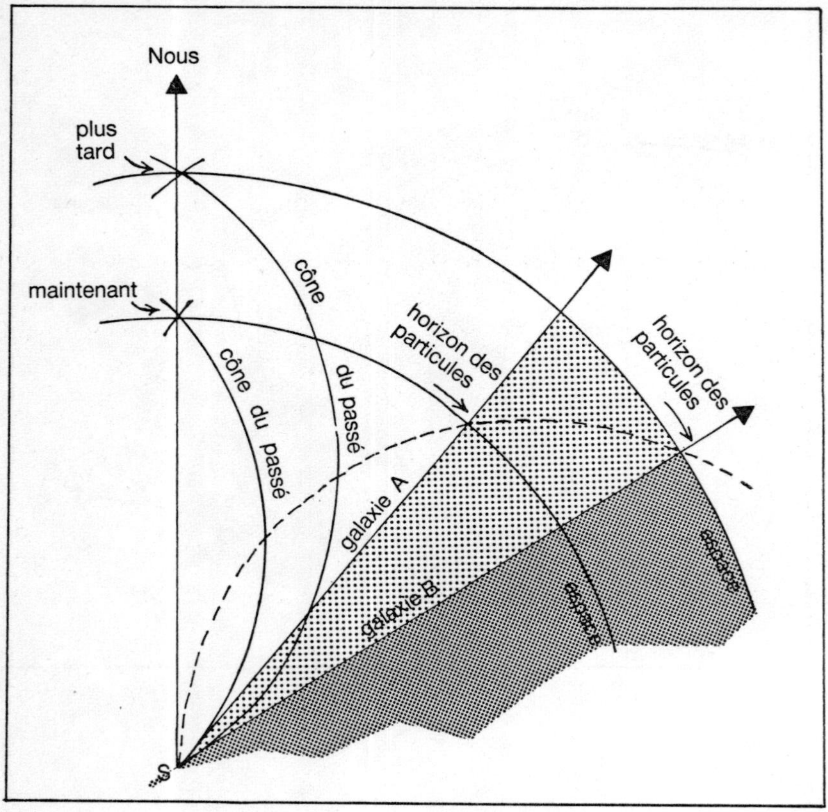

FIGURE 15. Accroissement de l'horizon des particules. *La galaxie A, à la limite de l'observabilité "maintenant", deviendra "plus tard" observable ; notre cône de lumière du passé aura alors grandi et c'est une autre galaxie B, plus lointaine, qui déterminera l'horizon des particules. La taille de l'horizon des particules, déterminée par les lignes d'univers des galaxies de décalage spectral infini, croît donc au cours du temps cosmique (courbe en pointillés).*

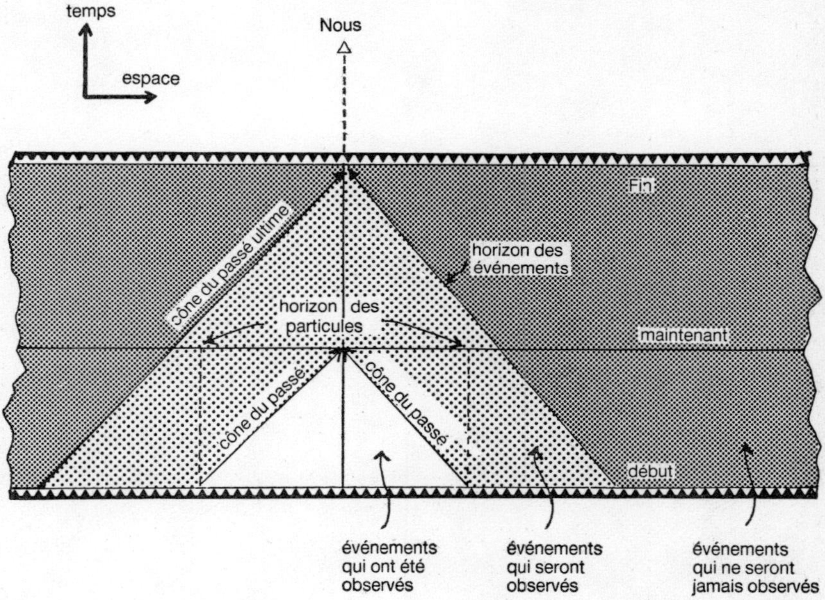

FIGURE 16. Diagramme conforme de l'univers de Friedmann fermé. *En géométrie, une transformation "conforme" est une transformation qui conserve les angles. Un diagramme conforme d'un espace-temps courbe préserve l'inclinaison des cônes de lumière de l'espace-temps plat (à 45° si la vitesse de la lumière est prise comme unité). En contrepartie, l'axe du temps est déformé, de sorte que les lignes du temps "altéré" deviennent toutes parallèles. Dans le modèle de Friedmann de courbure positive, les lignes d'univers sont interrompues aux deux extrémités par une singularité temporelle. L'intérieur de notre cône de lumière du passé "maintenant" contient les événements qui sont et ont été observables (région blanche). L'intérieur de notre cône de lumière du passé "ultime" -lorsque nous serons parvenus à la fin du temps- contient les événements qui seront observables (en gris clair). A l'extérieur (gris sombre) se trouvent les événements qui ne seront jamais observés, car leur lumière n'aura pas le temps de nous parvenir avant la fin de l'univers. Le cône de lumière ultime est donc un horizon des événements, fixé une fois pour toutes dans la variété espace-temps.*

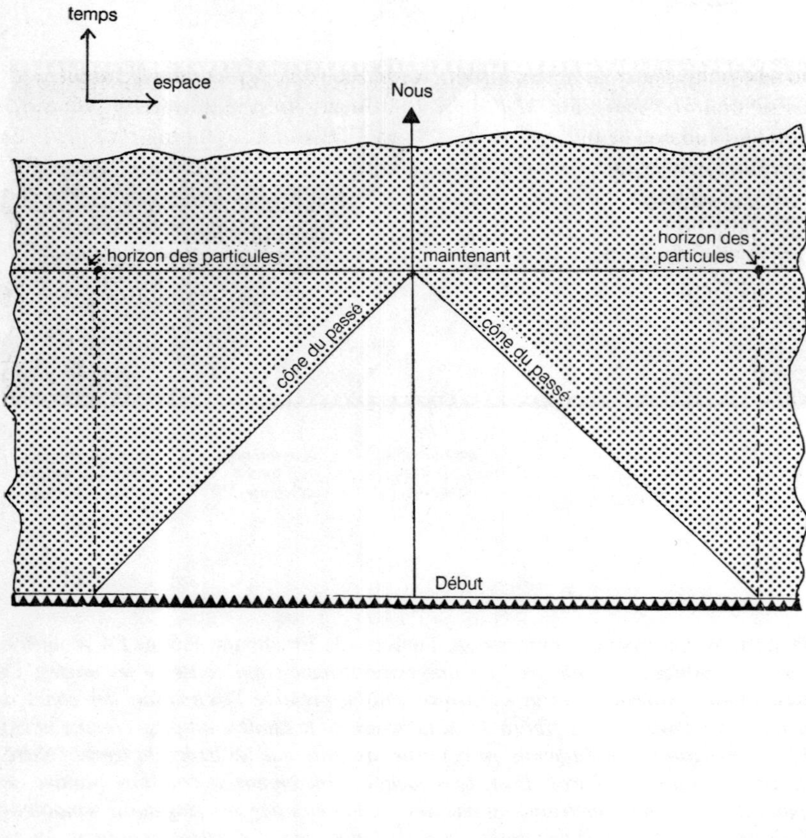

FIGURE 17. Diagramme conforme de l'univers de Friedmann ouvert. *Dans un modèle de Friedmann en expansion continue, les lignes du temps cosmique ont un début mais pas de fin. En conséquence, il existe à chaque instant un horizon des particules mais pas d'horizon des événements : tous les objets, aussi distants soient-ils, auront toujours le temps de nous faire parvenir leur lumière.*

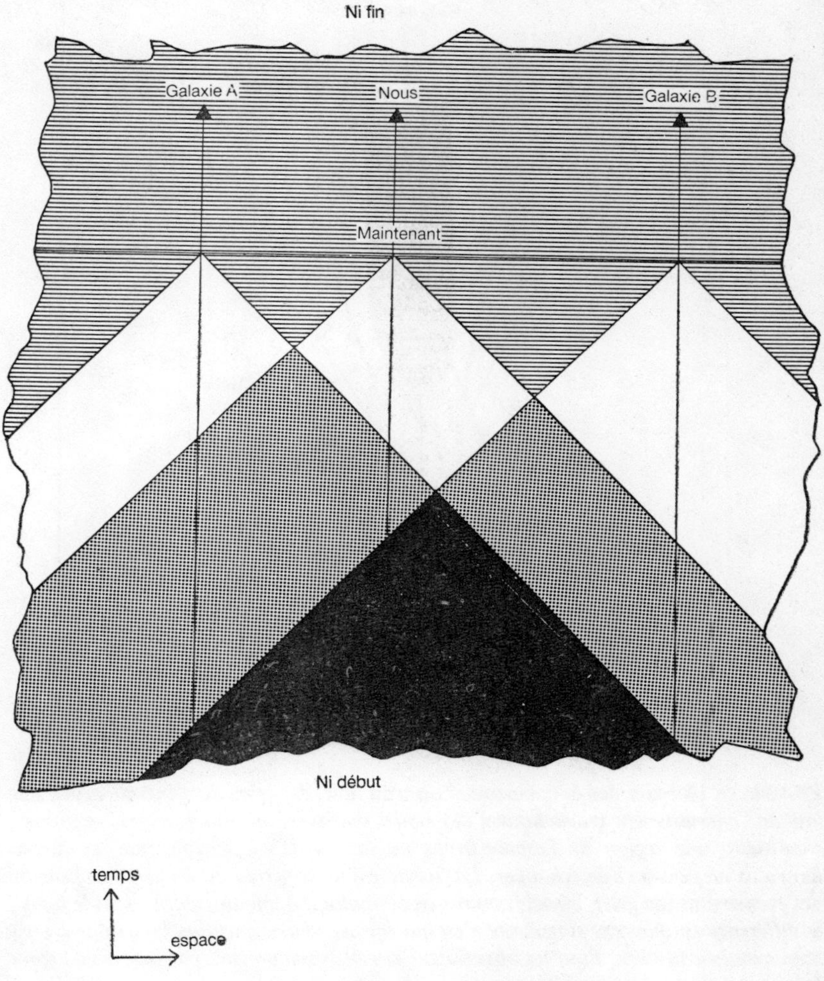

FIGURE 18. Diagramme conforme de l'univers d'Einstein. *Les lignes du temps altéré sont infinies ; c'est le cas notamment de l'univers statique d'Einstein et de l'espace-temps de Minkowski. Les lignes d'univers de toutes les galaxies coupent toujours notre cône de lumière du passé. Puisqu'il n'y a ni singularité, ni horizon, ces univers (nécessairement non singuliers) permettent la connaissance cosmologique totale.*

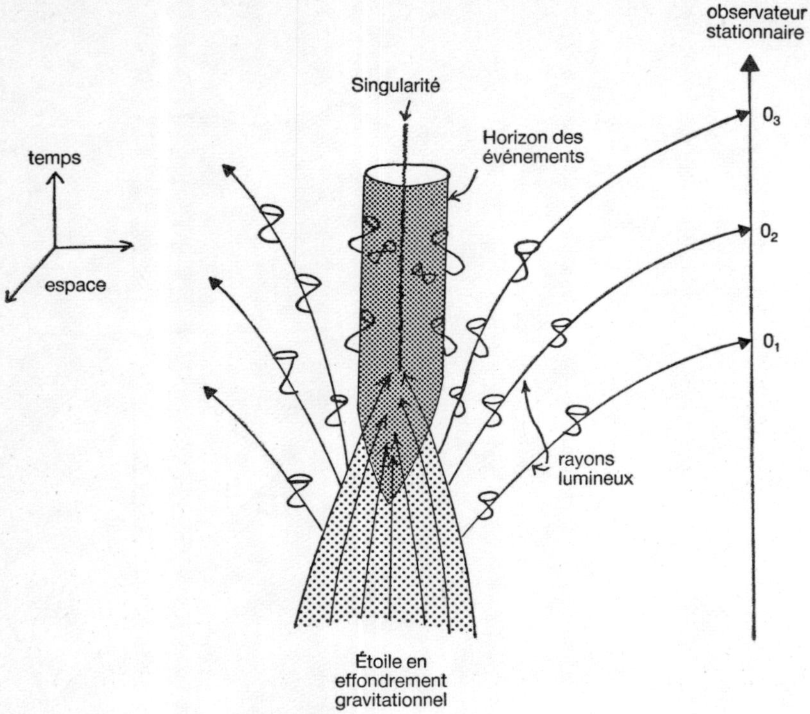

FIGURE 19. Horizon des événements d'un trou noir. *La relativité générale prédit que lors de l'effondrement gravitationnel des étoiles massives, un trou noir peut se former, c'est-à-dire une région de l'espace-temps où la gravité est si forte que les rayons lumineux ne peuvent s'en échapper. La frontière d'un trou noir est un véritable horizon des événements (en gris), associé comme en cosmologie à une singularité dans le futur ; la différence est que cette singularité n'est que locale : seules quelques lignes d'univers y terminent leur histoire. Pour un observateur extérieur stationnaire par rapport à l'étoile (par exemple sur une orbite circulaire), les rayons lumineux émis par l'étoile en contraction à intervalles de temps égaux sont reçus en* 0_1, 0_2, 0_3,... *à intervalles de temps de plus en plus longs. Ce gel temporel, appelé "effet Einstein", traduit le ralentissement des fréquences dans un champ de gravitation. L'horizon des événements se forme précisément lorsque ce ralentissement devient infini ; les cônes de lumière deviennent tellement inclinés vers l'intérieur de la région en effondrement que les lignes d'univers des rayons lumineux et de toutes les particules convergent inéluctablement vers la singularité centrale.*

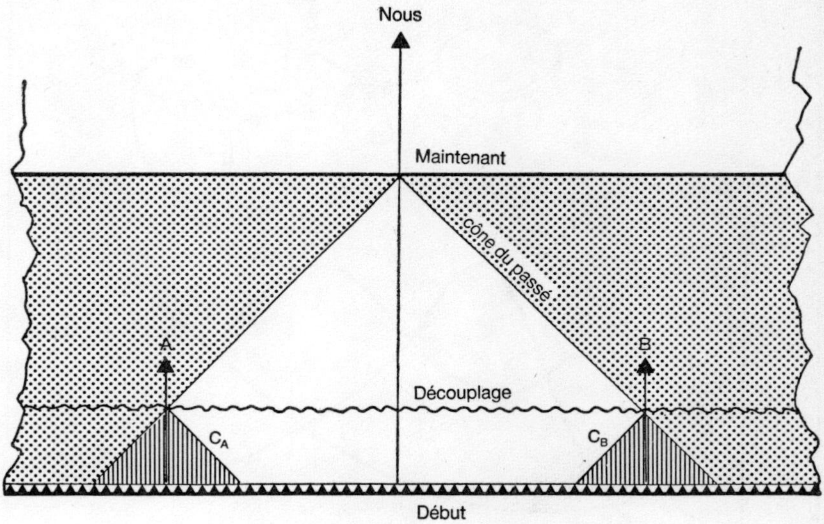

FIGURE 20. Le paradoxe des horizons dans les univers de Friedmann. *L'univers n'est devenu transparent au rayonnement électromagnétique qu'à l'époque du découplage, environ un million d'années après le Big Bang. C'est de cette surface que nous parvient le rayonnement de fond cosmologique. Ce rayonnement est parfaitement isotrope : tous les points situés entre A et B sur la surface de découplage ont la même température. Or, les cônes de lumière du passé de A et B ne se coupent pas car ils sont interrompus prématurément par la singularité initiale ; mais si A et B n'ont jamais interagi dans leur passé, il est difficile de comprendre pourquoi ils ont la même température. Ce paradoxe remet en cause la validité des modèles de Friedmann pour expliquer la totalité de l'histoire cosmique.*

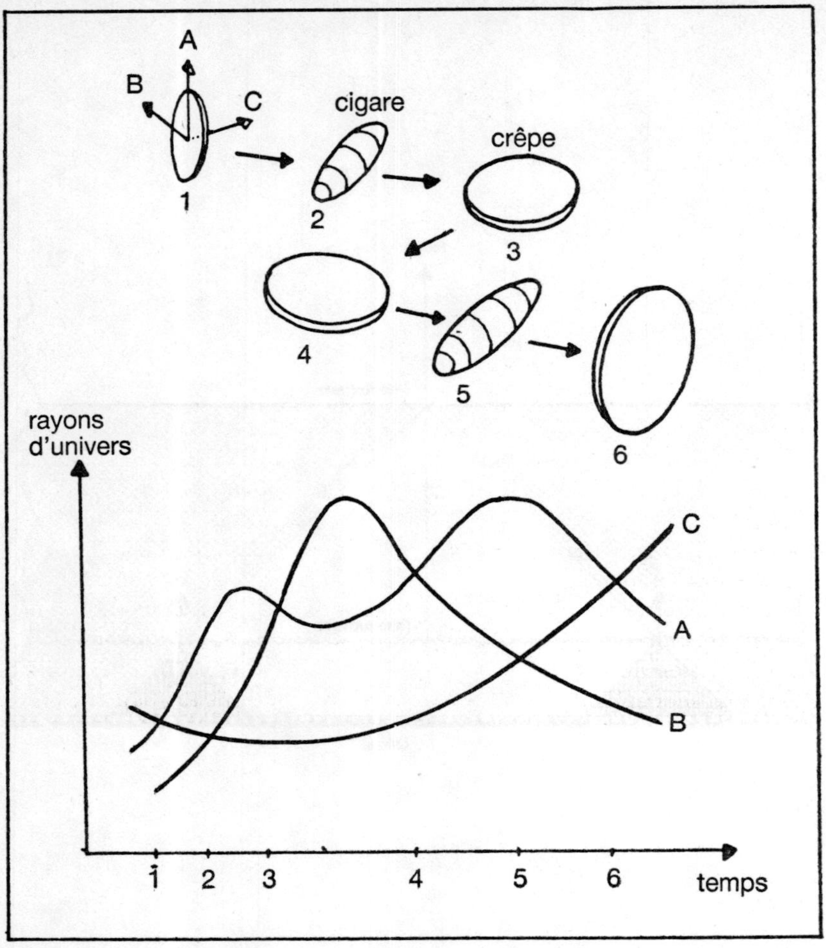

FIGURE 21. L'univers malaxeur. *Ce modèle d'univers* quantitatif *(c'est-à-dire fondé sur une extrapolation d'une solution exacte spatialement homogène mais non isotrope) prétend décrire le comportement chaotique de la solution cosmologique* générale *des équations d'Einstein au voisinage de la singularité initiale.*
Le modèle est spatialement fermé ; ses trois axes A, B, C oscillent constamment ; les sections spatiales ont tantôt la forme d'une "crêpe" (un axe très aplati, les deux autres allongés), tantôt la forme d'un "cigare" (deux axes aplatis, l'un allongé). Les directions d'expansion et de contraction sont constamment échangées. Un tel malaxage permet le brassage de la matière dans toutes les directions et la disparition des horizons des particules ; au cours de l'évolution ultérieure, toutes les irrégularités sont lissées et l'univers devient spatialement homogène et isotrope.

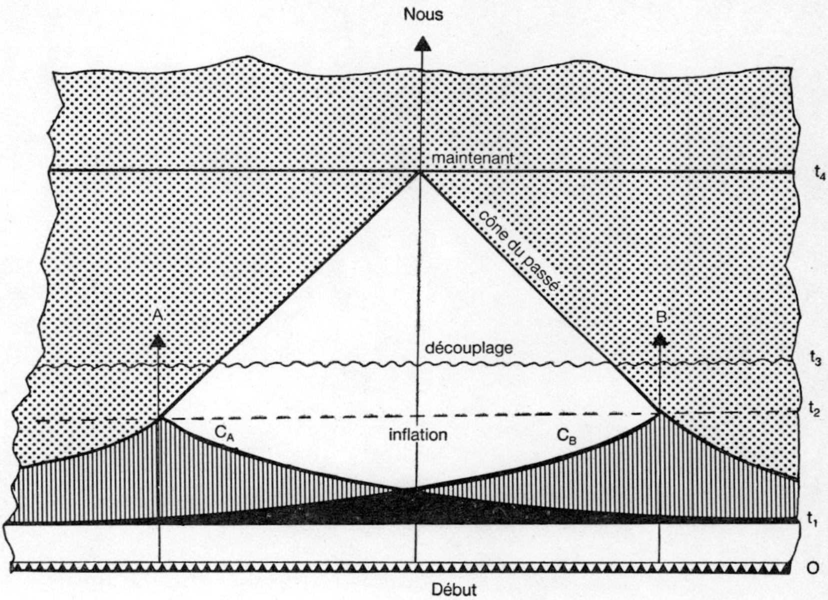

FIGURE 22. Horizons et inflation. *L'application à la cosmologie de l'univers primordial de certaines théories d'unification des interactions fortes et électrofaibles permet de résoudre le paradoxe des horizons. L'univers aurait connu entre t_1 10^{-36} s et t_2 10^{-32} s une phase "d'inflation" au cours de laquelle l'expansion de son facteur d'échelle n'était pas gouvernée par la loi de Hubble en vigueur dans les modèles de Friedmann, mais par la loi exponentielle de l'univers de Sitter. Au cours de cette phase, toutes les régions de l'univers (tout au moins celles, observables, contenues dans notre cône de lumière du passé) auraient pu rentrer en contact causal car l'univers de Sitter n'a pas de singularité initiale, donc pas d'horizon des particules. En conséquence, tous les points de la surface de découplage t_3 10^6 ans auraient interagi dans leur passé, ce qui peut expliquer pourquoi ils ont la même température. Il convient de noter que la représentation utilisée dans ce diagramme n'est conforme que pour le modèle de Friedmann, c'est-à-dire qu'elle ne déforme pas les cônes de lumière pour $0 < t_1$ et $t > t_2$; par contre, elle n'est pas conforme pour la période inflationniste de Sitter $t_1 < t < t_2$, de sorte que les cônes de lumière dans cette région sont évasés vers le bas et ont une intersection non vide.*

On ne peut se faire une vue complète et en profondeur, au sens propre, de l'univers qu'en accédant à sa troisième dimension. Tâche malaisée si l'on prend conscience que, pour l'observateur, le ciel est essentiellement une surface *à deux dimensions. L'accès à cette troisième dimension, essentielle pour construire un bon modèle d'univers, n'est possible que grâce à des constructions théoriques.*

LE DIFFICILE ARPENTAGE DE L'UNIVERS

Lucette Bottinelli et Lucienne Gouguenheim sont toutes deux professeurs à l'université Paris-Sud et radioastronomes à l'Observatoire de Paris. Leurs travaux portent sur la cosmologie et sur l'évolution des galaxies, essentiellement à partir de l'étude du gaz interstellaire effectuée à l'Observatoire de Nançay dont L. Gouguenheim a assumé la direction de 1981 à 1985. Elles ont également une importante activité de diffusion de l'astronomie et de formation continue des enseignants au sein du Comité de liaison Enseignants-Astronomes. Elles ont respectivement publié :

L. Bottinelli et J.-L. Berthier, *l'Univers des étoiles,* Paris, Ed. Gammaprim, 1986, collection « Idées clés ».

L. Gouguenheim, *Méthodes de l'astrophysique,* Paris, Hachette CNRS, 1981, collection « Liaisons scientifiques ».

Résumé

L'échelle des distances extragalactiques repose sur une succession d'étapes qui va de la mesure du rayon de la Terre jusqu'à l'observation radio de galaxies situées à plusieurs centaines de millions d'années lumière en passant par la distance du Soleil et des étoiles. On discute ici les différentes méthodes qui permettent de se libérer des biais d'observation et d'atteindre la valeur de la constante de Hubble, évaluée à 75 km s^{-1} Mpc^{-1}.

Abstract

The extragalactic distance scale relies on successive steps, from the measurement of the Earth radius to radio observation of distant galaxies at several hundred millions of light years, using the distance of the Sun and stars. Different methods allowing to overcome observational biases are discussed. They allow to reach a value of 75 km s^{-1} Mpc^{-1} for the Hubble constant.

LE DIFFICILE ARPENTAGE DE L'UNIVERS

Lucette BOTTINELLI
Lucienne GOUGUENHEIM

À toutes les étapes de son histoire, l'astronomie a été confrontée à ce difficile problème : déterminer les distances. Six cents ans avant notre ère, Thalès réussit à mesurer la distance d'un objet inaccessible — un bateau au loin sur l'océan — par la méthode de triangulation : deux observateurs O_1 et O_2 situés sur le rivage, à une distance mutuelle D, mesurée en transportant la chaîne d'arpenteur, repèrent chacun de leur côté les distances angulaires θ_1 et θ_2 de la direction du bateau B avec le rivage et en déduisent les autres éléments du triangle O_1O_2B, et donc la distance du bateau (fig. 1).

Si le bateau est trop éloigné, la méthode devient imprécise, les angles θ_1 et θ_2 s'approchant chacun de 90 degrés. Pour l'améliorer, il convient d'éloigner le plus possible les deux observateurs l'un de l'autre. Une longue histoire, qui nous conduit jusqu'au XVIIe siècle, a permis d'appliquer cette méthode au système solaire. La première évaluation donnant un ordre de grandeur correct de la distance du Soleil, due à Cassini, date de 1672. Elle repose sur la détermination de la distance de Mars, lors d'une opposition favorable, à partir d'observations effectuées à Paris et à Cayenne. La différence entre 180 degrés et la somme des angles θ_1 et θ_2 n'était que de 15 secondes. On conçoit que la distance du Soleil n'ait pas été aisée à déterminer : elle est d'à peu près 23 000 fois le rayon terrestre.

Sortir du système solaire et mesurer les distances des étoiles représentera une nouvelle étape franchie en 1838 par F. Bessel : en utilisant une base d'observations égale au diamètre de l'orbite terrestre — 300 millions de km — et la résolution d'un triangle encore plus « étiré ». La différence entre 180 degrés et $\theta_1 + \theta_2$ ne sera plus que de l'ordre de une seconde, et l'étoile la plus proche de nous après le Soleil est 300 000 fois plus éloignée.

Le premier quart de notre siècle, grâce en particulier au travail de H. Shapley, a permis de dresser le portrait « grandeur nature » de notre galaxie ; un disque de 15 000 parsecs de rayon dont le centre est situé à environ 9 000 parsecs du système solaire. Nous nous efforçons actuellement de mesurer les distances des autres galaxies et la portée de ces mesures est de l'ordre de 150×10^6 pc : 10 000 fois le rayon de la Galaxie.

Le lecteur concevra donc à quel point chacune de ces étapes constitue un bond en avant par rapport à la précédente. Qu'il subsiste encore des incertitudes dans les derniers maillons ne saurait étonner, même si nos moyens d'observation évoluent constamment et de façon spectaculaire.

À de telles distances, il n'existe plus de base d'observation permettant une triangulation. Des méthodes reposant sur les propriétés physiques des astres, étoiles ou galaxies, vont prendre le relais de la géométrie et de la cinématique. Elles reposent sur un double principe essentiel, celui de l'uniformité de la nature et donc celui de l'universalité des lois de la physique.

Dans le premier quart de notre siècle, indépendamment et presque simultanément, d'un côté les théoriciens de la relativité générale qui développaient les équations d'Einstein aboutissaient à l'idée que les solutions les plus simples conduisaient à considérer l'univers comme en expansion tandis que les observateurs découvraient que les galaxies s'éloignent de nous, et donc les unes des autres, avec une vitesse proportionnelle à leur distance. On s'efforce depuis cette première découverte, connue sous le nom de loi de Hubble, de déterminer avec précision la valeur de la constante de proportionnalité qui mesure le taux d'expansion actuel de l'univers à laquelle on a donné le nom de *constante de Hubble*, H. Sa détermination repose sur la mesure des vitesses et des distances des galaxies dans une région de l'espace relativement proche de nous. Ce taux d'expansion peut être modifié localement par des effets d'hétérogénéité de la densité moyenne de matière $< \varrho >$: si localement $< \varrho >$ est plus élevée que la densité moyenne, on observe une valeur du taux d'expansion localement plus faible. Le rapport de la vitesse à la distance fluctue donc en fonction de la densité de matière et n'atteint sa valeur asymptotique H_0 que dans les régions où son effet sur l'expansion générale est négligeable.

LES DISTANCES À L'INTÉRIEUR DE NOTRE GALAXIE

Les étoiles constituent une véritable pierre angulaire dans la construction de l'échelle des distances extragalactiques. Nous passons avec elles des méthodes purement géométriques, comme celle des *parallaxes*, à des méthodes considérablement plus complexes parce qu'elles reposent pour l'essentiel sur les connaissances que nous avons de l'évolution stellaire. Ce sont ces connaissances qui nous permettent d'attribuer une luminosité à une étoile donnée, parce que nous savons à quelle étape précise de son évolution elle se trouve. La plupart des révisions apportées à l'échelle des distances dans la première moitié de notre siècle proviennent d'erreurs dans la détermination de distances à l'intérieur de notre galaxie. Parmi les problèmes les plus délicats qui subsistent aujourd'hui on notera celui de l'extinction subie par la lumière sur son parcours, due à l'opacité du milieu interstellaire.

La méthode des *parallaxes trigonométriques* consiste à mesurer le déplacement annuel apparent d'une étoile dans le repère des étoiles plus lointaines que l'on peut considérer comme fixes ; ce déplacement n'est que le reflet de celui de la Terre dans son mouvement annuel héliocentrique. Dans un repère géocentrique, chaque étoile semble décrire en une année une ellipse dont le demi-grand axe, égal à l'unité astronomique ($1,5 \times 10^{11}$ m), est vu sous un angle d'autant plus petit que l'étoile est plus éloignée. Cet angle, appelé parallaxe, n'est que de 0,7 seconde pour l'étoile la plus proche. Il cesse d'être mesurable quand le rayon de l'orbite parallactique (orbite apparente) décrite par l'étoile devient considérablement plus petit que la dimension de l'image que donne l'étoile. Cette image est limitée pour les télescopes de diamètre inférieur à 60 cm par la diffraction subie par la lumière entre les bords du miroir et, pour les miroirs les plus grands, par la turbulence atmosphérique. On connaît actuellement les parallaxes trigonométriques d'environ 7 000 étoiles ; encore faut-il souligner que la précision de la mesure ne dépasse 20 pour cent que pour 1 200 étoiles dont la distance est inférieure à 25 pc. On fonde de grands espoirs sur le télescope spatial Hipparcos : étant libéré de la turbulence atmosphérique, il devrait mesurer avec précision les parallaxes de près de 100 000 étoiles.

La méthode des *courants d'étoiles,* appliquée essentiellement à l'amas des Hyades, dans la constellation du Taureau, est importante parce qu'elle est une étape dans l'étalonnage des méthodes utilisant les diagrammes de Hertzsprung-Russell (H-R) d'amas stellaires. Les étoiles de l'amas sont animées d'un mouvement d'ensemble, auquel s'ajoutent les mouvements particuliers, aléatoires, de chacune des étoiles. L'observation des positions des étoiles de l'amas à deux époques données permet de déterminer la direction dans laquelle s'effectue le mouvement d'ensemble de l'amas, appelée *convergent :* chaque étoile de l'amas est animée d'une vitesse **V** dirigée (fig. 2a, 2b) dans cette direction. La mesure par effet Doppler-Fizeau de la composante radiale V_r du secteur **V** permet alors de déterminer la composante transverse V_t ; la mesure du déplacement apparent de l'étoile en un an fournit alors sa distance. L'application de la méthode à un grand nombre d'étoiles de l'amas permet d'éliminer, par effet de moyenne, la contribution de la vitesse particulière de l'étoile. On détermine ainsi la distance de l'amas des Hyades : 45,8 ± 2,1 pc.

Nous avons atteint ici la portée maximale actuelle des méthodes purement cinématiques. Pour aller au-delà, il faut faire appel aux propriétés physiques des étoiles. La plus connue est la relation entre la température effective et la luminosité que met en évidence le diagramme H-R. Ce diagramme se trace généralement pour les amas stellaires dans les coordonnées magnitude apparente, couleur (V, (B-V)) par exemple. La distance de l'amas des Hyades étant connue, il devient possible de transformer le diagramme (V, (B-V)) en un diagramme magnitude absolue, couleur (M_V, (B-V)) et à partir de là de déterminer la distance de tout autre amas stellaire en faisant coïncider les séries principales des deux amas. Pour (B-V) fixé, la correspondance entre V et M_V fournit la distance de l'amas. La méthode a une portée maximale de 7 000 pc environ et permet en particulier de déterminer la distance de l'amas (h + χ) Persée, qui contient les étoiles variables céphéides les plus proches de nous.

L'aspect le plus délicat de la méthode, outre l'incertitude sur la distance de l'amas des Hyades, est lié à l'extinction interstellaire qui modifie les magnitudes apparentes des étoiles et doit être corrigée avant de mettre en coïncidence les deux diagrammes d'amas. La méthode de correction utilise le chromatisme de l'effet d'extinction qui est dû à la diffusion exercée sur la lumière par les poussières : la diffusion provoque aussi un rougissement que l'on sait relier à l'extinction.

Ayant établi la distance des étoiles proches du Soleil, par les méthodes que nous venons de décrire, et aussi par d'autres méthodes qu'il serait trop long d'évoquer ici, il est possible de mettre en évidence plusieurs propriétés de ces étoiles qui joueront le rôle de critères de distance. Nous donnerons ici un exemple qui est celui de la *relation période-luminosité-couleur des étoiles variables céphéides.*

Les étoiles massives, dans la phase de leur évolution au-delà de la fusion de l'hydrogène, passent par une phase d'instabilité liée à un mouvement de pulsation de leurs zones superficielles. Leur magnitude visuelle subit une variation importante sur une période qui va, selon les Céphéides, de 2 à 150 jours. C'est H. Leavitt qui découvrit en 1912 que la période P de ces pulsations est liée à la luminosité moyenne de l'étoile : plus cette luminosité est élevée, plus la période est longue.

LUCETTE BOTTINELLI - LUCIENNE GOUGUENHEIM

LES DISTANCES DES GALAXIES

La méthodologie

Maintenant que l'on dispose de méthodes permettant de déterminer la distance de diverses catégories d'étoiles, telles les Céphéides, il est naturel de rechercher ces mêmes étoiles dans les autres galaxies : l'application de la même méthode nous permettra d'atteindre la distance des galaxies. Ces méthodes sont à la fois fondamentales, car elles relient l'échelle des distances galactiques à celle des distances extragalactiques, et on les qualifie pour cela de « primaires », mais en même temps délicates. Il n'est possible d'observer une étoile individuellement que dans les galaxies très proches et, de plus, sous la condition de s'adresser à des étoiles intrinsèquement très lumineuses. Une autre difficulté surgit, déjà rencontrée dans notre propre galaxie : l'extinction de la lumière par les poussières interstellaires. Elle affecte la magnitude apparente d'une étoile d'autant plus fortement que la zone de poussières traversée par le rayonnement lumineux qui nous en parvient, à l'intérieur même de la galaxie observée, est épaisse. Cet effet s'ajoute à celui déjà signalé à l'intérieur de notre galaxie.

Autre problème fondamental, lié à l'application même du principe d'uniformité de la nature évoqué plus haut : les conditions physiques qui règnent dans différentes galaxies ne sont pas identiques. On sait par exemple que la composition chimique du milieu interstellaire n'est pas la même dans notre galaxie et dans le Grand Nuage de Magellan : cette galaxie, satellite de la nôtre, est moins riche en éléments lourds. Peut-on dès lors admettre que deux étoiles similaires observées dans ces deux galaxies soient identiques en luminosité ?

L'étape suivante, celle des calibrateurs « secondaires », consiste à établir un nouveau critère de distance dans ces galaxies proches, qui jouent à leur tour le rôle de relais. Ce sera par exemple la luminosité intrinsèque des étoiles supergéantes rouges les plus lumineuses. Ces étoiles sont plus faciles à observer à grande distance, car elles sont intrinsèquement très lumineuses, mais elles sont rares et de ce fait absentes de la région trop limitée de notre galaxie que nous sommes capables d'explorer.

Dans l'état actuel de nos possibilités, nous sommes souvent conduits à utiliser cette étape des calibrateurs secondaires pour calibrer des indicateurs tertiaires, telle la luminosité intrinsèque de la Galaxie, parce qu'ils ne peuvent s'établir avec précision qu'en disposant d'un éventail assez large de galaxies, aux propriétés suffisamment diversifiées : l'échantillon des galaxies proches dont la distance nous est accessible grâce aux calibrateurs primaires est actuellement encore trop restreint. Ce maillon constitué par les calibrateurs secondaires est l'un des plus faibles de la chaîne et les efforts se conjuguent pour le supprimer.

Étapes historiques

E. Hubble utilisa cette méthode dans les années 1930. Il avait choisi comme critère primaire la relation période-luminosité des Céphéides, comme critère secondaire la luminosité des étoiles bleues supergéantes et comme critère tertiaire la luminosité globale de la galaxie. Il détermina ainsi pour la première fois en 1936 la valeur de la constante H_0 qu'il trouva égale à 526 dans un système d'unités peu orthodoxe qu'utilisent depuis tous les astronomes, où la vitesse est exprimée en $km.s^{-1}$ et la distance en Mpc (1 Mpc = 10^6 pc). En fait, H_0 a la dimension de l'inverse d'un temps, et devrait donc s'exprimer en s^{-1}. La valeur de l'inverse de H_0 correspondante, appelée « échelle de temps de Hubble », était de 2 milliards d'années, soit plus faible que l'âge du système solaire.

On devait découvrir ultérieurement plusieurs erreurs systématiques. La première résultait d'une confusion entre deux catégories d'étoiles variables, les Céphéides d'une part et les étoiles de type W Virginis d'autre part qui, à période égale, n'ont pas la même magnitude absolue moyenne. La seconde erreur concernait la calibration secondaire : ce que Hubble avait pris pour des étoiles était en fait des amas. Tenant compte de ces corrections, Sandage aboutit en 1961 à une valeur révisée de la constante de Hubble égale à 100 $km.s^{-1}.Mpc^{-1}$, ce qui correspond à une échelle de temps de Hubble égale à 10 milliards d'années.

Parallèlement, les raffinements de la théorie de l'évolution stellaire conduisaient à évaluer à près de 20 milliards d'années l'âge des plus vieux amas globulaires ; de la même façon, les théories de cosmochronologie développées par W. Fowler, fondées sur les abondances isotopiques, convergeaient vers un âge de notre galaxie de 15 à 20 milliards d'années. Comme les modèles cosmologiques les plus simples, ceux de Friedmann, impliquent que l'âge de l'univers soit inférieur à l'échelle de temps de Hubble (ce qui n'est pas le cas dans un univers où la constante cosmologique ne serait pas nulle), on se mit à suspecter une surestimation de H_0.

L'état actuel des connaissances

Les calibrateurs primaires le plus souvent utilisés actuellement sont les étoiles variables Céphéides, les étoiles variables de type RR Lyrae et les novae. A. Sandage et G. Tammann, reprenant la démarche de Hubble, utilisent comme critère primaire unique la relation période-luminosité-couleur des Céphéides. La raison de ce choix est la très bonne connaissance que nous avons du modèle théorique de la structure interne de ces étoiles variables et du bon accord entre la relation observée et celle prédite par la théorie.

Cependant, plusieurs auteurs ont attiré l'attention sur les difficultés d'application de la méthode concernant les problèmes d'une part d'extinction et d'autre part de composition chimique ; rappelons aussi qu'il n'y a pas de Céphéide assez proche de nous pour que l'on puisse déterminer directement sa distance : il faut passer par l'intermédiaire de l'amas des Hyades. B. Madore et ses collègues développent actuellement une méthode extrêmement prometteuse qui s'affranchit des problèmes d'extinction et repose sur l'observation des Céphéides dans le domaine infrarouge.

La plupart des auteurs, tels G. de Vaucouleurs ou S. van den Bergh, utilisent aussi les étoiles variables RR Lyrae et les novae.

Les étoiles RR Lyrae. Elles ont une magnitude absolue moyenne constante, égale à 0,8 en bleu ; elles sont donc moins brillantes, ce qui limite la portée de la méthode. En revanche, elles ont l'avantage d'être localisées dans les amas globulaires (alors que les Céphéides sont dans les bras des galaxies au milieu des poussières) dans les halos des galaxies où l'extinction est beaucoup plus faible, et d'avoir leur magnitude absolue moyenne calibrée indépendamment de l'amas des Hyades. Elles permettent pour l'essentiel de tester la valeur de la distance des Nuages de Magellan obtenue par les Céphéides.

Les novae. Elles ont été utilisées dès les années 1917-1919 par H. Curtis et K. Lundmark. Ce sont des étoiles dont la luminosité augmente brutalement par des facteurs allant de 10 000 à plusieurs centaines de milliers, ce qui rend visibles à l'œil nu des étoiles qui ne l'étaient pas auparavant (d'où leur nom). On sait expliquer les grandes lignes du schéma évolutif qu'elles subissent : ce sont des étoiles doubles dont une composante éjecte sous forme de vent une masse de l'ordre de 10^{-6} à 10^{-4} masse solaire à la vitesse de plusieurs centaines de $km.s^{-1}$. Ce gaz est capté et chauffé par la seconde composante qui a atteint le stade de naine blanche. On montre que plus la nova à son maximun d'éclat est lumineuse, plus elle décline rapidement. Cela est confirmé par les observations effectuées dans une même galaxie : la magnitude apparente de la nova à son maximun a une corrélation élevée avec la durée au bout de laquelle elle a décru de 2 magnitudes. On peut donc utiliser cette relation comme critère de distance, dont la portée tout d'abord limitée aux Nuages de Magellan et à M 31, s'étend actuellement à M 81 et M 101 et devrait pouvoir atteindre bientôt l'amas de la Vierge. La calibration du critère, par la mesure de la distance de novae galactiques, repose sur plusieurs méthodes différentes dont celle dite des *parallaxes d'expansion* : on mesure d'une part le déplacement angulaire de l'enveloppe en une durée donnée et d'autre part la vitesse de cette expansion par effet Doppler-Fizeau (fig. 3).

Ces différentes méthodes permettent de déterminer la distance de quelques galaxies proches considérées comme des calibrateurs primaires, qui serviront de relais. Les calibrations de Sandage et Tammann d'une part et de Vaucouleurs d'autre part ne coïncident pas. La différence est en moyenne de 0,59 magnitude dans l'échelle de 1981 de Sandage et Tammann et de 0,32 dans l'échelle de 1984 de ces auteurs. En moyenne, Vaucouleurs place les galaxies un peu plus près (environ 16 pour cent) que Sandage et Tammann (dans leur version la plus récente). Cette différence de facteur d'échelle sera bien entendu conservée dans les déterminations ultérieures de distances de galaxies plus lointaines. On voit que ces résultats ne sont pas encore stabilisés, un même auteur pouvant être conduit à modifier sa détermination par un facteur 50 pour cent.

Nous n'entrerons pas ici dans le détail des différentes méthodes de calibration secondaire ou tertiaire et nous nous contenterons de présenter la méthode reposant sur les supernovae et celle fondée sur l'observation de la raie à 21 cm de l'hydrogène, qui est actuellement la plus précise.

Les supernovae. La méthode reposant sur *la valeur de la magnitude absolue d'une supernova à son maximum* est extrêmement prometteuse, parce que les supernovae, très lumineuses, sont observables à de très grandes distances, à l'extérieur du superamas local (voir plus loin). Sandage et Tammann ont montré que ces supernovae sont de très bons étalons de luminosité intrinsèque bien constante, à condition qu'on se limite aux galaxies elliptiques où les effets d'extinction n'ont pas l'importance aiguë rencontrée dans les galaxies spirales (en effet, les supernovae y sont localisées dans les bras, là où se concentrent aussi les poussières). Rappelons que, dans tout le ciel, on n'observe, en moyenne, que quelques supernovae par an et que, depuis 1604, aucune n'a été observée dans notre galaxie ; en 1987, on a pu en voir une dans le Nuage de Magellan. Malheureusement, on ne connaît pas la magnitude absolue d'une supernova à son maximum, parce qu'on n'a pas encore pu en observer dans notre galaxie ni dans une galaxie elliptique de distance connue. En utilisant trois galaxies spirales relais dans lesquelles on a observé des supernovae mais où l'effet de l'extinction est mal connu et dont la distance est relativement imprécise car elle est déterminée par des critères secondaires assez peu fiables, Sandage et Tammann ont donné une estimation de H_0 égale à 50 km. s^{-1}. Mpc^{-1}. Le Télescope spatial, qui devrait être lancé en 1989, apporterait à cet égard des informations inédites sur le spectre et l'éclat des supernovae lointaines.

La méthode 21 cm repose sur une détermination empirique de la relation qui existe entre la masse et la luminosité d'une galaxie spirale. La courbe de rotation d'une galaxie, qui décrit la loi de variation de la vitesse circulaire en fonction de la distance au centre, passe par une valeur maximale V_m qui est reliée à la masse totale de la galaxie, donc à sa luminosité à travers la relation masse-luminosité. Dans la mesure où les masses totales des galaxies sont encore mal connues, il n'est pas possible de prédire la forme exacte de cette relation. La méthode utilisée par B. Tully et R. Fischer, et connue sous le nom de « relation Tully-Fischer » ou « TF », consiste à établir empiriquement la relation : $-M = a \log V_m + b$ entre la magnitude absolue M de la galaxie et V_m, à partir des galaxies de distance connue et de l'utiliser ensuite comme critère de distance. La raie à 21 cm de longueur d'onde de l'hydrogène atomique observée dans une galaxie vue globalement par le radiotélescope est élargie (effet Doppler-Fizeau) par les mouvements internes à la galaxie ; sa largeur (corrigée de l'effet d'inclinaison du plan de la galaxie sur le plan du ciel) est à peu près égale à $2V_m$, aux mouvements aléatoires du gaz près (fig. 4).

La méthode TF a reçu récemment de nombreux développements permettant d'en affiner la précision. M. Aaronson, J. Huchra et J. Mould ont substitué les magnitudes IR aux magnitudes bleues pour s'affranchir des délicats problèmes d'extinction. L. Bottinelli, L. Gouguenheim, G. Paturel et G. de Vaucouleurs ont corrigé la largeur observée de la raie des mouvements particuliers du gaz qui s'ajoutent dans une galaxie aux mouvements d'ensemble. La plupart de ces études récentes reposent sur des observations à très grande sensibilité portant sur plusieurs centaines de galaxies, effectuées avec de grands radiotélescopes, essentiellement ceux d'Arecibo et Green Bank aux États-Unis et Nançay en France. La précision de la méthode est d'environ 0,4 magnitude sur le module de distance.

LE SUPERAMAS LOCAL, LES BIAIS CACHÉS DANS LES ÉCHANTILLONS ET LA DÉTERMINATION DE H_0

Il n'est pas possible de déterminer simplement H_0 en divisant la vitesse radiale observée par la distance des galaxies. En effet, les amas de galaxies proches de nous se regroupent en une structure connue sous le nom de superamas local étudié dès 1953 par G. de Vaucouleurs. C'est un système aplati, centré au voisinage de l'amas Virgo et dont le plan équatorial est à peu près perpendiculaire à celui de notre galaxie. La concentration de masse dans le superamas local provoque des mouvements particuliers, essentiellement de chute en direction de Virgo, qui ont pour effet de ralentir l'expansion générale. On attend donc de l'observation des distances qu'elle nous renseigne à la fois sur la cinématique du superamas local et sur la valeur de H_0.

Une nouvelle difficulté surgit du fait que les catalogues donnant les magnitudes des galaxies sont généralement limités à une magnitude apparente donnée. De tels catalogues constituent des échantillons de galaxies affectés d'un biais dû à ce qu'on observe les galaxies intrinsèquement lumineuses dans un volume d'espace beaucoup plus grand que celui dans lequel on observe les galaxies faiblement lumineuses. Ainsi, si l'on considère un ensemble de galaxies ayant leur magnitude absolue distribuée autour d'une valeur moyenne M_0, l'échantillon observé aura une magnitude absolue moyenne plus brillante. Cet effet est connu sous le nom de « biais de Malmquist ». Récemment, P. Teerikorpi, L. Bottinelli, L. Gouguenheim et G. Paturel ont évalué l'importance du biais en fonction à la fois de la distance de la galaxie et de la luminosité et ont montré que cet effet sur la relation TF, malgré la faible dispersion des magnitudes absolues M autour de log V_m, conduit à surestimer de façon importante la valeur de la constante de Hubble (fig. 5). En adoptant un modèle du superamas local où les galaxies ont un mouvement particulier de chute vers Virgo fonction de leur distance à cet amas, pour cerner l'importance du biais, et en se restreignant aux galaxies assez proches et assez lumineuses pour que le biais de Malmquist soit négligeable, on aboutit à une valeur de H_0 égale à 75 km. s^{-1}.Mpc^{-1}dans l'échelle des calibrateurs primaires de Vaucouleurs (fig. 6). Cette valeur est significativement inférieure à celle retenue par Vaucouleurs et Peters à partir des mêmes données sans tenir compte du biais, H_0 = 100. Elle est confirmée par les observations effectuées dans les amas de galaxies, si l'on a soin de tenir compte du fait que les observations sont d'autant moins complètes que les magnitudes des galaxies sont moins brillantes.

La leçon actuelle des laborieuses méthodologies que nous venons de décrire est la suivante : on ne connaît le paramètre essentiel qui sert à déterminer les distances dans l'univers, la constante de Hubble, qu'à un facteur 2 près. Dans les milieux astronomiques les opinions quant à sa valeur exacte oscillent depuis presque une décennie entre 50 et 100 km. s^{-1} Mpc^{-1}. Pour réduire cette marge d'incertitude, souhaitons que les espoirs placés dans le satellite astrométrique européen Hipparcos et le Télescope spatial seront d'ici à trois ou quatre ans couronnés de succès.

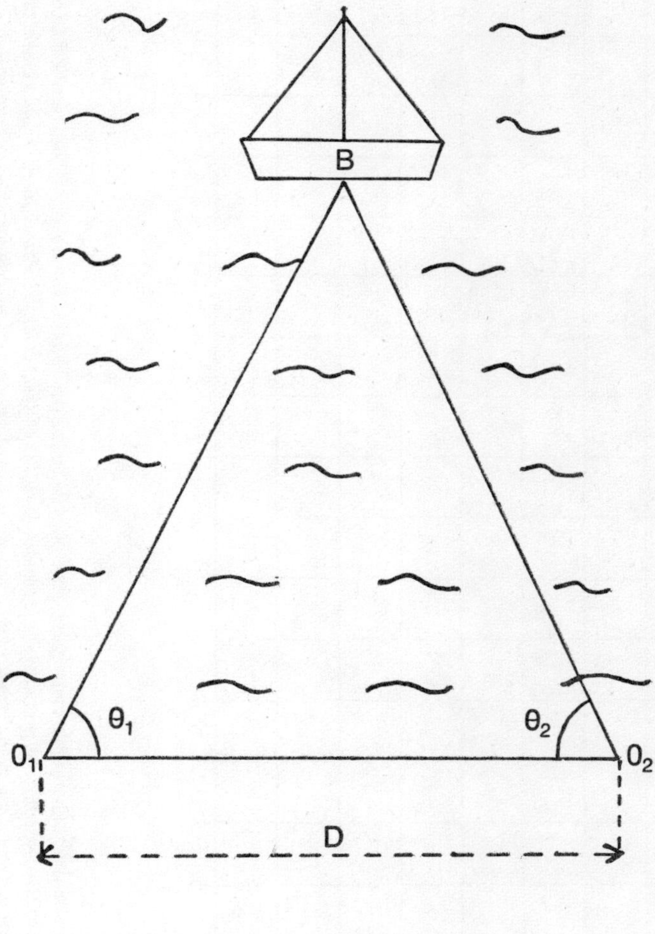

FIGURE 1. Méthode de la triangulation pour déterminer, à partir des angles θ_1 et θ_2 d'une part et de la longueur D d'autre part, la distance du bateau au rivage. *Son principe a, depuis les Grecs, été étendu à la détermination des distances des montagnes, des planètes et des astres les plus lointains.*

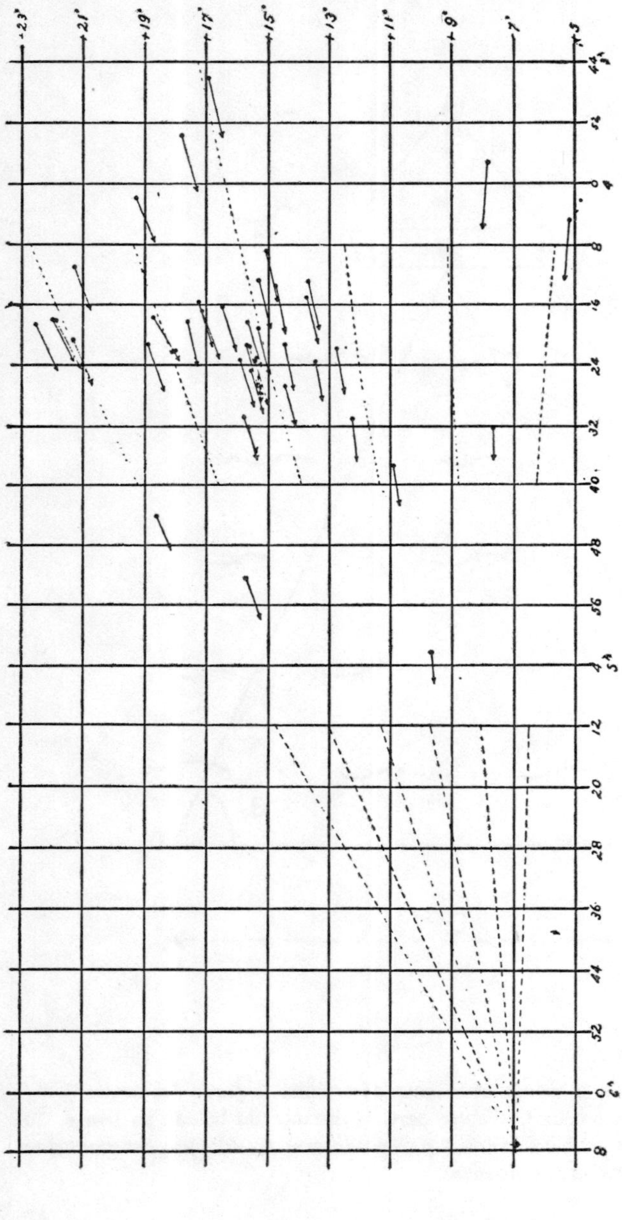

FIGURE 2a. Première détermination du convergent des étoiles de l'amas des Hyades *obtenue par L. Boss en 1908 (Astronomical Journal, vol. 26, p. 31). Les points représentent les positions sur le ciel des 41 étoiles étudiées et les flèches indiquent le déplacement de chaque étoile en 50 000 ans. Les étoiles se dirigent d'un même mouvement d'ensemble dans l'espace, vers une direction -le convergent- de coordonnées : 91°, 8± 1°, 5(ou 6 h 07 min) et 6°, 9± 0°, 3.*

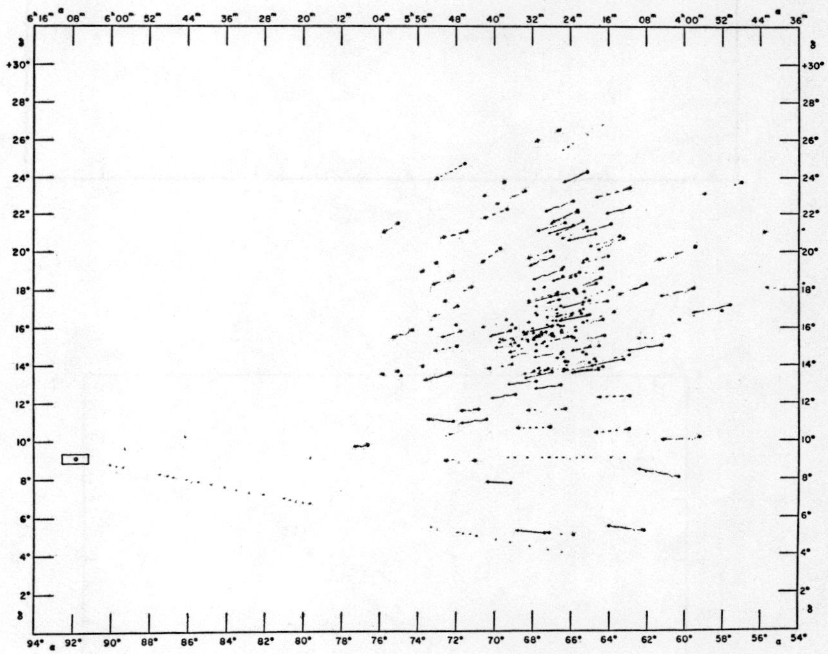

FIGURE 2b. Résultat obtenu en 1954 par J.A. Pearce à partir de 74 étoiles des Hyades. *Les coordonnées du convergent sont ici : 91°, 8± 0°, 65 et 9°, 1± 0°, 25.* (D'après O. Struve, *Elementary Astronomy,* Oxford University Press, 1959).

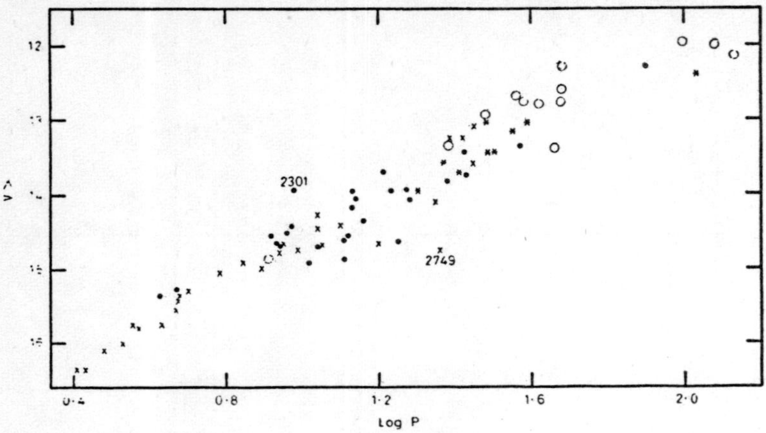

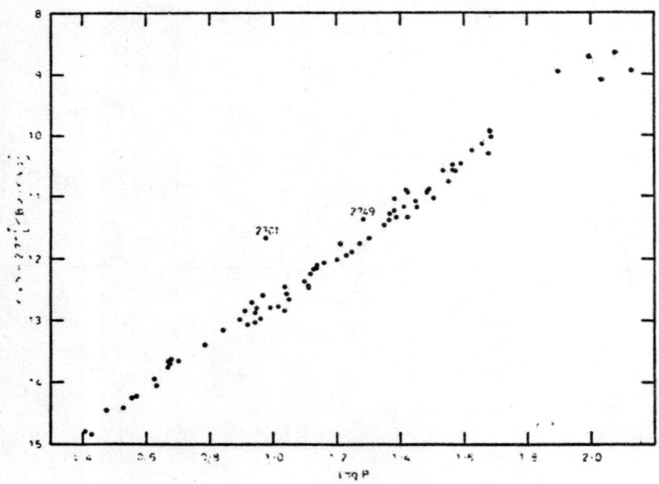

FIGURE 3 . Calibration du critère de distance des novae galactiques *par mesure de la vitesse d'expansion de leur enveloppe.*

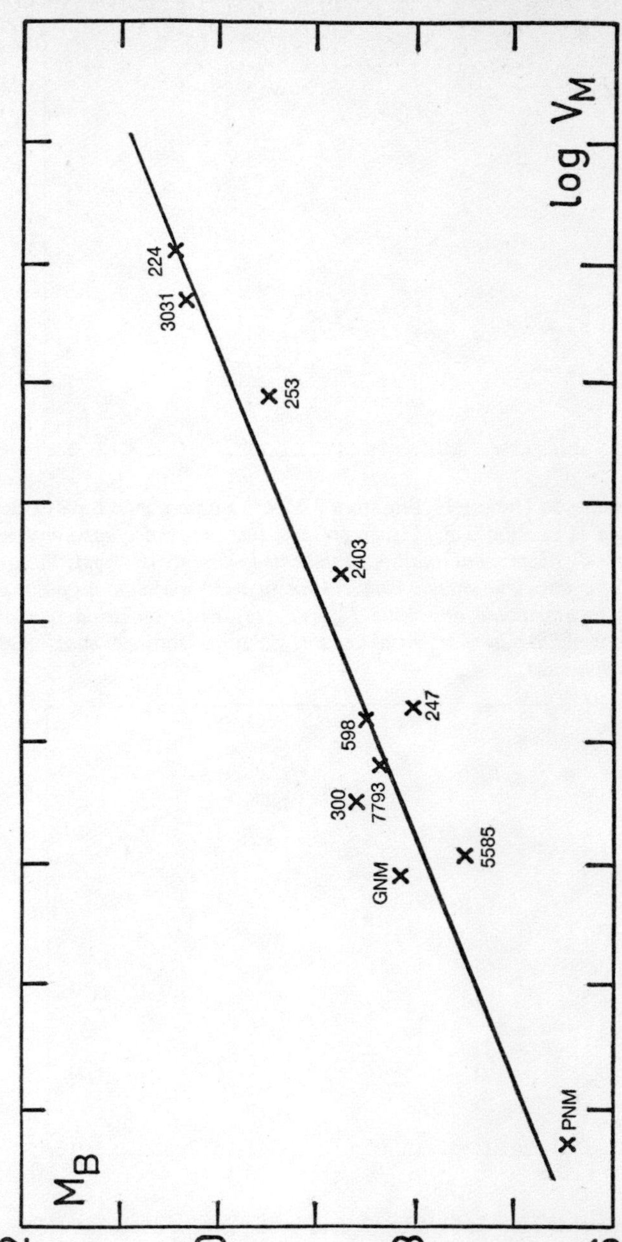

FIGURE 4. La relation "Tully-Fisher" *entre la magnitude absolue (dans la bande bleue)* M_B *d'une galaxie et sa vitesse de rotation maximale* V_M *(exprimée en km* s^{-1} *et en échelle logarithmique) pour les 11 galaxies de calibration.* (D'après L. Bottinelli et al. 1983, *Astronomy and Astrophysics, vol. 118, p.4).*

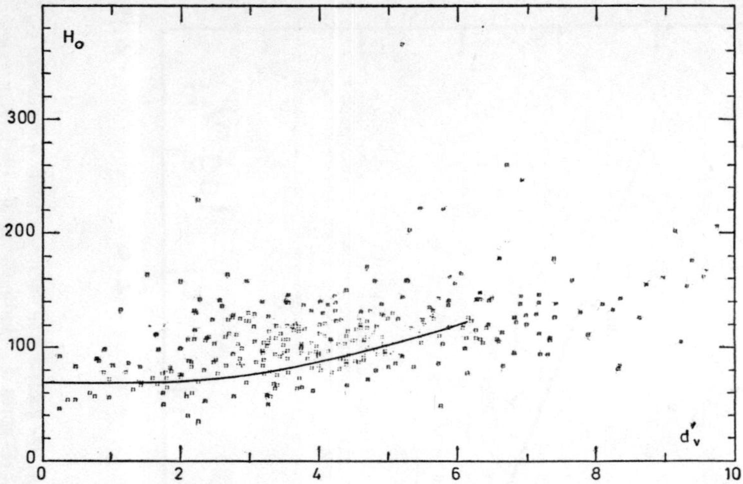

FIGURE 5. La constante de Hubble H_o (en km s^{-1} Mpc^{-1}) déterminée à partir des distances déduites de la relation Tully-Fisher *présente une croissance apparente en fonction du paramètre d'$_v$ (distance normalisée en unité de la distance de l'amas Virgo). La courbe montre l'effet théorique attendu compte tenu du biais de Malmquist pour un échantillon limité à la magnitude apparente 12,5 et une dispersion de la relation Tully-Fisher de 0,5 magnitude, avec H_o = 70 km s^{-1}.* (D'après Bottinelli *et al.* 1986, *Astronomy and Astrophysics).*

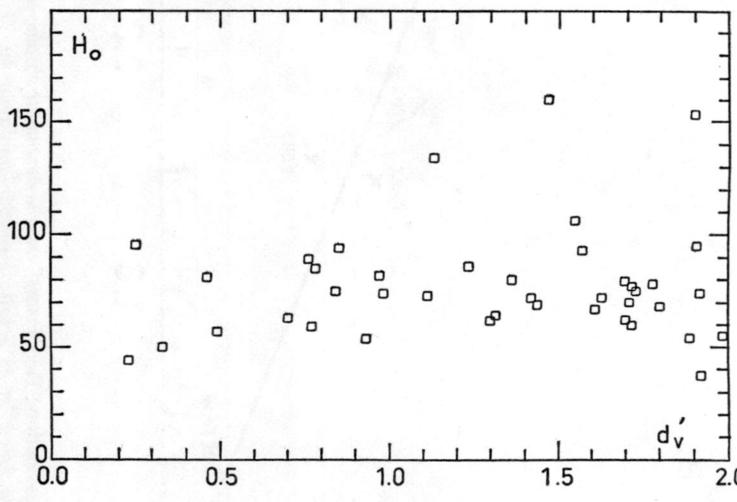

FIGURE 6. La constante de Hubble H_o a une valeur pratiquement constante (75 km s^{-1} Mpc^{-1}) pour les 41 galaxies *(voir figure 6) ayant d'$_v$ < 2.* (D'après Bottinelli *et al.* 1986, *Astronomy and Astrophysics).*

CONTENU PHYSIQUE ET STRUCTURATION DE L'UNIVERS

Richard Schaeffer est physicien à l'Institut de recherches fondamentales du C.E.A. Après avoir travaillé en physique nucléaire théorique, il se consacre maintenant à l'étude des fluctuations du rayonnement à 3 K et aux théories de la formation des galaxies.

Résumé

Ce chapitre commence par décrire les divers états du rayonnement et de la matière (contenus chimique, atomique et nucléaire dans leurs phases gazeuse, neutre et ionisée) tels qu'on les rencontre dans l'univers. Puis on expose comment cette matière est structurée en étoiles, galaxies et amas de galaxies. Les différents scénarios pouvant expliquer, à partir de l'univers primordial, la formation de ces structures sont ensuite passés en revue. On examine enfin comment la formation des galaxies peut avoir un effet observable sur les fluctuations angulaires du rayonnement à 3K.

Abstract

This chapter begins with the description of the various states of radiation and matter (chemical, atomic and nuclear contents in their different phases : gaseous, neutral and ionized) such as they exist in the universe. Then, the author goes on to show how this matter is structured in stars, galaxies and galactical clusters. The different hypotheses which can explain, from the primordial universe, how those structures have been formed are then reviewed. Finally, the author studies how the formation of galaxies can have an observable effect on the angular fluctuations of the cosmic background radiation.

CONTENU PHYSIQUE ET STRUCTURATION DE L'UNIVERS

Richard SCHAEFFER

LA DISTRIBUTION DES GALAXIES

Notre galaxie, qui, il y a un siècle encore, était tout notre univers, ne s'étend guère au-delà d'un rayon de 15 kpc autour de son centre. La galaxie la plus proche de la nôtre, Andromède, se voit à l'œil nu et était bien connue des Anciens. Mais, au XIXe siècle, l'astronome français Messier la catalogue toujours comme un objet nébuleux « à ne pas confondre avec une comète ». Sans se douter qu'il s'agit d'un autre univers, semblable au nôtre. C'est après la construction des grands télescopes du mont Wilson, aux États-Unis, que Hubble en 1924 peut déterminer la distance d'Andromède — de l'ordre de 1 Mpc — et de quelques autres galaxies. L'univers avait changé d'échelle. Il avait aussi changé de nature : loin d'être peuplé d'étoiles plus ou moins uniformément réparties, il est formé d'îlots de matière, les galaxies, dont la densité est près de 10^8 fois plus grande que la moyenne.

L'observation des galaxies se fait de façon systématique (fig. 1). Elle comprend leur classification selon leur type (fig. 2 à 4 : spirale, elliptique ou irrégulière), l'étude de leur position et de leurs associations. La simple localisation des galaxies visibles est une œuvre immense, car elles se comptent par millions.

De la vitesse d'expansion universelle il est possible de déduire l'âge de l'univers, de 10^{10} à 2. 10^{10} ans. La mesure du décalage (fig. 5) vers le rouge permet de déterminer la distance à laquelle se trouve chaque galaxie. Mais, en raison de l'âge fini de l'univers, il y a une distance maximale à laquelle il nous est possible de voir : notre *horizon,* qui est actuellement de quelques milliers de mégaparsecs. Plus l'objet est lointain, plus tôt a été émise la lumière qui nous parvient : nous voyons dans le passé ! Il est donc commode d'utiliser le facteur de décalage vers le rouge z pour mesurer à la fois le décalage des fréquences, la vitesse d'éloignement de l'objet, sa distance et son âge.

La carte du ciel se fait, à deux dimensions, à l'aide de photographies, et depuis 1984 par détection systématique des galaxies dans l'infrarouge. Depuis peu, un catalogue à trois dimensions (position et distance) suffisamment complet pour permettre des études statistiques est disponible. La plupart des observations se font à $z < 0{,}1$, soit environ 500 Mpc. Nous voyons les galaxies telles qu'elles étaient il y a 10 milliards d'années. Aussi loin qu'il est possible de voir, cependant, il y a peu de traces d'évolution : ces galaxies sont semblables à celles qui nous entourent. La galaxie la plus lointaine connue ($z \sim 1$) est à plus de 2 000 Mpc.

La luminosité des galaxies

Toutes les galaxies n'ont pas la même taille, comme le montre la distribution de leurs luminosités. Notre galaxie a une luminosité de $1{,}5.\ 10^{10}\ L_\odot$ pour une masse à l'intérieur du rayon de la distribution de matière lumineuse de $10^{11}\ M_\odot$, ce qui la place parmi les grosses galaxies (fig. 6). Le nombre de galaxies observées diminue brusquement au-delà de $10^{11}\ L_\odot$. Cette coupure est due au fait que les très gros objets n'ont pas eu le temps encore de se refroidir. Ils ont plutôt formé des amas d'objets plus petits. Le nombre de galaxies croît énormément lorsque leur taille diminue. Cette croissance doit nécessairement s'arrêter, mais leur taille minimale n'est pas connue. Elle est sans doute de 10^6 à $10^7\ M_\odot$, car les très petits objets n'ont pas assez d'énergie gravitationnelle pour que leur hydrogène s'ionise, et se refroidissent donc plus lentement. Ce n'est qu'après l'effondrement des objets de taille supérieure que peuvent commencer le refroidissement et la contraction.

Le nombre total de galaxies par unité de volume dépend de la coupure aux petites tailles. Les très grandes galaxies, celles dont la luminosité est supérieure à $10^{10}\ L_\odot$, ont une densité de $2.10^{-3}\ \mathrm{Mpc}^{-3}$ mais il y a 10, voire 100 fois plus de petites galaxies. La luminosité totale ne dépend que de la distribution des grandes galaxies. Elle est environ de $8.\ 10^7\ L_\odot\ \mathrm{Mpc}^{-3}$.

Les amas et superamas

Même s'il n'y a plus de grands objets compacts au-delà de la taille des galaxies, les concentrations de matière existent. Près de la moitié des galaxies font partie d'associations. Le *Groupe local* est formé d'une trentaine de galaxies situées entre Andromède et notre galaxie, qui en sont les seuls membres très brillants.

De nombreux groupes sont rassemblés en *amas*. Le plus proche de nous, l'amas de la Vierge, est à une distance de 20 Mpc. Sa forme est très irrégulière avec des parties plus denses et des bras. Il contient plus de 1 000 galaxies et s'étend sur quelques mégaparsecs. Sa densité est près de 10^3 fois plus grande que la moyenne. D'autres amas, extrêmement condensés, existent : Coma est une association de galaxies relativement proche (à 150 Mpc) qui contient plus d'une centaine de galaxies très brillantes et probablement plusieurs dizaines de milliers de galaxies au total, dans un rayon de l'ordre de 3 Mpc. C'est un amas d'Abell, nommé ainsi d'après Abell, de l'université de Californie, qui a repéré et classé ces objets en 1958. Cette structure en amas de diverses tailles est typique de l'ensemble des galaxies.

Les amas eux-mêmes peuvent se regrouper dans des structures plus grandes, les *superamas*, dont la taille peut atteindre 100 Mpc et la masse plus de 10^{16} M$\odot$. Ils présentent (fig. 7) souvent une forme aplatie (galette) ou allongée (filament).

Pour que la majeure partie des galaxies se trouve dans des amas plus denses que la moyenne, il faut qu'il y ait, ailleurs, de grands vides. La distribution des galaxies (fig. 1) montre effectivement des trous de toutes les tailles, les plus grands ayant, comme les concentrations de matière, une dimension de l'ordre de la centaine de mégaparsecs. Les amas de galaxies formeraient ainsi les parois d'immenses cellules quasiment vides. Les observations à ces échelles commencent seulement à être faites de façon systématique et ont longtemps été controversées. Elles viennent, en 1986, de recevoir une solide confirmation (fig. 7).

À l'échelle de 1 000 Mpc, il n'y a plus de grands contrastes de densité. C'est dans cette limite seulement que l'univers peut être considéré comme homogène et isotrope.

Les corrélations entre galaxies

La distribution des galaxies aux grandes échelles (c'est-à-dire recouvrant des populations spatialement très étendues) peut être définie plus précisément à l'aide de fonctions de corrélation. Pour une répartition au hasard, la probabilité pour une galaxie d'avoir une voisine à la distance r dans un petit volume V est nV où n est la densité moyenne des galaxies. Si les positions des galaxies ne sont pas indépendantes, cette probabilité devient égale à $n\mathrm{V}\,(1+\xi(r))$ où ξ est la fonction de corrélation à deux corps. Sous l'impulsion de Peebles, de l'université de Princeton, de nombreuses déterminations de ξ pour les galaxies brillantes ont été entreprises, qui donnent toutes $\xi(r) \sim (r/10{,}4\ \mathrm{Mpc})^{-1{,}8}$ pour r compris entre 10 kpc et quelques dizaines de mégaparsecs, soit dans un intervalle de plus de trois ordres de grandeur.

La forte croissance de ξ aux petites échelles reflète les variations du contraste de densité (fig. 8), mais tient compte de toutes les galaxies et pas seulement des objets proéminents, amas denses ou grands vides.

Cette répartition, beaucoup de petits amas, peu de grands, le contraste en densité décroissant avec la taille, n'est pas sans rappeler la distribution des galaxies. Il est probable, sans que cela soit prouvé, que c'est la même distribution initiale d'irrégularités (des fluctuations dont l'amplitude diminue avec l'échelle), qui a engendré tous les objets, depuis les plus petites galaxies jusqu'aux superamas.

La probabilité d'avoir une autre galaxie au voisinage d'une paire est, elle aussi, plus grande que ne le laisserait supposer le calcul avec les fonctions de corrélations à deux corps : il y a des corrélations à trois corps. L'observation montre que celles-ci varient comme ξ^2, et sont donc très grandes aux petites échelles. Il existe des déterminations des fonctions de corrélation à quatre, voire cinq corps avec des incertitudes de plus en plus grandes. L'existence de trous et des amas d'Abell, très denses, implique de très fortes corrélations à N corps : elles croissent, sans limite quand N devient grand, sans doute comme $N^N \xi^{N-1}$.

La masse de l'univers

Si la luminosité des galaxies, même lointaines, et de leurs associations est facilement mesurable, leur masse l'est beaucoup moins. Il est possible, cependant, de déterminer le rapport masse/luminosité (M/L) dans notre voisinage immédiat pour chaque type d'objet céleste, et, en extrapolant à tout l'univers, d'en déduire la masse de celui-ci.

Masse lumineuse. Les objets visibles, par définition, sont ceux qui émettent un rayonnement, quelle que soit sa longueur d'onde : étoiles, nuages, gaz chaud.

Pour les étoiles de notre galaxie, le rapport M_{lum}/L est voisin de 0,8 (en unités solaires). Avec les nuages et autres objets peu lumineux, il monte à environ 3. Dans d'autres galaxies, où l'on trouve plus d'étoiles vieilles, il peut atteindre jusqu'à 6. Pour les amas denses — qui ne représentent qu'une faible proportion de toutes les galaxies — il faut aussi compter le gaz chaud intergalactique, ce qui donne, par galaxie, un rapport M_{lum}/L de l'ordre de 30.

Connaissant la densité de luminosité dans l'univers, il est ainsi possible de déterminer la densité de matière (lumineuse). Par rapport à la densité critique, celle-ci est de $\Omega_{lum} \sim 0{,}008\text{-}0{,}04$.

Masse baryonique. Il est tentant d'identifier la matière visible à la matière faite de baryons (protons et neutrons) et d'électrons. Cette matière serait la source de toutes les radiations électromagnétiques (étoiles, planètes, nuages, gaz intergalactique, etc.). Elle est surtout composée d'hydrogène, mais contient pratiquement tous les éléments stables, et même certains, comme l'uranium, qui ne le sont pas. La plupart de ces éléments sont synthétisés par des réactions nucléaires dans les étoiles, ou lors de la gigantesque explosion qui marque la fin de leur existence. Certains, cependant, les plus légers, ne peuvent être produits par aucun des objets observés à notre époque. Le deutérium (D) par exemple — qui a les mêmes propriétés chimiques que l'hydrogène mais un neutron de plus — est un élément très fragile que les étoiles détruisent au lieu de fabriquer. Il a nécessairement dû être synthétisé au début de l'univers, à une époque où la température était suffisamment élevée (10^9K) pour permettre aux réactions nucléaires entre les divers éléments de se produire. La mesure de l'abondance de ces éléments est donc importante, car ce sont les restes les plus anciens de l'explosion primordiale, traçant l'évolution de l'univers durant les toutes premières minutes.

Le deutérium peut se détecter grâce aux radiations émises par diverses molécules dans les grosses planètes du système solaire, ou dans les nuages interstellaires. Il y représente une fraction de masse très faible, de l'ordre de 2.10^{-5} à 6.10^{-5} de la matière baryonique. Cette dernière, cependant, contient aussi des éléments plus lourds : carbone, oxygène, et a donc dû passer dans une étoile au cours de son existence. Une partie du deutérium primordial a ainsi été détruite lors de la synthèse des éléments lourds. L'abondance primordiale du deutérium peut en fait être comprise entre 2.10^{-5} et 3.10^{-4}.

Comme le deutérium, l'hélium 3 (^{3}He) et le lithium 7 (^{7}Li) sont détruits par les étoiles (qui en même temps transforment une partie du deutérium en ^{3}He). La détection de ces éléments permet, après correction, de remonter aux abondances primordiales, de l'ordre de $5.\ 10^{-5}$ pour ^{3}He et 10^{-9} pour ^{7}Li, indication supplémentaire de l'existence de réactions nucléaires dans le passé, qui ne se produisent plus aujourd'hui.

Les étoiles synthétisent, en revanche, l'élément ^{4}He en grandes quantités. Pour espérer détecter de l'hélium primordial, il faut donc rechercher sa présence dans les nuages de gaz où la formation d'étoiles a été très peu fréquente (ce qui se constate par l'absence quasi totale des éléments lourds comme l'oxygène ou le carbone). Ces nuages contiennent une fraction d'hélium 4 comprise entre 22 pour cent et 25 pour cent. Les régions de notre galaxie où la formation d'étoiles est fréquente en contiennent environ 30 pour cent. La plus grande partie de l'hélium 4 observé est donc primordiale.

La densité de baryons dans l'univers ne doit être ni trop faible, ni trop élevée pour qu'il soit possible de synthétiser la quantité adéquate d'éléments légers au début de l'univers. Il est frappant de voir que la masse des baryons

requise par la nucléosynthèse primordiale, $\Omega_b \sim 0{,}01–0{,}2$, est comparable à la masse lumineuse.
Matière noire. Pour un objet en orbite circulaire, à la distance R du centre, la vitesse est donnée par la loi de Kepler $v^2 = GM(R)/R$ où M(R) est la masse dans la sphère de rayon R. Les quelques rares étoiles gravitant autour de la galaxie, au-delà du rayon de la masse lumineuse, devraient donc avoir une vitesse qui décroît avec la distance au centre. Or, pour toutes les galaxies spirales où cette vitesse est mesurable, elle reste constante aussi loin que les mesures sont possibles (fig. 9). Il y a donc de la masse bien au-delà du rayon visible des galaxies. Aucun rayonnement électromagnétique n'a pu être détecté dans ces régions : c'est de la matière *noire.* Pour toutes les galaxies spirales, y compris la nôtre, le rapport M/L ~ 6 en moyenne est déjà trop élevé pour être dû à la masse lumineuse seulement. Mais pour notre galaxie, par exemple, à 9 fois son rayon, le rapport M/L est voisin de 40. Des estimations similaires du rapport M/L peuvent être obtenues par d'autres méthodes pour les galaxies elliptiques.

L'application de la même méthode aux petits groupes et aux grands amas, entreprise dès 1930 par l'astronome suisse Zwicky, montre que la matière noire remplit probablement tout l'espace entre les galaxies : M/L ~ 40 pour les petits groupes et M/L ~ 325 pour Coma, typique des amas d'Abell.

Aux échelles de distances supérieures, les écarts de vitesses des galaxies par rapport à la loi de Hubble peuvent servir à mesurer la densité de masse : $\Omega = 0{,}2$ d'après les récents catalogues à trois dimensions, ou bien $\Omega = 0{,}5$ d'après les galaxies détectées dans l'infrarouge. Même le cas où $\Omega = 1$ ne peut être exclu, car la distribution des grosses galaxies utilisées dans ces statistiques n'est peut-être pas typique de la répartition de l'ensemble de la distribution de masse (ce qui implique M/L ~ 150 à 750 pour l'ensemble de l'univers).

À l'échelle des groupes et des amas, le rapport de la masse lumineuse à la masse totale semble à peu près constant, de l'ordre de 10 pour cent : la matière noire représente 90 pour cent de la masse de l'univers !

LE RAYONNEMENT À 3 K

La découverte du rayonnement à 3 K a été le fait d'un hasard. Les physiciens Penzias et Wilson avaient entrepris de transformer une antenne radio utilisée pour la communication avec les premiers satellites. Ce n'était qu'un petit instrument comparé aux grands radiotélescopes alors en service, mais Penzias et Wilson en connaissaient parfaitement le (très faible) bruit résiduel.

Or l'appareil donnait, à vide, un signal équivalant au rayonnement d'un corps noir à 7,5 K, près du double du signal attendu. La recherche, pendant près d'un an, de l'origine de ce bruit résiduel fut vaine : il ne s'agissait pas d'erreurs de mesure ! La radiation inconnue arrivait de toutes les directions à la fois, et ne variait pas avec le temps. L'explication fut trouvée par un groupe d'astrophysiciens de l'université de Princeton (Dicke, Peebles, Roll et Wilkinson) : il s'agissait des restes de l'explosion initiale de l'univers ! L'existence de ce rayonnement avait été prédite dès 1948 par Gamov. Cette découverte, en 1965, venait compléter celle de l'expansion des galaxies par Hubble.

Ce rayonnement a, aujourd'hui, été étudié à toutes les longueurs d'onde, depuis la centaine de mètres (radio) jusqu'au domaine des rayons X (10^{-9} cm) et gamma (10^{-12} cm). À part quelques irrégularités dues aux galaxies et aux amas, il correspond au rayonnement d'un corps noir à la température de 2, 75 K (fig. 10).

L'origine du rayonnement à 3 K

Dans l'univers en expansion, la longueur d'onde d'un photon croît comme le paramètre d'expansion. Un rayonnement qui a la distribution des fréquences d'un corps noir à la température T garde dans ce cas la même forme, mais avec une température qui varie. Celle-là était beaucoup plus élevée aux stades antérieurs de l'évolution de l'univers. À une époque définie par z, elle était plus grande d'un facteur $1 + z$. Si la température des photons s'élève au-dessus de 4 000 K, les électrons ne restent plus liés aux atomes. La matière est alors électriquement chargée et, interagissant fortement avec les photons, leur est opaque. La mécanique statistique enseigne que, dans ces conditions, la distribution des photons évolue spontanément vers celle d'un corps noir à la température du milieu. Le rayonnement à 3 K s'est donc formé naturellement au début de l'univers quand les atomes étaient ionisés, et avait une distribution de corps noir très chaud. Au cours de l'expansion, la température diminuant, les électrons se recombinent aux noyaux — c'est la *recombinaison* — et l'univers devient soudainement transparent aux photons. Ce sont les photons datant de cette époque que nous voyons, avec un décalage vers le rouge énorme, correspondant à la valeur de z ($\sim 1\ 300$) à l'époque de la recombinaison. Ils sont les témoins d'une ère très ancienne où l'âge de l'univers ne dépassait pas 10^6 ans.

Les fluctuations du rayonnement à 3 K

La matière n'est pas répartie uniformément dans l'espace. Si photons et matière étaient en interaction jusqu'à l'époque de la recombinaison, la distribution de température des photons doit refléter les inhomogénéités de la distribution de matière. La température du corps noir doit donc être légèrement différente en deux points de l'espace. Les photons du rayonnement à 3 K venant de très loin, deux directions relativement voisines correspondent à des photons émis à une distance qui, maintenant, est très grande. Un angle de 4 minutes correspond ainsi à l'échelle des amas (10^{14} $M_\odot$, soit 8 Mpc environ) où les fluctuations de matière sont de l'ordre de l'unité, comme le montre la fonction de corrélation des galaxies. Les mesures les plus récentes (fig. 11) des fluctuations de température à cette échelle angulaire (4,5 minutes) n'ont cependant permis de trouver qu'une borne supérieure : $\Delta T/T < 2.10^{-5}$. Le rayonnement à 3 K est donc incroyablement homogène comparé à la répartition de la matière. Il faut cependant remarquer que, les températures variant comme l'inverse du paramètre d'expansion, le rapport $\Delta T/T$ est constant au cours du temps alors que l'attraction gravitationnelle augmente les concentrations de matière.

Les fluctuations à grande échelle angulaire

Les fluctuations du rayonnement cosmique ont été recherchées à tous les angles, à des échelles correspondant à la centaine voire le millier de mégaparsecs où la distribution de matière n'est pas directement mesurable. Elles sont inférieures, en valeur relative, à 10^{-4} mais aucune détection positive n'a encore pu être obtenue.

La grande homogénéité du rayonnement à 3 K prouve que l'expansion de l'univers est la même dans toutes les directions. Cette propriété est loin d'être naturelle. D'après la relativité générale, à une époque donnée, deux parties de l'univers séparées par une distance supérieure[1] à *ct* ne peuvent avoir communiqué entre elles : il y a un *horizon.* Au moment où les photons ont été émis, celui-là correspondait à un angle de visée de 30 minutes, et ces photons n'ont plus interagi depuis. Ils étaient donc dans les mêmes conditions physiques au moment de leur émission. Comment cela a-t-il pu être réalisé si les photons ne pouvaient pas avoir communiqué entre eux ? C'est le *problème de l'horizon.*

1. Cette distance est, en toute rigueur, supérieure à *ct* à cause de l'expansion de l'univers.

L'anisotropie dipolaire et quadrupolaire

Il est commode de caractériser les fluctuations à très grande échelle en supposant que la température dépend de l'angle θ de visée et de développer $\frac{\Delta T}{T}(\theta)$ en termes de plus en plus oscillants. Les deux premiers termes sont proportionnels à cos θ (terme dipolaire) et à 1-3 $\cos^2\theta$ (terme quadrupolaire).

Le terme dipolaire est le seul à avoir donné lieu à une détection positive, due au mouvement de la Terre par rapport au rayonnement à 3 K. Cette anisotropie dipolaire permet donc de mesurer la vitesse de la Terre, et après quelques corrections, celle de la Galaxie par rapport au repère dans lequel le rayonnement est isotrope : 500 km/s dans une direction voisine de celle de l'amas de la Vierge. Ce repère peut être considéré comme le référentiel absolu. L'anisotropie dipolaire permet donc de mesurer notre vitesse par rapport à l'ensemble de l'univers. Cette vitesse devrait être égale à notre vitesse par rapport à l'ensemble des galaxies. De nombreuses observations ont été entreprises pour vérifier cette propriété. Leur résultat est encore l'objet de vives controverses.

Les fluctuations du rayonnement peuvent avoir une anisotropie quadrupolaire. Les mesures montrent que celle-là, si elle existe, est inférieure à 10^{-4}.

Dans un univers en rotation, aussi, le rayonnement serait anisotrope. Les mesures actuelles montrent qu'il tourne de moins de 10^{-16} degré par an, ce qui est négligeable même en tenant compte de l'âge de l'univers.

L'effet Sunyaev - Zeldovich

Les amas de galaxies contiennent un gaz d'hydrogène chaud, ionisé. Lorsque les photons du rayonnement à 3 K traversent le milieu, ils sont légèrement accélérés, comme l'ont montré les astrophysiciens russes Sunyaev et Zeldovich. Leur distribution en fréquence est donc déplacée vers les hautes énergies, ce qui implique une diminution relative de l'ordre de 10^{-4} du flux observé dans la partie de basse fréquence. Cet effet a été mesuré en 1985 pour cinq amas différents avec une réduction de flux allant de 1 à 3. 10^{-4}, conformément aux prédictions.

La mise en évidence de cet effet est importante. Elle montre que les amas contiennent bien du gaz très chaud, et que les photons détectés ont effectivement traversé ces amas, il y a près de 100 millions d'années. C'est une confirmation directe de l'origine cosmologique du rayonnement à 3 K.

LA FORMATION DES STRUCTURES DE L'UNIVERS

Les structures de l'univers sont dues à l'attraction gravitationnelle. Déjà Newton, au début du XVIIIe siècle, avait donné l'explication : dans un milieu uniforme, un petit excès local de densité a tendance à croître sous l'effet de sa propre pesanteur. Il est donc naturel de postuler que la répartition de matière n'était pas tout à fait uniforme au début de l'univers, que ces irrégularités se sont amplifiées au cours du temps et ont maintenant formé galaxies, amas et superamas.

Pour expliquer l'apparition de fluctuations lors de l'explosion initiale, à un moment où l'univers était extraordinairement dense et chaud, il est nécessaire d'avoir une théorie de la matière à des densités supérieures de plusieurs dizaines d'ordres de grandeur aux densités accessibles par les expériences terrestres. Ces théories existent, mais ne sont pas uniques, et aucune n'a encore pu être vérifiée. C'est pourquoi les diverses hypothèses quant à la nature de la matière présente au début de l'univers et de ses fluctuations doivent être considérées comme autant de scénarios différents dont il faut discuter les implications pour l'observation et le degré de vraisemblance. La difficulté principale de tous ces scénarios est qu'il faut en même temps expliquer la grande hétérogénéité de la répartition de matière et la grande homogénéité du rayonnement à 3 K.

La matière noire, aussi, pourrait ne pas être de la matière baryonique (faite de protons, neutrons et électrons comme la matière ordinaire), mais due à d'autres particules stables, électriquement neutres et ayant une masse suffisante. De telles particules sont prédites par les théories modernes de la matière dense, mais les diverses possibilités à envisager augmentent d'autant le nombre de scénarios possibles.

Le modèle standard

Construit progressivement au cours des deux dernières décennies pour rendre compte des observations, ce scénario n'a pas résolu tous les problèmes et est de plus en plus souvent remis en question sans qu'une alternative vraiment acceptable ait été trouvée.

L'univers est fait de matière (particules massives) et de radiation (particules sans masse, dont les propriétés sont semblables à celles de la lumière). La matière, y compris la matière noire, est dans le modèle standard par hypothèse baryonique. La radiation est composée de photons, essentiellement ceux du rayonnement à 3 K, soit environ 400/cm^3 auxquels se rajoutent environ autant de neutrinos qui, dans le scénario standard, sont sans masse.

La densité d'énergie de la matière qui est la densité en masse $\varrho_{mat} \sim 5.10^{-30}\ \Omega$ g.cm^{-3} multipliée par c^2 est, comme la densité en nombre, proportionnelle à $(1 + z)^3$, mais la densité d'énergie de la radiation ($\sim T^4$) varie comme $(1 + z)^4$. Le rapport $\varrho_{mat}/\varrho_{rad}$ est très grand, de l'ordre de $10^4\ \Omega$ aujourd'hui. Il est proportionnel à $1/(1 + z)$. D'après les lois de la relativité générale, ce sont les densités d'énergie des diverses composantes de l'univers qui engendrent la gravité. Nous vivons donc dans un univers gravitationnellement dominé par la matière. Mais à une époque très reculée, avant même la recombinaison, si Ω est supérieur à 0,08, l'univers était dominé par la radiation.

La croissance des fluctuations. Dans un milieu où la densité est uniforme, la solution des équations d'Einstein — qui décrivent l'évolution de l'univers conformément aux lois de la relativité générale — est celle qui correspond à l'expansion générale. Ce n'est pas la seule solution de ces équations, qui décrivent aussi l'évolution dans le temps d'une inhomogénéité spatiale. Au début de l'univers, ces irrégularités doivent être faibles pour être compatibles avec les fluctuations du rayonnement à 3 K observées aujourd'hui. Dans cette limite, les équations d'Einstein peuvent être résolues. La solution montre que les fluctuations de la matière et du rayonnement ne sont pas nécessairement identiques. Deux modes sont possibles : les fluctuations *isothermales* où seule la densité de matière fluctue et la température est uniforme et les fluctuations *adiabatiques* où une compression de la matière provoque une élévation de température comme pour un gaz ordinaire. Pour ces deux solutions, l'amplitude des fluctuations peut croître au cours du temps. Cette croissance est dans tous les cas assez faible, étant ralentie par l'expansion de l'univers : un facteur 1 300, au plus, depuis l'époque de la recombinaison pour les fluctuations de la matière. Les fluctuations du rayonnement ne croissent pas à toutes les échelles. Elles commencent par croître. Mais lorsque leur ordre de grandeur, fixe, devient plus petit que la taille de l'horizon — soit $M \sim \varrho\,(ct)^3$, qui augmente au cours du temps — la croissance s'arrête. Les baryons, à cause de leur charge électrique, interagissent fortement avec les photons et suivent la fluctuation de ces derniers jusqu'à l'époque de la recombinaison où leur croissance redevient libre. Mais, à l'échelle des amas, ($10^{14}\ M_\odot$ soit 8 Mpc) un facteur de croissance de 1 300 est insuffisant pour, à partir d'une amplitude de l'ordre de 10^{-5} à l'époque de la recombinaison, obtenir des fluctuations, qui, aujourd'hui, sont de l'ordre de l'unité (fig. 12). Il n'est donc pas possible avec des fluctuations adiabatiques de reproduire les inhomogénéités actuelles de la matière, compte tenu de la régularité de la distribution des radiations.

Dans le cas des fluctuations isothermales, en revanche, qui évoluent indépendamment du rayonnement, il n'y a aucun problème de compatibilité entre matière et rayonnement. Leur amplitude peut être choisie sans contrainte comme condition initiale. Elles finissent par induire, au cours du temps, de faibles fluctuations de température.

Les effets dissipatifs. Même si la gravité fait croître les fluctuations, celles-ci peuvent être dissipées par le mouvement microscopique des particules qui constituent le fluide, comme l'avait montré Silk dès 1968. Cet amortissement est beaucoup plus important aux petits ordres de grandeur où les fluctuations par excès et par défaut se succèdent rapidement dans l'espace. Il dépend de la nature des particules qui constituent l'univers. Dans le modèle standard, les collisions des photons avec les électrons avant la recombinaison détruisent, dans le cas adiabatique, toutes les fluctuations aux ordres de grandeur inférieurs à la masse de Silk qui vaut entre 10^{13} et 10^{14} masses solaires. Les baryons étant, à cette époque, fortement couplés aux photons n'ont donc pas de fluctuations en dessous de cette échelle, et en particulier à l'échelle des galaxies (moins de 10^{12} $M_\odot$).

Dans le cas isothermal, en revanche, il y a des fluctuations de matière à toutes les échelles.

Les problèmes du modèle standard. Dans le modèle standard, il n'est pas possible de former des galaxies à partir des fluctuations adiabatiques. Le scénario isothermal, en revanche, permet de rendre compte des observations. La matière noire, est, dans ce modèle, baryonique. Avec la sophistication croissante des moyens d'observation, il devient de plus en plus difficile d'expliquer pourquoi aucun rayonnement électromagnétique de cette matière n'est détecté. La densité de baryons est dans cette hypothèse très grande, $\Omega_b \geqslant 0{,}2$, marginalement compatible seulement avec la valeur $\Omega_b \leqslant 0{,}2$ qui permet de produire les éléments légers au début de l'univers. Le modèle standard, de plus, ne prévoit aucune explication ni pour l'origine des baryons ni pour leurs fluctuations.

La matière noire non baryonique

Les théories modernes de la matière très dense et très chaude expliquant comment sont formés les baryons permettent de calculer la valeur du rapport n_b/n_γ ainsi que les fluctuations primordiales qui sont *adiabatiques*. Ces théories aboutissent naturellement à un univers dont la densité est $\Omega = 1$, ce qui est définitivement incompatible avec la nucléosynthèse primordiale si la matière est composée uniquement de baryons.
Scénario chaud : neutrinos massifs + baryons + photons. L'annonce par une équipe russe, en 1980, que le neutrino pouvait avoir une masse, petite mais

non nulle, de l'ordre de 2.10^{-8} fois celle du proton a eu un impact considérable pour la cosmologie. Les neutrinos font, dans ce cas, partie de la matière, et non plus du rayonnement. Compte tenu de leur nombre, ils fournissent une réponse plausible au problème de la matière noire, et imposent un univers dense avec $\Omega \approx 1$, conformément aux théories modernes. La mesure d'une masse non nulle pour le neutrino n'a, cependant, pas encore pu être confirmée ni infirmée.

L'interaction des neutrinos avec les autres composantes de l'univers est surtout gravitationnelle, les autres forces étant négligeables. Étant très légers, ils ont de grandes vitesses d'agitation thermique. Celles-ci détruisent toutes les fluctuations sur la distance qu'un neutrino a pu parcourir depuis l'origine de l'univers. L'échelle de masse minimale pour les fluctuations est dans ce cas de 10^{15} M$\odot$, soit plus encore que pour les baryons.

Scénario tiède ou froid : particules neutres massives + baryons + photons. La matière noire peut être constituée de particules neutres et massives autres que les neutrinos. Le mécanisme de dissipation des fluctuations est le même que pour ces derniers. Si la masse de ces particules est plus grande, cependant, leur vitesse à température donnée est moindre, d'où leur nom de particules *tièdes* ou *froides*. Leur agitation cinétique efface donc les fluctuations sur une plus petite échelle. Par exemple, pour une masse de l'ordre de 10^{-6} fois celle du proton (scénario *tiède*), il y a des fluctuations à l'échelle des galaxies (10^{12} M$\odot$). La masse de ces particules pourrait être bien plus grande encore (scénario *froid*). Les fluctuations de la matière seraient alors préservées à toutes les échelles (fig. 13).

Avoir une composante dominante de l'univers sous forme de particules neutres présente un grand avantage. En effet, n'étant pas électriquement chargée, cette matière ne suit pas les fluctuations de photons. Les fluctuations de matière noire sont plus grandes que dans le scénario standard, et, de plus, étant dominantes, entraînent celles des baryons. Il y a, dans ce scénario, assez de fluctuations pour pouvoir former aussi bien les galaxies que les amas (10^{14} M$\odot$), comme l'ont montré les simulations sur ordinateur, maintenant classiques.

Problèmes. Le grand avantage de ces scénarios est qu'ils sont compatibles avec les théories modernes sur l'origine des baryons et des fluctuations dans l'univers. Aucune de ces théories, cependant, n'a encore été confirmée par l'expérience, en particulier par la découverte de l'une de ces nouvelles particules neutres. Ces théories, elles aussi, impliquent $\Omega = 1$. Les meilleures déterminations de la densité de l'univers, d'après les vitesses des grandes galaxies très lumineuses, donnent $\Omega = 0{,}2$, et non pas 1. Il faut donc supposer que ces galaxies ne sont pas représentatives de la distribution de masse. Cette hypothèse est confortée par certaines théories, mais n'a pas encore reçu la moindre confirmation observationnelle.

La formation hiérarchique ou séquentielle

Lorsqu'un gros objet s'effondre gravitationnellement, les petits objets qu'il contient se condensent nécessairement aussi. Ils peuvent cependant se condenser plus vite que le gros objet, et se former avant lui (formation hiérarchique, fig. 14), ou bien, s'ils apparaissent, être dus à la fragmentation du gros objet à la suite de sa condensation (formation séquentielle, fig. 15).

La formation hiérarchique repose sur l'existence de fluctuations préalables qui s'amplifient mais ne sont pas créées par l'effondrement. Tous les divers scénarios envisagés précédemment l'étaient dans cette hypothèse : s'il n'y a pas de fluctuations préexistantes à l'échelle des galaxies, il n'y aura pas de galaxies. Il est possible, dans ce cadre, de calculer le nombre d'objets formés dans chaque échelle de masse, et de constater effectivement que l'absence de fluctuations à une échelle donnée diminue considérablement le nombre d'objets qui peuvent se former à cette échelle.

Les galaxies, cependant, pourraient ne pas être des objets primordiaux et se former par fragmentation des gros objets. Dans ce cas, les scénarios (fluctuation adiabatique de baryons ou de neutrinos massifs) qui n'ont que des fluctuations sur de grandes échelles ne seraient pas à écarter. Il faut, cependant, dans ce cas, que les condensations aux échelles de 10^{14} à $10^{15}\ M_{\odot}$ se produisent bien avant l'époque supposée de la formation des galaxies (soit $z \geqslant 3$). Il est possible, dans un scénario séquentiel, de former ainsi les galaxies. Les fluctuations sur de grandes échelles doivent, cependant, dans ce cas, se condenser tôt, ce qui implique des inhomogénéités bien plus grandes que celles qui sont observées à ces échelles. C'est pourquoi toutes les tentatives pour former des galaxies par un scénario séquentiel sont restées vaines. L'observation montre que les fluctuations à petite échelle sont au moins égales, sinon plus grandes, aux fluctuations à grande échelle. Cela est typique d'une formation hiérarchique, et non séquentielle.

Les filaments et les galettes

Il n'est pas simple de caractériser la distribution de matière sur de très grandes échelles (100 Mpc) où l'on trouve nombre d'objets irréguliers alors que les fonctions de corrélation semblent petites. L'existence des galettes avait, pourtant, été prédite dès 1970, bien avant les premières observations, par Zeldovich. Un excès de densité, en général irrégulier, a tendance à s'effondrer dans une des directions de l'espace plus rapidement que dans les deux autres : le collapse est rarement sphérique et forme de préférence des objets aplatis. Avec le temps, ces derniers peuvent s'arrondir. Mais, sur de grandes échelles, où les fluctuations sont petites, leur formation est très récente et ils forment d'immenses feuillets où se sont rassemblées les galaxies. Les filaments sont à l'intersection des galettes, et l'enchevêtrement de ces dernières forme les cellules à l'intérieur desquelles le nombre de galaxies est plus faible.

Les filaments et les galettes seraient donc les premiers objets qui, à une échelle donnée, se forment par effondrement gravitationnel. Ils ont donc le plus fidèlement gardé la trace des fluctuations de densité initiales. Ce sont d'autres témoins précieux de notre passé lointain, qui n'ont pas encore livré tous leurs secrets. En particulier, il n'est pas prouvé que les structures observées sur une grande échelle (fig. 7) peuvent être expliquées par l'un ou l'autre des scénarios, standard ou non, qui rendent compte de la formation des galaxies.

CONCLUSION

L'univers a eu un début : une grande explosion où densités et températures étaient très élevées. L'expansion des galaxies, le rayonnement à 3 K ainsi que les éléments légers (deutérium et hélium) existant dans l'univers sont autant de preuves de l'existence de ce « Grand Boum » initial.

La masse de l'univers est beaucoup plus grande que la seule masse de matière lumineuse. Celui-ci est composé de plus de 90 pour cent de *matière noire* qui n'est détectée que par son action gravitationnelle, et dont la nature est encore inconnue.

La formation des galaxies, et de leurs associations, est difficile à expliquer. L'observation montre en effet que la répartition du rayonnement est très homogène. La distribution de matière, en revanche, est extrêmement irrégulière. Même si ces fluctuations diminuent lorsque la taille des concentrations de masse augmente, elles sont encore très grandes à l'échelle du dixième de l'univers observable. Il n'est pas sûr qu'un seul des nombreux scénarios proposés, même en tenant compte de la *matière noire*, soit compatible avec toutes les observations.

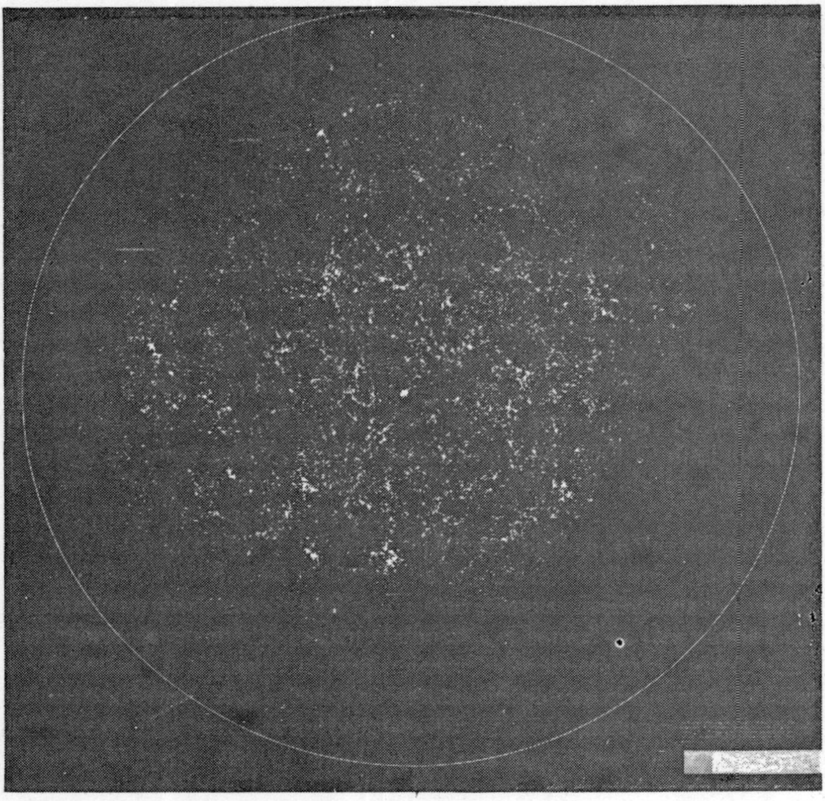

FIGURE 1. *Cette* carte du ciel, *faite par Peebles d'après les observations de Shane et Wirtanen, regroupe plus d'un million de galaxies de l'hémisphère Nord. Il y a de nombreux groupements de tailles diverses, des bras, des vides. À l'échelle de l'univers, cependant, la répartition de la matière est assez uniforme.* (Copyright : Évolution Quaterly).

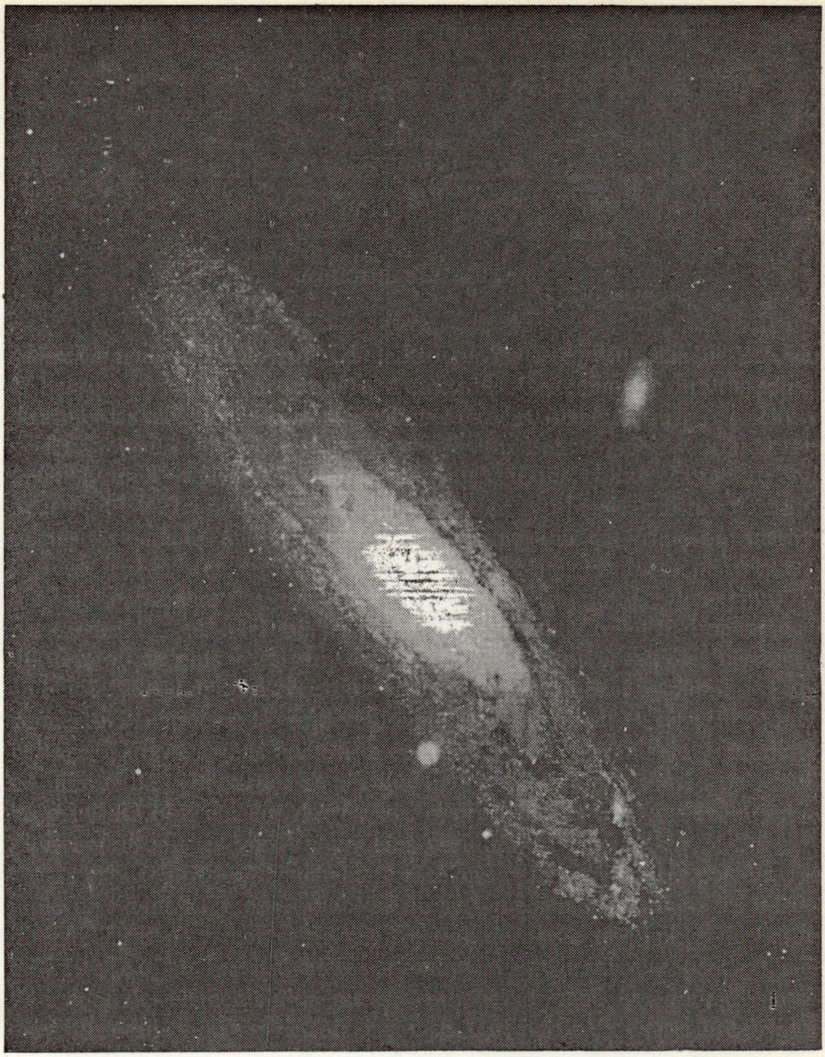

FIGURE 2. La Grande Nébuleuse d'Andromède. *C'est la (grosse) galaxie la plus proche de nous, à environ 680 kpc. Sa luminosité est de 2,5.10^{10} en unités solaires, et elle contient à peu près ce même nombre d'étoiles. Les parties sombres dans les bras sont des nuages de poussière. Sa masse totale est environ 3.10^{11} $M_\odot$: la majeure partie de la galaxie est donc de la matière non lumineuse. Cette galaxie est très semblable à la nôtre. Elle a quatre petites galaxies comme satellites, dont deux sont visibles sur la photo.*

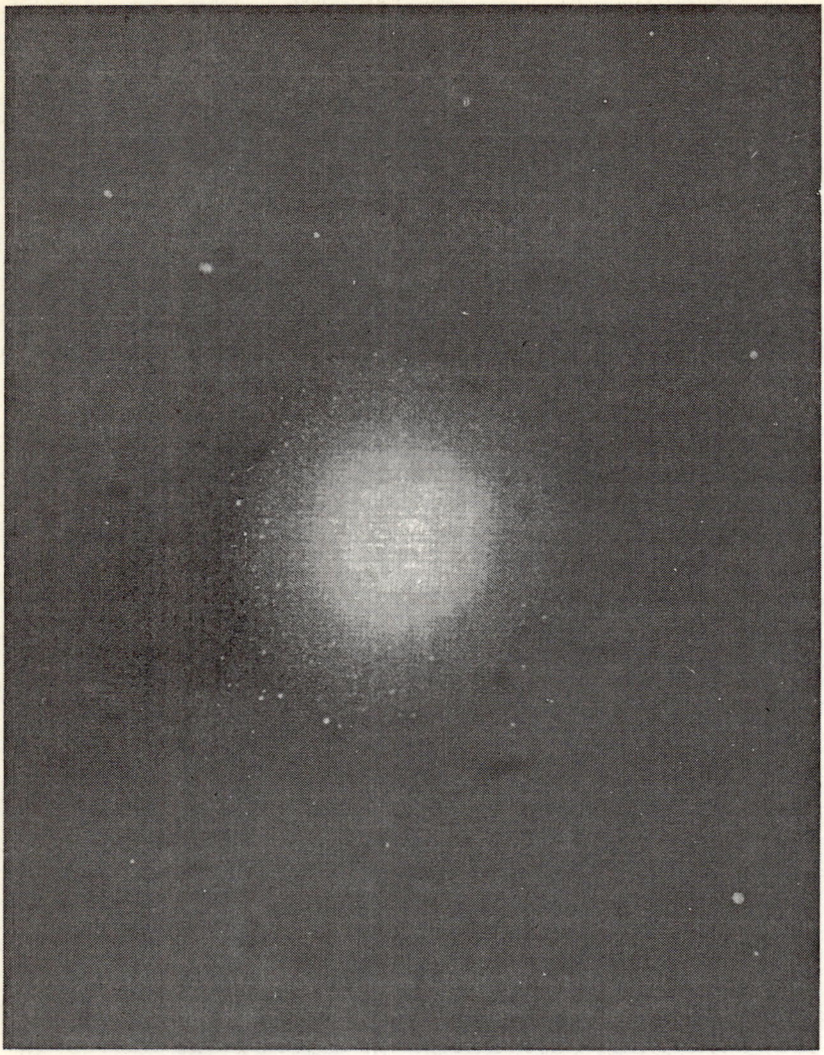

FIGURE 3. Galaxie elliptique M87. *Cette galaxie est parmi les plus grosses connues (luminosité : 2.10^{11} $L_{\odot}$, masse : 10^{12} $M_{\odot}$, distance : 11 Mpc). Elle se trouve au centre de l'amas de la Vierge qui regroupe plusieurs milliers de galaxies. Son cœur est très actif et éjecte de la matière (non visible sur la photo).*

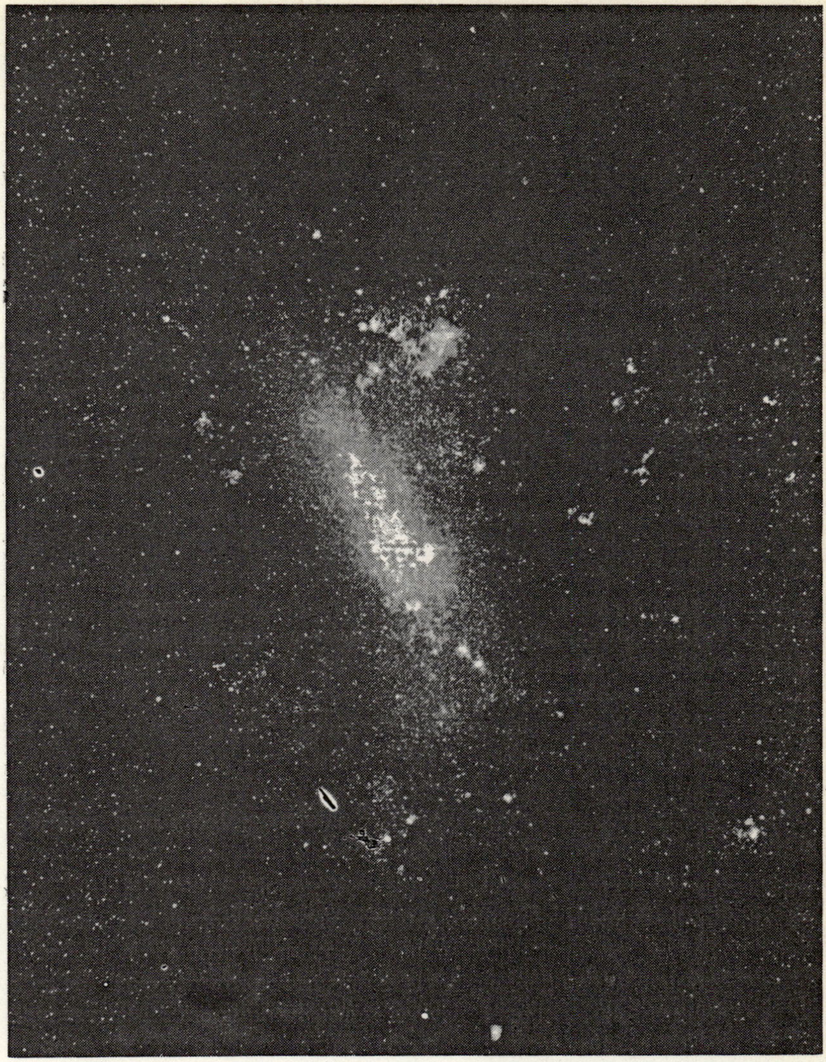

FIGURE 4. Galaxie irrégulière. *C'est le Grand Nuage de Magellan, une des deux galaxies satellites de la nôtre (luminosité : 10^9 $L_\odot$, masse : 2,5. 10^{10} $M_\odot$, distance : 48 kpc).*

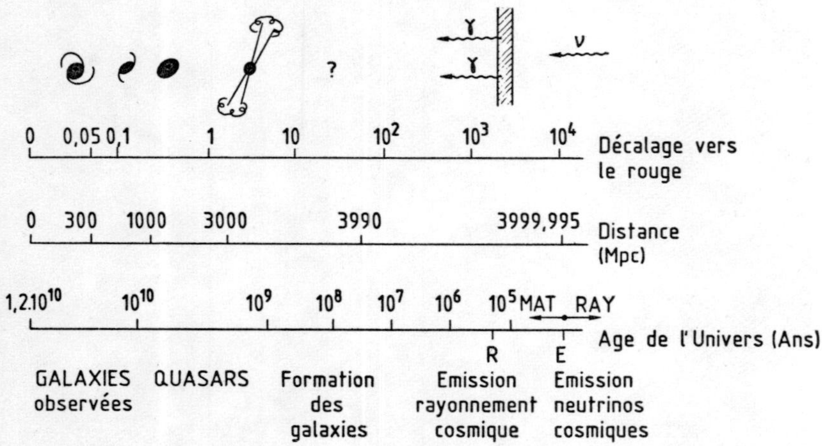

FIGURE 5. Correspondance entre le décalage vers le rouge z observé pour une radiation émise par un objet, la distance de ce dernier en mégaparsec (1 Mpc = 310^6 année lumière) et l'âge de l'univers au moment de l'émission. *Le paramètre d'expansion de l'univers qui affecte la longueur d'onde de la radiation comme toutes les autres longueurs est donc multiplié par un facteur 1 + z entre l'émission et la réception du signal. La lettre R marque l'époque de la recombinaison des électrons et des protons, où l'univers devient transparent aux photons. La lettre E correspond à l'époque où la densité d'énergie de la matière et celle de la radiation sont égales. La matière domine l'évolution gravitationnelle de l'univers aux temps ultérieurs.*

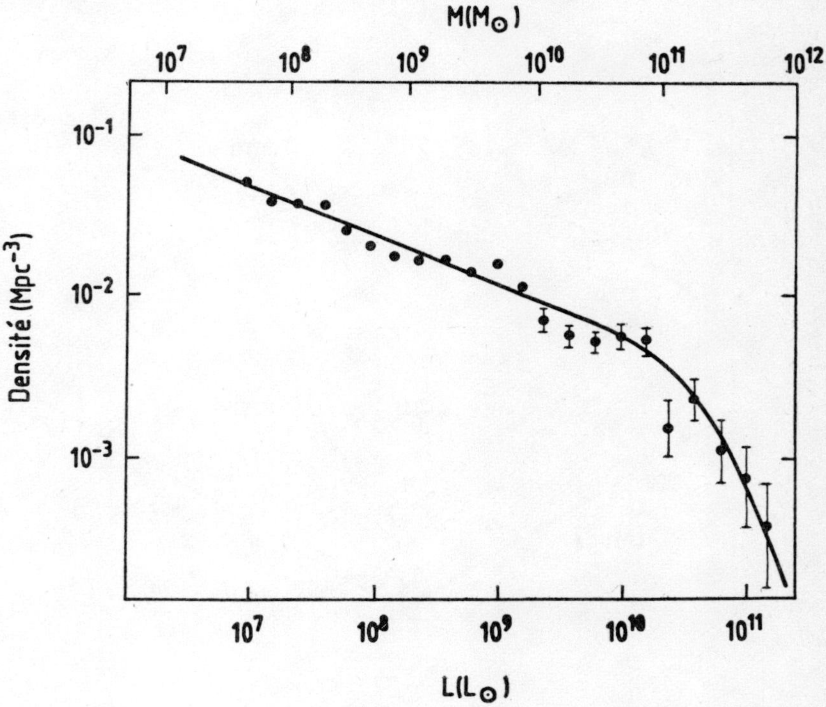

FIGURE 6. Distribution des galaxies en fonction de leur luminosité et de leur masse. *La figure donne le nombre de galaxies observées par unité de volume et par décade de luminosité. Il y a de très nombreuses petites galaxies, et leur densité semble augmenter sans limite lorsque l'échelle de luminosité ou de masse diminue. Le nombre de grandes galaxies diminue très rapidement avec la taille. Il n'y a pratiquement pas de galaxies au-delà de 10^{12} $M_{\odot}$.* Adapté d'après Sandage, Bingelli et Tammann.

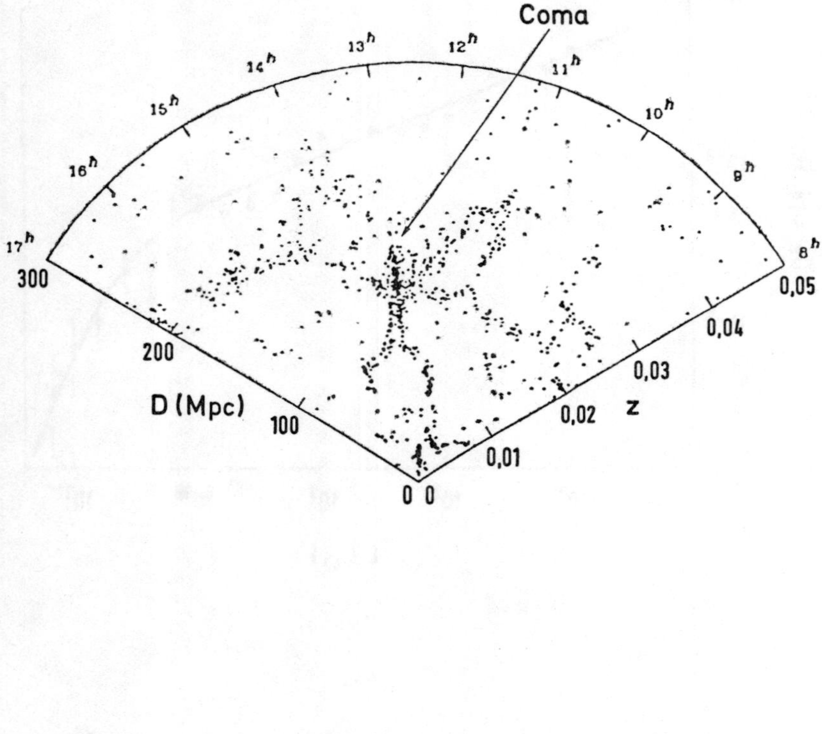

FIGURE 7. Une des études systématiques les plus profondes (jusqu'à $z = 0{,}05$ soit près de 300 Mpc) de la répartition des galaxies. *Au centre, l'amas de Coma et ses différents bras forment un superamas. Entre les bras existent de grands vides. L'étude à trois dimensions montre que les bras seraient en réalité des galettes vues en projection, qui forment un réseau cellulaire, et que les vides sont à peu près sphériques, d'un rayon de 25 à 50 Mpc.* (D'après De Lapparent, Huchra et Geller).

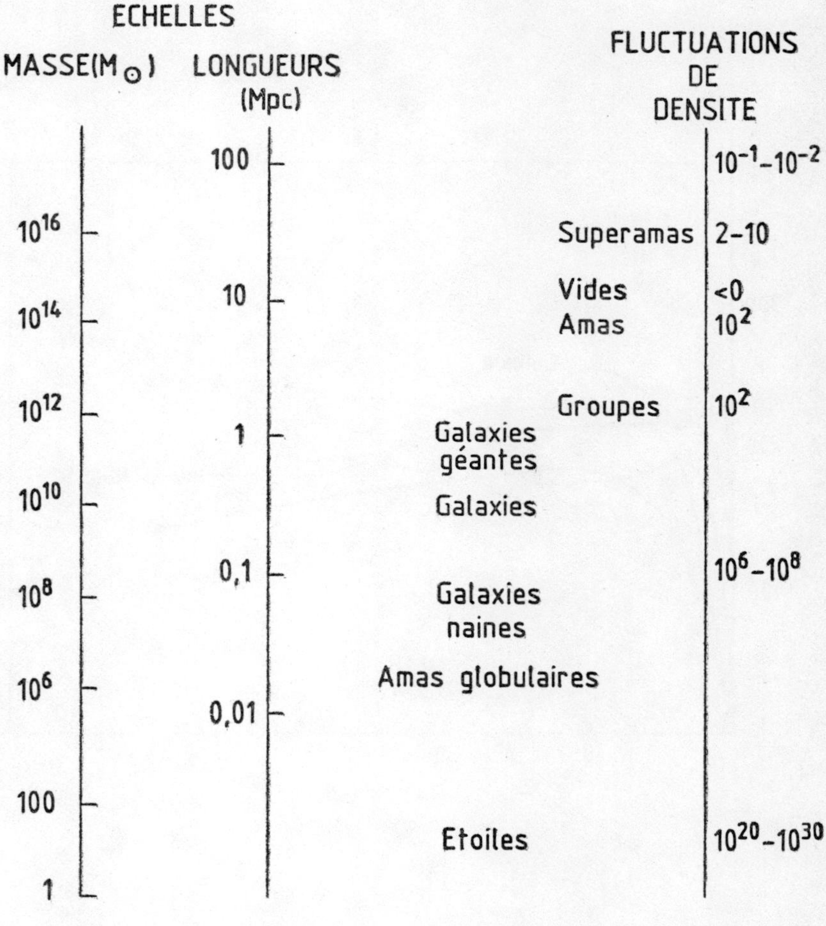

FIGURE 8. Échelles de masse et échelles de longueur. *Chaque structure, depuis les étoiles jusqu'aux superamas possède une échelle caractéristique qui peut se mesurer soit en masse, soit en longueur typique (rayon de la sphère qui contiendrait cette masse, si la densité de l'univers était uniforme). Les fluctuations de densité diminuent régulièrement quand masse et longueur augmentent.*

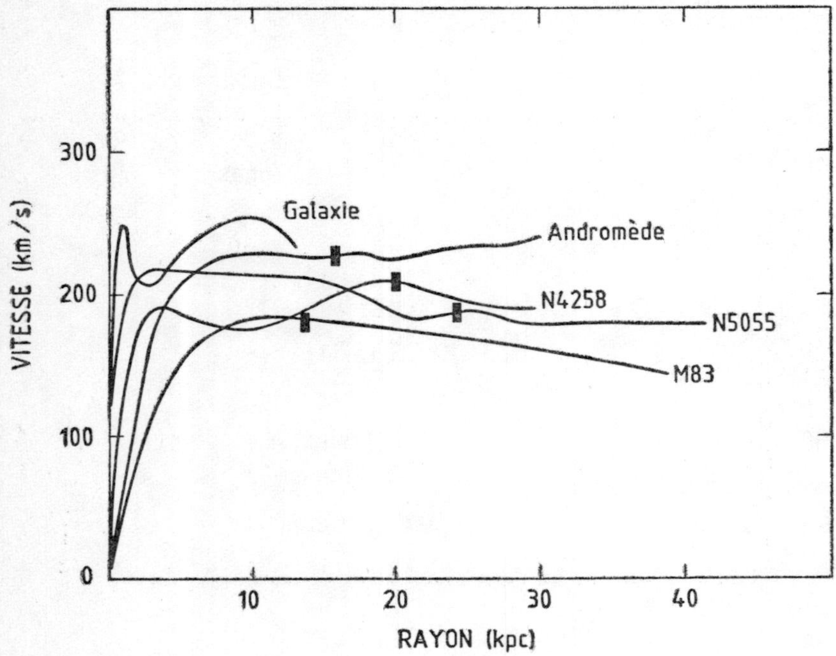

FIGURE 9. Vitesse moyenne de rotation autour de la galaxie d'une étoile à la distance R du centre. *D'après la loi de Képler, cette vitesse devrait décroître au-delà du rayon (barre verticale) marquant le bord de la partie lumineuse de la galaxie. La vitesse reste constante, ce qui montre que la distribution de masse dans la galaxie s'étend bien au-delà de la distribution de lumière, aussi loin que les mesures sont possibles. On ne détecte aucune radiation électromagnétique en provenance de ces régions extérieures des galaxies : la matière y est "noire".* (D'après Faber et Gallager).

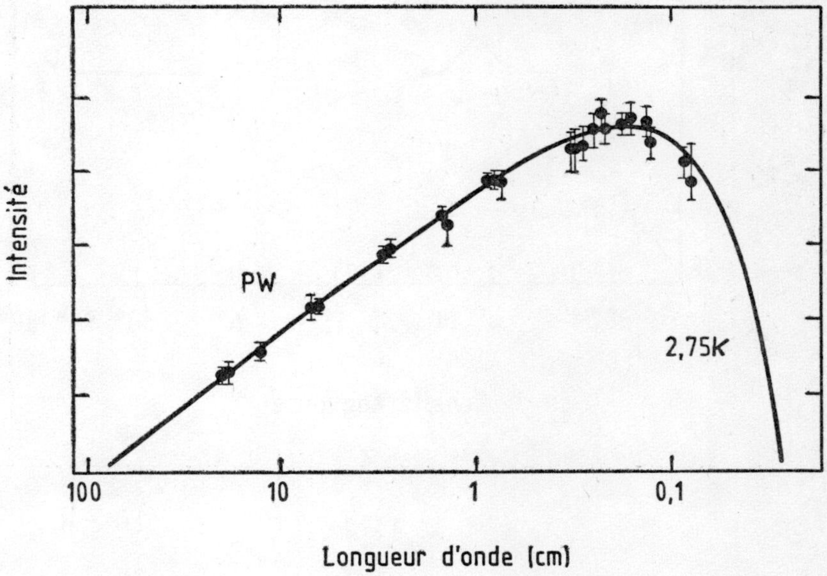

FIGURE 10. Intensité observée du rayonnement à 3 K en fonction de la longueur d'onde de la radiation reçue (points). *Les barres verticales indiquent les erreurs de mesure. Le trait plein correspond au rayonnement d'un corps noir à 2,75 K. Le point marqué PW est la mesure originale de Penzias et Wilson.* (D'après Uson et Wilkinson).

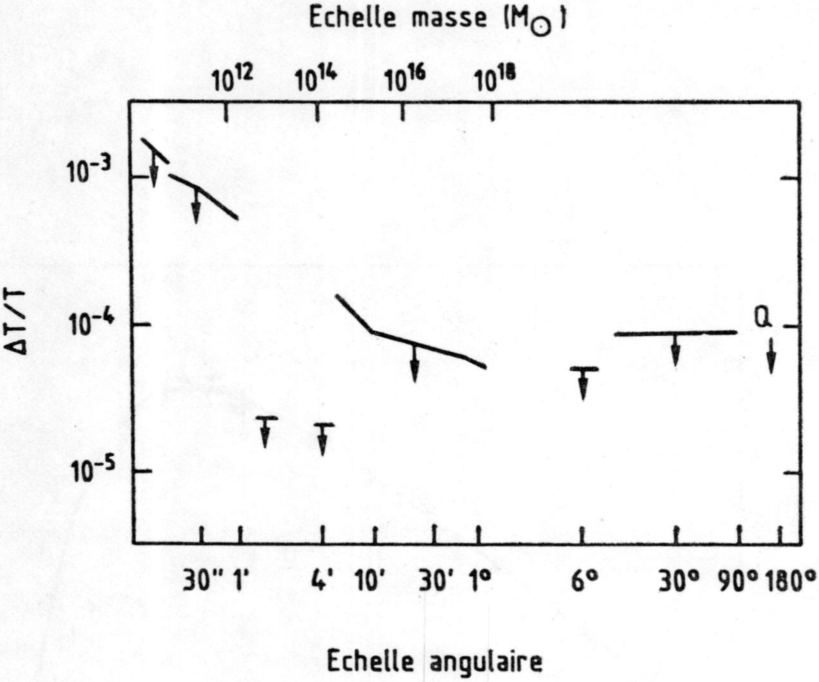

FIGURE 11. Bornes supérieures des fluctuations de température du rayonnement à 3 K en fonction de l'échelle *(d'après Uson et Wilkinson). Ces valeurs représentent la moyenne quadratique sur tout le ciel des différences de températures pour un écart angulaire donné. Aucune détection positive n'a encore pu être obtenue. La faible amplitude de ces fluctuations a déjà remis en cause nombre de modèles d'évolution de l'univers. Aucun modèle existant n'est compatible avec des fluctuations inférieures à* 10^{-5}. *La lettre Q indique la borne supérieure pour les fluctuations quadripolaires. Les photons émis en des points dont la distance angulaire est supérieure à 30 minutes d'angle n'ont pu interagir ni avant ni après leur émission, dans la théorie standard. Leur température est pourtant la même : c'est le problème de l'horizon, auquel la théorie standard ne peut pas répondre.*

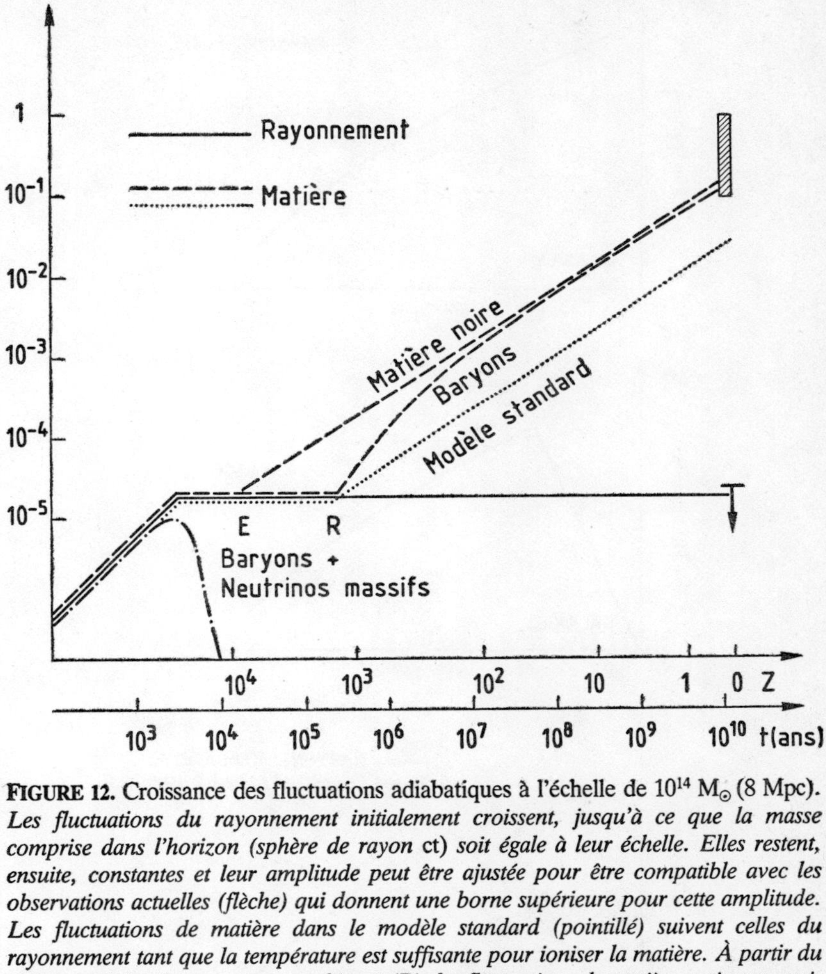

FIGURE 12. Croissance des fluctuations adiabatiques à l'échelle de 10^{14} $M_{\odot}$ (8 Mpc). *Les fluctuations du rayonnement initialement croissent, jusqu'à ce que la masse comprise dans l'horizon (sphère de rayon* ct*) soit égale à leur échelle. Elles restent, ensuite, constantes et leur amplitude peut être ajustée pour être compatible avec les observations actuelles (flèche) qui donnent une borne supérieure pour cette amplitude. Les fluctuations de matière dans le modèle standard (pointillé) suivent celles du rayonnement tant que la température est suffisante pour ioniser la matière. À partir du moment où les électrons se recombinent (R), les fluctuations de matière croissent, mais trop lentement pour arriver à l'amplitude observée (rectangle hachuré).*
Dans les modèles où la matière noire n'est pas composée de baryons, mais de particules neutres différentes, seule l'interaction gravitationnelle impose aux fluctuations de matière de suivre celles du rayonnement, et elles peuvent croître dès l'époque (E) où la matière supplante le rayonnement comme source de la gravité. L'amplitude des fluctuations de la matière noire est donc plus grande, et les baryons, qui, dans ce modèle ne représentent pas 10 pour cent de la masse totale, finissent par avoir les mêmes fluctuations que la matière noire. Dans le scénario des neutrinos massifs, les fluctuations de ces derniers sont détruites par les effets dissipatifs, à l'échelle considérée.

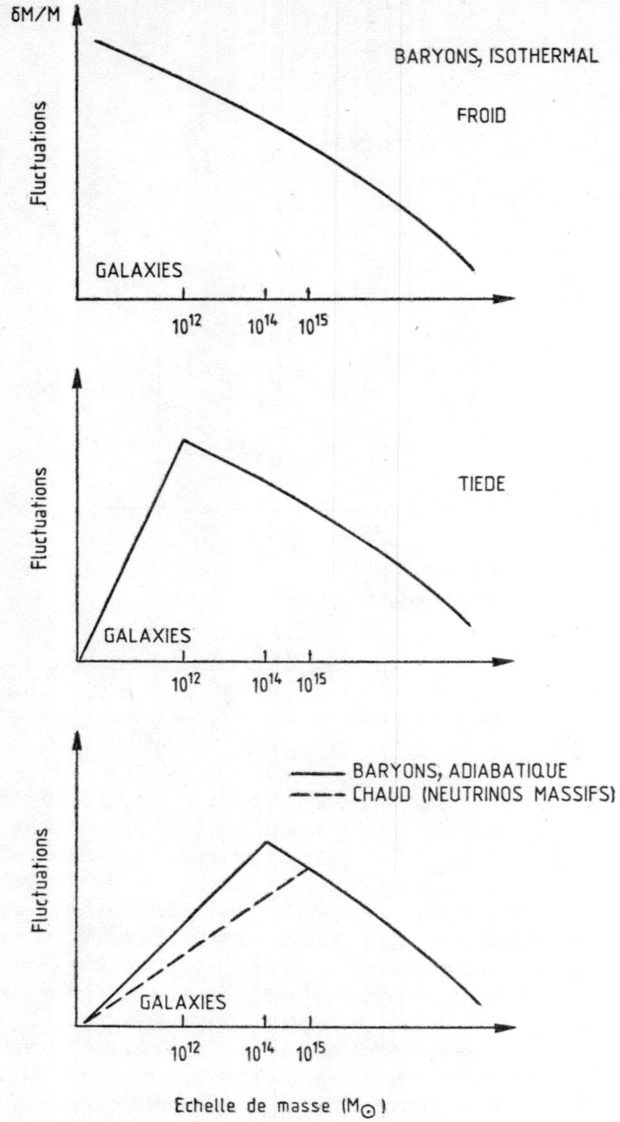

FIGURE 13. Fluctuations primordiales dans les divers scénarios. *Selon la nature de la matière noire qui forme la masse principale de l'univers, les fluctuations sur de petites échelles peuvent être détruites. Dans ce cas, il n'est pas possible de former des galaxies à partir des fluctuations primordiales.*

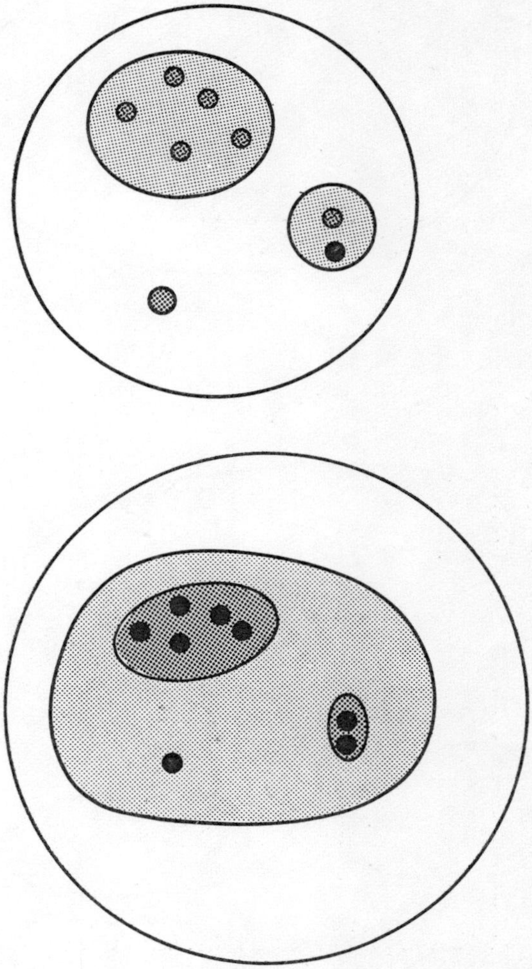

FIGURE 14. Formation hiérarchique des galaxies. *C'est le mécanisme de formation typique des galaxies lorsqu'il y a beaucoup de fluctuations primordiales sur de petites échelles. Les premiers objets à s'effondrer gravitationnellement sont petits, et font partie de plus grosses condensations qui s'emboîtent les unes dans les autres, et se forment de plus en plus tard. Dans le scénario des fluctuations isothermales de baryons, ou dans celui des particules froides, les galaxies se sont formées selon ce schéma.*

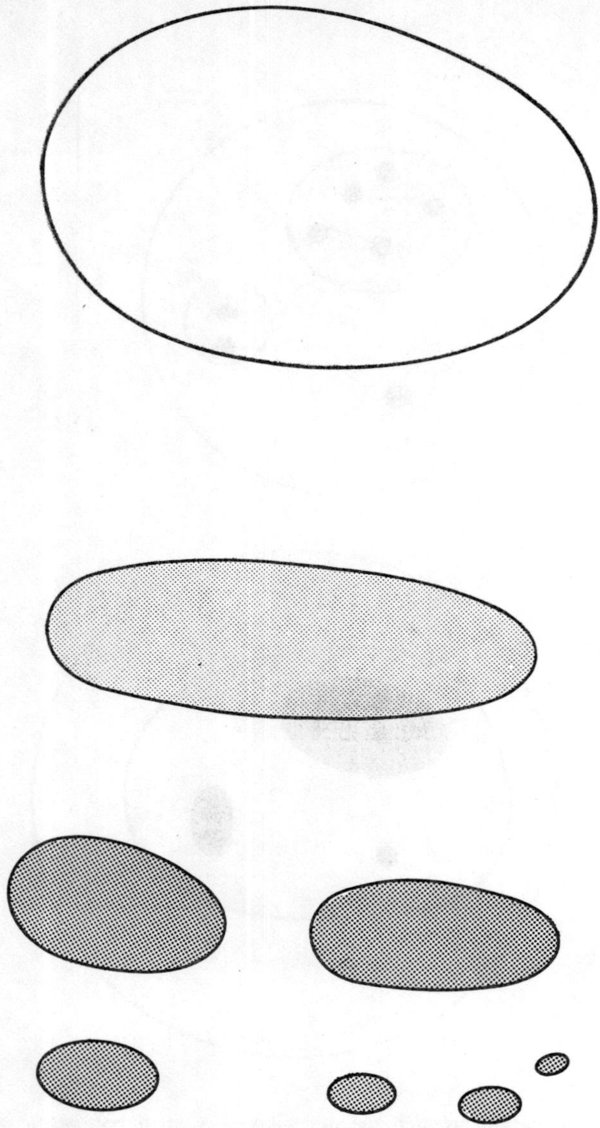

FIGURE 15. Formation séquentielle des galaxies. *Les grands objets se forment les premiers, s'effondrent de façon asymétrique et se morcèlent. Aucun scénario de ce type n'a encore pu décrire la distribution présente des galaxies et des amas.*

L'ÂGE DES ÉTOILES ET DES ÉLÉMENTS

Docteur ès sciences physiques (université Paris VII), Béatrice Barbuy est professeur au département d'astronomie de l'université de São Paulo (Brésil). Elle étudie particulièrement les étoiles vieilles du halo galactique et l'évolution chimique de la Galaxie.

Résumé

L'âge de l'univers est estimé à partir de trois critères : l'âge des étoiles, l'âge des éléments radioactifs, et la relation entre la vitesse et la distance des galaxies (loi de Hubble). Dans ce chapitre est présentée, et discutée, la détermination de l'âge des étoiles et des éléments.

L'étude des étoiles les plus vieilles de notre galaxie se fait par l'observation des amas globulaires, objets constitués d'un ensemble d'environ 1 million d'étoiles. Les travaux les plus récents montrent que les amas globulaires ont tous un âge compris entre 15 et 18 milliards d'années.

La nucléocosmochronologie est la détermination de l'âge du système solaire, par la mesure d'abondances des éléments radioactifs et de leurs produits de désintégration, dans des échantillons météoritiques, terrestres et lunaires. L'âge du système solaire ainsi obtenu est de 4.58 (± 0.2) milliards d'années. La déduction de l'âge de la Galaxie est moins précise, elle aboutit à un âge compris entre 11 et 20 milliards d'années.

Abstract

The age of the Universe is deduced from three methods, the age of stars, the age of radio-active elements, and the distance-velocity relation for galaxies (Hubble law). This chapter discusses the age of stars and the age of the elements.

The age of old stars in our Galaxy can be determined from observations of globular clusters, objects consisting of about one million stars. The most recent observational and theoretical work show that the age of all globular clusters is between 15 and 18 billion years.

Nucleocosmochronology is the determination of the age of the solar system and of the Galaxy from abundance measurements of radio-active elements, in meteoritic, terrestrial and lunar samples. The age so obtained for the solar system is 4.58 (± 0.2) billion years. The age inferred for the Galaxy is considerably less precise, it should be comprised between 11 and 20 billion years.

L'ÂGE DES ÉTOILES ET DES ÉLÉMENTS

Béatrice BARBUY

INTRODUCTION

Il est tout à fait essentiel, pour la cohérence de la théorie du Big Bang, que l'âge de l'univers déduit de son expansion soit compatible avec celui des étoiles les plus vieilles. En effet, celles-ci se sont nécessairement formées après le Big Bang. Il est donc crucial de vérifier que l'âge des étoiles les plus vieilles est inférieur à l'âge de l'univers. L'âge des éléments dans le système solaire et l'âge de la Galaxie déduit à partir de l'âge des éléments doivent être également compatibles avec l'âge des étoiles.

L'âge des étoiles est déterminé par plusieurs paramètres : les paramètres cinématiques, la composition chimique, l'activité chromosphérique, et surtout l'état d'évolution stellaire. Les différentes méthodes de détermination de l'âge, où chacune se fonde sur une propriété spécifiée d'une étoile, doivent lui attribuer un même âge, puisque les différents paramètres sont des indicateurs, à une certaine époque, des conditions physiques de la galaxie, pendant la formation de l'étoile en question.

Le critère se fondant sur l'évolution stellaire est le plus sûr. L'état d'évolution stellaire sera fonction de la physique stellaire, où tous les facteurs doivent être pris en compte : la nucléosynthèse, la structure interne et le transfert d'énergie.

Par ailleurs, l'âge des éléments radioactifs, déterminé à partir des rapports d'abondances détectés dans les météorites, sur la Terre et sur la Lune peut nous renseigner aussi sur l'âge de la Galaxie. La précision de la détermination sera fonction des rapports d'abondances mesurés, des taux de désintégration adoptés pour les éléments radioactifs, et du taux de production des éléments en question, dans la Galaxie.

L'ÂGE DES ÉTOILES

La confrontation des paramètres stellaires, déduits des observations aux théories d'évolution stellaire, constitue une puissante méthode de détermination de l'âge des étoiles. L'étude de raies d'émission et l'abondance du lithium dans l'atmosphère d'étoiles jeunes peuvent nous donner leurs âges relatifs. Enfin, la cinématique des étoiles est une signature des conditions du gaz à l'époque de leur formation et est donc corrélée à l'état physique de la Galaxie à différentes phases de son évolution.

L'âge des étoiles par diagrammes évolutifs

Les amas globulaires sont les plus vieux objets aujourd'hui observables. Ils sont constitués d'un ensemble d'étoiles en nombre de l'ordre d'un million. Ces étoiles sont nées en même temps, d'un nuage chimiquement homogène, à l'époque de la formation de notre Galaxie et des autres galaxies. Les amas globulaires constituent ainsi un laboratoire idéal pour l'étude de l'évolution stellaire parce que, mis à part la profondeur propre de l'amas, les étoiles sont toutes à la même distance du Soleil, au départ elles ont toutes la même composition chimique et elles ne se distinguent les unes des autres que par leur masse.

Chaque étoile que nous voyons dans le ciel a une couleur propre à sa composition chimique, à son âge et à sa masse. En effet, les étoiles naissent, évoluent et meurent. Les caractéristiques de l'évolution d'une étoile sont une fonction de sa masse et de sa composition chimique, comme l'établit le théorème dit de Vogt-Russell. Dans un amas globulaire, les couleurs de chaque étoile indiquent donc leurs masses, étant donné une composition chimique (et un âge) propre à l'amas en question.

La description des paramètres intrinsèques d'un amas se fait par l'intermédiaire du diagramme de Hertzprung-Russell (H-R). Le diagramme H-R distribue les étoiles par la luminosité ou magnitude en ordonnée et la température ou couleur en abscisse. En abscisse souvent est également indiqué l'indice de couleur : la couleur B, ou magnitude en B, représente le flux dans le bleu, V le flux dans le visible, par exemple, et l'« indice de couleur » est la différence entre les deux couleurs (B – V). Les couleurs en astrophysique ont un sens bien précis : le flux émis par l'étoile est filtré et les limites de chaque filtre sont bien établies. La magnitude bolométrique d'une étoile représente son flux intégré dans toutes les longueurs d'onde, et la magnitude dans le visible est son flux émis dans ce qui est défini comme la région visible du spectre. La magnitude apparente est celle directement observée et l'on

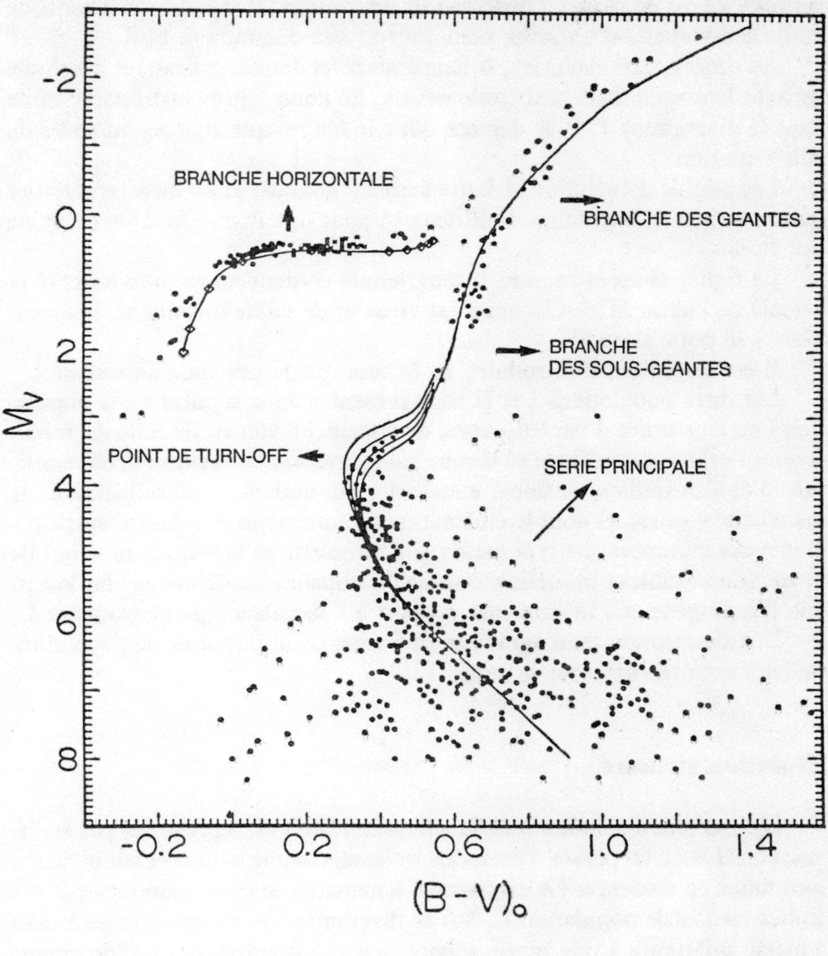

FIGURE 1. Diagramme H-R de l'amas globulaire M15 : *les observations sont de Fahlman* et al. *1985 et les calculs sont de Van Den Berg, les isochrones (traits solides) correspondent aux âges de 12, 14, 16 et 18 milliards d'années, par ordre de luminosité de turn-off décroissantes. Les points en dehors du trajet évolutif sont des étoiles du champ contaminant l'observation de l'amas.*

définit la magnitude absolue comme la magnitude qu'aurait l'étoile à une distance de 10 pc. Ainsi, l'observation des couleur et magnitude de chaque étoile individuelle d'un amas nous fournit son diagramme H-R.

Au cours de son évolution, la température (et donc la couleur) et le volume (et donc la magnitude) d'une étoile varient. Le point représentatif d'une étoile dans le diagramme H-R se déplace donc le long d'une courbe, au cours de son évolution.

Les calculs d'évolution stellaire arrivent aujourd'hui à bien représenter les trajets sur le diagramme H-R observé pour une bonne fraction de la vie des étoiles.

La figure ci-après montre le diagramme couleur-magnitude observé et calculé de l'amas M15. Cet amas est vieux et de faible métallicité, il appartient à la population II.

Il est important d'introduire ici le concept de populations stellaires.

Les deux populations I et II sont présentes dans la galaxie : la population I est constituée d'étoiles jeunes, de métallicité voisine de celle du Soleil, et dont l'orbite est confinée au disque galactique ; la population II est constituée d'étoiles vieilles, de faible métallicité (un dixième à un millième de la métallicité solaire), et dont la cinématique, caractérisée par des excentricités et vitesses marquées, est typique du gaz turbulent de la galaxie au début de sa vie. (La métallicité est définie comme l'abondance des éléments plus lourds que l'hydrogène et l'hélium, par rapport à l'abondance de l'hydrogène.)

Une description du diagramme en termes de la physique de l'évolution stellaire est présentée par la suite.

Évolution stellaire

L'observation d'étoiles individuelles d'un amas est représentée par le diagramme H-R où les phases d'évolution stellaire, comme indiquées sur la figure, sont mises en évidence. Ce diagramme schématise le trajet parcouru par des étoiles vieilles de population II. Sur ce diagramme on ne voit que les étoiles à masse inférieure à une masse solaire, parce que les étoiles à plus grande masse sont déjà évoluées et ne sont plus qu'à l'état de naine blanche ou de restes de supernovae.

Décrivons maintenant plus en détail l'évolution d'une étoile.

Une proto-étoile passe à l'état d'étoile au moment où l'ignition de réactions nucléaires a lieu, et l'étoile commence sa migration dans le diagramme H-R. La portion de courbe correspondante dans le diagramme H-R s'appelle « série principale ». La phase sur la série principale, correspondant à la combustion de l'hydrogène, transformé en hélium, dans le noyau stellaire, est la plus longue en durée. Lorsque tout l'hydrogène au centre est épuisé, l'enveloppe se dilate plus rapidement que la luminosité n'augmente. C'est le point de turn-off, où l'étoile, ayant quitté la série principale, sa température cesse d'augmenter et commence à diminuer. Le turn-off est défini comme le point le plus bleu de la série principale (où l'étoile est la plus chaude) correspondant à la phase de transition entre naine et sous-géante.

Pendant la phase d'expansion de l'enveloppe, l'étoile est sous-géante et se dirige vers la phase de géante rouge. À l'état de géante, la combustion de l'hydrogène dans des couches autour du noyau continue, l'enveloppe se dilate et le noyau d'hélium augmente de plus en plus, sa densité et sa température augmentant. Lorsque la masse du noyau d'hélium atteint à peu près la moitié de la masse du Soleil, la fusion de l'hélium commence. Des noyaux d'hélium se fondent pour former des noyaux de carbone, et quelques noyaux de carbone se fondent avec des noyaux d'hélium pour former de l'oxygène.

Jusqu'à un certain point de l'évolution de l'étoile, à l'état de géante, le noyau stellaire est soutenu par la pression de « dégénérescence » (dû au principe de Pauli), celle-ci n'étant pas fonction de la température. Au fur et à mesure de l'intensification des réactions nucléaires, la pression recommence à être fonction de la température, qui, à la manière d'un thermostat, oblige l'étoile à se dilater. Ce processus est appelé le « flash d'hélium » et est très rapide.

Le flash d'hélium rend l'étoile beaucoup plus chaude à cause des réactions nucléaires, et moins lumineuse, à cause de l'expansion. L'étoile n'est plus dans la phase de géante rouge et commence la combustion hydrostatique de l'hélium au centre, ainsi que la combustion d'hydrogène dans une couche autour du noyau central d'hélium. C'est la phase d'évolution de l'étoile sur la « branche horizontale » dans le diagramme H-R. À un moment donné de cette phase, l'étoile passera à travers la zone d'instabilité, phase pendant laquelle l'étoile subira des pulsations. Les étoiles qui se trouvent dans cette phase sont appelées variables RR Lyrae.

Les phases postérieures à la branche horizontale ne sont pas utiles pour les déterminations d'âge, et ne seront pas discutées ici. En fonction de sa masse, l'étoile deviendra une naine blanche, ou une nébuleuse planétaire, qui finira aussi naine blanche, ou supernova.

Le diagramme H-R théorique

Le modèle d'évolution stellaire requiert la prise en compte de tous les processus physiques ayant lieu dans les différentes régions d'une étoile.

Les réactions nucléaires, source de l'énergie stellaire, ont lieu dans le centre de l'étoile. Certaines réactions secondaires se produisent dans les couches plus extérieures.

Le transfert de l'énergie entre noyau et surface se fait par les processus de conduction, de convection et par le rayonnement. Dans le cas du transfert par rayonnement, la bonne prise en compte de l'opacité interne causée par les transitions atomiques et moléculaires est un des problèmes les plus délicats.

Une fois arrivé à la surface, le rayonnement traverse la photosphère et c'est à ce moment-là que le spectre stellaire observé se forme. Afin de reproduire, par les modèles théoriques, le flux stellaire observé, il faut donc considérer les processus de formation de raies dans la photosphère, où un modèle d'atmosphère élaboré doit être utilisé.

Des calculs d'évolution stellaire pour des étoiles de différentes masses et une composition chimique spécifiée, appropriée à l'amas en question, on obtient, pour un certain âge, une « isochrone » (du grec *isos*, égal, et *khronos*, temps). C'est ainsi que l'on appelle le diagramme H-R construit en reliant des étoiles de différentes masses, mais d'âge égal.

La physique de l'évolution stellaire, bien que complexe, est assez bien connue, ce qui nous permet de reproduire les trajectoires stellaires dans le diagramme H-R.

Dans la détermination du paramètre âge, les sources principales d'incertitude, provenant de la formulation théorique, sont *1*) l'abondance en éléments lourds et l'abondance en éléments carbone-azote-oxygène (CNO), *2*) l'abondance en hélium, *3*) le paramètre de « longueur de mélange », qui définit l'extension du déplacement de matière dans des zones où le gaz présente des mouvements convectifs, *4*) l'opacité interne, constituée par l'absorption de rayonnement le long de sa trajectoire, du cœur à la surface stellaire, et *5*) le modèle de l'atmosphère, c'est-à-dire la loi de variation de la température en fonction de la distance au centre de l'étoile, ce qui conditionne la formation de raies et donc du flux final observé.

Des calculs d'isochrones théoriques sont disponibles dans la littérature, où ces sources d'incertitude sont traitées aussi bien que possible. Citons, parmi les plus récents, les travaux de Ciardullo et Demarque [31] ; Hejlesen [69] ; Van den Berg [124], [125] ; Van den Berg et Bell [126].

Détermination de l'âge des étoiles

Le principe fondamental de la méthode est de comparer le diagramme H-R observé pour un amas avec les isochrones théoriques issues des modèles d'évolution stellaire esquissés précédemment. Différents âges supposés conduisent à différentes isochrones théoriques dans le diagramme H-R. Seul l'une d'entre elles se superpose à la courbe observée. C'est elle qui donne l'âge correct pour l'amas.

À des stades successifs de l'évolution d'un amas, c'est-à-dire de ses étoiles individuelles, la forme du diagramme H-R change. Le changement le plus frappant et le plus facilement vérifiable est la position du bout de la séquence principale, du côté des étoiles à plus grande masse, dans le stade d'évolution juste avant la montée vers la branche des sous-géantes. Les étoiles de plus grande masse quittent la séquence principale successivement, selon leurs masses décroissantes. Ainsi, le point de turn-off de la série principale d'un amas est d'autant moins lumineux et plus froid que l'amas est plus vieux.

Il est essentiel donc de bien ajuster les températures et luminosités observées et calculées et le point de turn-off est la clé du résultat, comme illustré sur la figure.

Il faut une bonne détermination observationnelle du diagramme H-R, comprenant des étoiles de faible luminosité, afin de nous permettre de bien développer la série principale. On a besoin aussi d'une bonne correction du rougissement interstellaire, qui change les couleurs de façon sélective, et d'une valeur fiable de sa distance. Par ailleurs, il faut connaître la composition chimique originelle de l'amas. Enfin, les différentes phases de l'évolution doivent être soigneusement traitées dans le modèle théorique, et particulièrement, le point de turn-off et la branche horizontale.

Il y a deux sortes de problèmes majeurs dans la détermination de l'âge d'un amas, d'une part, le calcul des isochrones, dont la forme dépend du bon choix des paramètres et du bon traitement des processus physiques, et, d'autre part, la détermination de sa distance.

La distance relative entre les amas peut être obtenue à partir des propriétés période-couleur-magnitude des étoiles variables appelées RR Lyrae. Mais la magnitude absolue des RR Lyrae n'est pas connue avec précision et la détermination de la distance reste un grave problème. Les différences d'âge, pour un même amas, entre les différents auteurs, sont dues en grande partie aux différentes distances utilisées et aux magnitudes de turn-off adoptées.

L'avènement de nouvelles techniques de mesure de distance, en particulier les mesures de distance par le satellite Hipparcos à la fin des années 1980, devra apporter une amélioration considérable au problème de la distance.

La qualité des diagrammes H-R observés s'améliore nettement, grâce aux observations plus performantes par des détecteurs modernes d'état solide.

La qualité des modèles théoriques s'est aussi perfectionnée. Les calculs d'isochrones sont meilleurs aujourd'hui essentiellement du fait de l'utilisation de données de plus en plus complètes et exactes, et aussi du fait de la performance accrue des ordinateurs.

Résultats sur l'âge des étoiles

Les isochrones les plus anciennes ont conduit à l'idée d'une relation âge-métallicité. Dans ce scénario, la métallicité du halo galactique aurait augmenté lentement avec le temps, et les amas globulaires plus riches en métaux se seraient formés à des phases plus avancées de l'enrichissement du halo. Les calculs d'isochrones les plus récents semblent au contraire mener à un même âge pour tous les amas globulaires, compris entre 15 et 18 milliards d'années, sans aucune évidence d'une dépendance âge-métallicité. Un âge moyen de 16 milliards d'années pourrait être attribué aux amas globulaires.

En conclusion, des efforts considérables ont été faits ces dernières années, pour déterminer l'âge de l'univers à l'aide de calculs d'isochrones.

Les isochrones observationnelles des amas globulaires, les objets les plus vieux de l'univers, réputés être nés peu après le Big Bang, ont pu être comparées aux isochrones théoriques, et ont donné un même âge à tous ces objets.

À présent, cet âge est estimé à 16 milliards d'années. L'âge estimé par chaque auteur est déterminé avec une précision de 2 à 3 milliards d'années, mais si l'on considère tous les critères de distance adoptés par les différents auteurs, on n'a une précision que de 3 à 4 milliards d'années.

NUCLÉOCOSMOCHRONOLOGIE

Les abondances relatives de noyaux radioactifs présents dans la croûte terrestre, dans les météorites et dans les échantillons lunaires peuvent être utilisées comme chronomètres de l'âge du système solaire. En effet, à partir du moment où les météorites et les planètes se solidifient, on peut considérer que la nucléosynthèse s'est arrêtée pour ce qui concerne l'enrichissement en éléments radioactifs de ces objets, et l'on n'a qu'à suivre les processus de désintégration radioactive pour connaître leur âge.

Une certaine complexité s'ajoute à la question dans le cas où l'on essaie de déterminer l'âge de la Galaxie et de l'univers à partir des rapports d'abondance dans les météorites. Ici, il est nécessaire d'adopter un modèle qui reproduise les abondances relatives du moment de la formation du système solaire, et celles-ci seront affectées par un taux de production et de destruction nucléosynthétique dépendant du temps. Mais on peut avancer quelques hypothèses nous permettant de faire une estimation de l'âge de l'univers.

La radioactivité est le processus de transformation d'un noyau instable en un autre élément, par exemple par l'intermédiaire de la désintégration β ou d'une capture électronique (CE). La désintégration β négative est la transformation d'un neutron en un proton, à l'intérieur d'un noyau, par l'émission d'un électron et d'un anti-neutrino. La désintégration β positive est la transformation d'un proton en un neutron, par l'émission d'un positron et d'un neutrino. La capture électronique par un proton à l'intérieur d'un noyau le transforme en un neutron.

On définit la durée de vie comme le temps que met la moitié d'un échantillon d'un élément pour se désintégrer.

Différentes paires d'éléments sont utilisées dans la méthode. Les éléments radioactifs de longue vie sont les plus indiqués pour établir l'âge du système solaire et de la Galaxie. Le meilleur choix de « compteurs » de longue durée de vie, où certains paramètres seraient bien connus, est le but de ce genre d'étude.

Afin d'obtenir l'âge du système solaire et de la Galaxie, il faut avoir des échantillons formés au début de la vie du système solaire, d'une part, et des échantillons « fermés », d'autre part, c'est-à-dire où il n'y ait pas eu d'addition de quantités de l'élément radioactif ou de l'élément résultant de la désintégration.

On pense que les météorites se sont solidifiées à peu près en même temps que les planètes les plus intérieures du système solaire, le tout s'étant condensé assez rapidement, dans un temps de l'ordre de quelques millions d'années. Sur terre, les échantillons représentant le mieux l'époque de sa formation sont au fond de l'océan. Par ailleurs, les roches lunaires sont plus indiquées pour ces déterminations que les roches terrestres, puisque l'on peut supposer qu'il y ait eu moins de transformations sur la Lune que sur la Terre.

Les éléments radioactifs existant dans la nature ne sont pas tous utilisables pour la datation chronologique, soit par leur faible abondance, par une durée de vie courte, ou par une désintégration trop lente. Des difficultés théoriques dans le traitement d'une paire chronologique éliminent également quelques isotopes virtuellemment utilisables.

Les espèces étudiées habituellement sont l'iode 129, le thorium 232, l'uranium 235 et 238, le plutonium 244.

L'âge du système solaire

On définit l'âge du système solaire, déterminé à partir de la désintégration d'éléments radioactifs, comme le temps passé entre la solidification des météorites, de la Terre et de la Lune, et aujourd'hui. Cet âge est déterminé avec une très bonne précision à partir de différents rapports d'abondance mesurés.

Les paires chronométriques les plus utilisées sont thorium 232 et uranium 238, rhenium 187 et osmium 187, comme isotopes à longue vie ; la paire uranium 235 et uranium 238 à durée de vie intermédiaire ; et les paires iode 129 et iode 127, plutonium 244 et thorium 232, palladium 107 et palladium 110, aluminium 26 et aluminium 27, samarium 146 et Nd 142, curium 247 et uranium 238 à courte durée de vie. Les isotopes à vie courte ne sont pas mesurés directement puisqu'ils ont déjà disparu, mais leurs abondances sont inférées à partir des produits résultant de leur désintégration.

L'âge du Soleil obtenu à partir des paires les plus fiables est de 4.58 (± 0.21) milliards d'années (voir, par exemple, Luck *et al*, [89]).

Nucléochronologie et âge de la Galaxie et de l'univers

La détermination de l'âge de l'univers à partir de l'âge des éléments suppose que l'intervalle de temps entre l'origine de l'univers et le commencement de l'ère de la nucléosynthèse dans les galaxies est court et négligeable par rapport à l'âge de l'univers.

La période de nucléosynthèse, au début de la vie de la Galaxie, et l'époque de la solidification des météorites et des croûtes terrestre et lunaire précèdent la phase de désintégration radioactive mesurable.

La nucléocosmochronologie implique l'étude de différents âges : *1*) l'âge nucléosynthétique T, qui est la durée de production d'éléments par la nucléosynthèse dans les étoiles à courte durée de vie, *2*) le temps d'isolation Δ, qui est l'intervalle de temps entre la fin de la nucléosynthèse (pour ce qui concerne les météorites) et la formation de corps solides froids, *3*) l'âge du système solaire, t, déjà traité dans le paragraphe précédent.

L'âge de la Galaxie sera alors la somme de ces trois âges :

$$T_G = T + \Delta + t.$$

À partir d'un certain rapport d'abondance mesuré aujourd'hui, on déduit quel devrait être le rapport au moment de la formation du système solaire. De la comparaison entre ces rapports alors disponibles à ceux obtenus à partir de taux de production nucléosynthétique, on peut connaître la durée de la période de nucléosynthèse, ainsi que l'âge de la Galaxie.

Cette approche présente toutefois des incertitudes de diverses natures, inhérentes aux calculs, comme l'analyse des météorites, une assez pauvre caractérisation des sites astrophysiques responsables de la synthèse des noyaux radioactifs, la physique nucléaire impliquée dans le calcul des rapports de production, et les modèles d'évolution chimique de la Galaxie, les modèles simplifiés étant insuffisants.

Si l'on s'en tient aux paires actinides thorium 232 et uranium 238, uranium 235 et uranium 238, ainsi qu'à la paire rhenium 187 et osmium 187, c'est-à-dire aux paires les plus fiables, on obtient un âge de la Galaxie compris entre 11 et 20 milliards d'années [4].

Ces valeurs sont assez en accord avec l'âge des vieilles étoiles déduit par diagrammes évolutifs [1].

DISCUSSION

Nous avons exposé les méthodes et résultats obtenus sur la détermination de l'âge des étoiles et de l'âge des « compteurs » radioactifs en rapport avec l'âge de la Galaxie.

Les méthodes de détermination de l'âge des étoiles nous semblent assez bien développées. La figure illustre la qualité des calculs. Les isoçhrones s'ajustent de mieux en mieux aux diagrammes H-R observés, et la qualité de ceux-ci s'améliore également, à l'aide de récepteurs de composants d'état solide modernes.

Les déterminations des âges des étoiles à partir de la confrontation des isochrones théoriques à des diagrammes H-R observés fournissent des âges compris entre 15 et 18 milliards d'années pour tous les amas. En termes plus larges, on trouvera que l'âge des amas doit être compris dans l'intervalle entre 13 et 20 milliards d'années.

Les déterminations d'âge des amas stellaires montrent, en outre, que tous les amas globulaires ont à peu près le même âge. De nos jours, une relation âge-métallicité apparaît de moins en moins probable. L'âge le plus probable des amas globulaires est donc de l'ordre de 16 milliards d'années.

La nucléocosmochronologie présente des progrès, surtout dans le domaine de calculs et données de nucléosynthèse. Mais des incertitudes existent toujours concernant surtout les analyses météoritiques et les modèles d'évolution chimique employés. La physique nucléaire impliquée dans les calculs de production nucléosynthétique est assez complexe, et présente aussi des incertitudes.

En tout cas, il est à noter que la paire rhenium 187 et osmium 187 et les paires actinides mènent à des résultats comparables. En plus de l'importance de cet accord, la limite inférieure à l'âge de l'univers (13 milliards d'années) est retrouvée par les différentes déterminations.

L'accord entre ces deux méthodes de datation de la Galaxie, c'est-à-dire l'âge des étoiles et l'âge des éléments, est assez remarquable. Nous considérons que l'âge des étoiles est plus digne de confiance que l'âge des éléments ;

1. Cette conclusion est contestée par H. Butcher (*Nature,* 1987, vol. 328, p. 127). Il annonce un âge de 9 milliards d'années à partir du thorium, mais son résultat n'a généralement pas convaincu (M. Naldrop, *Science,* 1987, vol. 237, p. 361).

mais l'accord entre les deux âges montre la fiabilité des déterminations de l'âge des éléments, malgré les difficultés.

L'âge des étoiles et des éléments est à comparer à l'âge déduit du taux d'expansion de l'univers, mesuré, rappelons-le, par la constante de Hubble. L'âge de Hubble est obtenu à partir des valeurs du paramètre de densité de l'univers, et de la constante de Hubble, dont la détermination repose sur le taux d'expansion de l'univers, c'est-à-dire à partir de mesures de vitesses et distances de galaxies. La valeur de la constante de Hubble est controversée dans la littérature, les valeurs proposées allant de 50 à 100 km/Mpc. Si celle-ci vaut 50 km/Mpc, l'âge est de 20 milliards d'années dans le modèle cosmologique le plus simple. Au contraire, pour une constante de Hubble de 100 km/Mpc, l'âge déduit de l'expansion est de 10 milliards d'années environ. Cela ne devient que marginalement compatible avec l'âge des étoiles les plus vieilles, à moins d'introduire une valeur non nulle de la constante cosmologique, ce que l'on évite généralement de faire pour des raisons d'économie théorique. On voit donc l'importance de surveiller de près cette comparaison entre les différentes déterminations d'âge.

HISTOIRE THERMIQUE ET NUCLÉOSYNTHÈSE PRIMORDIALE

Directeur de recherches au C.N.R.S., Hubert Reeves travaille au Centre d'études nucléaires de Saclay. Il est l'un des astrophysiciens qui ont montré le rôle fondamental du deutérium dans la confirmation du modèle de la nucléosynthèse primordiale dans le Big Bang. Parallèlement à ces travaux, il mène une œuvre active de vulgarisation de l'astrophysique en particulier par ses livres *Patience dans l'azur* et l'*Heure de s'enivrer.*

Résumé

Selon les théories classiques d'évolution stellaire, des éléments légers comme le deutérium et l'hélium n'ont pu se former par nucléosynthèse à partir de l'hydrogène dans les étoiles. En revanche, la théorie du Big Bang offre une explication naturelle, en accord correct avec les observations, de la présence de ces éléments dans l'univers par leur formation au cours de la première minute de l'univers chaud en expansion. Le présent chapitre développe de façon critique ce modèle.

Abstract

According to the classical theories of stellar evolution, light elements such as deuterium and helium cannot have been formed by nucleosynthesis from the hydrogen contained in the stars. However, the Big Bang theory offers a natural explanation, which correctly fits to the observations, of the abundance of those elements in the universe, namely by their formation during the first minute of the expanding hot universe. In the present chapter, this scenario is developed in a critical way.

HISTOIRE THERMIQUE ET NUCLÉOSYNTHÈSE PRIMORDIALE

Hubert REEVES

Je poursuivrai ici deux buts simultanément. D'abord tester, en 1987, la crédibilité de la théorie du Big Bang. Ensuite, étudier les implications de cette théorie. C'est-à-dire essayer de déterminer rigoureusement ce qu'elle nous apprend sur le passé de l'univers.

Pour cela, je m'intéresserai à l'ensemble de l'histoire thermique du cosmos et, plus longuement, à un chapitre particulièrement significatif : la génération d'éléments légers (surtout hélium) autour de quelques milliards de degrés. Qu'est-ce qui nous autorise à croire qu'un tel chapitre ait effectivement eu lieu ? Quel est le degré de crédibilité de cette argumentation ?

J'adopterai, vis-à-vis de l'histoire thermique, une position analogue. Les justifications de chaque pas vers le passé seront explorées et jaugées à leur solidité.

HISTORIQUE ET MOTIVATIONS DE LA NUCLÉOSYNTHÈSE PRIMORDIALE

C'est avec la découverte de la physique nucléaire que l'idée de la nucléosynthèse apparaît. Les premières transmutations nucléaires, pendant les années 1920 à 1930, montrent qu'on peut transformer un noyau en un autre noyau et, donc, un atome en un autre atome. D'où la possibilité d'expliquer l'*origine* et la *distribution* des éléments chimiques par un ensemble de réactions naturelles qui se seraient passées tout au long de l'histoire du cosmos.

Cette idée prend une forme plus précise vers 1950, quand, avec Gamow, on prend au sérieux l'idée d'une *origine de l'univers.* En acceptant l'interprétation du rougissement des galaxies en termes de déplacement de ces corps et donc d'une expansion de l'univers on introduit la notion d'un passé de l'univers dans lequel la matière aurait été chaude et dense. D'où la possibilité, si on remonte suffisamment loin dans le passé, d'arriver à un moment où la température est tellement élevée, et la densité tellement grande, que des réactions nucléaires puissent se produire à l'échelle du cosmos.

Fermi et Turkevitch, deux physiciens de l'université de Chicago, envisagent à cette période la possibilité que *tous* les éléments chimiques de la nature aient été engendrés par des réactions nucléaires aux tout premiers temps de l'univers. Cette idée, cependant, rencontre une difficulté majeure. Dans la séquence des noyaux que l'on peut composer en associant des nucléons (protons et neutrons) il y a des brèches. Par exemple, il n'existe pas de noyaux stables composés de cinq nucléons. Pas plus, d'ailleurs, que de noyaux stables composés de huit nucléons. Ces noyaux se désintègrent immédiatement, et ne se prêtent pas à la combinatoire qui permettrait, par juxtaposition des nucléons, de construire tous les noyaux jusqu'à l'uranium, ainsi que le prétendaient Fermi et Turkevitch.

Vers la fin des années 1940, une nouvelle théorie de l'origine des éléments chimiques émerge : la *nucléosynthèse stellaire*. On sait déjà depuis les travaux de Bethe que le Soleil et les étoiles brillent en transformant de l'hydrogène en hélium. Fred Hoyle a l'intuition que, peut-être, par additions successives de nucléons tout au long de la vie d'une étoile, on pourrait progressivement former tous les éléments chimiques. Au cours des décennies qui vont suivre, on explorera ce projet et on découvrira des quantités de bonnes raisons pour admettre cette hypothèse. La théorie de la nucléosynthèse stellaire va progressivement arriver à rendre compte de la presque-totalité des éléments chimiques et de leurs isotopes dans l'univers.

Cependant, il y a des exceptions. L'origine de certains noyaux résiste décidément à toute explication de type « origine stellaire ». Pourquoi ? Il y a deux raisons différentes. L'une d'entre elles s'applique aux noyaux d'hélium 4. C'est celui dont le Soleil est un grand producteur. Mais aujourd'hui, dans l'univers, l'abondance fractionnelle d'hélium 4 est entre 25 et 30 pour cent. C'est-à-dire à peu près un hélium 4 pour 10 hydrogènes. On peut calculer le *taux de production* d'hélium 4 dans l'univers. On sait que la transmutation de 4 hydrogènes en un hélium éjecte une énergie de 26 millions d'électrons-volts. C'est-à-dire environ 7 MeV par nucléon. On peut, dès lors, calibrer la luminosité des étoiles en termes du nombre d'hélium 4 qu'il faut former pour rendre compte de cette luminosité. On peut étendre ce calcul à toute la galaxie, à tout l'univers visible. On peut ensuite calculer le nombre d'hélium 4 engendré pendant la durée de l'univers, en multipliant ce taux de formation par l'âge des galaxies. On arrive alors à un rendement en hélium 4 nettement insuffisant par rapport aux observations. On peut former de 3 à 5 pour cent d'hélium 4, mais on est loin des 25 à 30 pour cent que l'observation nous révèle. Il y a plus d'un facteur 5 entre le rendement calculé par la luminosité des étoiles et l'observation.

Bien sûr, on peut remettre en question certaines hypothèses. Par exemple, ne peut-on pas supposer que les galaxies, dans leur jeunesse, ont été beaucoup plus brillantes et qu'elles ont engendré beaucoup d'hélium 4 pendant leurs premières années ? Cette hypothèse est, jusqu'à un certain point, passible de vérification. Il suffit d'observer les galaxies lointaines puisque, à cause du temps que met le voyage de la lumière jusqu'à nous, nous les observons telles qu'elles étaient dans le passé. Jusqu'ici on n'a pas de trace d'une augmentation de luminosité des galaxies qui serait suffisante pour rendre compte de l'hélium 4. Les recherches se poursuivent, en particulier dans le domaine spectral de l'infrarouge. C'est que, à cause de l'expansion de l'univers, des flambées de jeunes étoiles supergéantes bleues, au début de la vie des galaxies, auraient émis une lumière qui se retrouverait aujourd'hui dans ce domaine spectral. Même si les galaxies elles-mêmes n'étaient pas visibles, à cause de la trop grande distance, une trace de leur présence pourrait se trouver dans le *fond du ciel infrarouge*. Là, d'année en année, les mesures successives rendent cette possibilité de plus en plus lointaine. Mais le dernier mot n'est pas dit. On s'attend à un sérieux éclaircissement de cette situation avec le Télescope spatial qui nous permettra d'analyser des galaxies beaucoup plus jeunes encore.

Dans le même état d'esprit, on a souvent parlé d'une population d'étoiles beaucoup plus ancienne encore, qui aurait préexisté à la naissance des galaxies elles-mêmes. On les appelle les étoiles de population III. Mais les motifs de crédibilité sont faibles et le sujet est bien spéculatif. En résumé, on n'a aucune raison sérieuse de penser que l'excédent inexpliqué d'hélium 4 puisse avoir été engendré par des phénomènes nucléaires de type stellaire aux tout premiers temps de la vie de l'univers.

A cela s'ajoute une autre difficulté, en relation avec l'*homogénéité* du rapport d'abondance entre l'hélium et l'hydrogène. Toutes les observations sérieuses (non sujettes à caution pour des raisons variées) montrent que ce rapport fractionnel d'abondance est toujours compris dans la fourchette entre 22 et 30 pour cent. Cette fourchette, très mince, est en contraste avec les observations des abondances d'autres éléments. Par exemple : l'abondance du fer dans les étoiles les plus anciennes de notre galaxie est environ *mille* fois plus faible que l'abondance dans les étoiles plus récentes. Ces grandes variations d'abondance s'expliquent bien dans le cadre de l'origine *stellaire* de ces éléments. Cela est encore confirmé par le fait que, dans certaines galaxies dites compactes, tous les éléments chimiques (sauf l'hélium) sont beaucoup plus rares que dans notre galaxie. Il est facile de voir une corrélation avec l'activité stellaire beaucoup plus importante dans certains milieux que dans d'autres. En d'autres mots, l'origine de ces éléments est de nature *locale*. Les variations d'abondance dans le temps, et aussi selon le type d'objet considéré, confirment bien cette vue.

Reprenons à nouveau le cas des galaxies compactes dans lesquelles, apparemment, il y a eu très peu de nucléosynthèse stellaire. Les travaux de Kundt et Sargent ont montré que, alors que l'abondance d'oxygène varie de plus d'un facteur 30 entre ces galaxies compactes et par exemple les nuages moléculaires de notre galaxie, l'abondance d'hélium varie d'environ 5 à 6 pour cent. Ces auteurs ont démontré que, dans les galaxies les plus pauvres en oxygène, l'hélium était également plus faible que dans notre galaxie, mais qu'il ne descend pas en dessous d'une valeur d'environ 22 pour cent. Alors qu'il monte à 30 pour cent dans les objets les plus récents.

L'explication d'un phénomène aussi *global* que la faible fourchette des abondances relatives de l'hélium exige un mécanisme à une *échelle globale*. Cela suggère un phénomène non pas local, comme la formation stellaire, mais à l'échelle du cosmos tout entier, comme par exemple la nucléosynthèse primordiale du Big Bang. De là, tout s'explique relativement bien : une contribution initiale d'environ 25 pour cent par le Big Bang, suivie d'une addition progressive d'environ 5 pour cent par les phénomènes stellaires. Ce scénario donne une explication agréablement simple des variations de l'hélium et de l'oxygène dans les observations astronomiques.

Le second type de difficultés que rencontre l'origine stellaire des noyaux touche surtout le noyau de deutérium mais aussi les noyaux stables de lithium 6 et 7, béryllium 9, bore 10 et bore 11. Le problème ici, c'est que tous ces noyaux ne peuvent pas résister aux chaleurs très intenses des intérieurs stellaires. Ils sont détruits, immédiatement ; généralement transformés en hélium 4, beaucoup plus stables. Prenons par exemple le cas du deutérium, composé d'un proton et d'un neutron. Il s'agit du noyau le plus fragile qui existe. L'énergie de liaison n'est que d'un MeV par nucléon, comparé aux 7 ou 8 MeV des noyaux ordinaires. Dans ce noyau, le proton et le neutron sont, en moyenne, à 4 fermi (1 fermi = 10^{-13} cm) l'un de l'autre, alors que la portée de la force nucléaire est d'environ 1 fermi. Cela veut dire que, presque tout le temps, ces deux nucléons sont hors de portée l'un de l'autre et ne restent ensemble que par « effet tunnel ». Il suffit d'une température d'environ 500 000°, aux densités typiques des étoiles, pour détruire ce noyau de deutérium.

Ce n'est pas que ce noyau ne se soit pas formé à l'intérieur des étoiles. En fait, la formation de deutérium est un des maillons indispensables de la transformation de l'hydrogène en hélium à l'intérieur du Soleil. La réaction

$$p + p = D + e^{+} + \nu$$

est immédiatement suivie de la réaction

$$D + p = {}^{3}He + \gamma.$$

À cause de la très grande fragilité du deutérium, cette dernière réaction est extrêmement rapide. Il *y a* du deutérium dans le Soleil, par exemple. On peut calculer son abondance. Cette abondance est donnée par le rapport de formation de l'hélium 3, sur le rapport de formation du deutérium. Cela donne une abondance d'environ 10^{-17}. Alors que les abondances observées sont de l'ordre de 10^{-5}...

Une difficulté analogue se présente au sujet du lithium 7. Là aussi, il s'agit d'un noyau très instable. Une température d'environ 2,5 millions de degrés suffit à le détruire, en le transformant en hélium 4, par capture d'un proton, à l'intérieur des étoiles. Comme le deutérium, ce noyau est impliqué dans le réseau de réactions qui engendre l'hélium solaire. Comme dans le cas du deutérium, son abondance est beaucoup trop faible pour rendre compte des observations : lithium 7/hydrogène $\simeq 10^{-9}$. Nous reviendrons plus tard sur cette question. Nous verrons que, peut-être, dans certaines phases instables de la vie des étoiles, des réactions nucléaires pourraient expliquer cette abondance du lithium 7. Mais, dans les phases normales, en équilibre hydrostatique, des intérieurs stellaires, on ne trouve pas d'explications acceptables.

Les cas des lithium 6, béryllium 9, bore 10 et 11, présentent des difficultés plus grandes encore par rapport à la nucléosynthèse stellaire. Non seulement ces noyaux sont, comme le deutérium et le lithium 7, excessivement fragiles aux hautes températures des intérieurs stellaires, mais encore ils n'interviennent pas dans les cycles de formation des éléments chimiques à l'intérieur des étoiles. Aujourd'hui, on connaît un autre mécanisme de formation de ces éléments. C'est le bombardement du milieu interstellaire par le rayonnement cosmique, galactique. L'avantage, bien sûr, c'est que, dans l'espace, ces noyaux sont formés *à froid* et ne risquent pas la destruction.

Nous savons aujourd'hui que l'espace entre les étoiles est envahi par un gaz de particules de très hautes énergies : les rayons cosmiques. Le flux moyen de rayons cosmiques dans l'espace est d'environ 10 particules par centimètre carré par seconde. Ces particules, dont les énergies s'étalent sur plusieurs milliards d'électrons-volts, bombardent continuellement les atomes et les grains de poussière qui se trouvent dans l'espace interstellaire. Ces bombardements engendrent des réactions de *spallation*. En termes simples, il s'agit d'une cassure du noyau par la particule incidente. Imaginons, par exemple, un proton rapide frappant un noyau d'oxygène 16 (8 protons et 8 neutrons). Après la collision, le noyau aura perdu plusieurs protons ou neutrons et sera devenu, soit un noyau de lithium 7 (3 protons et 4 neutrons), soit un béryllium 9 (4 protons et 5 neutrons), etc.

Ce mécanisme a été étudié en détail dans les laboratoires terrestres, en particulier au laboratoire René-Bernas de la faculté des sciences d'Orsay. Grâce aux travaux de ces chercheurs, nous connaissons maintenant les probabilités de réaction, c'est-à-dire la probabilité de formation de tel ou tel produit, lors de la collision d'une particule rapide sur un atome du milieu interstellaire. À partir de là, connaissant la densité d'éléments dans le milieu interstellaire, connaissant le flux du rayonnement cosmique, on peut calculer le taux de production de ces éléments chimiques dans notre galaxie. On peut ensuite multiplier ce taux de production par l'âge de la Galaxie pour obtenir des renseignements sur l'abondance formée par ces réactions nucléaires.

Prenons par exemple le noyau de béryllium 9. L'abondance, observée dans les étoiles, de cet élément chimique, est tout à fait en accord avec l'abondance calculée d'après la méthode décrite précédemment. De la même façon, ce calcul rendra compte, sans difficulté, des abondances de lithium 6, de bore 10 et de bore 11. Mais le lithium 7 ne sera pas formé en quantité suffisante. Le rapport observé du lithium 7 sur le lithium 6 dans notre système solaire est de 12,5, alors que le rapport de formation lors de ces réactions nucléaires est d'environ 1,5. Il s'agit là d'un désaccord inacceptable. Pas plus de 10 pour cent du lithium 7 que nous observons aujourd'hui dans la galaxie n'a pu être formé par le rayonnement galactique. Est-ce que ce rayonnement cosmique pourrait engendrer le deutérium et l'hélium 3 ? Ici, on envisagerait les réactions de type proton + hélium 4, tout au long de la vie de la galaxie. On forme ainsi du deutérium et de l'hélium 3, mais les abondances calculées seraient environ mille fois plus faibles que les abondances observées (10^{-8} au lieu de 10^{-5}).

Résumons-nous. Les phénomènes stellaires peuvent raisonnablement rendre compte des éléments dont la masse est supérieure à 11 (à partir du carbone 12). Les rayonnements cosmiques galactiques peuvent expliquer convenablement l'abondance des noyaux de masse 6, 9, 10 et 11. Mais ils ne suffisent pas à rendre compte de l'abondance des éléments de masse 2, 3 et 7. Pour les éléments 3 et 7, des phénomènes stellaires pourraient peut-être remplir le programme. Mais pour le 2, d'une part, et pour rencontrer quantitativement l'abondance du 4, d'autre part, nous sommes jusqu'ici sans réponse.

Telle était la situation au début de l'année 1966. La découverte du rayonnement fossile par Penzias et Wilson venait de relancer l'intérêt des astrophysiciens pour la théorie de l'explosion initiale. On ne pouvait rendre compte de l'existence de ce rayonnement universel à 3 K qu'en faisant l'hypothèse que l'univers dans le passé avait atteint une température *d'au moins 3 000 degrés*. Ce n'est que dans ces conditions, en effet, que des phénomènes physiques ont pu engendrer ce rayonnement qui parvient jusqu'à nous, sous forme d'ondes millimétriques. La question se posait donc de savoir *jusqu'à quelle température* pouvait-on affirmer que l'univers puisse avoir été dans le passé, si on poursuit par la pensée la démarche (inversée) de l'expansion cosmique.

LE MODÈLE DU BIG BANG STANDARD

On peut, grâce au modèle cosmologique d'Einstein, prévoir le comportement temporel des paramètres cosmologiques, si on connaît leur valeur en un instant donné. Une première équation permet de relier la densité présente au taux d'expansion des galaxies, c'est-à-dire au *paramètre de Hubble.* Ce paramètre, grosso modo, nous dit combien de temps il faudra attendre avant que la distance entre les galaxies soit deux fois plus grande qu'elle n'est aujourd'hui. Une deuxième équation nous permet de relier la distance moyenne entre les galaxies (ce qu'on appelle « paramètre d'échelle ») à la température du rayonnement dans l'univers. Cette relation nous dit que la température décroît inversement avec l'accroissement de la distance moyenne entre les galaxies. De cette seconde relation, on peut en extraire une troisième qui va nous être extrêmement utile. Cette nouvelle relation affirme que le nombre de photons par unité de nucléon (proton ou neutron) reste constant pendant l'expansion de l'univers (excepté à certaines phases dont nous ne nous préoccuperons pas pour l'instant). L'importance de cette relation, pour nous, vient du fait que, si nous connaissons le rapport du nombre de photons sur le nombre de nucléons aujourd'hui, nous connaissons ce rapport dans le passé. Or, c'est précisément l'évolution de la température et de la densité en fonction du temps qui va nous permettre d'évaluer la possibilité de fabriquer des éléments dans le Big Bang. Le nombre de photons actuels est bien connu par l'observation du rayonnement fossile. Cette quantité est d'environ 400 par cm^3 ou 400 millions par m^3 : c'est là la densité d'un rayonnement à 3 K, en équilibre thermodynamique. Le problème de la densité de nucléons est beaucoup plus difficile. En fait, il occupe la communauté astrophysique depuis plusieurs décennies. Nous y reviendrons un peu plus tard. Contentons-nous de dire, pour l'instant, que ce nombre est compris entre 1/10 et 20 atomes par m^3. C'est-à-dire que le nombre de photons sur le nombre de baryons se situe certainement quelque part entre 2.10^7 et 4.10^9. Munis de ce renseignement, nous pouvons maintenant remonter le passé et explorer le comportement de la matière à de très hautes températures.

Supposons que l'univers ait atteint, à un moment donné dans le passé, une température supérieure à 10 milliards de degrés. On peut montrer que, dans ces conditions, les réactions qui font intervenir les interactions faibles sont *en équilibre.* Considérons par exemple les deux réactions suivantes :

$$\text{neutron} + \text{électron} \rightleftarrows \text{neutrino} + \text{proton},$$

$$\text{proton} + \text{électron} \rightleftarrows \text{neutron} + \text{neutrino}.$$

À 10 milliards de degrés, le taux de toutes ces réactions est tel que le temps moyen que met même la plus lente d'entre elles est *plus court* que le temps d'expansion de l'univers (c'est-à-dire le temps que met l'univers à décroître d'une facteur 2 en température). Dans ces conditions dites « d'équilibre thermodynamique », les abondances relatives des différents constituants sont tout simplement données par l'énergétique du problème, selon la *loi d'action de masse.* Cette loi stipule que, dans ces conditions, les protons et les neutrons seront à peu près en nombres égaux. Les protons cependant posséderont une faible supériorité numérique qui vient du fait qu'ils sont un peu moins massifs que les neutrons et que, en conséquence, il est avantageux, sur le plan de l'*espace de phase*, d'avoir un peu plus de protons que de neutrons.

La loi prévoit que, quand la température devient plus faible que la différence de masse entre le neutron et le proton (c'est-à-dire 1,3 MeV), la supériorité numérique du proton s'accroît exponentiellement. Dans ces conditions, les neutrons devraient disparaître totalement et ne laisser place qu'à des protons.

Mais, à peu près au même instant, un nouvel événement se produit. La diminution de la température et de la densité fait que le taux de capture des neutrinos par les protons et les neutrons devient extrêmement faible. Beaucoup trop faible pour assurer l'équilibre. On dit alors que les interactions faibles sortent de l'équilibre, ou que ces interactions « gèlent ».

Les réactions indiquées dans les lignes précédentes ne sont plus opérantes et il ne reste plus, dans le cadre des interactions faibles, que la désintégration spontanée des neutrons en protons, électrons et neutrinos. Cette réaction met environ 1 000 secondes à se produire, alors que le temps d'expansion de l'univers à la période que nous envisageons est de quelques dizaines de secondes seulement.

Pendant les minutes qui vont suivre, sous l'effet de leur radioactivité naturelle, les neutrons vont, progressivement, se désintégrer. Ils disparaîtraient entièrement si un troisième phénomène de grande importance ne devait bientôt se produire : le gel des forces nucléaires.

Revenons en arrière, aux périodes où la température est supérieure à 10 milliards de degrés. Des réactions nucléaires se produisent continuellement entre les constituants. Des neutrons, par exemple, capturent des protons pour faire des noyaux de deutérium (deutéron). Mais ce système, une fois formé, est immédiatement photodésintégré par le flux de rayonnement gamma qui existe en équilibre à ces hautes températures. La réaction peut s'écrire de la façon suivante :

$$\text{neutron} + \text{proton} \rightleftarrows \text{deutéron} + \text{rayon gamma}.$$

Toujours par la loi d'action de masse, on peut calculer quelle était la densité en équilibre des noyaux de deutérium avant la température de 10 milliards de degrés. On arrive à des quantités de l'ordre de 10^{-17} ! En d'autres termes, tout système nucléaire formé disparaissait aussitôt. La situation change quand on atteint la température d'environ 1 milliard de degrés. À cet instant, la température a suffisamment baissé pour que le gaz de rayonnement gamma ne soit plus en mesure de photodésintégrer les noyaux de deutérium aussi vite qu'ils sont créés. C'est-à-dire que la réaction :

rayon gamma + deutéron → neutron + proton,

devient plus longue que le temps d'expansion de l'univers. C'est le *gel* des forces nucléaires. Des noyaux de deutérium apparaissent ici et là dans la purée initiale. Mais très rapidement ces noyaux capturent un proton ou un neutron et se transforment en hélium 3 ou en tritium. Puis une nouvelle réaction se produit qui amène le tout à l'état d'hélium 4.

Sans entrer dans les détails du phénomène, on peut calculer très simplement quelle sera la quantité approximative d'hélium 4 qui sera formée de cette façon. On peut l'évaluer en faisant l'hypothèse que tous les neutrons qui sont encore disponibles au moment où se produit le gel des forces nucléaires seront mutés, via le deutérium et les noyaux de masse 3, jusqu'à la masse 4 : hélium 4. Et que, de plus, à cause de la très grande stabilité de ce noyau, seule une fraction infime de son abondance pourra ensuite progresser vers des masses plus lourdes (rappelons l'absence de structures stables de masses 5 et 8). Grâce à cette hypothèse de la transformation globale de tous les neutrons en hélium 4, il est facile de calculer qu'environ 30 pour cent des nucléons initiaux seront transformés en hélium 4, et pas plus. Ce petit calcul rapide, qui ne fait intervenir aucun programme complexe, et qui donne d'une façon aussi impressionnante la valeur prévue, est un des meilleurs arguments en faveur de l'origine, par la nucléosynthèse primordiale, des atomes d'hélium 4 du cosmos.

Le choix des deux températures (10 milliards de degrés pour le gel des interactions faibles et 1 milliard pour le gel des interactions nucléaires) a été fait en tenant compte de la fourchette des densités présentes dans l'univers (mentionnées plus haut). L'abondance finale d'hélium, engendrée pendant la nucléosynthèse primordiale, varie très peu avec la densité, puisqu'essentiellement tous les neutrons finissent par être englobés dans de l'hélium 4.

Quelle preuve avons-nous que le deutérium a vraiment été formé dans la nucléosynthèse initiale ? D'abord une argumentation négative : jusqu'ici nous n'avons pu trouver aucune alternative crédible. Cette preuve peut paraître faible. Peut-être manquons-nous d'imagination ? Mais cela n'est pas si simple. À cause de la grande fragilité du deutérium, il est très difficile d'imaginer un autre scénario. À cela s'ajoute le fait que, dans la fourchette de densité déterminée auparavant, on trouve celle qu'il faut pour produire le deutérium en quantité suffisante. Un des avantages de cette hypothèse de formation primordiale de deutérium, c'est que, vu la très grande sensibilité de l'abondance de formation de cet élément à la densité ambiante, il peut servir de moniteur de la densité.

Au début, le deutérium croît, mais, à cause de sa grande probabilité de destruction par capture de protons et de neutrons, il passe par un maximum et décroît progressivement, laissant place à l'hélium 3 ou au tritium. Ces noyaux eux-mêmes connaissent une croissance, un maximum, et une décroissance quand l'hélium 4 se forme à partir de leurs abondances. L'hélium 4, vu sa très grande stabilité, plafonne et « bouffe » pratiquement tous les neutrons présents. Le calcul montre que l'abondance présente du deutérium est tout à fait incompatible avec l'hypothèse d'un univers de densité critique de nature baryonique. On verra plus tard que les densités requises pour rendre compte de cette abondance sont tout à fait compatibles avec celles qu'on peut obtenir par d'autres moyens.

En résumé, si on fait l'hypothèse que, dans le passé, l'univers a atteint des températures supérieures à 10 milliards de degrés (10^{10}), on explique tout simplement et l'*abondance d'hélium* et son *homogénéité* à l'échelle cosmique, et on explique l'*abondance de deutérium* tout en déterminant une *densité tout à fait compatible* avec les densités obtenues par des méthodes astronomiques. De surcroît, un calcul détaillé montre que les seuls éléments qui, dans la nucléosynthèse primordiale, sont engendrés en abondance comparable aux observations, sont le deutérium, l'hélium 4, l'hélium 3 et le lithium 7. Or, il se trouve que, comme par miracle, ce sont précisément les quatre noyaux dont on ne peut pas rendre compte par la nucléosynthèse traditionnelle ou par le rayonnement cosmique, galactique. Cette sorte de *connivence* entre les différents mécanismes de production est un argument de plus en faveur de la nucléosynthèse primordiale.

Pour l'hélium 3 et le lithium 7, encore une fois, la situation n'est pas simple. Nous savons que des étoiles comme le Soleil engendrent de l'hélium 3, et nous soupçonnons que d'autres types d'étoiles, durant certaines phases tumultueuses de leur existence, puissent aussi engendrer du lithium 7. Notre stratégie vis-à-vis d'une exploration de la nucléosynthèse primordiale sera d'abord de vérifier si ce mode de formation d'éléments ne produit pas une telle surabondance des isotopes hélium 3 et lithium 7 qu'on ait ensuite à expliquer comment il se fait que l'on n'en observe pas des quantités aussi élevées. En fait, nous arrivons à la conclusion qu'avec les paramètres du Big Bang déterminés par l'abondance du deutérium, par exemple, on forme une quantité de ces deux isotopes tout à fait compatible avec les observations. On ne peut pas *exclure* l'hypothèse qu'une partie de ces isotopes vient de phénomènes stellaires, mais on ne peut pas exclure non plus que leur origine soit *principalement de nature primordiale.* Il s'agit ici plutôt d'un argument de cohérence interne de la théorie, qui ajoute son propre poids à sa crédibilité.

Les observations

Le deutérium. Dans les nuages interstellaires, comme dans la nébuleuse qui a donné naissance au système solaire, on compte environ un atome d'hydrogène lourd (deutérium) pour cent mille atomes d'hydrogène léger. La comparaison de la théorie et de l'observation rencontre ici une double difficulté. Il y a, bien sur, les imprécisions inhérentes aux observations elles-mêmes. Mais il y a aussi la difficulté que représente le retour dans le passé. Les observations que nous possédons portent, ou bien sur le milieu interstellaire présent, ou bien sur le système solaire, c'est-à-dire sur un système âgé de 4,5 milliards d'années. Comment, à partir de là, extrapoler l'abondance de deutérium à associer avec le Big Bang ? Ici, nous tirons parti du fait que le deutérium, apparemment, ne possède pas d'autres sources que la nucléosynthèse primordiale. De plus, nous utiliserons le fait que le deutérium ne résiste pas au passage à l'intérieur des étoiles. Nous ferons l'hypothèse que toute matière interstellaire qui a été un jour englobée dans une étoile, puis rejetée dans le milieu interstellaire, est complètement dépourvue des atomes de deutérium qu'elle contenait au départ. De là, nous arrivons à une première conclusion : les abondances de deutérium issues du Big Bang sont nécessairement supérieures aux abondances que nous observons dans le milieu interstellaire. Pouvons-nous préciser plus quantitativement ? Oui, en utilisant nos connaissances actuelles sur l'évolution de la Galaxie et sur la fraction de la masse galactique qui a été un jour « astrée ». Quelle fraction du milieu interstellaire n'a jamais transité à l'intérieur d'une étoile ou, plus exactement, n'a jamais été portée à une température supérieure à 500 000 degrés ? Vraisemblablement entre 30 et 50 pour cent. Cela signifie que l'abondance initiale de deutérium devrait être entre 2 et 3 fois plus grande que l'abondance observée dans le milieu interstellaire présent.

Hélium 4. Dans les galaxies très pauvres en éléments lourds (c'est-à-dire celles où l'activité stellaire a été faible), l'hélium représente environ de 22 à 26 pour cent de la masse totale. Dans ce cas, le problème de la formation subséquente ne se pose pas, puisque nous avons là une abondance qui peut être directement comparée avec les prévisions de la nucléosynthèse primordiale. La différence entre cette valeur et les valeurs plus élevées citées par exemple dans le cas de la nébuleuse (récente) d'Orion, de 28 à 30 pour cent, représente vraisemblablement l'addition d'hélium 4 engendré par les générations d'étoiles qui se sont succédé depuis le Big Bang.

Lithium 7. Le problème du retour vers le passé n'est pas simple. Le Soleil et les étoiles plus jeunes montrent une abondance initiale uniforme d'envi-

ron 10^{-9} atome de lithium 7 par atome d'hydrogène. Les très vieilles étoiles (dites de *population II*) ont des valeurs qui se groupent plutôt autour de 10^{-10}. D'où la possibilité d'un mécanisme de formation stellaire (encore hypothétique). On se contentera d'exiger du modèle cosmologique qu'il ne « surproduise » pas cet isotope par rapport aux valeurs observées.
Hélium 3. Ici, les données sont rares : aucune observation sur les astres plus vieux que le Soleil. De surcroît, la génération stellaire est possible. Comme pour le lithium 7, nous tenterons simplement d'éviter la surproduction.

COSMOLOGIE ET PARTICULES ÉLÉMENTAIRES : LA VARIÉTÉ DES NEUTRINOS

Pour calculer les abondances des atomes engendrés pendant les premières minutes de l'univers, on procède de la façon suivante. D'abord, ainsi qu'on l'a mentionné précédemment, on fait l'hypothèse que l'univers a été, à un moment, plus chaud que 10 milliards de degrés. D'autres hypothèses sont encore nécessaires pour obtenir un résultat dénué d'ambiguïté. À rebours, la cohérence de la théorie avec les résultats deviendra un test du modèle. Ces hypothèses ne sont pas arbitraires : elles ne constituent pas autant de « paramètres libres ». *Elles sont passibles de tests,* dans des cadres sans rapport avec le problème de la nucléosynthèse primordiale.

La densité de l'univers

La première hypothèse porte sur le choix, déjà mentionné, de la densité des nucléons dans l'univers actuel. On peut donner une limite supérieure à la densité totale de l'univers (incluant toute forme de matière et d'énergie) par la décélération que doivent subir les galaxies à cause du champ de gravité induit par la matière cosmique. Jusqu'ici toutes les tentatives de détermination de cette décélération se sont soldées par des échecs. On doit se contenter de donner une limite supérieure à cette décélération et, en conséquence, une limite supérieure à la densité totale de l'univers : l'équivalent d'environ 20 nucléons (protons ou neutrons) par mètre cube (ou encore 20 GeV par mètre cube ; la masse du nucléon équivaut à un GeV d'énergie).

D'autres techniques permettent d'obtenir des densités moyennes à l'intérieur de certains grands volumes de l'univers (sans que pour autant on soit nécessairement fondé à étendre ces estimations à tout l'univers). Par l'étude des mouvements des galaxies dans les amas de galaxies, et en exigeant que la densité totale de l'amas soit suffisante pour « lier » les galaxies dans l'amas, on obtient une densité équivalente à un ou deux nucléons par mètre cube.

Les deux nombres donnés ici : valeurs supérieures et valeurs estimées ne spécifient pas s'il s'agit surtout de nucléons ou d'autre chose.

Les particules élémentaires

Une seconde hypothèse du calcul porte sur le nombre de familles de particules dites « élémentaires » qui existent dans l'univers. L'importance de cette énumération vient du fait que chacune de ces familles se trouve représentée, au moment de la nucléosynthèse primordiale, par une population d'individus qui affecte la densité totale et, en conséquence, le rythme d'expansion de l'univers. À son tour, ce rythme d'expansion affecte la population de neutrons au moment de la nucléosynthèse (par exemple, les neutrons auront plus ou moins le temps pour se désintégrer, c'est-à-dire pour éviter d'être transformés en hélium) et donc change l'abondance finale d'hélium.

Quels étaient les habitants de l'univers au moment de la nucléosynthèse initiale ? Les particules qui contribuent le plus à la densité totale sont les particules relativistes, c'est-à-dire celles dont la masse est nettement inférieure à l'énergie thermique (soit environ 1 MeV). Il y a les photons, les électrons (qui vont s'annihiler vers cette période) et les neutrinos. Nous connaissons aujourd'hui trois sortes de neutrinos : les neutrinos électroniques (υ_e), les neutrinos muoniques (υ_μ) et les neutrinos tauoniques (υ_τ). Nous ne connaissons pas leurs masses mais nous avons des limites supérieures. Le neutrino électronique a une masse inférieure à dix-huit eV (et très probablement moins de 1 eV). Le neutrino muonique a moins de 0,5 MeV. Le neutrino tauonique, moins de 60 MeV. En d'autres termes, au moment de la nucléosynthèse, le υ_e était certainement relativiste, le υ_μl'était probablement et on ne sait rien du ν_τ. La question se pose de l'existence possible d'autres neutrinos ou d'autres particules élémentaires relativistes à cette époque. Jusqu'à il y a trois ans (1984), la physique moderne n'était pas en mesure de donner une limite supérieure (sinon extrêmement élevée) au nombre de neutrinos encore à découvrir.

On présente (fig. 1) l'abondance de l'hélium, à la fin de la période de nucléosynthèse, en fonction de la population relative des photons par rapport aux nucléons (une mesure de la densité de nucléons dans la matière cosmique). Les trois courbes correspondent aux hypothèses adoptées sur le nombre d'espèces de neutrinos légers (masse de moins de 1 MeV). La courbe inférieure (2ν légers) décrirait correctement la situation si le neutrino tauonique possédait une masse supérieure à 1 MeV (ce que, en l'état actuel de nos connaissances, rien ne permet d'exclure). La courbe intermédiaire suppose au contraire que les trois neutrinos connus sont légers et qu'il n'y en a pas d'autres. Avec la courbe supérieure, on envisage l'existence hypothétique d'une quatrième espèce de neutrino, également légère. En tenant compte des incertitudes, à la fois sur l'abondance de l'hélium et sur la densité de l'univers, on montre que la théorie peut s'accommoder de 2, 3, 4 et peut-être 5 espèces de neutrinos légers, mais pas plus...

Vers les années 1950, la théorie du Big Bang a proposé des prédictions quant à l'existence du rayonnement fossile, et ce rayonnement a été découvert en 1965 par Penzias et Wilson, apportant un support important à la crédibilité de cette théorie. Dans le cadre de la nucléosynthèse, elle propose une nouvelle prédiction, dans le domaine des particules élémentaires, qui prétend en limiter singulièrement la prolifération. Dans la pratique scientifique, les tests prédictifs, passés avec succès, sont toujours la marque de l'adéquation d'une théorie à la réalité. Les modèles qui se contentent d'expliquer les faits *a posteriori*, c'est-à-dire *après* leur découverte, restent toujours suspects. Sont-ils uniques ? N'y a-t-il pas un autre cadre théorique qui présenterait une égale cohérence avec la réalité ?

Pour départager, il faut que la théorie se « mouille » ; qu'elle fasse des prédictions. Ces confrontations s'imposent encore plus si la théorie sort de l'ordinaire, c'est-à-dire du cadre de pensée habituel de la science. La théorie du Big Bang est en décalage par rapport à toute une tradition scientifique, depuis Aristote jusqu'à Einstein, qui ne fait jamais intervenir la possibilité d'une *histoire de l'univers.* L'extravagance des prétentions de cette théorie nous autorise à exiger de sérieux éléments de crédibilité. À cet effet, il importe de signaler le fait que depuis 1985, grâce aux mesures des propriétés des particules appelées « bosons intermédiaires », au C.E.R.N., à Genève, la physique moderne est en mesure d'estimer, à son tour, le nombre d'espèces de neutrinos. Elle *confirme* tout à fait les prédictions du Big Bang... Il importe, me semble-t-il, de signaler ce nouveau succès, d'autant plus, précisément, qu'il s'agit d'une théorie conceptuellement litigieuse.

Si l'abondance de l'hélium est très sensible au nombre de neutrinos légers, elle varie relativement peu avec la densité nucléonique. Le deutérium, en revanche, est très sensible à ce dernier paramètre. La figure 2 montre que la compatibilité avec les données expérimentales nous amène à choisir une densité nucléonique comprise entre 0,1 et 1 nucléon par mètre cube. La nécessité de ne pas « surproduire » les isotopes hélium 3 et lithium 7 (rappelons que si les étoiles peuvent, éventuellement, contribuer à leur fabrication, il est difficile d'invoquer, pour eux, des mécanismes de destruction plausibles) rétrécit également la fourchette de densité acceptable. Notons ici une situation sur laquelle on n'a peut-être pas assez insisté : avec deux paramètres, le nombre de neutrinos et la densité nucléonique, on rend compte de l'abondance de *quatre* isotopes sans surproduire les autres (i.e. lithium 6, béryl-

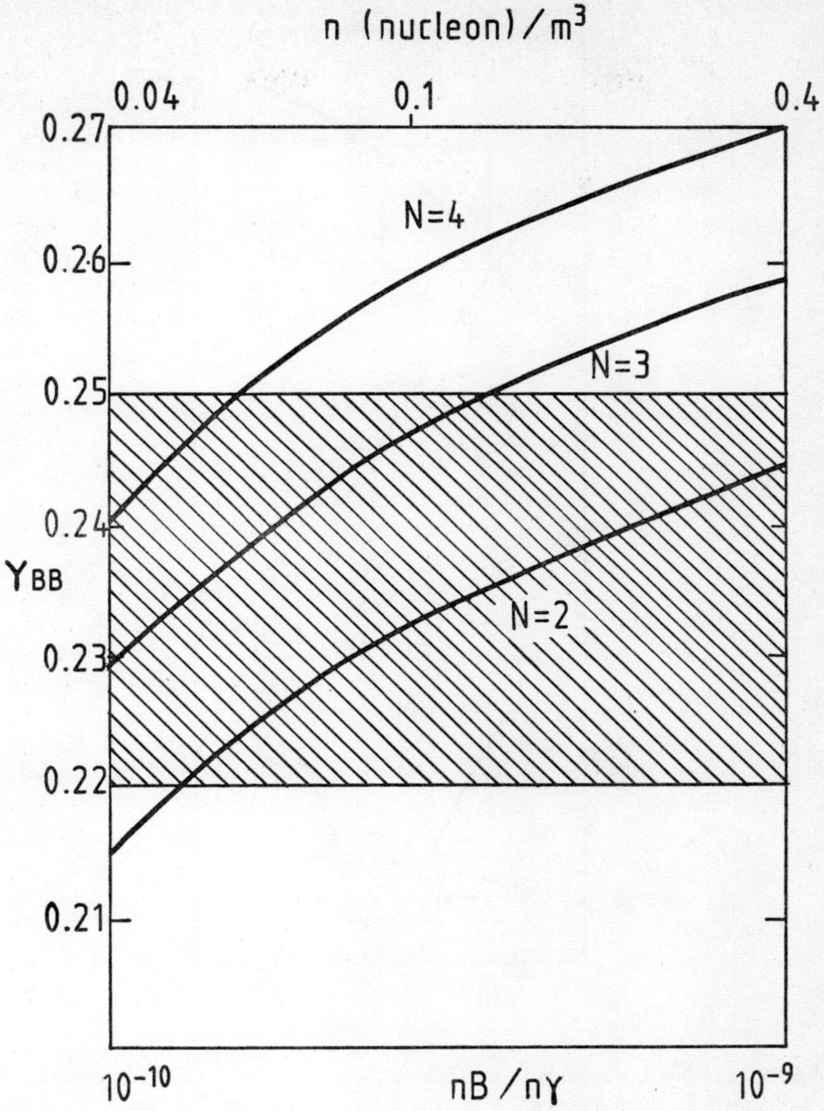

FIGURE 1. Abondance de l'hélium *produit par la nucléosynthèse primordiale, en fraction de masse* Y_{BB}, *en fonction du nombre N de familles de neutrinos légers (moins d'un MeV) et de la densité présente de l'univers. En abscisse, en bas, le nombre de nucléons par photons* n_B / n_γ *ou en haut, le nombre de nucléons par mètre cube (avec 400 photons par centimètre cube). Les valeurs de* Y_{BB} *comprises entre 0.22 et 0.25, représentant les incertitudes observationnelles, sont inscrites dans la zone hachurée.*

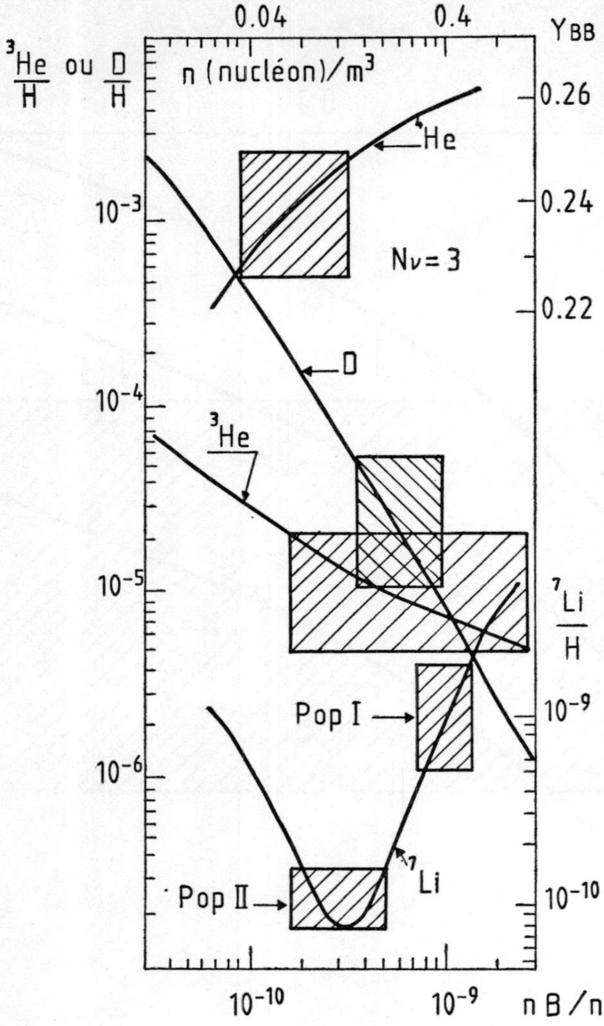

FIGURE 2. Abondance des isotopes *D (deutérium), ^{3}He (hélium 3), ^{4}He (hélium 4), ^{7}Li (lithium 7), produit part la nucléosynthèse primordiale, en fonction de la densité nucléonique (mêmes échelles horizontales que dans la figure 1). Les zones hachurées représentent les incertitudes. La hauteur de la zone signale l'incertitude observationnelle sur l'extrapolation de l'abondance à l'époque du Big Bang. Pour le lithium, il y a deux zones : l'une décrit la situation par rapport aux abondances dans les étoiles de population I (Pop I), l'autre décrit le cas des étoiles de population II (Pop II). La valeur correcte est vraisemblablement intermédiaire. Ici on a fait le calcul pour trois familles de neutrinos légers.*

lium 9, bore 10, bore 11, etc.). Cet accord est-il significatif ? Je le crois. La théorie du Big Bang est la seule qui rende compte, d'une façon naturelle, sans intervention de type « bonne fée » (cette expression décrit l'introduction de facteurs extérieurs, dont la seule justification est la nécessité d'« expliquer » les données), de l'abondance des isotopes d'hélium 4, d'hélium 3, de lithium 7 et de deutérium, en échappant aux prouesses de la nucléosynthèse stellaire ou du bombardement du rayonnement cosmique galactique.

Le Big Bang a deux avantages, sur les théories rivales. Le premier a été décrit dans le paragraphe précédent. Le second est de l'ordre de la rencontre qu'il provoque et impose avec la physique. Ses paramètres, loin d'être libres, nous renvoient au laboratoire de physique ou à l'observation astronomique, où ils sont passibles de mesures confirmantes ou infirmantes.

Un mot avant de terminer cette section, sur la question de la densité de l'univers et sur son avenir. L'étude des éléments légers nous indique que la densité *nucléonique* est voisine de 1 nucléon par mètre cube. Elle ne nous renseigne pas sur la densité de la composante non nucléonique (même si elle limite le nombre d'espèces de particules de faible interaction comme les neutrinos). Par ailleurs, l'analyse des mouvements des galaxies au sein des amas nous renseigne sur la densité *totale* sans spécifier s'il s'agit de nucléons ou d'autre chose. La densité ainsi obtenue est comparable, à un facteur deux près, à la densité nucléonique. Une première conclusion : la densité de la composante non nucléonique ne paraît pas être plus grande que la composante nucléonique. Une seconde conclusion : rien n'appuie l'hypothèse d'une composante dite de « masse manquante » qui comblerait le déficit et permettrait d'affirmer que l'univers possède la densité critique. (Attention : le terme « masse manquante » possède plusieurs connotations et prête à confusion — il faut toujours vérifier le sens qu'un auteur lui donne.)

Posons autrement la question. Peut-on aujourd'hui exclure l'hypothèse que la densité soit égale à la densité critique ? En toute rigueur : non. À condition toutefois de faire intervenir plusieurs « bonnes fées ».

Et l'avenir du monde ? Les densités estimées ne sont pas suffisantes pour arrêter le mouvement d'expansion. On envisage dans ce cadre une dilution et un refroidissement poursuivis indéfiniment. Mais le dernier mot n'est peut-être pas dit. Affaire à suivre ?

TOUJOURS PLUS CHAUD ?

Peut-on aller plus « tôt » ? Avons-nous des raisons de penser que l'univers a traversé des phases plus chaudes encore que les 10 milliards de degrés requis pour la synthèse de l'hélium ? Plus précisément, disposons-nous de *fossiles* pour appuyer cette extrapolation ?

Nous allons prendre en considération deux faits déjà mentionnés. D'abord, l'effectif de la population relative des photons et des nucléons. Dans notre univers, il y a environ un milliard de photons pour chaque nucléon. Pourquoi ? Ensuite une constatation énigmatique : l'absence d'antimatière à l'échelle astronomique. Pour le physicien habitué au comportement des accélérateurs, cette absence pose problème. Elle ne cadre pas avec la symétrie matière-antimatière manifestée au cours des expériences de physique des hautes énergies. Au laboratoire, chaque création de matière s'accompagne d'une quantité strictement égale d'antimatière. Cette symétrie de population n'est (heureusement) pas respectée au cours des événements cosmologiques. Pourquoi ?

La réponse à ces deux questions pourrait se trouver dans un chapitre très actuel de la physique moderne : l'unification des forces de la physique. Ce chapitre sera abordé dans une autre section de cette encyclopédie. Je dois cependant le résumer pour poursuivre cette « histoire thermique de l'univers ».

On envisage ici la possibilité que les quatre forces naturelles connues : gravitation, électromagnétisme, interaction forte et interaction faible, soient en réalité des manifestations différentes d'un même phénomène fondamental : la force unifiée. À température suffisamment élevée, les différences n'existeraient pas. Ce schéma explicatif a déjà reçu une confirmation partielle pour les forces électromagnétiques et l'interaction faible. Au-dessus de 100 GeV, elles sont intimement reliées. La détection des particules appelées « bosons intermédiaires » au C.E.R.N. a apporté une confirmation éclatante à la réalité de cette unification. On est allé plus loin dans la théorie dite « grande unifiée » (G.U.T.). Autour d'une température de 10^{15} GeV (10^{28} degrés), on assisterait à l'unification de trois forces : électromagnétique, interaction faible, interaction forte. Cette théorie, très populaire il y a quelques années, prévoyait la désintégration du nucléon, après une période d'environ 10^{30} ans. Malgré d'énormes travaux de recherches, cette désintégration n'a pas été observée et la théorie a perdu un peu de son crédit. L'idée est vraisemblablement correcte, mais la formulation inadéquate.

Et l'unification des quatre forces ? On y travaille ferme, mais les résultats sont minces. La rencontre se ferait vraisemblablement à l'énergie dite de Planck : 10^{19}GeV (ou 10^{32} degrés). Mais ici apparaît une difficulté fondamentale : nous ne disposons pas d'une théorie quantique de la gravité. C'est-à-dire : nous ne savons pas décrire correctement le comportement des particules à des énergies aussi élevées. Cette ignorance va donner une limite à notre exploration de l'histoire du cosmos.

Quelle est l'incidence de ce schéma d'unification des forces sur le Big

Bang ? Il va nous permettre de reprendre notre marche vers les instants chauds de l'univers. Rappelons ici que les plus puissants accélérateurs terrestres ne dépassent pas le trillion (10^{12}) d'électrons-volts. Le Big Bang ne rencontre pas de telles limitations. En d'autres termes, s'il n'y a pas aujourd'hui d'accélérateurs en mesure de tester les modèles d'unification, il y en a peut-être eu un dans le lointain passé du monde. Il a peut-être laissé des traces, susceptibles de guider la physique des hautes énergies. Cette confrontation potentiellement fructueuse, entre physique et cosmologie, est un des aspects les plus excitants des années présentes.

Supposons, selon notre démarche habituelle, que l'univers a atteint, dans le passé, une température de 10^{28} degrés, température estimée de l'unification de trois forces (sauf la gravité), et acceptons provisoirement la théorie appelée G.U.T. À cette période où l'énergie thermique (KT) est bien supérieure aux masses (Mc^2) des particules familières (électrons, protons, neutrons), les populations de particules et d'antiparticules sont égales entre elles, et quasi égales à la population des photons. Mais, quand la température descend en dessous de cette température d'unification, la théorie prévoit la possibilité d'un phénomène quasi imperceptible à ce moment. Avec la différenciation de l'interaction forte, il y aurait création d'un *léger* supplément de nucléons et d'électrons par rapport aux antinucléons et antiélectrons. Pour chaque *milliard* de particules d'antimatière et de photons, il y aurait maintenant un *milliard plus une* particules de matière ; bien faible majorité, totalement indécelable à cette époque.

Suivons le refroidissement. Quand la température atteint 10^{13} degrés (c'est-à-dire 1 GeV, la masse du proton), nous entrons dans une phase d'annihilation massive. Chaque particule se couple avec une antiparticule appropriée et disparaît. Sauf, bien sûr, un petit résidu de matière, celui-là même qui lui procurait auparavant sa légère supériorité numérique, qui va former l'univers actuel et nous constituer.

Bilan net de cette hypothèse (présentée pour la première fois par le physicien soviétique Sakharov) : un milliard de photons par nucléon et pas d'antimatière dans l'univers actuel. D'où l'intérêt de poursuivre jusqu'à cette température notre « descente aux enfers ». Rappelons cependant le caractère encore largement spéculatif de cette théorie. En passant du milliard de degrés de la nucléosynthèse primordiale aux températures de grande unification, nous sommes passés d'une physique fermement établie sur des données de laboratoires à des extrapolations encore bien fragiles.

Pouvons-nous remonter plus tôt encore ? À 10^{32} K (température de Planck), nous rencontrons cette limite, aujourd'hui insurmontable, dont j'ai parlé plus haut : l'inexistence d'une théorie quantique de la gravité. La matière cosmique se trouve alors dans un état qui relève à la fois de la relativité (extrême densité d'énergie) et de la physique quantique (champs et particules). Incapables que nous sommes de calculer le comportement de la matière quand ces conditions sont combinées, il nous est impossible de dire ce qui s'est passé auparavant. La température était-elle plus élevée encore ? Ou, au contraire, cette période a-t-elle été précédée de périodes plus froides, de durée indéterminée ? La science ici est muette.

Que signifie, dans ces conditions, la chronologie traditionnelle qu'exprime par exemple le titre *les Trois Premières Minutes de l'univers* du livre de S. Weinberg [132] ? Le « temps zéro » qu'elle implique est un artifice qui n'est justifié que par sa commodité. On fait l'hypothèse que les lois de la physique *telles que nous les connaissons* sont valables à tout instant du passé. Le calcul montre, alors, que dans ces conditions la température doit s'élever indéfiniment, pour atteindre, à un moment donné, une valeur infinie (diverger). On appelle conventionnellement cet instant le « temps zéro » et on démarre là la chronologie. C'est le sens de l'expression « l'univers a quinze milliards d'années ».

Nous savons pertinemment que nos lois de la physique cessent d'être valables autour de ce temps zéro, ce qui lui enlève toute réalité scientifique.

En toute rigueur, que pouvons-nous dire ? Que l'univers dans le passé a été beaucoup plus *dense* et beaucoup plus *chaud.* Qu'il a atteint des températures vraisemblablement aussi élevées que le *milliard* de degrés et, peut-être que 10^{28} degrés. Là s'arrête le discours scientifique sur le passé de l'univers. S'agissait-il d'une création *ex nihilo* ou d'une transformation à partir d'un état précédent ? Ces questions, au demeurant fort intéressantes, restent pour l'instant sans réponse.

LES PÉRIPÉTIES THERMIQUES

Avant de terminer, je voudrais dire quelques mots sur un autre aspect de l'histoire thermique de l'univers. Jusqu'à ces dernières années, le scénario paraissait simple : au rythme de l'expansion, c'est-à-dire de l'accroissement des distances entre les points de l'espace, la température baisse régulièrement, de façon monotone. Les théories d'unification ont singulièrement compliqué tout cela. On prévoit que la différenciation des forces, à des températures données, induise des *transitions de phase,* analogues à celle qui se produit quand l'eau liquide passe en dessous du point de congélation. Ces transitions de phases peuvent dégager de la chaleur. Si, de surcroît, la différenciation tarde à se produire, en analogie cette fois avec le phénomène de *surfusion* de l'eau (état liquide maintenu en dessous du point de congélation), la matière cosmique peut se trouver soumise à des phénomènes d'*inflation* (c'est-à-dire d'expansion extrêmement rapide, suivie d'un réchauffement brutal).

On a invoqué l'existence de telles phases inflationnaires pour tenter de donner une explication à certaines énigmes que suscite le modèle du Big Bang : isotropie du rayonnement fossile, planitude et longévité de l'univers. Aujourd'hui, on est un peu moins optimiste. Ces explications rencontrent de grandes difficultés quantitatives, spécialement dans le cadre du problème épineux de l'origine des galaxies. Cependant, même si ces phases de surfusion et d'inflation ne remplissent pas leurs promesses, il est difficile d'en faire l'économie. Nées de la jonction de la physique et de l'astronomie, dans le cadre de la théorie du Big Bang, elles jouent vraisemblablement un rôle important dans l'histoire thermique de l'univers. Loin de décroître d'une façon graduelle et monotone, la température cosmique reflète sans doute, dans une série d'excursions variées, la physique des énergies décroissantes. Ces péripéties ont, peut-être, laissé des *fossiles* encore présents dans la matière actuelle. Peut-être, dans le mécanisme encore mystérieux de la formation des galaxies ?

L'UNIVERS TRÈS PRIMORDIAL

John Ellis est chercheur permanent à la division Théorie du C.E.R.N. Après avoir été l'un des acteurs de la constitution des théories de grande unification, il contribue maintenant à la confection de modèles de particules utilisant la supersymétrie et les supercordes. Parallèlement à ces travaux, l'un de ses principaux intérêts est leur application aux modèles d'univers très primordial.

Résumé

Après avoir rappelé rapidement pourquoi les théories de grande unification sont pertinentes dans le contexte de l'univers primordial, on en expose quelques applications : étude de l'asymétrie matière/antimatière, présence de monopôles magnétiques, présence de particules supersymétriques vestiges du Big Bang, période d'« inflation » pour l'expansion de l'univers.

Abstract

Having rapidly summarized why the grand unified theories are relevant in the context of the primordial universe, the author goes on to present some applications of them : explanation of the matter/antimatter asymmetry, presence of magnetic monopoles and of supersymmetrical particles, which are remnants of the Big Bang, and « inflation » period for the expansion of the universe.

L'UNIVERS TRÈS PRIMORDIAL

John ELLIS
Traduit de l'anglais par Produyt DEY

Ce chapitre fait largement appel au vocabulaire et aux notions du chapitre « Quelle physique pour la cosmologie ? ». Une bonne connaissance de celui-là est donc nécessaire.

CADRE CONCEPTUEL GÉNÉRAL

D'autres contributions à ce volume ont déjà dressé l'état de nos connaissances sur l'univers d'aujourd'hui et son histoire, depuis l'âge d'une minute. Elles sont fondées sur des observations directes ainsi que sur les déductions qui en découlent d'après les lois connues de la physique. La présente contribution est, en revanche, de nature plus spéculative.

Nous examinerons les idées émises au sujet d'une évolution possible de l'univers avant l'âge d'une minute, allant jusqu'à l'étudier quand il n'avait que 10^{-35}, voire 10^{-40} seconde. Cette énorme extrapolation nous oblige à émettre des hypothèses sur la cosmologie et la microphysique qui ne sont confirmées ni par les observations astrophysiques ni par des expériences en laboratoire.

Elles nous permettent néanmoins d'aborder les problèmes fondamentaux de la cosmologie, jusqu'ici inabordés, tout en fournissant des réponses intéressantes à des questions aussi fondamentales que : Quelle est l'origine de la matière dans l'univers ? Pourquoi l'univers est-il aussi grand et aussi vieux ? Comment les structures (galaxies, amas) observées dans l'univers ont-elles vu le jour ? Quelle est la forme dominante de la matière dans l'univers ?

Pour le reste, ce chapitre élabore un cadre conceptuel général permettant de poser quelques-unes de ces questions.

Certaines idées fondamentales de la cosmologie standard du Big Bang seront examinées, en même temps que les caractéristiques majeures de l'univers primordial en expansion. Nous éluciderons également quelques données de base sur la microphysique, les particules élémentaires et leurs interactions fondamentales.

On évoquera le modèle standard des particules élémentaires qui fait l'unanimité chez les microphysiciens et qui servira à discuter de l'évolution de l'univers entre l'âge de 10^{-10} seconde et une minute. Dans ce domaine, au moins, nous utilisons nos connaissances en matière de physique des particules, même si aucun test clair fondé sur l'observation ne laisse prévoir ses conséquences cosmologiques. Si nous voulons remonter plus loin dans le temps, nous sommes obligés de spéculer sur la physique au-delà du modèle standard.

Nous explorerons les conséquences du postulat selon lequel les interactions fondamentales, apparemment distinctes, ne sont en réalité que des manifestations différentes d'une seule forme d'interaction englobant toutes les interactions des particules élémentaires. Ces théories de grande unification nous permettent de spéculer sur l'histoire de l'univers jusqu'à l'âge de 10^{-36} seconde. Elles pourraient expliquer l'origine de la matière dans l'univers et nous indiquer pourquoi ce dernier ne renferme pas beaucoup d'antimatière.

Les théories de grande unification prédisent également l'existence de monopôles magnétiques, existence qui n'a jamais été confirmée par l'expérience. L'absence de tels monopôles pourrait s'expliquer éventuellement par le fait qu'à ses débuts l'univers connut une période d'expansion exponentielle appelée inflation. Une telle cosmologie « inflationniste » pourrait également expliquer pourquoi l'univers est aussi grand et comment il a pu vivre aussi longtemps sans s'effondrer à nouveau sur lui-même ni s'élargir à un rythme supérieur à celui que nous observons aujourd'hui. Les galaxies et les amas galactiques ont pu apparaître à la suite de perturbations mineures survenues au cours de l'époque inflationniste.

Les théories de grande unification, comme les modèles inflationnistes, posent un certain nombre de problèmes techniques auxquels bien des physiciens tentent de faire face en postulant le dédoublement des particules élémentaires connues par une série parallèle de particules élémentaires ayant des moments intrinsèques angulaires légèrement différents. Cette idée de *supersymétrie* ainsi que ses conséquences cosmologiques seront également examinées dans ce chapitre.

Les théories de supersymétrie supposent l'existence d'une particule neutre, massive et invisible ayant pu jouer un rôle déterminant. Elle aurait permis aux petites perturbations initiales de se développer en galaxies et en amas tels que nous les voyons aujourd'hui. Ce vestige supersymétrique pourrait même former le gros de la matière dans l'univers actuel.

Enfin, on fera état de quelques autres spéculations reliant la microphysique et l'univers primordial, tout en faisant le point sur les tendances de la recherche dans ce domaine fascinant.

Quoique spéculatif dans une large mesure, ce chapitre reste cependant « conservateur » par rapport à quelques-unes des idées discutées ultérieurement par E. Alvarez, F. Englert et H. Reeves. Ces derniers s'aventurent au-delà du monde familier de l'espace-temps à quatre dimensions et de la relativité générale classique que nous estimons encore valable dans cet article.

Ils considèrent que l'univers pourrait bien exister en plus de quatre dimensions et s'attaquent à l'un des problèmes les plus fondamentaux de la physique aujourd'hui, notamment la réconciliation de la relativité générale avec la mécanique quantique. Ils en viennent à spéculer sur l'origine même de l'univers et sur la flèche du temps. Souhaitons-leur bon courage tout en développant nos réflexions plus modestes dans le cadre conventionnel de la cosmologie et de la microphysique examinées dans la suite de ce chapitre.

Comme l'ont indiqué les chapitres précédents, nous estimons probable qu'aujourd'hui l'univers se trouve dans un état d'expansion à peu près uniforme.

L'un des aspects les plus frappants de cet univers en expansion tient à son homogénéité et à son isotropie remarquables. Les amas de galaxies sont à peu près uniformément répartis dans l'univers visible même si leur densité peut varier créant ainsi des vides qui sont séparés par des étendues de densité supérieure. Ce qui témoigne le mieux de l'homogénéité et de l'isotropie à grande échelle de l'univers, c'est bien le rayonnement à 3 K dont les fluctuations spatiales n'excèdent pas 10^{-4}.

Cette homogénéité et cette isotropie sont d'autant plus remarquables qu'elles tiennent sur des distances largement supérieures à celles qu'a pu parcourir un rayon de lumière depuis le début de l'univers.

Cela signifie, en termes de cosmologie standard du Big Bang, que des régions de l'univers apparemment similaires n'auraient pas eu de contact causal plus tôt dans leur histoire. Que ces régions séparées aient pu se coordonner au point d'avoir un comportement identique relève donc du mystère. Une réponse possible à ce paradoxe apparent est fournie par les modèles cosmologiques dits inflationnistes que nous étudierons plus loin. Ces modèles pourraient aussi expliquer pourquoi la densité de l'univers, telle que nous l'observons aujourd'hui, se situe entre un et deux ordres de grandeur de la densité critique qui sert de frontière entre les modèles à expansion continue de l'univers dans l'avenir et les modèles qui en prévoient l'effondrement ultérieur.

Dans ce chapitre, nous ferons l'hypothèse que cette homogénéité et cette isotropie étaient présentes dans l'univers même lorsque celui-ci était beaucoup plus jeune et plus chaud qu'il ne l'est aujourd'hui.

Cette supposition n'est pas nécessairement exacte : ainsi, l'univers jeune aurait pu se dilater à des taux différents dans différentes directions spatiales (univers à « cisaillement ») et l'on pourrait imaginer toutes sortes de déviations plus ou moins importantes par rapport à l'homogénéité et à l'isotropie. Toutefois, les succès remportés par les calculs conventionnels de la nucléosynthèse primordiale des éléments légers semblent indiquer que le schéma naïf était encore valable lorsque l'univers était 10^{-9} fois plus petit qu'aujourd'hui, tout en plaçant l'une des contraintes les plus sévères sur les modèles à cisaillement et autres écarts par rapport à l'homogénéité et à l'isotropie.

À toute époque de son histoire, la matière dans l'univers existe sous forme de plusieurs espèces différentes, ou types, de particules susceptibles d'interagir à l'aide de forces différentes. Nous nous intéresserons ici à ce qui se passe à des températures très élevées comprises entre 10^{13} K, soit 1 GeV, et 10^{15} K, soit 10^{2} GeV, voire 10^{28} K, soit 10^{15} GeV, et même quelque peu au-delà.

Les âges correspondants t de l'univers sont proportionnels à $1/T^2$ (T étant la température) tant que la densité d'énergie provient principalement des particules relativistes, comme ce fut le cas avant la recombinaison[1].

Les échelles temporelles caractéristiques sont, à titre d'exemple, d'une seconde pour 10^{10} K soit 1 MeV, 10^{-6} seconde pour 1 GeV, 10^{-10} seconde pour 100 GeV et 10^{-36} seconde pour 10^{15} GeV. Les étapes majeures de l'histoire primitive de l'univers que nous étudions sont indiquées dans le tableau I.

LES THÉORIES DE GRANDE UNIFICATION ET LE TOUT DÉBUT DE L'UNIVERS

Comme le chapitre « Quelle physique pour la cosmologie ? » l'a montré, dans le modèle standard, les interactions faibles et électromagnétiques sont unifiées au sein de la théorie électrofaible, alors que les interactions fortes définies par la chromodynamique quantique sont laissées de côté.

Comme les structures mathématiques des interactions fortes et électrofaibles sont très similaires, il est normal de chercher une théorie de grande unification susceptible de les réunir. Une telle théorie aurait une constante de couplage unique, ce qui soulève une question : comment se fait-il que les interactions fortes, faibles et électromagnétiques aient des couplages si différents en laboratoire ? La réponse semble être fournie par les variations len-

1. Sur ce point, on peut se reporter au chapitre précédent « Histoire thermique et nucléosynthèse primordiale ».

TABLEAU I - Étapes majeures dans l'histoire du très jeune univers.

Événement	Température (K)	Énergie équivalente des particules (GeV)	Âge (s)	Échelle de l'univers par rapport à aujourd'hui
Début de la nucléosynthèse	10^{10}	10^{-3}	1	10^{-10}
Réunification des quarks en hadrons	10^{13}	1	10^{-6}	10^{-13}
Rupture de la symétrie faible	10^{15}	100	10^{-10}	10^{-15}
Rupture de la symétrie de grande unification baryo-synthèse ? inflation ? monopôles ?	10^{28}	10^{15}	10^{-36}	10^{-28}
Ère de Planck : importance de la gravité quantique	10^{32}	10^{19}	10^{-44}	10^{-32}

tes des couplages en fonction de l'énergie et notamment par la liberté asymptotique des interactions fortes. À mesure que celles-là s'affaiblissent à des énergies plus élevées, on serait en droit de croire à une grande énergie, là où les interactions fortes et faibles ont le même couplage et peuvent donc être unifiées comme le montre la fig. 2. Puisque les variations en énergie des couplages sont extrêmement lentes, cette échelle d'unification est très large, environ 10^{15} GeV pour la plus simple des théories de grande unification.

Une telle énergie ne pouvant être obtenue en laboratoire, comment peut-on tester une théorie de grande unification ? Une telle théorie peut servir à prédire les rapports entre les quantités du modèle standard, qui jusque-là avaient été considérées comme autant de paramètres libres.

Par exemple, lorsqu'on connaît la force exacte des interactions fortes, on peut prévoir les forces relatives des interactions électromagnétiques et faibles, lesquelles déterminent, à leur tour, les masses des bosons $W^{\pm}$ et Z^0. Les prédictions de la plus simple des théories de grande unification concordent avec l'expérience, à quelques centièmes près. À titre d'exemple toujours, on peut, dans certains modèles, relier la masse du lepton τ à celle du quark *b* tout en prévoyant cette dernière à 10 pour cent près. Toutefois, la prévision d'autres masses de quarks n'est pas aussi concluante.

Une autre manière de tester une théorie de grande unification consiste à chercher une toute petite interaction, hyperfaible, qu'elle prédit mais que l'on ne s'attend pas à trouver dans le modèle standard.

La plupart des théories de grande unification prévoient au moins une interaction nouvelle de ce type, conduisant à la désintégration du baryon. Sous sa forme la plus simple, deux quarks q résidant dans un proton ou un neutron peuvent s'anéantir à travers un boson superlourd X, pesant 10^{15} GeV ou plus, produisant ainsi un antiquark et un antilepton :

$$q + q \rightarrow \bar{q} + \bar{l},$$

comme sur la fig. 3.

Puisque le proton, ou le neutron, initial renferme trois quarks, l'état final contient une paire de quark/antiquark qui s'unissent pour former un ou plusieurs mésons. La désintégration est donc du type :

$$\text{proton ou neutron} \rightarrow \text{mésons} + \bar{l}.$$

TABLEAU II - Composants de la matière

	Nom	Abréviation
Quarks	*up* *down* *strange* *charmed* *bottom* *top*	u d s c b t
Leptons	électron + neutrino muon + neutrino tau + neutrino	e ν_e μ ν_μ τ ν_τ
Particules de jauge	photon gluon faible superlourde ?	γ g $W^\pm$ Z^0 X ?
Particules de masse ?	Higgs ?	H ?
Particules supersymétriques ?	squarks ? sleptons ?	$\tilde{q}$ $\tilde{l}$

Ces désintégrations ne se produisent pas dans le modèle standard où les interactions normales d'étalonnage ne modifient pas le nombre baryonique (c'est-à-dire le nombre total de baryons moins le nombre d'antibaryons égal, dans le langage des particules élémentaires, à trois fois la différence entre le nombre de quarks et d'antiquarks), ni même le nombre leptonique (c'est-à-dire la différence entre le nombre de leptons et d'antileptons).

Bien que l'existence de tels bosons X soit inévitable dans la plupart des théories de grande unification, leurs masses sont difficiles à calculer précisément, ce qui rend incertain le taux de désintégration des baryons.

Les recherches expérimentales ayant pour objet de détecter la désintégration des baryons n'ont pas été concluantes jusqu'ici, ce qui implique que les baryons vivent plus de 10^{31}ou 10^{32} ans. C'est l'une des raisons pour lesquelles les masses des bosons de jauge superlourds doivent dépasser environ 10^{15} GeV. Certains modèles simples de grande unification, ayant prévu des durées de vie qui se révèlent trop courtes, doivent maintenant être abandonnés. D'autres modèles, en revanche, sont compatibles avec d'aussi longues durées de vie des baryons.

POURQUOI Y A-T-IL PLUS DE MATIÈRE QUE D'ANTIMATIÈRE ?

La présence attendue dans les théories de grande unification d'interactions susceptibles d'entraîner la désintégration des baryons pourrait également expliquer l'origine de la matière dans l'univers.

La matière que nous voyons autour de nous est, en un sens, relativement rare : en moyenne, il existe au plus un proton ou un neutron par 10 mètres cubes dans tout l'univers contre environ quatre cents photons par centimètre cube, essentiellement dans le rayonnement à 3 K. Le rapport des baryons aux photons est donc de l'ordre de 10^{-9} à 10^{-10}.

Bien plus, il n'y a aucune concentration connue d'antimatière : s'il y avait un volume important d'antimatière à l'intérieur de nos amas de galaxies, cela provoquerait à sa frontière une annihilation matière-antimatière, produisant ainsi des particules énergétiques et des rayons gamma que nous ne voyons pas.

Comme personne n'a pu découvrir de mécanisme susceptible de séparer la matière et l'antimatière dans des isolats de taille supérieure à celle des amas de galaxies, il est normal de supposer que l'univers observable contient de la matière et non de l'antimatière.

L'un des points centraux de la cosmologie moderne consiste à comprendre l'origine de la matière ainsi que l'absence de l'antimatière. Nous nous proposons maintenant de regarder d'un peu plus près cette petite asymétrie matière-antimatière en la traquant jusqu'au commencement de l'histoire de l'univers.

Le modèle standard ne semble renfermer aucune interaction susceptible d'échapper à la loi de conservation des nombres leptonique et baryonique. Ainsi l'asymétrie matière-antimatière n'a pas dû changer depuis l'époque bien lointaine où il se produisit d'importants phénomènes échappant à cette loi.

Cela ne signifie pas qu'à l'intérieur du modèle standard on ne produise pas de particules d'antimatière : lorsque la température de l'univers est supérieure à 10^{10} K, correspondant à des énergies d'environ 1 MeV, il y a de nombreuses paires $e+$, $e-$; de même, pour des paires $\mu+$ $\mu-$ au-dessus de 10^{12} K, il existe des paires méson-antiméson et baryon-antibaryon à des énergies plus élevées, etc.

Il n'empêche que l'asymétrie matière-antimatière serait reflétée par un léger excédent de particules de matière sur les particules d'antimatière. Il y aurait donc plus de baryons que d'antibaryons. À mesure que l'univers se refroidit, toutes les paires matière-antimatière s'annihilent pour former les photons visibles ainsi qu'un nombre similaire de neutrinos.

Ainsi le rapport d'un baryon à 10^9 ou 10^{10} photons nous indique aujourd'hui qu'il dut y avoir un excédent de l'ordre de 1 baryon pour 10^9 ou 10^{10} paires de baryon-antibaryon.

Aux températures supérieures à 10^{13} K, correspondant à des énergies de particules de 1 GeV, les baryons et les mésons étaient dissous dans les quarks et antiquarks qui les composent, si bien que la petite asymétrie matière-antimatière que nous connaissons aujourd'hui était reflétée par une densité de quarks légèrement supérieure à celle des antiquarks. Le problème relatif à l'origine de la matière peut donc être transféré à celui de ce léger excédent de quarks.

Dans les années 1960-1970, ce problème était négligé comme un aspect des conditions particulières initiales du Big Bang.

C'est Sakharov qui, le premier, en 1967, envisagea la possibilité d'un excédent de matière aussi ténu dans le contexte de la physique des particules. Il ne mena pas son analyse dans le cadre des théories de grande unification, comme on le fait ici, parce qu'elles n'existaient pas au moment où il écrivit son article, mais les principes fondamentaux qu'il énonce sont universels et donc applicables à ces théories.

Il a indiqué quelles étaient les trois conditions fondamentales nécessaires à la production de l'asymétrie matière-antimatière.

La première est l'existence d'interactions échappant à la loi de conservation du nombre baryonique. Seules ces interactions permettent de créer une asymétrie baryon-antibaryon à partir d'une configuration initiale ayant un nombre égal de baryons et d'antibaryons ou de quarks et d'antiquarks. Il est certain que les théories classiques de grande unification renferment de telles interactions ne conservant pas le nombre baryonique, puisque les bosons X superlourds présents dans ces modèles sont couplés aux paires de quarks ainsi qu'aux combinaisons antiquark-antilepton.

La deuxième condition énoncée par Sakharov est que ces interactions distinguent la matière et l'antimatière. Cela signifie que la théorie ne peut être invariante sous l'effet des transformations mathématiques permutant la matière et l'antimatière. Celles-là englobent, d'une part, la conjugaison de charge C qui transforme la matière en antimatière et vice versa sans affecter l'espace-temps et, d'autre part, la combinaison CP qui ajoute à la précédente la réflexion P dans un miroir. Si l'une de ces transformations avait constitué une symétrie exacte dans l'univers primitif, cela impliquerait nécessairement une densité égale de particules de matière et d'antimatière. Or nous savons que les interactions du modèle standard échappent à la fois à C et à CP et cela est vrai pour toutes les théories de grande unification incluant le modèle standard.

La dernière condition nécessaire à la production d'une asymétrie baryon-antibaryon est que le système des particules-antiparticules en interactions mutuelles ne soit pas en équilibre thermique au cours de l'univers primordial. Si tel n'était pas le cas, les résultats de la théorie de Boltzmann sur les distributions d'équilibre garantiraient l'égalité des nombres de particules de matière et d'antimatière puisque toutes deux ont la même masse.

Une manière de comprendre ce résultat est de savoir que, pour la théorie quantique des champs, l'invariance sous les effets conjugués de C (la conjugaison de charge), P (la symétrie de miroir) et T (le renversement de la flèche du temps) reste sacrée. Un état d'équilibre serait donc en quelque sorte un état statique, invariant sous l'effet du renversement de temps T. Alors l'invariance CPT nous donne l'invariance sous CP, garantissant par là même des nombres égaux de particules de matière et d'antimatière, comme nous l'avons indiqué précédemment.

Pour ce qui est des interactions de grande unification échappant à la conservation du nombre baryonique, l'expansion de l'univers rend leur déviation par rapport à l'équilibre thermique non seulement naturelle, mais aussi inévitable. Tout comme dans les réactions chimiques conventionnelles, les réactions impliquant des échanges de particules lourdes telle que l'interaction entre des neutrinos via l'échange de $W^{\pm}$ou Z^0, ont des taux qui décroissent rapidement à mesure que diminuent les énergies de particules. Par conséquent, alors que les interactions échappant à la loi de conservation du nombre baryonique, véhiculées par l'échange de bosons superlourds, afficheront des taux élevés pour des températures supérieures à environ 10^{28} K, correspondant à des énergies de particules comparables à la masse des bosons X, soit environ 10^{15} GeV dans les modèles typiques, ces mêmes interactions sortiraient de l'équilibre thermique à des températures de moins de 10^{28} K environ, correspondant à des énergies nettement inférieures à 10^{15} GeV.

Les théories de grande unification, placées dans le contexte d'un univers en pleine expansion et en plein refroidissement, réunissent toutes les conditions qui, d'après Sakharov, sont nécessaires pour engendrer une asymétrie baryons-antibaryons et elles permettent de retracer l'histoire suivante de la matière dans l'univers.

À des températures se situant au-dessus de 10^{28} K environ, correspondant à des énergies de particules supérieures à 10^{15} GeV, les interactions échappant à la loi de conservation du nombre baryonique sont supposées être en équilibre thermique et il n'y a donc pas d'asymétrie matière-antimatière.

Lorsque la température tombe au-dessous de 10^{28} K, ces interactions sortent de l'équilibre thermique et une petite quantité nette de matière excédentaire peut être engendrée.

L'une des manières dont cela a pu vraisemblablement se produire est que les bosons X qui se désintègrent pour former des paires quark + quark ou antiquark + antilepton présentent une probabilité de désintégration en paires quark + quark légèrement supérieure à celle de leurs antiparticules, les bosons X, de désintégration en paires antiquarks + antiquarks. Une telle différence est autorisée si les symétries C et CP ne sont pas exactement respectées.

Compte tenu d'une telle différence de probabilité, un univers ayant initialement des nombres égaux de bosons X et $\overline{X}$, comme le nécessite l'équilibre thermique, finirait par avoir plus de quarks que d'antiquarks si ces bosons X et $\overline{X}$ pouvaient se désintégrer librement en dehors de l'équilibre thermique. La différence dans les probabilités de désintégration peut se contenter d'être de l'ordre de un pour 10^9, de manière à produire un quark excédentaire pour 10^9 paires de quarks + antiquarks.

Par la suite, lorsque la température descend à environ 10^{13} K, correspondant à des énergies de particule de 1 GeV, toutes les paires de quarks et d'antiquarks s'annihilent en passant par des états de baryons, d'antibaryons et de mésons afin de former des photons, des neutrinos et des antineutrinos, etc.

Les quarks excédentaires se combinent pour donner des protons et des neutrons et le rapport des baryons aux photons se situe entre 10^{-9} et 10^{-10} environ. Plus tard, le léger excédent de protons et de neutrons fusionne pour former des noyaux avant de se recombiner avec des électrons pour constituer les atomes que nous connaissons aujourd'hui.

Le faible rapport d'un baryon pour 10^9 ou 10^{10} photons que nous observons aujourd'hui serait donc un témoignage en faveur des désintégrations asymétriques primitives des bosons superlourds de grande unification.

C'est là une belle histoire, mais elle relève de la spéculation tant qu'une mise en évidence expérimentale n'aura pas confirmé définitivement les théories de grande unification.

Une autre interaction nouvelle figurant dans nombre de théories de grande unification attribue des masses aux neutrinos qui n'en ont pas au sein du modèle standard.

Les gammes de ces masses dépendent largement du modèle, mais elles pourraient facilement être assez importantes pour affecter la cosmologie en aidant à la formation des galaxies ou en constituant une source importante de matière cachée par exemple. Toutefois, des études détaillées portant sur la formation, grâce aux neutrinos massifs, des galaxies ne semblent pas correspondre tout à fait aux données observées [2].

Parmi les nombreuses expériences en laboratoire ayant pour but de repérer des manifestations directes ou indirectes des masses de neutrinos, une seule semble avoir donné un résultat positif, mais la majorité des physiciens pensent qu'il reste à confirmer cette observation. Compte tenu de l'incertitude qui plane sur les prévisions faites par les théories de grande unification au sujet des masses des neutrinos, l'absence d'un résultat positif n'est pas vraiment un désastre.

LES MONOPÔLES MAGNÉTIQUES

Une autre manière de faire la lumière sur les théories de grande unification consiste à chercher des « monopôles magnétiques superlourds ». Ceux-là sont inévitables dans toute théorie unifiée contenant de l'électromagnétisme. Ils correspondent aux configurations en hérisson du champ de Higgs comme le montre la figure 4.

Lorsque, à l'instar de la magnétisation dans un aimant, le champ Higgs choisit de pointer dans une direction privilégiée, il peut faire des choix d'orientation différents dans différentes régions de l'espace, produisant ainsi un défaut, comme en figure 5, analogue à ceux que l'on trouve dans certains cristaux magnétiques. Ce défaut est un monopôle ayant une masse légèrement supérieure à celle du boson de jauge superlourd, typiquement au-dessus de 10^{16} GeV.

Loin du noyau, le monopôle ressemble à une charge magnétique en forme de point. À partir d'une certaine distance de ce point central cependant, le

2. Voir le chapitre intitulé « Contenu physique et structuration de l'univers » par R. Schaeffer.

champ de Higgs ne sait pas vers quelle direction pointer, de telle sorte que la « magnétisation » disparaît et que la symétrie de grande unification est rétablie au cœur du monopôle. Cela introduit la possibilité que des interactions de grande unification, responsables de la désintégration des baryons, se produisent d'une façon importante à l'intérieur du monopôle, si bien qu'il est fort probable qu'un monopôle qui entre en collision avec un baryon entraînera sa désintégration.

Bien des expériences ont eu pour but de détecter les monopôles magnétiques. Les expériences classiques se proposent de découvrir la charge magnétique, soit par son effet ionisant, soit à l'aide du courant qu'elle induit en passant à travers une boucle supraconductrice.

Deux expériences d'induction magnétique ont fait état d'événements où un saut enregistré dans l'intensité du courant électrique correspondait à celui qui aurait été produit par le passage d'un monopôle. Toutefois, aucun de ces événements n'a permis de confirmer ce signal par l'enregistrement d'un deuxième saut, par exemple, au niveau d'une deuxième boucle se trouvant à proximité. Ces événements ne sont donc pas considérés, en général, comme une preuve irréfutable en faveur des monopôles magnétiques et, par conséquent, la recherche expérimentale se poursuit.

D'une manière moins conventionnelle, les désintégrations de baryons, provoquées par le passage des monopôles, ont fait l'objet, également sans succès, de ces mêmes expériences qui ne purent prouver la désintégration conventionnelle des baryons.

Certaines des limites les plus contraignantes à l'abondance des monopôles magnétiques sont imposées par des considérations cosmologiques et astrophysiques. Elles comportent la limite supérieure imposée à la densité totale de la matière observée dans l'univers, ce qui est une contrainte non négligeable pour la densité en nombre des monopôles superlourds de grande unification.

La persistance des champs magnétiques galactiques impose probablement une limite encore plus sévère à la densité des monopôles, même s'il a pu être suggéré, par moments, que les oscillations dans un plasma galactique de monopôles pourraient vraisemblablement engendrer le champ magnétique galactique.

S'il est vrai que les monopôles catalysent la désintégration des baryons, alors la persistance d'étoiles à neutrons, qui, apparemment, n'ont pas beaucoup de monopôles susceptibles d'entamer leur cœur et d'engendrer une énergie excédentaire, pourrait elle aussi imposer une limite supérieure stricte à l'abondance des monopôles. De fait, ces deux dernières limites semblent indiquer qu'il existe si peu de monopôles que les expériences d'induction terrestre risqueraient de ne jamais en déceler un.

Le nombre infime de monopôles dans l'univers constitue à la fois un problème majeur pour la cosmologie conventionnelle et une des motivations originelles de la cosmologie inflationniste, que nous allons discuter maintenant.

L'INFLATION COSMOLOGIQUE

Nous venons de voir que les monopôles magnétiques sont très différents des particules élémentaires, mais leur observation expérimentale reste à confimer. Cela gêne considérablement la cosmologie du Big Bang et représente l'une des principales motivations pour les cosmologies inflationnistes.

La figure 5 permet de se faire une idée de la manière dont l'absence de monopôles peut être gênante. Les monopôles auraient été formés à des températures de l'ordre de 10^{29} K, soit des énergies de particules d'environ 10^{16} GeV, au moment où la transition de phases aboutissant à une rupture de symétrie aurait eu lieu. Cela aurait eu pour résultat des valeurs non nulles de la magnétisation de Higgs.

Les directions choisies au hasard par les champs de Higgs auraient été différentes dans des régions de l'espace séparées par une distance supérieure au diamètre de l'horizon [3], c'est-à-dire la distance parcourue par la lumière depuis le début de l'univers, et des monopôles se seraient formés comme autant de défauts dans des orientations des champs de Higgs.

Les directions de ces défauts localisés en deux points différents ne sont pas corrélées entre elles sauf si elles ont une cause commune (fig. 5). Pour qu'une telle cause commune puisse exister, il faut que ses effets aient eu le temps de se propager dans l'espace, autrement dit que la distance entre ces défauts soit, à l'époque considérée, inférieure à la taille de l'horizon. En d'autres termes, il faut que le temps de propagation des effets d'une cause commune soit, à l'époque considérée, inférieure à l'âge de l'univers à cette époque.

Cette estimation de la densité des monopôles diverge, par plusieurs ordres de grandeur, de la limite supérieure imposée par la densité des masses dans l'univers, sans parler des limites plus contraignantes imposées à l'abondance des monopôles que nous avons évoquées précédemment. Afin de faire face à cette difficulté, nous devons trouver un moyen d'élargir les domaines à travers lesquels les orientations du champ de Higgs pourraient être causalement corrélées.

3. Voir le chapitre « Géométries de la variété Univers ».

Ce problème des monopôles est un exemple, parmi d'autres, des corrélations observées qui s'étendent au-delà de la distance apparente de l'horizon.

Il a été dit, à maintes reprises, dans ce volume que l'univers est remarquablement homogène et isotrope et que l'uniformité du rayonnement à 3 K en reste l'un des meilleurs exemples. Ce rayonnement, en provenance de directions opposées, a la même température apparente, même s'il provient de régions de l'univers qui se trouvaient séparées par cent distances d'horizon lorsque ce rayonnement fut libéré. Ces régions se seraient trouvées séparées par 10^{28} distances d'horizon lors de la transition de phases dans la cosmologie standard du Big Bang. Comment cela peut-il être modifié de manière à éviter des corrélations qui transgressent aussi ouvertement la causalité ?

Il existe, en cosmologie, d'autres problèmes majeurs qui semblent associés. Pourquoi l'univers est-il aussi ancien ? Les équations d'Einstein qui régissent l'expansion de l'univers comportent un seul paramètre dimensionnel, la constante de Newton. Ce paramètre est relié, grâce à la mécanique quantique et à la relativité restreinte, à une échelle temporelle fondamentale d'environ 10^{-43} seconde, appelée temps de Planck. Les effets quantiques gravitationnels auraient été importants lorsque l'univers avait cet âge. Comment l'univers a-t-il survécu pour avoir 10^{60} fois le temps de Planck ?

Une question annexe est de savoir pourquoi l'univers est tellement plus grand que la longueur correspondante de Planck qui est d'environ 10^{-33} cm. Non seulement l'univers paraît très vieux et très grand par rapport à ces échelles fondamentales, mais sa densité se situe toujours à un facteur 10 environ en deçà de la densité critique séparant les univers fermés des univers ouverts.

Pour que l'univers soit, aujourd'hui, si près de la densité critique, il devait se situer, à l'époque de la rupture de la transition de phase, beaucoup plus près de cette densité critique. Il ne devait s'en écarter que dans une proportion, extraordinairement faible, de une partie pour 10^{69}. Un nombre si extraordinairement faible, et cependant non nul, est un mystère à expliquer.

La cosmologie inflationniste semble résoudre tous ces problèmes.

Ce qu'il faut retenir, c'est qu'à une époque très reculée la partie de l'univers dans laquelle nous vivons connut une période d'expansion exponentielle. Ainsi, la taille de chaque domaine, qui se trouvait relié causalement avant l'inflation, aurait pu augmenter en diamètre de plusieurs ordres de grandeur. Des monopôles se seraient ainsi formés, mais les uns très loin des autres, et il n'y aurait pas eu d'obstacles à une homogénéité et une isotropie à grande échelle dans l'univers observable.

De toute évidence, un univers inflationniste finit par devenir très grand et très vieux. Du reste, il devient presque plat, à la manière d'un ballon de baudruche dont la surface plissée paraît presque plate localement, une fois qu'il a été gonflé. L'essentiel de la cosmologie inflationniste est donc très séduisant, et le problème consiste alors à lui trouver un bon modèle de particules élémentaires.

La manière la plus simple de causer une expansion exponentielle « inflationniste » consiste à la provoquer à l'aide de la chaleur latente emprisonnée dans un champ scalaire élémentaire, qui n'est peut-être que le champ de Higgs illustré par la figure 1.

Avant la transition vers un état en rupture de symétrie, le champ scalaire serait situé à l'origine et son énergie de champ serait grande et positive.

Si le champ scalaire restait engagé dans cette phase ininterrompue pour une durée suffisamment longue, comme l'indique le point stationnaire (fig. 1) ce qui peut résulter de certains choix de paramètres théoriques, alors cette énergie de champ peut amplifier la taille de l'univers des vingt-huit ordres de grandeur que suggèrent l'homogénéité, l'isotropie, l'âge et la dimension observés de l'univers aujourd'hui, ainsi qu'en témoigne la figure 6.

Si des modèles inflationnistes fondés sur des champs scalaires élémentaires ont pu être construits, ils semblent nécessiter des choix particuliers de paramètres, si bien que d'autres voies vers l'inflation ont été explorées.

Il a été suggéré, par exemple, que la gravité quantique pourrait jouer un rôle [4]. Cependant, dans ce cas, on devrait se soucier du flux éventuel du rayonnement gravitationnel produit, ainsi que de l'importance des perturbations qui pourraient, par la suite, entraîner la formation de galaxies ou briser l'homogénéité du rayonnement à 3 K.

La plupart des modèles inflationnistes déclenchent toutes sortes de perturbations de la densité de la matière. Ces perturbations seraient suffisamment petites pour être compatibles avec l'égalité observée du rayonnement à 3 K, si l'inflation avait lieu lorsque les énergies des particules se trouvent nettement en dessous de l'échelle de Planck, soit $m_p \sim 10^{19}$ GeV et donc après l'époque où la gravité quantique est probablement importante.

Élaborer un modèle d'inflation entièrement cohérent à partir de la physique des particules n'est pas chose simple. Il n'empêche que c'est là une solution qui paraît tellement séduisante pour tant de problèmes concernant la structure à grande échelle de l'univers que l'on doit essayer de surmonter tous les obstacles techniques s'opposant à l'élaboration d'un tel modèle.

4. Voir le chapitre « Cosmologie quantique ».

SUPERSYMÉTRIES ET VESTIGES DU BIG BANG

La supersymétrie est une idée relativement nouvelle dans la physique des particules, qui n'est étayée par aucune expérience, mais qui plaît à bien des théoriciens pour les raisons suivantes.

Elle est mathématiquement très belle et peut naturellement unifier des particules de matière et des bosons de jauge ; qui plus est, une théorie de jauge de la supersymétrie implique naturellement la gravitation ; ensuite sont absentes des théories de supersymétrie quelques-unes des difficultés techniques de la gravitation quantique (les « divergences de boucles »), si bien qu'il serait même possible de trouver une théorie quantique finie de la gravité en utilisant la supersymétrie. Mais la principale raison de la popularité récente de la supersymétrie est qu'elle pourrait expliquer pourquoi la physique comporte des échelles fondamentales de masse qui divergent par des facteurs aussi énormes. Par exemple, l'échelle de masse caractéristique de l'interaction faible, d'environ 100 GeV, est à peu près 10^{-17} fois l'échelle de Planck relative aux masses, $m_p \sim 10^{19}$ GeV.

Dans le modèle standard, l'échelle de masse de l'interaction faible est déterminée par les masses des bosons vecteurs faibles, lesquelles sont à leur tour apparentées aux masses du boson hypothétique de Higgs.

Malheureusement, la masse de toute particule élémentaire sans spin, telle que le boson de Higgs du modèle standard, est très incertaine. Elle est sujette à d'importantes corrections qui tendent à être beaucoup plus importantes que les masses physiques des bosons de jauge faibles et donc du boson de Higgs lui-même. Ces corrections peuvent être le résultat des corrections en boucle quantique (fig. 7) et de la gravité quantique.

Il fut proposé, à un certain moment, d'écarter ces problèmes en postulant que le boson de Higgs n'était pas vraiment une particule élémentaire, mais que c'était plutôt un objet composite, constitué de davantage d'éléments encore inconnus. Or des problèmes techniques ont jusqu'ici empêché les théoriciens d'élaborer un modèle composite de Higgs satisfaisant, ce qui s'est traduit par l'abandon de cette idée dans une large mesure.

Aujourd'hui, les théoriciens des particules préfèrent commencer par la remarque que toutes ces corrections déplaisantes nécessitées par la masse de Higgs sont absentes des théories de supersymétrie.

La supersymétrie prédit un partenaire bosonique pour chaque fermion connu, ainsi qu'un partenaire fermionique pour chaque boson connu, différant ainsi, en spin, d'une demi-unité des particules connues. Les corrections apportées à la masse de Higgs en raison de ces fermions et de ces bosons s'annulent systématiquement, et l'annulation serait parfaite si les partenaires bosoniques et fermioniques avaient des masses égales.

Or, comme aucune expérience n'a relevé de particules supersymétriques, cela ne peut être le cas, et les partenaires supersymétriques des particules connues doivent peser plus de quelques GeV. Cependant, s'ils veulent stabiliser la masse des bosons de Higgs et donc l'échelle des interactions faibles, ils ne peuvent peser bien plus de 100 GeV environ. Ainsi, ils pourraient être plus accessibles à la prochaine génération d'expériences portant sur la physique des particules. L'échelle de leur masse, relativement peu élevée, les rend très intéressants aux yeux des astrophysiciens, ainsi que nous allons le voir.

Il existe deux interfaces principales entre la supersymétrie et la cosmologie. L'une tient à la possibilité que la matière noire cachée [5] soit constituée de particules supersymétriques, alors que l'autre repose sur la conception de la cosmologie inflationniste.

La matière noire supersymétrique pourrait être importante puisque, dans la majorité des modèles, toutes les particules supersymétriques ont un nouveau « nombre quantique » conservé, et même la particule supersymétrique la plus légère est entièrement stable. Elle devrait donc figurer aujourd'hui, dans l'univers, en tant que vestige du Big Bang, avec une densité pouvant être calculée dans n'importe quel modèle supersymétrique.

Aujourd'hui, la densité des vestiges n'est, en général, pas très inférieure à celle de la matière. Cela signifie que les particules vestiges supersymétriques ne peuvent avoir de charge électrique ni d'interactions fortes, sinon elles se seraient liées avec la matière ordinaire pour former des isotopes nucléaires lourds, à caractère anormal, qui ne se sont pourtant pas manifestés.

Nous en concluons que la particule supersymétrique la plus légère ne peut avoir que des interactions faibles, donc qu'elle est difficile à détecter et qu'elle pourrait bien composer la matière noire nécessaire aux halos et aux amas de galaxies.

En effet, dans bien des modèles, on calcule que la densité des vestiges supersymétriques est aussi grande, sinon plus, que la densité de la matière connue et qu'elle pourrait bien suffire à fournir la densité critique nécessaire aux modèles cosmologiques inflationnistes.

Les vestiges supersymétriques pèseraient plusieurs GeV, sinon davantage. Ils ont donc des vitesses peu élevées et pourraient très bien être des éléments non relativistes destinés à la matière noire « froide ».

Les astrophysiciens travaillant sur la théorie de la formation des galaxies affectionnent la matière noire froide, car elle pourrait permettre d'expliquer la formation des structures allant des galaxies naines jusqu'aux superamas, tout en créant des galaxies à grands décalages spectraux, mais sans pour autant déformer le rayonnement à 3 K.

---

5. Voir le chapitre « Contenu physique et structuration de l'univers ».

Quoique cela soit difficile, il ne serait pas impossible que l'on puisse détecter la matière noire supersymétrique. Les calculs effectués suggèrent que les particules supersymétriques présentes dans le halo galactique pourraient éventuellement heurter environ un noyau par kilogrammne de matière chaque jour, déposant environ 1 keV d'énergie par collision. L'énergie ainsi déposée pourrait être enregistrée par des détecteurs super-refroidis qui sont proposés à l'heure actuelle. Cela pourrait permettre aux expériences en laboratoire de mieux cerner la matière noire et pourrait même représenter le meilleur moyen d'étayer les théories de supersymétrie.

La supersymétrie peut également aider à la construction de modèles pour l'inflation cosmologique.

Ces modèles s'appuient sur des champs scalaires élémentaires et nous avons vu que ceux-là présentent des difficultés techniques qui sont écartées dans les théories de supersymétrie. Qui plus est, nous avons constaté que le succès de l'inflation nécessite un ajustement subtil des paramètres, ce qui est difficile à obtenir dans la plupart des théories. Toutefois, la supersymétrie rend les ajustements nécessaires plus naturels. Ainsi, la supersymétrie a pu jouer un rôle dans l'univers très primordial ainsi que dans l'univers d'aujourd'hui.

La théorie des supercordes est potentiellement une théorie fondamentale qui engloberait la gravitation, la grande unification et la supersymétrie. Elle peut bien être finie et constituer ainsi la première théorie quantique finie de la gravitation. Il existe bien des questions sans réponses au sujet de la supercorde, notamment ce qui arrive aux six dimensions supplémentaires de l'espace et la manière dont la supersymétrie et la symétrie de jauge sont rompues. Toutefois, à l'heure actuelle, la supercorde semble fasciner les théoriciens des particules. Ses aspects cosmologiques n'ont pas encore été explorés à fond, mais il semble que nombre d'hypothèses émises dans ce chapitre pourraient également découler de la prise en considération des supercordes.

Nous avons vu les liens qui se créent entre la physique des particules, qui est la science du très petit, et la cosmologie, qui est la science du très grand. Bien entendu, il se pourrait que certaines théories des particules ne puissent être testées directement dans des laboratoires terrestres, mais seulement à l'échelle de l'univers dans son ensemble. Pour l'heure, nombre de ces idées n'ont encore été testées à aucune des deux échelles. Toutefois, il semble que beaucoup de nos questions les plus profondes au sujet de l'univers primordial ne puissent être posées et élucidées que par le biais de la physique des particules [6].

---

6. Les relations entre la physique des particules et la cosmologie seront approfondies et discutées dans un prochain volume de la Nouvelle Encyclopédie.

JOHN ELLIS

PERSPECTIVES

Nous avons, dans le cours de ce chapitre, discuté bon nombre d'idées spéculatives ayant cours actuellement dans la physique des particules, mais deux idées n'ont pas encore été abordées.

L'une porte sur les *axions*, particules sans spin ayant une masse très petite, dont on dit qu'ils pourraient expliquer pourquoi les interactions faibles sont invariantes lors de la transformation CP, c'est-à-dire l'opération combinée que sont la conjugaison de charge C et le renversement en miroir P.

Aucun axion n'a jamais été vu en laboratoire, ce qui implique des restrictions quant à leurs propriétés. Il existe aussi d'importantes contraintes astrophysiques sur les axions, notamment parce que les étoiles de la Géante rouge se refroidissent à peu près au taux escompté, si aucun axion ne peut être émis.

Malgré ces contraintes, des ondes cohérentes d'axions auraient constitué la matière noire dans l'univers et aidé à la formation des galaxies. Les axions sont également des éléments potentiels de la matière noire dont l'existence pourrait être examinée en laboratoire. S'ils existent, on pourrait peut-être détecter le flux d'axions émis par le Soleil ainsi que les axions présents dans le halo galactique.

Une seconde idée spéculative ayant une immense signification potentielle est celle de la « supercorde » selon laquelle toutes les particules élémentaires connues sont en réalité des modes d'excitation d'un objet allongé, une corde fermée dans un espace-temps à dix dimensions.

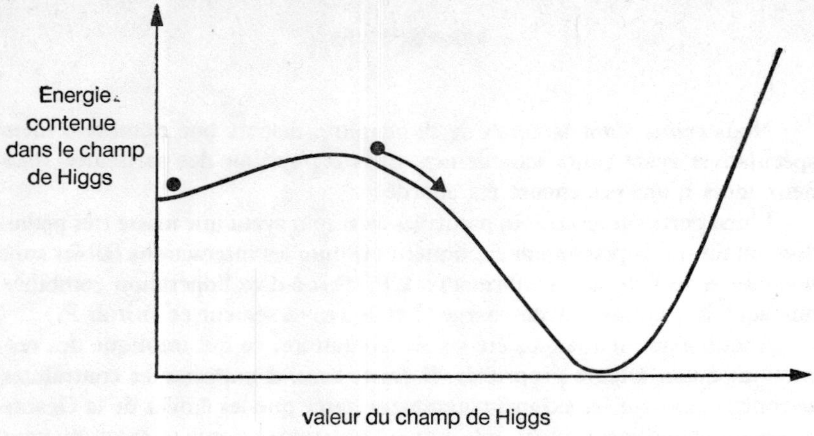

FIGURE 1. L'énergie contenue dans le champ de Higgs (par unité de volume) en fonction de la valeur de ce champ. *On notera la présence d'une grande énergie latente lorsque la valeur du champ est voisine de 0, point de symétrie du problème. Les différentes configurations du champ de Higgs au cours de l'inflation sont marquées d'un point.*

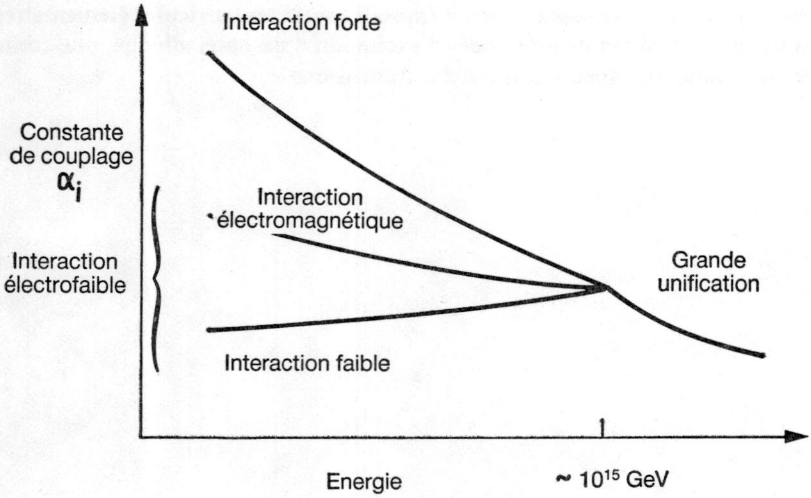

FIGURE 2. Évolution des constantes de couplage des différentes forces (ou types d'interaction) avec l'énergie. *Le sens de la flèche de l'abscisse est aussi celui qui nous rapproche du Big Bang.*

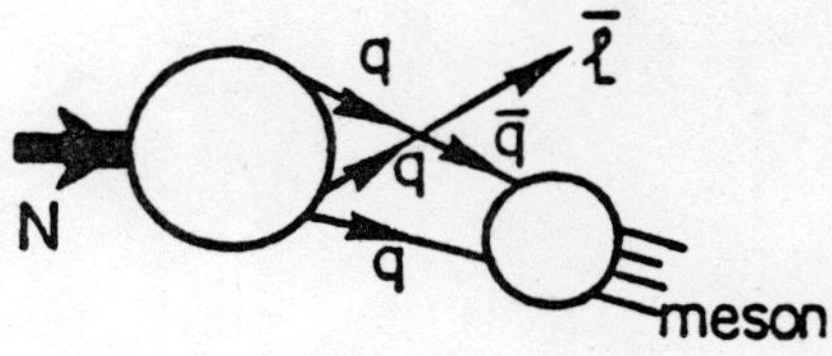

FIGURE 3. Diagramme représentant la désintégration d'un nucléon dans la théorie de grande unification des forces.

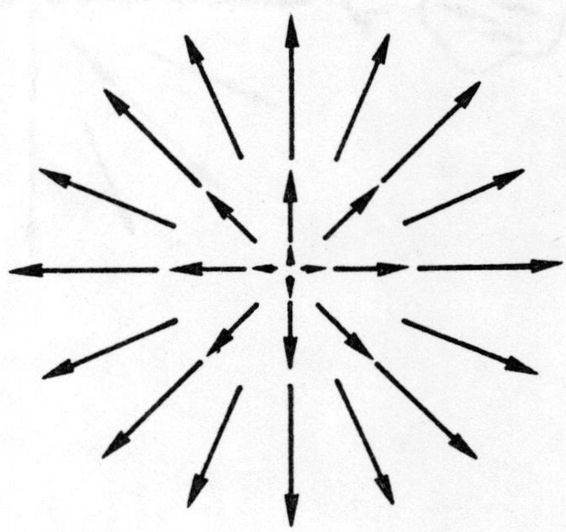

FIGURE 4. Configuration en "hérisson" du champ de Higgs représentant un monopôle magnétique.

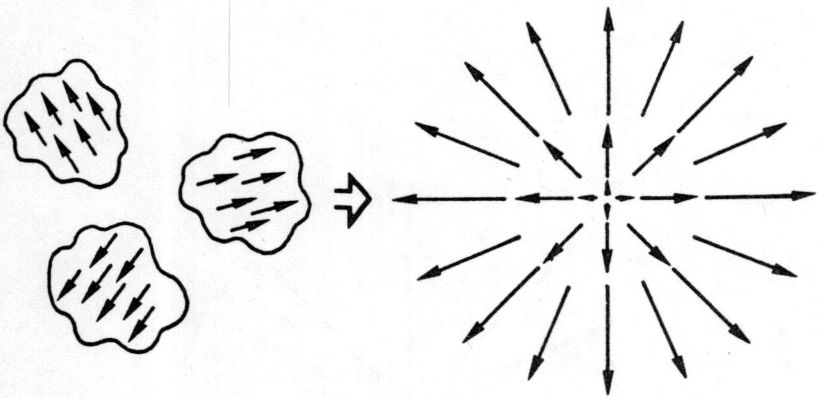

FIGURE 5. Formation d'un monopôle magnétique *comme point nodal de confluence de domaines de Higgs où le champ de Higgs a une orientation fixe. Ces domaines sont l'analogue de domaines de magnétisation (domaine d'orientation fixe du spin des atomes) dans un aimant.*

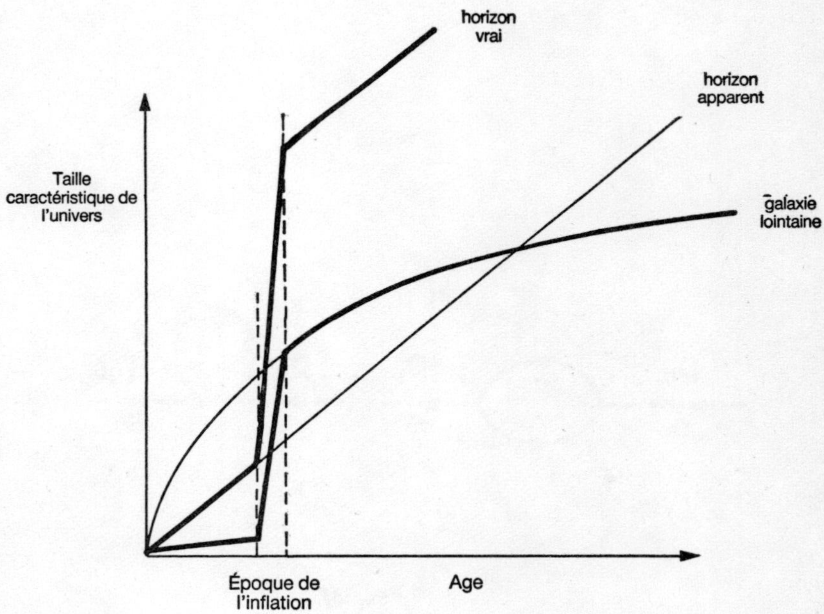

FIGURE 6. Schéma de l'expansion de l'univers *montrant comment l'inflation cosmologique peut expliquer l'homogénéité et l'isotropie de l'univers sur des échelles plus grandes que la taille de l'horizon apparent.*

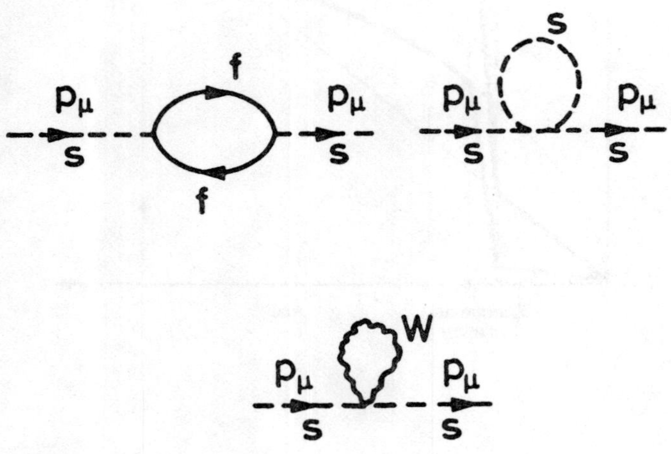

FIGURE 7. Corrections quantiques *(dites à une boucle, c'est-à-dire dues à des créations fugitives de particules* (s) *ou de paires de particules* (ff) *virtuelles) à la valeur de la masse du boson de Higgs* (H) *qui s'annulent dans une théorie supersymétrique.*

COSMOLOGIE QUANTIQUE

Robert Brout et François Englert ont contribué par leurs études sur les théories de jauge des interactions fondamentales à la compréhension du mécanisme de Brout-Englert-Higgs qui permet au boson W d'être massif. Depuis, ils se consacrent à l'application des théories quantiques de la gravitation à l'étude de l'univers primordial. Ils sont tous deux professeurs au département de physique de l'Université libre de Bruxelles.

Résumé

En dépit de l'impossibilité actuelle de donner une formulation quantique correcte de la théorie de la relativité générale, on peut tirer quelques conséquences cosmologiques de toute théorie quantique future de la gravitation. Cela permet de décrire quelques traits essentiels de l'ère planckienne et d'aboutir à la notion de « disparition du temps » qui est ici exposée. On est ainsi en mesure de poser des hypothèses vraisemblables sur l'origine de la température et d'éclairer d'un jour particulier le problème de la flèche du temps.

Abstract

In spite of the current impossibility of providing an accurate quantum formulation of the theory of general relativity, some cosmological consequences can be drawn from all future quantum theory of gravitation.

That allows the authors to describe some essential characteristics of the Planckian era and to come to the notion of « time disappearance » which is here presented. So, likely hypotheses on the origin of temperature can be put forward and a new light be shed on the problem of the arrow of time.

COSMOLOGIE QUANTIQUE

Robert Brout
François Englert

L'histoire du monde s'étend sur quelque dix milliards d'années. La physique contemporaine permet d'en dater approximativement l'origine et donne une reconstitution fiable de la succession des principaux événements postérieurs au premier centième de seconde : ceux-ci ont laissé des séquelles que la théorie prévoit et que l'observation révèle[1].

Mais la théorie n'aborde l'histoire antérieure qu'en termes d'hypothèses peu vérifiables et n'explique pas le phénomène originel, ce qui nous paraît scientifiquement inacceptable. Nous allons examiner les problèmes posés par ces événements primordiaux. Ces problèmes ont un caractère fondamental parce que leur solution ouvrirait au savoir des perspectives nouvelles dans lesquelles s'inscriraient toute l'histoire de notre monde et l'explication scientifique de son origine, voire de son destin[2].

Rappelons que les principales données de l'expérience, qui prêtent peu à controverse, sont les suivantes : la récession des galaxies, l'existence d'un fond de rayonnement cosmique (rayonnement à 3 K) et la proportion des différents éléments atomiques dans le monde observable.

Le schéma théorique conventionnel dans lequel ces données sont interprétées est celui du Big Bang, déjà exposé tout au long de cet ouvrage : un état thermique initial de densité d'énergie infinie évolue selon les lois de la

---

1. Les connaissances acquises en cosmologie jusqu'en 1980 sont analysées dans deux ouvrages de base de P.J.E. Peebles [102, 103]. Une présentation de qualité au niveau élémentaire en est donnée par S. Weinberg [132].

2. On remarquera quelle conception de l'explication scientifique est ici présupposée. Pour ces auteurs, elle consiste à ne rechercher que des causes temporelles et non à déduire des corrélations à partir de principes pris comme hypothèses. S'agissant du Big Bang interprété par certains comme « cause originelle », cette mise au point s'imposait. (J.S.).

théorie classique de la gravitation et la théorie quantique de la matière et du rayonnement. La gravitation est décrite classiquement par la relativité générale qui en donne une interprétation géométrique dans l'espace-temps ; les fluctuations quantiques de cette géométrie sont négligées parce qu'on ne connaît pas de quantification cohérente de la relativité générale. Par conséquent, la validité de la théorie du Big Bang est limitée *a priori* au domaine d'application de la relativité générale ; la structure géométrique de l'espace-temps qui en résulte n'est ainsi valable que pour des temps supérieurs à un temps dit de Planck $t_P \simeq 10^{-44}$ s et pour des températures inférieures à une « température de Planck » $T_P \simeq 10^{32}$ K. À partir de $t > t_P$, $T < T_P$, la théorie prévoit l'évolution d'un monde en expansion dont le refroidissement est déterminé par la conservation de l'entropie (on dit que l'expansion est adiabatique). Ce modèle explique la récession des galaxies ainsi que l'existence du rayonnement cosmique. Il prédit la formation des éléments primordiaux à partir de la physique connue des noyaux et des particules élémentaires : celle-ci entre en jeu lorsque t excède 10^{-2} s, moment où la température s'est abaissée à 10^{11} K. Les prévisions concordent remarquablement avec les valeurs mesurées.

Toutefois, cette théorie du Big Bang n'est probablement pas totalement correcte dans la mesure où l'expansion adiabatique ne peut débuter au temps de Planck $t_P \simeq 10^{-44}$ s. Comme nous le verrons plus loin, à $t \simeq t_P$, une phase « primordiale » différente a dû se former avant l'expansion adiabatique de manière à garantir son établissement et sa stabilité. C'est cette phase et son émergence des fluctuations initiales de la géométrie que nous allons tenter de comprendre. Les effets quantiques de la gravitation n'interviennent que pour un temps de l'ordre de 10^{-44} s et ne sont pas accessibles à l'observation expérimentale directe. Toutefois, une explication scientifique de la création du monde devra tenir compte de temps aussi courts et requiert donc une physique qui décrive au niveau quantique non seulement la matière et le rayonnement, mais aussi la gravitation. Notre compréhension du phénomène originel ne peut donc être, au mieux, que qualitative puisque la théorie qui l'expliquerait est incomplète.

Pour entreprendre cette étude qui est fondée sur les principes de la physique quantique et de la relativité, il est essentiel de comprendre la signification des unités naturelles. Puis, nous comparerons les fondements de la théorie quantique des champs de matière et de rayonnement, d'une part, et les difficultés inhérentes à la quantification du champ de gravitation, d'autre part. Ces difficultés pourraient motiver l'introduction de structures théoriques nouvelles. Nous discuterons ensuite les déficiences de la théorie du Big Bang et la nature d'une phase primordiale qui y remédierait. Nous aborderons l'analyse des fluctuations quantiques initiales. Nous analyserons les concepts qui sous-tendent l'étude de la création du monde à partir des fluctuations quantiques. Nous examinerons les problèmes posés par l'existence d'un état quantique du monde, par l'origine de la température, par la flèche du temps, par l'échelle de longueur et par le nombre de dimensions d'espace-temps. Nous critiquerons le présupposé cosmologique qui identifie *a priori l'univers,* défini comme la totalité accessible à la connaisance, au *monde* défini par l'extrapolation à grande échelle des structures qui nous entourent, et nous évoquerons la notion d'un univiers dont l'unité théorique rendrait intelligible à la science la complexité de ses constituants.

LA RÉDUCTION AUX UNITÉS NATURELLES

En mécanique classique non relativiste, on introduit trois étalons pour mesurer trois grandeurs fondamentales : ce sont les étalons de longueur, de temps et de masse. L'étalon définit, à un facteur arbitraire près, l'unité à laquelle on compare la grandeur considérée. On dénote les concepts d'unités de longueur, de temps et de masse respectivement par [L], [T] et [M]. Toutes les autres grandeurs peuvent alors être mesurées par des unités composées de trois unités primitives. Ainsi les unités d'énergie [E] et celles d'action [A] sont données par les produits $[E] = [ML^2 T^{-2}]$ et $[A] = [ML^2 T^{-1}]$.

La relativité restreinte introduit en mécanisme classique, rappelons-le, un concept fondamental nouveau, celui de la vitesse limite d'une propagation causale. On appelle ainsi la transmission d'une information entre deux événements à des moments différents. La propagation causale relie donc deux événements dont le premier est susceptible d'influencer le second. Cette vitesse limite c peut être identifiée, en particulier, à celle de la lumière qui acquiert ainsi une signification indépendante de l'observateur. Cette identification reste valable en présence d'un champ de gravitation, c'est-à-dire en relativité générale. Par conséquent, même en physique classique, il n'est plus nécessaire d'introduire un étalon de temps indépendant d'un étalon de longueur puisque l'on peut universellement étalonner le *temps* séparant deux événements causalement reliés par la *longueur* du trajet que devrait parcourir un rayon lumineux qui les connecterait. La vitesse c ne peut donc plus être déterminée expérimentalement puisqu'elle est le nombre arbitraire qui *définit* à partir d'un seul étalonnage le rapport entre l'unité de temps et l'unité de longueur. Remarquons d'ailleurs que dans la formulation mathématique de la relativité, le temps t et la vitesse c n'interviennent jamais isolément mais toujours sous la forme d'une longueur exprimée par le produit ct. Les unités définies par un choix du nombre c sont dites naturelles et satisfont à [L] = [T]. Il est commode, pour le physicien, de choisir $c = 1$ et d'utiliser la même unité naturelle, par exemple le centimètre, pour mesurer temps et longueurs. La valeur plus communément utilisée $c \simeq 3.10^{10}$ cm/s n'est plus aujourd'hui qu'une définition de la seconde à partir du centimètre (ou vice versa) et sa valeur, comme son emploi, sont contingents à l'histoire ; ils permettent de conserver comme unité de temps une unité approximativement égale à celle définie avant la confirmation expérimentale de la relativité.

De même en physique quantique, la relation $E = h\,\nu$ reliant l'énergie d'un photon à sa fréquence par une constante universelle h permet de mesurer l'énergie d'un photon, et donc toute énergie qui pourrait se transformer en ce photon, par un étalon de temps. Ici aussi la constante universelle $\hbar$ est le nombre arbitraire qui permet de mesurer le temps et l'énergie à l'aide d'une seule unité naturelle $[E] = [T^{-1}]$. En général le physicien pose $\hbar \equiv h/2\pi = 1$.

Puisque $[E] = [ML^2\,T^{-2}] = [M] = [T^{-1}] = [L^{-1}]$ nous voyons qu'il ne faut introduire en physique qu'une seule unité naturelle, soit [M], soit [L], soit [T].

Remarquons que, dans le cadre plus familier de la physique macroscopique, un processus similaire de réduction du nombre d'étalons fondamentaux résulte de l'explication de la thermodynamique du XIXe siècle par la mécanique statistique. On peut en effet interpréter la température mesurée en kelvin comme une énergie d'agitation moléculaire E_{cm}. La relation $E_{cm} = \frac{3}{2}\,k\,T$ donnant l'énergie thermique classique du centre de masse d'un système identifie la constante universelle de Boltzmann k au nombre arbitraire qui permet de réduire l'unité de température à celle de l'énergie. Le physicien choisit en général $k = 1$. On peut ainsi vérifier directement que la relation qui donne le nombre de photons N_{ph} dans un volume V d'un corps noir porté à une température T est de la forme $N_{ph} = \alpha\,V\,T^3$ où le coefficient α est un *nombre pur.* Cela signifie que la valeur de α ne dépend d'aucun étalon ; il est en fait déterminé par la physique quantique et est d'ordre de grandeur égale à 1. Cette vérification s'effectue en remarquant que V et T ont respectivement comme unités $[L^3]$ et [E], et que par conséquent $[N_{ph}] = [L^3\,E^3] = [L^3\,L^{-3}] = [I]$, ce qui signifie que N_{ph} est bien un nombre pur. De même on vérifie que la densité d'énergie de rayonnement d'un tel système est donnée par $\sigma = \beta\,T^4$ où β est un nombre pur (que la mécanique quantique détermine et qui est à nouveau d'ordre 1).

Cette réduction de tous les étalons à un seul, par exemple à celui de la longueur, est l'aboutissement de l'œuvre de synthèse réalisée en physique : la diversité apparente des phénomènes naturels ne traduit que des manifestations particulières de lois très générales corrélant uniquement des mesures de longueur.

La constante G définissant le couplage de la gravitation à la matière et au rayonnement a comme unité naturelle [L^2], comme on le vérifie aisément à partir de l'énergie bien connue d'attraction universelle $E = Gmm'/r$ entre deux points matériels de masse m et m' séparés par une distance r. On peut donc définir une unité de longueur en posant G = 1. C'est même là un choix commode en cosmologie parce que cette « unité de Planck » marque à la fois la longueur, le temps, la masse élémentaire et la température qui caractérisent l'apparition d'importantes fluctuations quantiques du champ de gravitation et de géométrie de l'espace-temps. Cela apparaîtra clairement au paragraphe suivant, mais nous pouvons déjà remarquer que la transcription de G = 1 en unités conventionnelles, données dans le tableau ci-après, fait bien intervenir $\hbar$ qui caractérise des comportements quantiques ; dans la suite, nous utiliserons, sauf avis contraire, $G = c = \hbar = k = 1$.

Toutefois, l'arbitraire de G et en particulier le choix G = 1 n'a pas la même signification que l'arbitraire de c, $\hbar$ ou k : le choix G = 1 ne réduit pas les longueurs à des nombres purs. En effet la valeur de G ne nous permet pas de connaître *a priori* la « longueur » d'un proton par exemple et *a fortiori* pas celle d'une règle macroscopique. Il faut donc conserver actuellement en physique un étalon de longueur, que ce soit la « longueur de Planck » ou celle d'un mètre étalon. On peut toutefois envisager l'avènement d'une théorie quantique unitaire de la gravitation, de la matière et du rayonnement qui permettrait en principe de prévoir à partir de G toutes les longueurs des corps de composition connue. L'étalon de longueur deviendrait inutile et la théorie devrait être définie en termes de nombres purs. L'importance épistémologique de cette ultime réduction serait fondamentale et nous en discuterons au dernier paragraphe de ce chapitre.

$L_p \equiv$ longueur de Planck $\equiv (G\,\hbar/c^3)^{1/2} = 1.62 \times 10^{-33}$ cm
$t_p \equiv$ temps de Planck $\equiv (G\,\hbar/c^5)^{1/2} = 5.39 \times 10^{-44}$ s
$m_p \equiv$ masse de Planck $\equiv (G/\hbar c)^{-1/2} = 2.17 \times 10^{-5}$ g
$E_p \equiv$ énergie de Planck $\equiv (G/\hbar c^5)^{-1/2} = 1.95 \times 10^{16}$ ergs
$= 1.22 \times 10^{19}$ eV
$T_p \equiv$ température de Planck $\equiv (G\,k^2/\hbar c^5)^{-1/2} = 1.42 \times 10^{32}$ K

Ce que signifie le nombre 1 en unités conventionnelles lorsque l'on choisit $G = \hbar = k = c = 1$.

THÉORIE QUANTIQUE DES CHAMPS ET QUANTIFICATION DE LA RELATIVITÉ GÉNÉRALE[3]

La matière et le rayonnement quantifiés sont décrits par la théorie quantique des champs : les excitations quantifiées des champs définissent des particules, photons, électrons, etc., que l'on observe. Le schéma se fonde sur la théorie classique des champs dont le prototype est fourni par le champ électromagnétique maxwellien en interaction ponctuelle avec des champs matériels : les champs quantiques fluctuent autour de configurations permises par la physique classique selon les règles de la physique quantique.

La théorie quantique des champs est remarquablement confirmée par les résulats expérimentaux, mais le schéma est incomplet. D'une part, il faut introduire un certain nombre de paramètres (masses et constantes de couplage entre champs) que seule l'expérience permet de fixer. D'autre part, elle n'inclut pas, actuellement, la relativité générale et est ainsi limitée, comme nous allons le voir, aux distances supérieures à la longueur de Planck.

On peut certes tenter de quantifier la relativité générale puisque la métrique d'espace-temps n'est autre que le champ de gravitation. Mais ce champ métrique, et par conséquent l'espace et le temps mesurés, s'avère complètement instable en présence de fluctuations quantiques. On peut comprendre ce résultat en termes élémentaires.

En théorie quantique des champs, l'énergie d'interaction E s'exprime en fonction d'une constante de couplage. Ainsi on retrouve en électromagnétisme ou dans des théories du même type la relation classique $E = e^2 r$ pour deux particules de charge (ou constante de couplage) e séparées par une distance r. Toutefois, le vide quantique défini par l'absence de particules contient des champs fluctuants qui jouent le rôle d'un milieu polarisable ; de ce fait e^2 n'est plus strictement constant et devient une fonction de r, $e^2(r)$. Le point essentiel, qui contrôle cette variation, est le suivant : *$e^2(r)$ est un nombre pur* puisque $[E] = [L^{-1}]$. Par conséquent si on développe le rapport $e^2(r_2)/e^2(r_1)$ en série de $e^2(r_1)$, on obtient pour

$e^2(r_1)$, et $\Delta r \equiv r_2 - r_1$ suffisamment petits,

3. Pour une étude récente de la théorie quantique des champs de jauge et de la renormalisation on peut, par exemple, consulter l'excellent traité de P. Ramond, *Field Theory : A Modern Primer,* Benjamin Cummings Inc. Reading, Mass, 1981.

$$\frac{e^2(r_2)}{e^2(r_1)} = 1 + A\,e^2(r_1)\,\frac{\Delta r}{r_1} + \ldots \text{ ou mieux}$$

$$\frac{e^2(r_2)}{e^2(r_1)} = 1 + A\,e^2(r_1)\ln\frac{r_2}{r_1} + \ldots \qquad 3.1)$$

où A est un nombre pur et où nous n'avons écrit que le terme dominant.

Le coefficient A est déterminé par la théorie, comme le sont tous les termes du développement « perturbatif » du rapport 3.1) en série de $e^2(r_1)$ et $\Delta r/r_1$. On trouve bien ainsi uniquement des corrections logarithmiquement faibles qui ne modifient pas fondamentalement la loi classique en e^2/r. On dit que la théorie est *renormalisable.* De plus, si A est positif, $e^2(r_2)$ est plus grand que $e^2(r_1)$, si $r_2 > r_1$ et, le calcul perturbatif confirme dans ce cas que $e^2(r)$ tend vers zéro lorsque r tend vers zéro ; on qualifie alors la théorie d'*asymptotiquement libre* et l'expression 3.1) est justifiée *a posteriori* pour r suffisamment petit. Les structures généralement considérées en théorie quantique des champs sont basées sur les « champs de jauge non abéliens » qui incluent le champ électromagnétique comme membre d'un ensemble de champs ; elles sont renormalisables et asymptotiquement libres.

Les difficultés que rencontre la théorie quantique de la gravitation proviennent du fait que la constante de couplage gravitationnelle G définie par $E = -Gm_1 m_2/r$ a comme unité naturelle $[L^2]$. La relation 3.1 devient alors

$$\frac{G(r_2)}{G(r_1)} = 1 + A'\,\frac{G(r_1)}{r_1^2}\ln\frac{r_2}{r_1} + \ldots.$$

où le facteur $1/r^2$ est nécessaire pour que A' se réduise à un nombre pur. Ce facteur diverge lorsque r_1 tend vers zéro, ce qui provoque une amplification incontrôlable des effets dus aux fluctuations quantiques : le coefficient A' n'est plus déductible de la théorie et devient ainsi un paramètre arbitraire ; de même les paramètres suivants du développement perturbatif qui multiplient des termes encore plus divergents en $G^n(r_1) / r_1^{2n}$ deviennent arbitraires. La théorie perd tout caractère prédictif et la forme de l'énergie gravitationnelle classique n'est même pas qualitativement conservée si $r \lesssim 1$: on dit que la théorie est *non renormalisable.*

Ainsi, la théorie quantique des champs, renormalisable et asymptotiquement libre, confirme les prémisses classiques qui la fondent. La quantification de la relativité générale aboutit au résultat inverse. La théorie einsteinienne de la gravitation ne peut être quantifiée selon le schéma traditionnel et n'est fiable que pour en décrire le comportement à grande échelle ($r > 1$).

Cette conclusion justifie la recherche d'une structure théorique nouvelle qui corrobore la relativité générale pour r grand mais s'en différencie à petite échelle de manière à stabiliser les fluctuations quantiques. Il faudrait que l'interaction gravitationnelle s'étale sur une distance de Planck. Ainsi les divergences au point de contact $r = 0$ dans la série 3.2) seraient évitées. C'est bien ce qui se passe dans la théorie des « cordes relativistes »[4] où l'espace-temps est paramétré par le centre de masse de boucles (sorte de généralisation de la notion de « point matériel ») dont les vibrations décrivent les champs quantifiés, *y compris le champ de gravitation.* Ainsi la gravitation et les autres champs sont unifiés au niveau quantique ; il en résulte une infinité d'interactions ponctuelles élémentaires qui modifient en l'étalant l'interaction gravitationnelle élémentaire. Une théorie unitaire de ce type devrait fixer les paramètres arbitraires de la théorie quantique des champs et recélerait donc l'explication scientifique de tous les phénomènes naturels connus. Un tel projet est-il trop ambitieux ? Pas nécessairement, comme l'analyse suivante va nous l'indiquer.

Les forces de gravitation que la pesanteur nous fait ressentir sont en réalité, de loin, les forces les plus faibles que nous connaissons ; le rapport entre les énergies gravitationnelle et électromagnétique entre deux protons vaut $Gm^2/e^2 \simeq 10^{-36}$! Si nous percevons constamment les effets de la première et non de la seconde, c'est à cause de l'effet cumulatif de tous les nucléons de la Terre qui nous attirent vers son centre ; les forces électromagnétiques beaucoup plus importantes sont en revanche généralement « écrantées » par la neutralité électrique des objets qui les subissent. Toutefois, entre masses (ou énergies) voisines de la masse de Planck, et séparées par une distance de Planck, le rapport entre les deux types de force devient d'ordre 1. C'est bien à cette masse ou à cette longueur, que ces champs composants devraient fusionner dans une théorie unitaire au niveau quantique. La non-renormalisabilité de la relativité générale, qui traduit le fait que Gm^2/e^2 est un nombre pur et donc la variation de ce rapport avec la masse, ne devrait plus conduire à des contradictions pour $r < 1$. Par contre, elle fournirait l'explication naturelle de la faiblesse relative des forces gravitationnelles pour des petites masses et donc à grande distance alors que les champs décrits phénoménologiquement par des interactions renormalisables y conserveraient l'importance qu'elles avaient à l'échelle de Planck : leurs constantes de couplage ne sont en effet sensibles aux variations d'échelle que par des corrections logarithmiquement faibles.

À l'heure actuelle, les cordes relativistes paraissent, à la plupart des physiciens, seules susceptibles de conduire à une telle unification. Toutefois nous ne disposons ni d'une formulation mathématiquement satisfaisante de la théo-

---

4. Voir par exemple : J.A. Schwartz, *Phys. Rep.*, 1982, vol. 69, p. 233 ; M.B. Green, *Surveys in High Energy Physics,* 1982, vol. 3, p. 127.

rie, ni d'une indication expérimentale précise qui la confirmerait. Quelque intéressante qu'elle soit, la structure des cordes relativistes ne fournit qu'une hypothèse de travail dans la recherche d'une théorie unitaire.

Le problème posé par la quantification de la relativité générale n'est donc pas encore résolu. Nous pouvons toutefois utiliser la théorie quantique des champs dans le cadre de la géométrie fournie par la théorie classique de la gravitation tant que r reste beaucoup plus grand que 1.

CAUSALITÉ, STABILITÉ ET ÈRE PRIMORDIALE [5]

Rappelons qu'à une échelle suffisamment grande, on peut décrire l'univers observable par un gaz homogène. La trajectoire moyenne des particules du gaz est définie par trois coordonnées spatiales x^1, x^2, x^3 et l'homogénéité requiert

$$x^i(t) = a(t)\,\xi^i, \; [i = 1, 2, 3] \qquad 4.1)$$

Dans cette équation les coordonnées ξ^i décrivent les positions des particules du gaz à un moment fixé arbitrairement ; le facteur « d'échelle » $a(t)$ est ainsi défini à une constante près. En prenant la dérivée $\dot{x}^i(t)$ de $x^i(t)$ par rapport au temps, on vérifie la loi de Hubble.

$$v^i t \equiv \dot{x}^i(t) = H(t)\,x^i(t)\,;\; H(t) \equiv a^{-1}(t)\,\dot{a}(t) \qquad 4.2)$$

Cette loi exprime que la vitesse de récession des galaxies est proportionnelle, à un instant donné, à la distance qui les sépare. Nous fixerons la constante arbitraire de manière à identifier la valeur actuelle a_0 de a à l'inverse de la constante de Hubble observée $H_0^{-1} \simeq 10^{61}$.

Les difficultés que rencontre la théorie conventionnelle du *Big Bang* proviennent de l'énorme entropie $\mathscr{S}$ du monde observable.

Si nous remontons le cours du temps, la température actuelle T_0 du rayonnement cosmique [$T_0 \simeq 2{,}7$ K ($\simeq 10^{-32}$)] s'élève de manière à assurer la conservation du nombre de photons $N_{ph} \simeq V\,T^3$ constituant ce rayonnement dans un volume V en comouvement avec l'expansion. En prenant $V = 4\pi a^3/3$, on trouve donc approximativement $N_{ph} \simeq a_0^3\,T_0^3 \simeq 10^{87}$;

5. L'« inflation » exponentielle de l'ère primordiale comme solution au problème posé par la causalité en cosmologie est due à R. Brout, F. Englert et E. Gunzig (Gravitational Award First Prize, 1978) publié dans *G.R.G.*, 1979, vol. 10, p. 1. L'exposé du problème donné au début de ce chapitre suit essentiellement celui de A. Guth *(Phys. Rev.*, 1981, vol. D. 23, p. 347), qui a proposé indépendamment une solution similaire et de A. Casher et F. Englert *(Phys. Lett.*, 1981, vol. B. 104, p. 117) qui ont développé un aspect thermodynamique du premier travail.

N_{ph} mesure l'entropie $\mathcal{S}$ à des corrections négligeables près. On a ainsi

$$aT = \text{constante} \simeq 10^{29}. \qquad 4.3)$$

À température suffisamment élevée, la densité d'énergie de rayonnement $\sigma_{ray} \simeq T^4$ devient plus importante que celle de la matière et nous atteignons « l'ère du rayonnement ». Au-delà de cette température, d'autres particules massives peuvent se former sous forme de paires matière-antimatière à partir de l'agitation thermique. La relation 4.3) reste cependant qualitativement valable pour une compression adiabatique (pour autant que le nombre d'espèces différentes de particules ainsi créées reste petit par rapport à N_{ph}, ce qu'il est raisonnable de supposer). Lorsque nous atteignons la température de Planck, le rayon a_{planck} vaut, d'après 4.3), approximativement $a_0 T_0 \simeq 10^{29}$. Ainsi à 1 temps de Planck de la singularité classique, notre univers observable couvrirait 10^{29} longueurs de Planck !

Le résultat $a_{planck} \simeq 10^{29}$ impliquerait que le monde observable, dont le rayonnement résiduel à 2,7 K est remarquablement homogène, émanerait d'un rayonnement homogène initial couvrant environ 10^{29} régions entre lesquelles aucune communication causale ne paraît concevable : en un temps de Planck, on ne peut couvrir plus d'une distance de Planck par propagation causale. Une telle homogénéité, dont la nécessité ne serait justifiée par aucune cause, rendrait définitivement inintelligible à la science le problème posé par l'origine de l'ère de rayonnement.

La conclusion qui s'impose au physicien est donc la suivante : la théorie du Big Bang conventionnelle est fausse dans la mesure où il est incorrect de remonter adiabatiquement le cours du temps jusqu'à ce qu'on atteigne la température de Planck. La difficulté essentielle provient du grand nombre 10^{29} qui apparaît dans 4.3) et qui n'est autre que la racine cubique de l'entropie $\mathcal{S}$ du monde observable. Pour rendre cette entropie compatible avec la causalité, il faut la *créer* avant l'expansion adiabatique. On est ainsi amené à concevoir une ère primordiale caractérisée par une densité d'énergie suffisamment grande pour courber violemment les trajets lumineux de manière à joindre causalement un rayon au moins égal à celui du monde observable à une longueur de Planck : c'est pendant cette ère primordiale que l'entropie $\mathcal{S}$ doit se former.

Ce scénario serait réalisable si le monde pouvait initialement maintenir une densité d'énergie σ constante malgré l'expansion. Dans cette éventualité, la relativité générale conduit à une expansion exponentiellement rapide que l'on nomme inflation, qui pourrait connecter causalement toute l'évolution du monde à une longueur de Planck initiale ; ainsi le monde émergerait directement des fluctuations quantiques de la gravitation. Cette conclusion repose sur une hypothèse qui n'est cependant pas toujours vérifiée dans les schémas théoriques de l'inflation (voir le chapitre « Univers très primordial ») : il faut que celle-ci débute effectivement à l'échelle de Planck. Nous ferons cette hypothèse parce que tout schéma théorique qui tolérerait une géométrie classique antérieure à celle due à l'inflation devrait choisir la première en fonction de la seconde. Elle ne pourrait ainsi garantir ni la causalité de l'évolution ni sa stabilité par rapport à la structure de l'espace-temps préexistant à l'inflation. Certes, on peut imaginer une ère primordiale qui comprendrait, au niveau des géométries classiques, deux périodes organisatric dont la première établirait, pour des raisons actuellement inconnues, les conditions initiales d'une inflation. Mais il est plus naturel de supposer que la géométrie classique débute à l'inflation même.

On a proposé jusqu'à présent deux mécanismes susceptibles de produire éventuellement l'inflation. En posant pour la première fois en termes scientifiques le problème de la causalité en cosmologie, on découvrit un mécanisme par lequel l'expansion est entretenue par la matière massive qu'elle produit quantiquement [6] ainsi l'expansion et la production de matière s'engendrent mutuellement par rétroaction et on peut montrer que cette boucle rétroactive produit une densité constante d'énergie. Le second mécanisme se base sur une transition de phase [7] : le passage d'une phase à haute température à la phase que nous connaissons actuellement libère une chaleur latente qui fournit l'entropie nécessaire. On ne peut toutefois formuler ces mécanismes de manière théoriquement satisfaisante et on ne dispose donc pas d'une véritable théorie de l'inflation. Si, comme nous l'avons suggéré plus haut, la géométrie classique ne peut préexister à l'inflation, la difficulté réside dans une formulation théorique correcte d'une ère primordiale à une température voisine de celle de Planck. Il faudrait tenir compte du couplage, très important à cette échelle, entre la matière quantifiée et le champ gravitationnel. Comme nous l'avons vu au paragraphe précédent, cela s'avère difficile, sinon impossible, dans l'état actuel de nos connaissances. Dans ces conditions, les deux mécanismes envisagés plus haut ne fournissent peut-être que des éléments partiels complémentaires, mécaniques et thermodynamiques, nécessaires à la compréhension du phénomène. Celui-ci serait caractérisé par le transfert, sous forme de l'entropie $\mathscr{S}$ du monde observable, d'une information emmagasinée dans les fluctuations quantiques préexistantes à la géométrie. Par exemple, on peut imaginer que ces fluctuations se comportent mécaniquement comme des mini-trous noirs massifs qui libèrent thermodynamiquement, comme une chaleur latente, leur entropie $\mathscr{S}$ en s'évaporant [8] : ces trous noirs sont en effet une forme naturelle que peuvent prendre des fluctuations quantiques à des échelles de distance comparable

---

6. R. Brout, F. Englert et E. Gunzig (*op. cit.* note 5), R. Brout, F. Englert, J.M. Frère, E. Gunzig, P. Nardonne, C. Truffin, P. Spindel, *Nucl. Phys.*, 1980, vol. B 170 (F.S.1), p. 228.
7. A. Guth (op. cit. note 5) A. Linde, *Phys. Lett.*, 1982, vol 116 B, p. 335.
8. Cette interprétation fut proposée par A. Casher et F. Englert (*op. cit.* note 5).

à la longueur de Planck. Une autre possibilité nous est suggérée par la théorie des cordes relativistes mentionnée précédemment : l'information emmagasinée dans les fluctuations quantiques se manifesterait alors par des cordes de très grande énergie dont la désintégration fournirait l'entropie observable [9].

D'une manière générale, la production d'entropie observable caractérisant l'inflation nous apparaît inévitable. En effet, nous avons déjà mentionné le fait qu'à courte distance la théorie einsteinienne de la gravitation est incomplète et qu'une délocalisation de l'interaction gravitationnelle est nécessaire. Cette délocalisation contient nécessairement une information qui, dans la théorie actuelle, ne peut, au mieux, qu'être cachée (par exemple sous forme de trous noirs) mais qui serait explicite dans une théorie plus fondamentale. C'est dans le transfert de cette information du niveau planckien au niveau macroscopique qu'il faut, à notre sens, chercher l'origine de l'inflation. Celle-ci est donc en premier lieu la création de l'entropie observable, que son expansion s'avère, en définitive, exponentielle ou non. Remarquons d'ailleurs que si l'inflation exponentielle réconcilie l'évolution du monde observable et la causalité, elle ne résout pas tous les problèmes. En fait, elle amplifie une difficulté inhérente à tout modèle cosmologique fondé sur la relativité générale.

La raison qui rend compatible σ = constante, et donc l'inflation, avec le couplage de la relativité générale à la matière apparaît lorsqu'on exprime la conservation de l'énergie dans un volume $4\pi a^3/3$.

La relation $\sigma = -p$ = constante n'est cependant compatible avec la relativité générale que par suite d'une ambiguïté fondamentale. Les principes généraux d'invariance géométrique qui permettent d'écrire les équations d'Einstein n'excluent pas un terme additionnel : ce terme, appelé constante cosmologique, est équivalent à une contribution constante $\bar{\sigma}$ et $\bar{p}$ à σ et p telle que $\bar{\sigma} = -\bar{p}$! L'inflation fait donc apparaître une constante cosmologique effective, d'origine dynamique, qui s'efface lorsque la production d'entropie prend fin. Mais la question reste posée : pourquoi n'observons-nous aujourd'hui aucune constante cosmologique ? La confirmation expérimentale de l'expansion adiabatique succédant à l'inflation implique l'absence d'une telle constante avec une précision $\bar{\sigma} \leqslant H_0^2 \simeq 10^{-122}$! Ce résultat est d'autant plus étonnant que non seulement toute transition de phase postérieure à l'inflation mais aussi les fluctuations quantiques du vide contribuent à $\bar{\sigma}$. Ainsi on s'attendrait à ce que le vide des protons de masse $m \simeq 10^{-19}$ donne quantiquement une contribution à $\bar{\sigma}$ de l'ordre de $m^4 \simeq 10^{-76}$ puisque $\bar{\sigma}/m^4$ est un nombre pur. Bien qu'en principe cet effet puisse être compensé parce

9. Cette suggestion est due à Y. Aharonov et A. Casher, *Phys. Lett.*, 1986, vol. 116 B, p. 289. La structure d'une ère primordiale où l'inflation serait produite par des cordes macroscopiques a été étudiée par Y. Aharonov, F. Englert, J. Orloff (U.L.B. Preprint, 1987).

que le signe de cette contribution dépend du type de particule considéré (fermion ou boson) et que la constante cosmologique « fondamentale » n'a pas de signe fixé *a priori*, on ne connaît pas la raison qui assure cette compensation dans l'univers actuel. Des mécanismes conduisant à $\bar{\sigma} = 0$ ont bien été proposés, mais ils sont loin d'être théoriquement établis. L'annulation ou du moins la petitesse de la constante cosmologique pose donc un problème de première importance pour la cosmologie en particulier et pour la physique quantique en général.

L'ÈRE PLANCKIENNE ET LA DISPARITION DU TEMPS

L'inflation permet en principe, en remontant le cours du temps, de connecter causalement l'expansion adiabatique à une ère planckienne dominée par toutes les fluctuations quantiques, y compris celles de la gravitation. Mais nous avons vu qu'à l'échelle de Planck une modification fondamentale des lois physiques, telles que nous les connaissons, s'avère nécessaire. En particulier, comme nous allons le voir maintenant, la notion même de temps perd toute signification opérationnelle dans une ère (ou pour être plus rigoureux une région de l'univers) dominée par les fluctuations quantiques de la gravitation. Ainsi la cosmologie ne peut être décrite comme une séquence d'événements et ne devient donc histoire qu'à partir d'une origine temporelle qui marque le départ hors de l'ère planckienne.

Le temps en mécanique quantique est un paramètre qui décrit l'évolution de la fonction d'onde χ par l'équation de Schrödinger

$$H \chi = i \frac{\partial \chi}{\partial t} \qquad 5.1)$$

où H transcrit le contenu énergétique du système dynamique considéré. L'évolution dans le temps d'un système est ainsi gouvernée par son énergie.

Si le système considéré quantiquement inclut, outre la matière et le rayonnement, le champ de gravitation on écrira

$$H = H_M + H_G \qquad 5.2)$$

où H_G décrit l'énergie gravitationnelle. Toutefois la compatibilité de la relativité générale et de la mécanique quantique implique dans ce cas l'annulation du second membre dans 5.1) qui devient ainsi

$$(H_M + H_G)\psi = 0 \qquad 5.3)$$

où la « fonction d'onde » ψ décrit l'état du monde.

On peut comprendre ce résultat de la manière suivante. L'inclusion de la gravitation dans le système quantifié implique, comme en relativité générale classique, l'indépendance de la description physique d'un système par rapport au choix d'un repère de référence spatial et d'une horloge particulière. Comme l'évolution dans le temps de la fonction d'onde peut, toutes autres choses égales, être modifiée arbitrairement par un choix d'horloge, cette évolution (caractérisée mathématiquement par $\partial \psi / \partial t$) est dénuée de sens physique. Elle ne peut dès lors être engendrée par l'énergie du système considéré lorsque celui-ci contient le champ gravitationnel.

L'équation 5.3), dite équation de Wheeler-De Witt [10], est remarquable parce qu'elle ne fait pas référence, du moins explicitement, au temps. Dans le contexte cosmologique, toute référence au temps disparaît effectivement dans une formulation compatible avec la physique quantique. Comme ce résultat provient de l'arbitraire du choix d'une horloge, il subsistera probablement dans la formulation « ultime » de la quantification du champ de gravitation. Ainsi, la quantification de ce champ révèle un fait dramatique et apparemment paradoxal : l'histoire cosmologique ne requiert pas la notion de temps !

Comment retrouver le temps perdu ? L'« état du monde » défini par 5.3) perd toute signification opérationnelle puisque nous ne disposons plus du paramètre t pour ordonner les phénomènes. On peut s'estimer satisfait de l'inintelligibilité de ψ parce que le « monde » considéré peut contenir en principe tout observateur potentiel et qu'il ne reste « personne » pour donner un sens à l'état du monde. Cette satisfaction d'ordre épistémologique est de courte « durée » : le temps est nécessaire à ce que l'on peut appeler l'interprétation physique des phénomènes observés.

Il existe une interprétation d'un état ψ contenant l'« observateur » qui permet sous certaines hypothèses de retrouver la structure prédictive de la physique quantique ; l'état observé y est défini relativement à celui de l'observateur [11]. Il n'est pas nécessaire d'exposer ici cette théorie car nous

10. J. Wheeler, *Superspace and the Nature of Quantum Geometrodynamics,* New York, Battelle Rencontres, W.A. Benjamin, 1968, B. De Witt, *Phys. Rev.*, 1967, vol. 160, p. 113.

11. H. Everett III, *Rev. Mod. Phys.*, 1957, vol. 29, p. 454.
J. Wheeler, *Rev. Mod. Phys.*, 1957, vol, 29, p. 463.

en retrouverons directement l'élément essentiel en retrouvant le temps : le rôle de l'observateur y sera joué par la géométrie [12].

Dans cette démarche, la notion clef est celle de corrélation. Ainsi, lorsque l'on dit que les roches se sont formées sur terre il y a environ un milliard d'années, on traduit en termes de temps la séquence « roches en formation » qui est corrélative d'une séquence ordonnée des valeurs du facteur d'échelle a centrée autour de la valeur qui marque l'époque où les conditions physiques existantes étaient précisément celles qui sont requises pour induire une telle configuration rocheuse. Ainsi une corrélation s'établit entre les séquences de configurations matérielles et les séquences ordonnées du facteur d'échelle. On peut interpréter cette corrélation en termes d'évolution temporelle parce que les équations *classiques* de la relativité générale relient a à un paramètre de « temps » t d'une manière bien connue.

Pour traduire les corrélations en termes de temps, il faut donc utiliser de manière cruciale les équations classiques de la relativité générale. En physique quantique, les conditions de validité de la limite classique sont bien connues : un sous-système d'un système quantique peut être traité classiquement dans la mesure où son échelle d'énergie est grande par rapport à celle des fluctuations des autres éléments du système avec lesquels il interagit. Ainsi, la relativité générale classique sera applicable même si la matière doit être traitée quantiquement pour autant que l'énergie de Planck soit grande par rapport à la température et au taux d'expansion exprimé par la constante de Hubble. Dans cette limite, on montre d'ailleurs, par une étude détaillée [12], que le paramètre t de la relativité générale peut être *défini* comme fonction de a à partir de la solution de l'équation de Wheeler-De Witt décrivant l'expansion et que ce paramètre décrit bien l'évolution des configurations matérielles par une équation de Schrödinger du type 5.1).

Le schéma prédictif de la physique est donc retrouvé : l'état quantique de la matière χ est défini par rapport à l'horloge que constituent les séquences ordonnées de configurations classiques de géométries spatiales du monde en expansion.

Mais la notion de temps ainsi définie n'est utilisable que dans la mesure où les fluctuations quantiques de la gravitation deviennent négligeables devant l'émergence d'une géométrie classique stable. C'est bien cette géométrie que l'inflation est censée sélectionner. Remarquons que nous avons jusqu'ici sup-

---

12. Dès 1967, B. De Witt (*op. cit.* note 10) suggère que la notion du temps émerge des fluctuations quantiques de la gravitation. Cette conception fut développée par S. Hawking : *Quantum Cosmology*, École d'Été des Houches, 1983, North-Holland, 1984. Les recherches de Hawking concernant « l'état quantique du monde » sont à la base des développements récents en cosmologie quantique. Nous évoquons ici la démarche entreprise par T. Banks (*Nucl. Phys.* 1985, vol. B 249, p. 332) complétée par R. Brout, C. Horwitz et D. Weil, résumée dans *Found of Phys.*, 1987, vol. 6, p. 603.

posé que l'inflation, qui crée l'entropie observable, peut être décrite comme une évolution temporelle, probablement exponentielle, du facteur d'échelle. Cependant, les difficultés inhérentes à la description de ce phénomène qui connecterait l'ère planckienne à l'ère adiabatique, proviennent, comme nous l'avons discuté au paragraphe précédent, de l'importance qui peuvent y jouer les fluctuations planckiennes. Dans l'état actuel de nos connaissances, nous ne pouvons donc affirmer avec certitude que la création d'entropie observable par l'inflation puisse être décrite complètement comme un phénomène se déroulant dans le temps.

LE MONDE ET L'UNIVERS

Nous venons de montrer que l'on peut reconstituer qualitativement toute l'histoire du monde si celui-ci s'est formé à partir des fluctuations quantiques de la gravitation. Celles-ci seraient décrites par une quantification appropriée de la relativité générale qui reste à découvrir ou par une théorie, éventuellement unitaire, qui s'en différencierait à courte distance. Cette conclusion est d'autant plus importante qu'elle montre l'intérêt, voire la nécessité, d'une étude du « phénomène originel ». Celui-ci est caractérisé par une échelle de longueur de l'ordre de 10^{-33} cm et la physique à cette échelle peut s'avérer cruciale pour déterminer la structure et les interactions des constituants de la matière que sont les particules « élémentaires ». Ainsi se dessine un lien entre l'infiniment grand et l'infiniment petit. Nous allons examiner les principaux problèmes scientifiques que pose le phénomène originel ; cette analyse nous suggérera une interprétation de la nature de ce lien qui pourrait peut-être servir de guide dans la quête d'un développement nouveau du savoir.

L'état quantique du monde et la flèche du temps

Nous avons vu qu'il est possible d'interpréter l'état quantique du monde en se référant à la géométrie caractérisée par une solution adéquate de l'équation de Wheeler-De Witt. Le temps t défini à partir de cette solution croît avec l'expansion exponentielle et par conséquent avec la création d'entropie nécessaire à l'évolution ultérieure ; cette croissance définit ainsi la flèche du temps causal. Toutefois, comme l'équation considérée ne contient pas le temps, on peut toujours trouver une autre solution décrivant la même séquence dans l'ordre inverse : cette solution décrirait donc un monde en contraction.

Il est difficile de concevoir que ce film inversé d'un monde en expansion admette une interprétation compatible avec la causalité. La flèche du temps pointerait donc, pour cette deuxième solution, dans le sens opposé à t.

Une interprétation plausible de cette inversion de la flèche du temps résiderait dans l'identification d'un monde en contraction « anticausale » à celle d'un anti-monde en expansion causale [13] : dans le cadre de la physique quantique conventionnelle, toute particule de matière se déplaçant négativement dans le temps est réinterprétable comme une particule d'anti-matière s'y déplaçant dans le sens positif. De toute manière, la coexistence de deux mondes, ou plus généralement de plusieurs mondes, décrits par une seule « fonction d'onde » $\psi = \sum_i \psi_i$ où chaque ψ_i représente un monde possible, n'est acceptable qu'en l'absence d'interférences appréciables entre les différents ψ_i ; cette contrainte est en fait vérifiée pour presque tous les systèmes macroscopiques décrits par une superposition d'états. On peut certes imaginer que seule une composante ψ_i subsiste [14]. Mais sans une physique correcte dans la région où a est voisin de zéro et où les interférences entre les différents mondes potentiels seraient déterminantes, nous ne pouvons pas contrôler la validité de cette hypothèse.

L'origine de la température

La nucléation d'une inflation isotherme nécessite l'existence d'une température. Quelle en est l'origine ? La quantification des champs matériels en relativité générale suggère une réponse qualitative à cette question. Un état quantique peut en effet apparaître à un observateur particulier sous la forme d'un bain thermique si une partie de l'espace-temps lui est inaccessible. Ainsi un observateur statique à une distance plus grande que 2M du centre d'un trou noir de masse M subit un flux thermique émanant du trou ; ce flux traduit l'information perdue à l'intérieur de l'« horizon » du trou situé à une distance égale à 2M du centre de celui-ci [15]. Un effet analogue peut se produire pour un observateur en comouvement [16] si l'état quantique du monde est défini dans une région d'espace-temps plus grande que celle marquée par une solution classique.

13. A. Casher et F. Englert (*op. cit.*, note 5).
14. Voir la discussion de T. Banks (*op. cit.*, note 12).
15. Le rayonnement thermique d'un trou noir est une découverte théorique fondamentale due à S. Hawking, *Nature*, 1979, vol. 248, p. 30 ; *Comm. Math. Phys.*, 1975, vol. 43, p. 199).
16. Cet effet est discuté par R. Brout, G. Horwitz et D. Weil (*op. cit.*, note 12).

L'échelle de longueur et le nombre de dimensions d'espace-temps

Nous avons vu que la disparité à l'échelle macroscopique entre les interactions gravitationnelles et électromagnétiques serait naturelle dans le cadre d'une théorie unitaire [17]. L'importance relative du champ électromagnétique au niveau nucléaire, atomique ou macroscopique, comme d'ailleurs celle des autres champs en interactions renormalisables, résulterait de la faible variation de leurs couplages, définis par des nombres purs (c'est-à-dire représentant des grandeurs dont la valeur ne dépend pas des unités choisies : exemple, π), en fonction de l'échelle des longueurs. Mais le couplage électromagnétique e^2 est un nombre pur *si et seulement si l'espace-temps est quadridimensionnel.* Ce fait n'implique toutefois nullement une caractérisation intrinsèque de l'espace-temps par quatre dimensions. Par exemple, dans les théories des cordes relativistes, ce qui s'interprète comme espace-temps a généralement plus de quatre dimensions et le nombre de dimensions est imposé par la cohérence interne de la théorie elle-même. Les dimensions supplémentaires servent alors à caractériser les degrés de liberté internes de particules. Il est d'ailleurs naturel, dans la quête d'une théorie unitaire, de ne pas fixer le nombre de dimensions spatio-temporelles *a priori.* Une telle théorie n'utiliserait en effet que des nombres purs, et les propriétés des objets seraient ainsi caractérisées intrinsèquement par leur structure plutôt que par une échelle de longueur à laquelle la théorie ne se référerait pas. Il pourrait s'avérer commode, voire nécessaire, d'y introduire une échelle et d'interpréter les nombres purs comme des rapports d'échelles. On sélectionnerait ainsi les interactions électromagnétiques et les autres interactions renormalisables par leur insensibilité à ce rapport.

On devrait donc retrouver quatre dimensions d'espace-temps à une échelle grande par rapport à celle de Planck, tandis que les autres dimensions caractériseraient une structure spatiale confinée au voisinage de la longueur de Planck. C'est bien ce résultat que l'on tente d'obtenir dans tous les schémas unitaires, y compris dans celui des cordes relativistes. Mais le prix de cette sélection est nécessairement, comme on peut déjà le vérifier dans tous ces schémas, la relégation au niveau de Planck de toute la complexité qui n'est pas directement apparente à grande échelle. Cette remarque nous amène au point final de notre analyse : y a-t-il une relation entre l'existence d'une éventuelle théorie unitaire dont l'échelle serait absente et l'intelligibilité du phénomène originel dont l'ère primordiale serait issue ?

17. Voir le paragraphe intitulé « Théorie quantique des champs et quantification de la relativité générale ».

Le phénomène originel et l'univers[18]

Comment peut-on comprendre le phénomène originel ? Nous devons nous poser cette question avant même de tenter de circonscrire la nature de la théorie qui en rendrait compte. Nous savons en effet qu'il est inutile de tenter de l'expliquer causalement dans le temps interne au monde puisque ce temps perd toute signification dans l'ère planckienne dont le monde est issu. Mais nous avons montré que l'intelligibilité du temps interne se trouvait dans la corrélation entre géométrie spatiale classique et configurations de champs quantiques. Ce résultat suggère que l'intelligibilité du phénomène originel réside dans l'existence d'une relation plus générale entre cette configuration initiale et l'ensemble de *toutes* les fluctuations planckiennes possibles. Mais comment caractériser cette relation ?

Rappelons que nous avons supposé que la géométrie classique primordiale du monde, définie par un facteur d'échelle homogène, était sélectionnée, à l'échelle de Planck, par l'inflation. Dans l'état actuel de nos connaissances, la condition la moins restrictive qui relierait la configuration initiale de l'ère primordiale aux fluctuations planckiennes serait la suivante : la probabilité de trouver une telle configuration particulière dans l'ensemble de *toutes* les fluctuations planckiennes possibles est *non nulle.* Du point de vue épistémologique, cette hypothèse signifie que le phénomène originel n'est pas, *a priori,* un phénomène unique. La raison scientifique qui sous-tend cette hypothèse est la suivante : les configurations caractérisées géométriquement par un facteur d'échelle $a\ (\eta,\ x^i)$, homogène ou non, sont instables, c'est-à-dire qu'elles tendent à s'amplifier. Un monde pourrait alors émerger de n'importe quelle configuration du facteur d'échelle : la moyenne de ce facteur sur une région planckienne pourrait constituer la « longueur » initiale du monde. Certes, nous ne savons pas *a priori* ce qui se produirait en dehors des limites de cette région initiale. Mais il faut savoir qu'un observateur intérieur au monde ne peut, dans un environnement suffisamment isotrope, en déceler les effets : la finitude d'un monde n'est donc pas en désaccord avec l'observation directe. Un tel monde pourrait avoir une durée de vie finie liée causalement à son extension spatiale : il serait détruit par les effets provenant des régions extérieures à ses limites.

Le rôle privilégié du facteur d'échelle nous conforte donc dans notre hypothèse d'une probabilité non nulle de trouver au niveau planckien la configuration initiale de l'inflation. Examinons maintenant les conséquences de cette hypothèse.

---

18. De nombreuses tentatives de caractérisations du phénomène originel dans le cadre de la théorie actuelle existent dans la littérature scientifique. Nous n'en discutons pas ici parce que nous tenterons plutôt de définir le problème épistémologique de manière à en cerner la solution scientifique.

Si le monde peut émerger avec une probabilité finie des fluctuations planckiennes de la gravitation, une structure de complexité comparable ne peut-elle, à son tour, surgir d'une longueur de Planck, en un temps de Planck, à l'*intérieur* de notre monde ? La réponse la plus naturelle à cette question, et probablement la seule scientifiquement acceptable, est oui. À première vue, la complexité d'un monde requiert, pour son organisation, une énorme échelle de longueur et de temps par rapport à l'échelle de Planck. Mais dans le cadre de la relativité générale, nous avons vu qu'un monde génère par l'inflation sa propre géométrie à partir d'une longueur et d'un temps de Planck. Ceux-ci pourraient bien se situer, par exemple, dans notre monde et un « monde » qui y prendrait ainsi naissance nous apparaîtrait comme une fluctuation planckienne. On pourrait visualiser cette situation par l'analogie suivante : un monde serait représenté par un ballon gonflable dont l'embouchure serait confinée à l'intérieur d'une longueur planckienne du monde qui l'aurait engendré. La trame d'espace-temps de l'univers deviendrait le lieu de la genèse et de la mort des structures comparables en complexité à celle de notre monde, qui en engendreraient d'autres à l'intérieur d'elles-mêmes, sans pour autant qu'un de ces « mondes » doive être intrinsèquement plus petit qu'un autre qui lui donnerait naissance [13]. On peut ainsi concevoir un univers où l'état quantique d'un monde pris isolément ne fournirait qu'une transcription partielle et approximative de sa structure, suffisante pour marquer la flèche du temps interne, insuffisante pour signifier le temps externe dans lequel il serait né [19]. La température initiale résulterait de la description nécessairement incomplète du support d'un seul monde en terme de son espace et de son temps. *La complexité d'un monde, à grande échelle, impliquerait une complexité bien plus grande encore à ses échelles de Planck, que ce soit à l'intérieur de son espace ou à l'origine de son temps.*

Cette dernière conclusion, à laquelle notre analyse du phénomène originel dans le cadre de la relativité générale nous a conduits, corrobore notre analyse de l'inflation vue comme transfert d'une information contenue dans les fluctuations planckiennes en entropie observable ; elle revêt une importance fondamentale. Elle révèle en effet le caractère déterminant des complexités planckiennes que la théorie ne maîtrise pas. Elle préfigure ainsi une théorie unitaire d'où l'échelle serait intrinsèquement absente. Comme nous l'avons déjà suggéré, une telle théorie, dont les cordes relativistes esquissent la nature, rejetterait aux échelles de Planck toutes les complexités que l'introduction même de l'échelle estompe au niveau macroscopique. Ainsi, si l'image

19. La notion d'un temps externe à un monde, considéré comme un système plongé dans un espace-temps qui le contient, est naturelle (voir B. de Witt, *op. cit.*, note 10). De plus, comme nous l'a fait remarquer Y. Ahranov (non publié) il n'y a aucune nécessité causale à corréler les flèches des temps internes avec celles d'un temps externe.

géométrique de l'univers que la relativité générale présente pouvait s'avérer insuffisante ou inadéquate, les complexités qu'elle indique demeureraient. On peut même s'attendre, dans une théorie unitaire, à des complexités plus grandes encore puisque de nouveaux degrés de liberté compléteraient à l'échelle de Planck ceux décrits par la gravitation et par les champs renormalisables. Mais cette multiplication des complexités ne serait plus que la traduction dans le langage interprétatif en termes d'échelle, d'espace et de temps, d'une théorie qui les unifierait par l'abstraction de ce langage.

Dans cette perspective, le présupposé cosmologique, qui identifie *a priori* notre monde à l'univers accessible à la connaissance, s'effondrerait. L'anthropocentrisme caché dans ce présupposé, et que notre analyse met en évidence, devient à nouveau un obstacle au développement de la connaissance, que la finalité des choses soit ou non inscrite dans le devenir de la science, on ne peut inpunément court-circuiter le cheminement de l'analyse par un principe de causes finales dont tout principe anthropique est une forme déguisée. Avec la disparition de l'échelle, s'effondrerait ainsi, ce qui, jusqu'à récemment, apparaissait comme un autre *a priori* absolu : l'objectivité et l'irréductibilité de l'espace et du temps. Mais ce qui transparaît, à travers la théorie unitaire à construire, c'est la synthèse nécessaire à l'intelligibilité du lien entre l'infiniment grand et l'infiniment petit, entre la constitution d'un monde, son origine, son histoire et son destin.

Y A-T-IL PLACE POUR D'AUTRES MODÈLES ?

Docteur ès sciences, Enrique Alvarez est professeur à l'université de Madrid (Espagne). Il a effectué des séjours prolongés à l'Observatoire de Paris (1976-1979), à l'université de Princeton (1981-1982), à l'université de Harvard (1982-1983) et au C.E.R.N. (1986). Il travaille plus particulièrement sur les théories multidimensionnelles, notamment sur les supercordes, et leurs implications cosmologiques.

Résumé

Ce chapitre est consacré à une étude critique des modèles non standard du Big Bang, en particulier ceux qui utilisent les théories multidimensionnelles et la « gravité induite ». Ils sont comparés aux théories en cours d'élaboration dans le domaine de la physique corpusculaire.

Abstract

Some « non standard » cosmological models are critically reviewed, with special emphasis in their internal consistency and logical relationship with the currently presented theories of the fundamental interactions.

Les chapitres précédents ont exposé la théorie du Big Bang standard jusque dans ses plus récentes extrapolations. Le problème que nous allons examiner ici est le suivant : dans l'hypothèse générale d'une explosion primordiale, est-il possible de trouver des variantes au modèle standard tout en respectant les principes généralement admis des grandes théories physiques ? Pour aborder ce chapitre, le lecteur doit s'attendre à un niveau de technicité nettement supérieur à celui du reste du volume.

Y A-T-IL PLACE POUR D'AUTRES MODÈLES ?

Enrique ALVAREZ

Il y a, entre la cosmologie et les autres « sciences expérimentales », une différence fondamentale : il y est impossible d'obtenir des informations par l'expérimentation directe, et l'on doit pour l'instant se contenter des observations réalisées sur le cône de lumière. Par ailleurs, l'objet de cette science est, en un certain sens, « tout l'Univers ». Il est alors évident que la « réfutabilité » des modèles cosmologiques doit être établie sur des fondements bien différents de ceux des sciences expérimentales classiques ; on mettra davantage l'accent sur le nombre total de « prédictions » (ou explications satisfaisantes des observations connues) et sur la cohérence, la simplicité et l'élégance de l'édifice théorique.

Certaines hypothèses générales du modèle standard (soit dans leur forme actuelle, soit sous des formes alternatives) sont indispensables pour construire une théorie quantitative. On peut, par exemple, citer le « principe cosmologique » (d'après lequel l'univers est homogène et isotrope), ou encore la constance des lois physiques (c'est-à-dire qu'elles doivent rester identiques en tout point de l'espace-temps), voire la validité partout de la théorie de la gravitation d'Einstein, ou même l'hypothèse que l'espace-temps peut être considéré comme une variété différentiable quadridimensionnelle.

On peut donc, en principe, classer les modèles non standard proposés jusqu'à présent à partir de l'hypothèse (ou les hypothèses) du modèle standard qu'ils remettent en question. Ainsi, par exemple, la théorie de l'« état stationnaire » de H. Bondi, T. Gold et F. Hoyle conteste la validité des lois physiques communément acceptées (en proposant une « création continue de matière », comme on le verra plus loin) ; cela se produit aussi dans presque tous les modèles proposés pour expliquer les décalages anormaux vers le rouge (comme la « lumière fatiguée », etc.), ainsi que dans les théories qui, comme celle de Dirac, prédisent une variation avec le temps des constantes fondamentales de la nature. Certaines théories remettent simplement en question le principe cosmologique (c'est le cas, par exemple, de l'univers hiérarchique de Charlier et du modèle inhomogène de G.F.R. Ellis). D'autres modèles mettent en cause la validité de la relativité générale, comme dans la théorie de la « gravité induite » de A. Sakharov, S. Adler *et al.* Enfin, dans les théories du type général « Kaluza-Klein », on rejette l'hypothèse que l'espace-temps a seulement quatre dimensions, et l'on postule l'existence de dimensions additionnelles.

En dehors d'éventuelles (et parfois bien réelles) contradictions avec les observations, la crédibilité des modèles non standard est essentiellement fonction du nombre de prédictions du modèle standard qui ne se maintiennent pas dans les modèles alternatifs envisagés (notamment la nucléosynthèse primordiale des éléments légers et l'existence du rayonnement cosmologique à 3 K) ; elle est aussi fonction de la qualité des motivations théoriques (du point de vue des théories physiques fondamentales) ou « observationnelles ».

On va passer rapidement en revue, dans les pages qui suivent, tous les modèles cités plus haut, en commentant leurs caractéristiques. On va commencer, tout naturellement, par les théories dont la motivation ou bien relève de l'esthétique, ou bien appartient à la physique non quantique. On poursuivra par une brève référence à des théories dont la motivation est « observationnelle », puis on terminera par l'étude de modèles dont la motivation relève de la théorie quantique des champs.

THÉORIE DE L'ÉTAT STATIONNAIRE

Les motivations de cette théorie étaient — au moins implicitement — « observationnelles ». L'âge de l'univers estimé à cette époque (les années 1940) était en effet dangereusement proche de l'âge du système solaire, qu'on savait déjà évaluer par des moyens directs.

T. Gold, H. Bondi, et aussi, bien qu'avec certaines nuances, F. Hoyle, ont proposé alors une extension du principe cosmologique qu'ils ont appelée « principe cosmologique parfait » : « L'univers doit présenter le même aspect vu de n'importe quel lieu, et cela à n'importe quel instant » — en moyennant, bien entendu, sur les irrégularités locales.

Ce principe implique que la densité moyenne d'énergie du « fluide cosmologique » soit constante, $\varrho(x) = \hat{\varrho}$. Si l'on admet l'expansion de l'univers comme un fait d'expérience, il en résulte que l'on doit introduire la création continue de matière pour compenser la diminution de densité avec le temps cosmique qui résulte du modèle standard. Cette création n'est pas très importante du point de vue quantitatif : quelque 10^{-46} g/cm³ suffisent pour expliquer les observations dans ce modèle. F. Hoyle a proposé un modèle classique (*i.e.* non quantique) pour expliquer ce mécanisme de création : il introduit un champ $C_{\mu\nu}$ — étroitement lié au temps cosmique de l'événement x — qui modifie les équations d'Einstein :

$$\chi T_{\mu\nu} = R_{\mu\nu} - \frac{1}{2} R g_{\mu\nu} + C_{\mu\nu}$$

de telle sorte que :

$$\chi \nabla_\mu T^{\mu\nu} = \nabla_\mu C^{\mu\nu} \neq 0.$$

Il faut bien remarquer que ce processus de création n'a jamais fait l'objet d'un modèle quantique détaillé (compatible avec les lois de conservation qui sont censées être applicables aux interactions entre particules élémentaires).

Il est clair que la seule valeur du paramètre de Hubble $H = \dot{R}(t)/R(t)$ compatible avec le « principe cosmologique parfait » est, précisément, H_0 = constante, qui peut s'intégrer facilement pour donner la métrique de l'espace-temps :

$$ds^2 = dt^2 - \exp(2\, tH_0)\,(dr^2 + r^2 d\theta^2 + r^2 \sin^2\theta d\varphi^2).$$

Dans le cadre de la relativité générale, cette métrique (caractérisant l'espace dit de Sitter) est une solution des équations d'Einstein dans le « vide » (*i.e.* avec un tenseur impulsion-énergie identiquement nul), mais avec une constante cosmologique positive. En revanche, dans le modèle stationnaire qui nous intéresse ici, la même métrique est associée à un espace-temps non vide, avec une densité de matière constante d'environ :

$$\hat{\varrho} = 10^{-29}\ \text{g/cm}^3.$$

Ce modèle, dont l'intérêt théorique a toujours vivement séduit certains chercheurs, n'est guère capable de fournir des explications simples à certains faits de l'observation astronomique qui, en revanche, sont bien compris dans le cadre du modèle standard. Par exemple, les comptages de radiosources se situent bien au-dessus de ce que l'on attend pour une distribution uniforme, indiquant ainsi une évolution importante dans la population de ces radiosources. Cela ne pose, bien entendu, aucun problème dans le modèle standard, mais c'est très difficile à incorporer au modèle stationnaire. Plus sérieuse encore est la difficulté de fournir une explication naturelle à la présence du « bruit de fond cosmologique », le rayonnement noir à 3 K découvert par A. Penzias et R. Wilson, et que l'on peut considérer, jusqu'à un certain point, comme une prédiction du modèle standard, émise en premier lieu par G. Gamow. Beaucoup de défenseurs du modèle stationnaire ont contesté jusqu'à un passé très récent le caractère « corps noir » de cette radiation, en se fondant sur la difficulté d'obtention des données dans la queue du spectre ; cela ne semble plus possible aujourd'hui, et le caractère « corps noir » de la radiation de fond doit être accepté comme un fait d'observation. Cela dit, malgré les efforts de F. Hoyle et de ses collaborateurs, toutes les tentatives proposées pour incorporer le rayonnement à 3 K dans le cadre du modèle stationnaire restent très artificielles, et résistent mal à la comparaison avec le modèle standard à cet égard. L'une d'entre elles, par exemple, reprend une vieille idée de V.A. Ambartsumian pour expliquer la production d'hélium à partir d'hydrogène en admettant la présence dans l'univers d'une grande quantité de « trous blancs » — c'est-à-dire la situation physique que l'on obtient à partir d'un « trou noir » par inversion temporelle. En fait, on peut facilement montrer que l'énergie moyenne libérée par la conversion H + H → He est comparable à celle contenue dans la radiation de fond. De toute façon, même si le contenu énergétique total est comparable, cette énergie ne sera pas thermalisée (*i.e.* son spectre ne sera pas planckien). Le processus proposé pour la thermalisation de cette énergie postule la présence dans l'univers d'une certaine quantité de petits bâtonnets de graphite d'une longueur moyenne de $l = 50\ \mu m$ fournissant en tout une densité moyenne de $\varrho \simeq 10^{-34}\ g/cm^{-3}$.

Le résultat final de ce processus assez compliqué est la prédiction suivante : le rayonnement à 3 K doit consister en une superposition de divers types de radiation du corps noir, avec des températures

$$T_b,\ \frac{T_b}{e},\frac{T_b}{e^2},\ (T_b = 3\ K).$$

UNIVERS INHOMOGÈNES : LE MODÈLE HIÉRARCHIQUE ET LE MODÈLE DE G.F.R. ELLIS

On cite ces deux modèles non pas pour leur intérêt intrinsèque (le modèle standard, confronté aux observations, donne de bien meilleurs résultats que ce genre d'alternatives), mais parce qu'ils mettent en cause le principe cosmologique (qui, au prime abord, n'est pas susceptible de vérification expérimentale directe : il faudrait pour cela avoir accès à des observations faites dans un ensemble représentatif de points différents de l'espace-temps).

Les seuls arguments sérieux en faveur de ce principe sont, d'une part, la simplicité (hypothèse bien sûr attrayante, mais soumise à appréciation subjective), et, d'autre part, une tradition culturelle qui, depuis la Renaissance et Copernic, écarte l'homme, et son espace immédiat, la Terre, de la position centrale qu'ils étaient censés occuper dans le cosmos pendant le Moyen Âge.

Dans la version la plus simple du modèle hiérarchique, on suppose au contraire que le regroupement de galaxies en amas, puis en superamas, etc., se poursuit indéfiniment (on peut facilement généraliser le modèle en le rendant compatible avec la relativité générale). La seule motivation initiale de ce modèle était apparemment esthétique, encore que G. de Vaucouleurs ait occasionnellement revendiqué l'évidence observationnelle pour le justifier.

On doit cependant signaler que des résultats significatifs d'études statistiques, comme ceux produits par P.J.E. Peebles et ses collaborateurs, n'apportent aucun argument nouveau justifiant l'existence de ce type de hiérarchies cosmiques, et tout laisse supposer que la distribution de la matière dans l'univers est uniforme pour des tailles supérieures à celle d'un superamas.

Le modèle de G.F.R. Ellis suppose que l'espace-temps est une variété isotrope, hétérogène (c'est-à-dire que tous les points ne sont pas équivalents, et que le système solaire est placé tout près du centre de symétrie), et stationnaire. Il est facile de voir que l'on peut expliquer les principales caractéristiques du diagramme de Hubble avec un modèle de ce type. L'espace-temps doit avoir, par ailleurs, une singularité qui expliquerait le rayonnement noir à 3 K. G.F.R. Ellis lui-même et ses collaborateurs ont travaillé d'une manière approfondie sur les prédictions astronomiques de ce modèle, jusqu'à ce que l'on ait prouvé qu'elles sont quantitativement fausses.

On peut dire que ce modèle est un tour de force théorique, parce qu'il montre que l'on peut s'éloigner vraiment beaucoup du modèle standard tout en conservant ses prédictions qualitatives essentielles.

MODÈLES AVEC SYMÉTRIE ENTRE MATIÈRE ET ANTIMATIÈRE

Dans ces modèles, qui ont été étudiés principalement par H. Alfvén et O. Klein, et poursuivis avec la même énergie par d'autres physiciens comme R. Omnès, on suppose qu'il y a une symétrie parfaite entre matière et antimatière dans l'univers et, en particulier, que toutes les charges conservées au cours des processus physiques (charge électrique, mais aussi charge baryonique, etc.) ont une somme nulle — ce qui, d'ailleurs, n'a un sens tout à fait précis que dans les modèles d'univers à sections spatiales compactes.

La motivation de ce type de modèles est double : d'une part, esthétique, et, d'autre part, bien que cela puisse d'emblée paraître surprenant, un fait d'observation apparemment contradictoire, qui indique que, dans l'univers observable, il y a un excès de la densité de baryons sur celle des antibaryons n_b, qui est de l'ordre de 10^{-9} fois la densité de photons : $n\gamma = 10^{+9}\, n_b$. Faute d'une explication satisfaisante pour la petitesse de ce chiffre, on conclut qu'il doit y avoir là une « erreur d'observation » — produite, par exemple, par le fait que l'on observe une région qui n'est qu'une fluctuation locale, et que la « bonne » valeur est nulle : $n_b = 0$.

La même idée de départ s'est concrétisée dans beaucoup de modèles ;

certains — notamment celui proposé par R. Omnès — conduisent à des cosmologies relativistes usuelles, avec un contenu matériel particulier, de type « matière symétrique ». D'autres, en revanche, sont tout à fait différents, en particulier celui d'Afvén-Klein : à partir d'une configuration initiale symétrique où les régions de matière et d'antimatière sont séparées les unes des autres, on imagine une transition où le mélange des différentes régions conduit à un grand processus d'annihilation de matière et antimatière, avec production d'un très important flux de rayons gamma. La pression de radiation qui en découle produit l'expansion cosmique de la matière restante.

Tous ces modèles se heurtent à de graves difficultés, aussi bien du point de vue théorique que du point de vue observationnel.

En ce qui concerne la théorie, par exemple, on n'a jamais proposé de mécanisme satisfaisant pour expliquer la séparation entre matière et antimatière, malgré les efforts soutenus de nombreux chercheurs. Du côté observationnel, d'autre part, aucun fait ne permet d'assurer de la présence d'antimatière en grande quantité dans tout l'univers observable ; qui plus est, on n'observe pas le flux de rayons gamma dû à des processus d'annihilation qui devrait se produire dans les régions où matière et antimatière entrent en collision.

On a cherché à construire des modèles cosmologiques en se libérant d'un des présupposés fondamentaux du modèle standard : l'interprétation du *redshift* en terme d'expansion de l'univers. Ces modèles sont exposés, dans le chapitre suivant, par Jean-Claude Pecker.

MODÈLES À VARIATION DES CONSTANTES PHYSIQUES : LA COSMOLOGIE DE DIRAC

Ces modèles ont une motivation purement théorique, qui réside dans le constat de plusieurs coïncidences numériques entre des faits cosmologiques et des résultats relevant de la physique des particules.

Par exemple, le rapport entre la force électrique d'attraction entre un proton et un électron et la force gravitationnelle pour le même système vaut :

$$\frac{e^2}{Gm_pm_e} \simeq 10^{-40}$$

où e est la charge de l'électron, G la constante de Newton, m_p la masse du proton, et m_e celle de l'électron. D'autre part, le rapport entre les échelles de temps associées à un électron et à l'univers tout entier est une quantité du même ordre :

$$\frac{e^2 H_0}{m_e c^3} \simeq 10^{-40}$$

où c est la vitesse de la lumière dans le vide, et H_0 la constante de Hubble. Finalement, le rapport entre l'échelle naturelle de masse de l'univers tout entier et celle d'un proton est aussi :

$$\frac{\varrho_0 c^3 H_0^{-3}}{m_p} \simeq 10^{+80}$$

où ϱ_0 est la densité de masse moyenne de l'univers. Une conséquence élémentaire des relations précédentes est :

$$G\varrho_0 H_0^{-2} \simeq 1.$$

On affirme ensuite qu'il ne s'agit pas de simples coïncidences, mais que l'égalité de ces différents rapports doit demeurer tout au long de l'histoire de l'univers. Si l'on suppose que m_p et m_e sont vraiment constantes, pour que l'égalité

$$\frac{e^2}{G m_p m_e} = \frac{c H_0^{-1}}{e^2/m_e c^2}$$

soit vérifiée à tout instant, on devrait avoir :

$$\frac{e^4}{G c^3} \simeq H_0^{-1}.$$

On suppose d'habitude e et c vraiment constantes, de façon que :

$$G \simeq H_0.$$

En fait, on peut même trouver une dépendance entre G et le temps t à l'aide de l'argument qualitatif suivant : si l'on fait usage de la loi de conservation de la matière, celle-ci implique que $\varrho \simeq R^{-3}$ (on devrait, en toute rigueur, écrire ici la densité de nombre baryonique, n_b, au lieu de ϱ qui n'est pas strictement conservée). D'autre part,

$$\varrho_0 = H_0^2/G$$

ou bien, en faisant usage des relations précédentes,

$$H_0 = 1/t.$$

C'est-à-dire $G = t^{-1}$: la valeur de la « constante » de Newton dépend du temps cosmique, l'intensité de l'interaction devenant de plus en plus forte au fur et à mesure qu'on se rapproche de l'état initial.

P.A.M. Dirac lui-même a construit une théorie un peu plus élaborée à partir de ces mêmes bases, en utilisant la géométrie de Weyl. Il se place dans une variété différentiable munie d'une connexion qui n'est pas celle de Levi-Civita, de façon telle que le tenseur métrique n'est pas covariamment constant, mais que sa dérivée covariante peut s'écrire :

$$\nabla \varrho g_{\mu\nu} = \Phi \varrho g_{\mu\nu}$$

le « cisaillement » étant donc nul (le champ Φ_ϱ était précisément le potentiel électromagnétique dans le modèle de théorie unifiée proposé par H. Weyl). Les conséquences astrophysiques de cette théorie (et de ses variantes) ont été beaucoup approfondies par V. Canuto et ses collaborateurs.

Bien que le détail n'en soit pas simple, toute confrontation aux observations doit commencer par étudier la limite expérimentale de la variation relative de la constante de Newton $\delta\dot{G}/G$. Cette limite vaut 10^{-10} par année, au vu des expériences menées sur les échos radar des planètes. On peut reculer cette borne jusqu'à 10^{-11} par année, en utilisant des informations d'origine géophysique, et même jusqu'à 10^{-12} par année, valeur fournie cette fois par l'astrophysique elle-même.

La motivation initiale du modèle de Dirac était franchement théorique : un argument « esthétique » pour mettre en correspondance le monde de la microphysique, décrit par la mécanique quantique, avec le monde de l'astrophysique extragalactique, décrit dans sa globalité par la relativité générale. On peut cependant inclure dans cette même famille de cosmologies tout un ensemble de modèles (Brans-Dicke, dimensions additionnelles de Kaluza-Klein, gravité induite, etc.) dont les motivations sont extrêmement variées, et qui figurent parmi les plus intéressantes alternatives encore viables au modèle standard.

Cela étant, il faudrait juger chacune de ces théories particulières non seulement par la valeur de ses prédictions concrètes, mais aussi par ses motivations théoriques et sa place dans le devenir de la science actuelle.

C'est en application de ce principe que nous ne décrirons pas en détail la théorie de Brans-Dicke ; on va de toute façon la prendre en compte comme un cas particulier de théorie quadridimensionnelle effective du type Kaluza-Klein (cf. *infra*). La motivation initiale n'avait en effet, dans ce cas, rien à voir directement avec les problèmes de la physique des particules élémentaires ; il s'agissait au contraire de construire une théorie relativiste de la gravitation en suivant les lignes directrices du principe de Mach.

LA THÉORIE DE LA GRAVITÉ INDUITE

Il semble qu'il faille chercher l'idée originale de cette théorie dans quelques remarques de A. Sakharov sur la possibilité d'expliquer la gravitation à partir de l'« élasticité du vide » (sous-entendu : le vide de la théorie quantique des champs).

Au-delà de cette métaphore, cette théorie s'appuie, comme c'est de plus en plus fréquent, sur des analogies non de concepts mais de formules mathématiques. Nous allons tenter ici de faire percevoir cette méthode elle-même sans entrer dans l'explication de détails des formules sur lesquelles elle joue.

L'une des formulations de la théorie de la gravitation d'Einstein repose sur ce qu'on appelle le lagrangien de la théorie, une sorte d'énergie généralisée. C'est à partir de son expression formelle qu'un procédé classique (les équations de Lagrange) permet d'obtenir les équations fondamentales, en l'occurrence celles d'Einstein déjà évoquées dans ce volume.

Le lagrangien de la théorie d'Einstein s'écrit :

$$L = -\frac{1}{G}\sqrt{-g}\quad R$$

où R désigne une courbure de l'espace-temps et g se rapporte à la métrique définie par R. Hakim. G est la constante de gravitation universelle de Newton. C'est sa présence qui garantit qu'il s'agit d'une théorie de la gravitation. Ce qui est essentiel ici, c'est qu'il s'agit d'une constante absolue en ce sens que sa valeur ne dépend d'aucune circonstance extérieure (temps, lieu, température, champs externes, etc.).

Or, certaines considérations dues à Sakharov, Adler et Zee sur l'élasticité du vide les ont conduits à la traduire formellement par l'introduction d'un nouveau champ hypothétique φ lié à R par un nouveau lagrangien :

$$L = -\sqrt{-g} < \varphi^2 > R.$$

Les crochets $< \ldots >$ désignent un certain type de prise de moyenne. La valeur de celle-ci peut dépendre de la température T de l'univers.

Le rapprochement analogique formel entre les deux formules précédentes permet d'identifier $1/< \varphi^2 (T) >$ à une « pseudo-constante de la gravitation »,

$$G_I (T).$$

On dit qu'on est alors en présence d'une gravitation « induite » par le couplage de φ et de R. La valeur $G_I (T)$ de la constante induite peut dépendre significativement (en raison de détails non encore fixés) de la température de l'univers.

Comme c'est cette valeur qui règle le taux d'expansion cosmique et donc le déroulement des phénomènes décrits dans les chapitres précédents, on voit l'importance de prendre en compte cette théorie si elle se vérifie.

Les recherches à ce sujet sont en cours, mais il semble acquis qu'elle ne modifie le scénario habituel que pour des températures supérieures à 10^{15} K. L'un de ses effets serait de déplacer légèrement l'instant du Big Bang.

COSMOLOGIES MULTIDIMENSIONNELLES DU TYPE KALUZA-KLEIN

L'idée originelle de T. Kaluza et O. Klein reste vivante et en bonne santé plus de soixante années après sa naissance. La motivation est de rendre compte de toutes les interactions de la nature à partir de la gravité — on devrait dire, plutôt, supergravité, cf. *infra* —, mais dans un espace avec des dimensions additionnelles, disons $d = 4 + n$. La question qui se pose tout de suite est : « pourquoi ne voit-on pas ces dimensions additionnelles dans les expériences de laboratoire ordinaires ? » La réponse implique, en fait, le principe d'incertitude de la mécanique quantique. Supposons, en effet, que les n extradimensions forment une petite variété compacte, que l'on peut imaginer comme une sphère de rayon infiniment petit (probablement de l'ordre de la longueur de Planck, $l_P = 10^{-33}$ cm). Pour permettre l'observation de longueurs aussi faibles, le principe d'incertitude implique que la dispersion en impulsion, et donc l'impulsion elle-même, soit de l'ordre de $p = 1/l_P$ (en unités naturelles où $\hbar = c = 1$). Il faut donc accélérer des particules jusqu'à des énergies $E = m_P$ pour pouvoir apprécier la structure des extradimensions ; sinon, ces sphères apparaissent comme des points lors des observations.

Il s'agit, en fait, de donner en langage moderne une réponse à la vieille question : « d'où viennent les symétries de jauge (ou symétries *internes*, c'est-à-dire non spatio-temporelles) ? ». On propose alors la réponse suivante : les symétries de jauge sont des symétries spatio-temporelles (tout à fait comme dans le groupe de Lorentz), mais elles jouent sur les dimensions additionnelles ; après tout, même si l'on voit ces petites sphères comme des points, il y a bien un effet observable de l'existence des extradimensions à basse énergie : il s'agit précisément des transformations par symétrie de ces sphères, qui sont de vraies transformations spatio-temporelles, et qui se traduisent du point de vue quadridimensionnel comme de vraies transformations de jauge, c'est-à-dire comme des transformations internes entre les différents champs de la théorie quadridimensionnelle.

Plus exactement, on peut supposer que l'état fondamental — le « vide » — de la gravitation consiste en une métrique sur $V_d = V_4 \times K_n$ où V_4 est l'espace de Minkowski et K_n la variété compacte, V_d est en somme l'espace *produit* de V_4 et de K_n dont on a parlé plus haut. Le lagrangien de la théorie est la transposition immédiate de celui d'Einstein en n dimensions.

Dans la théorie originelle de Kaluza-Klein $n = 1$, la variété K_n était le cercle (habituellement désigné par S^1). Or, la variété compacte K_n aura en général un certain nombre d'isométries — transformations qui conservent les angles et les distances.

Imaginons maintenant que, pour des raisons inconnues pour l'instant — peut-être des raisons cosmologiques — le rayon de la variété compacte soit très petit par rapport à l'échelle du fermi ($=10^{-13}$ cm). Cela voudrait dire que toutes les particules du lagrangien quadridimensionnel « effectif » auraient des masses très élevées et échapperaient à la détection expérimentale dans les accélérateurs construits jusqu'à présent, car ces masses sont inversement proportionnelles au rayon de la variété compacte.

Il est évident que, quand on admet que l'espace-temps lui-même est multidimensionnel, l'état fondamental (le « vide ») cosmologique doit dépendre du temps — ce qu'on peut noter symboliquement $RW(4) \times K_n(t)$ (où RW(4) est la métrique Robertson-Walter en quatre dimensions courantes, et $K_n(t)$ exprime que la géométrie de la variété des dimensions compactes dépend du temps). Il ne s'agit pas vraiment d'un produit direct, mais d'un « fibré différentiable » sur l'axe du temps.

Dépendent alors du temps cosmique, non seulement le rayon de la variété tridimensionnelle, mais aussi le rayon de la variété compacte et, par conséquent, l'échelle de masse liée aux excitations dans K_n.

On peut, dans ce cas, imaginer une phase « symétrique » dans l'histoire cosmique où toutes les dimensions spatio-temporelles usuelles et « extradimensions » sont équivalentes, ce qui veut dire que l'unité de masse associée aux dimensions additionnelles est petite en regard de la température T du gaz cosmique. Cette phase symétrique aurait précédé la phase « compactifiée » où l'unité de masse est très grande par rapport à la température. Dans certaines solutions — qui sont, il faut le rappeler, des contributions fondamentales à cette théorie —, cette « compactification dynamique » a lieu d'une façon quasi instantanée.

Or, dans cette transition d'une phase symétrique à une phase compactifiée, il y a un changement fondamental dans le contenu matériel en quatre dimensions. Au début, dans la phase symétrique, la température est beaucoup plus grande que l'unité de masse associée à K_n ; cela veut dire qu'il y a beaucoup de particules créées thermiquement. Plus tard, c'est-à-dire aujourd'hui, dans la phase compactifiée actuelle, c'est tout le contraire qui se produit : la température est bien inférieure à l'unité de masse, elle n'est pas suffisante pour créer des particules.

Si cette transition a lieu d'une manière adiabatique (à entropie constante) — du point de vue des $d = 4 + n$ dimensions —, l'augmentation du nombre des particules de masse nulle dans cette compactification dynamique signifie qu'il y a une production nette d'entropie quadridimensionnelle ; l'entropie quadridimensionnelle est la part de l'entropie totale visible par un être à quatre dimensions spatio-temporelles. Il y a comme une « fuite » ou un « transfert » d'une part de l'entropie logée dans les extradimensions (cachées) vers notre univers à quatre dimensions.

On est maintenant en droit de s'interroger sur le but du scénario cosmologique décrit dans les paragraphes précédents, sachant que toute la motivation du modèle de Kaluza-Klein vient de la physique des particules élémentaires. La réponse se trouve dans les paragraphes qui suivent.

LA COSMOLOGIE DES SUPERCORDES

Il est aujourd'hui de plus en plus clair que les théories de supercordes sont de sérieux candidats à la constitution d'une théorie quantique de la gravitation — et des trois autres interactions fondamentales.

Ces théories sont définies dans $d = 10$ dimensions, et leurs objets fondamentaux ne sont plus des champs dont la valeur ne dépend que du point où ils sont considérés, comme dans les théories de Kaluza-Klein communes, mais des objets dont l'extension est unidimensionnelle. Une corde est un champ généralisé qui n'est plus fonction d'un point de l'espace mais d'un segment de l'espace. Une supercorde est une corde dans un espace à plus de trois dimensions et décrite par un lagrangien supersymétrique. Cette notion de supersymétrie a été explicitée dans le chapitre intitulé « l'Univers très primordial ».

L'évolution d'un tel objet dans le temps produit une surface d'univers — l'analogue de la ligne d'univers pour une particule relativiste. Cette surface est caractérisée par ses « coordonnées bosoniques transverses »,

$$X^i(s, \tau)\ (i = 1, ..., 8)$$

et aussi par des coordonnées fermioniques (d'où le préfixe « super ») (s, τ). Les coordonnées (s, τ) paramétrisent intrinsèquement la surface d'évolution de la corde. La théorie définit par ailleurs un paramètre $\alpha^{'}$, inversement proportionnel à une sorte de « tension » de la corde, si bien que quand α tend vers zéro cette tension devient infinie, et les cordes se « réduisent » à des points. Il faut donc s'attendre à ce que, lorsque $\alpha^{'} \rightarrow 0$, la théorie devienne asymptotiquement une théorie des champs ordinaire, et c'est bien le cas : il s'agit précisément d'une supergravité de dimension $d = 10$.

Si l'on doit faire un bilan des cosmologies multidimensionnelles, on peut dire ceci : la motivation est excellente (du point de vue des particules élémentaires, on trouve là les théories les plus prometteuses pour unifier les quatre interactions fondamentales) ; malheureusement, les alternatives au modèle standard sont très difficiles à confronter aux observations, parce qu'elles veulent représenter des modifications très « primordiales » dont il est difficile de conserver une trace aujourd'hui.

Dans le cadre de la cosmologie primordiale, on a maintenant une explication qualitativement satisfaisante de la valeur du rapport n_b/n_γ due au fait que, dans la plupart des théories de grande unification, il y a des processus permis qui ne conservent pas le nombre baryonique, violant ainsi la symétrie de CP (le produit de la « conjugaison de charge » par l'« inversion spatiale » qui, dans le cadre de la théorie quantique des champs où le produit de CP avec l'« inversion temporelle » CPT est toujours conservé, est équivalent à T, l'inversion temporelle elle-même). Ces processus, hors de l'équilibre thermodynamique, conduisent nécessairement à la création de nombre baryonique (cf. article de J. Ellis). Les arguments théoriques pour les modèles symétriques sont donc maintenant très faibles — quoique, en toute honnêteté, on pourrait dire la même chose du point de vue expérimental à propos des théories de grande unification elles-mêmes.

LA COSMOLOGIE DE LA GRANDE EXPLOSION EST-ELLE CONTOURNABLE ?

Professeur d'astrophysique théorique au Collège de France, Jean-Claude Pecker est membre de l'Académie des Sciences. Il a apporté des contributions essentielles dans de nombreux domaines de l'astrophysique, en particulier celui des enveloppes circumstellaires ; il se consacre actuellement à l'étude du Soleil. Il mène par ailleurs une étude critique du modèle standard du Big Bang qui le conduit à chercher des modèles d'univers sans expansion. Il est l'auteur de nombreux ouvrages spécialisés et de vulgarisation.

Résumé

Les trois piliers habituels du modèle standard du Big Bang sont le redshift des galaxies interprété comme une expansion de l'univers, l'abondance des éléments légers et le rayonnement à 3 K. Ce chapitre examine jusqu'à quel point ces données de l'observation constituent véritablement des preuves de l'idée de Big Bang et est ainsi conduit à proposer d'autres types d'explication.

Abstract

The three usual pillars of the Standard Big Bang theory are the red-shift of galaxies, interpreted as an expansion of the universe, the abundance of light elements and the cosmic background radiation. In this chapter, the author studies to which extent those observational phenomena really constitute evidence for the Big Bang idea and so is led to suggest other kinds of explanations.

LA COSMOLOGIE DE LA GRANDE EXPLOSION EST-ELLE CONTOURNABLE ?

Jean-Claude PECKER

Il n'est pas absurde de se demander, soixante ans après l'« atome primitif » de Lemaître, les premières observations de Slipher sur la fuite des galaxies, la relation empirique de Hubble, quarante ans après les constructions de Gamow, et vingt ans après la découverte du rayonnement à 3 K par Penzias et Wilson, si le débat cosmologique s'est réellement fermé par rapport à ce qu'il était au début de ce siècle, si l'on est contraint à la cosmologie de la grande explosion, ou si l'on peut contourner ce monument.

En fait, les travaux que nous venons de citer, et des milliers d'autres, ont précisé les conditions existant dans l'espace le plus lointain ; ils ont apporté des indications précieuses sur l'histoire ancienne de l'univers. Mais aussi bien par les moyens de l'observation que par ceux de l'analyse mathématique, ils n'ont pas encore fait évoluer profondément, à notre avis, ni notre conception du temps, qui reste locale, et liée aux méthodes de mesures, comme aux définitions des unités, ni notre conception des *origines*, encore moins la qualité des connotations métaphysiques qu'à l'inverse des disciples de saint Thomas d'Aquin de nombreux chercheurs ou théologiens contemporains leur associent.

Même en ce qui concerne la description des phénomènes astronomiques, des divergences subsistent, qui continuent à relever de l'opinion plus que de la démonstration. Si des interprétations cohérentes sont proposées par maint aspect des observations, il est rarement démontré qu'elles soient les seules. Et le choix de ceux des phénomènes qui, ayant « valeur cosmologique », sont des indicateurs sur l'univers dans son ensemble, les bases de l'extrapolation raisonnable, ce choix reste encore multiple, soumis, d'auteur à auteur, à des fluctuations notables, et encore fortement subjectif.

Nous allons évoquer d'abord ci-après ces divergences, et ces difficultés quant à l'unicité de la représentation des observables, et à celle de l'extrapolation cosmologique.

Les *faits* qui servent de piliers aux constructions variées des modèles à singularité (grande explosion) sont, on l'a dit : la « loi » — que nous préférons appeler une *relation* — de Slipher-Hubble ; l'existence d'un rayonnement de fond de ciel, dit « cosmologique » (rayonnement à 3 K) ; et l'explication de la formation des éléments légers.

L'expansion (augmentation dans le temps du rayon de courbure de l'univers observé) est-elle la *seule* explication possible de la loi de Slipher-Hubble ? Selon certains auteurs, ce n'est pas le cas. On peut envisager des interprétations différentes, dans le cas d'un univers à courbure constante. Ainsi la constante G de Cavendish de la gravitation universelle peut-elle être supposée *variable* [40]. Malgré les analyses par van Flandern des occultations d'étoiles par la Lune et sa discussion du mouvement lunaire, très critiquées, et sans doute très critiquables, il ne semble pas qu'il en soit ainsi. Autre solution : la *chronogéométrie* de Segal, construction géométrique qui fait intervenir plusieurs espaces, tangents l'un à l'autre à l'origine, mais affectés d'échelles de « temps » différentes, et qui prévoit une relation quadratique (et non linéaire) entre la distance et le décalage spectral. Segal et Nicoll ont d'ailleurs montré que cette relation rendait mieux compte des observations que la relation de Hubble ; mais leur analyse statistique est critiquable en raison de l'utilisation d'échantillons sans doute biaisés ; les critiques de Segal, sur les analyses usuelles et le caractère linéaire de la relation de Hubble, sont en revanche recevables ; elles doivent être examinées avec soin, et ne sont pas dénuées de fondement.

Autre groupe de solutions aboutissant, celles-là, à une relation $z - d$ linéaire, z étant le décalage spectral et d la distance, les solutions de type « fatigue de la lumière » (proposées par Findlay-Freundlich, en 1954 [53], puis par Vigier, Pecker et leurs collaborateurs à partir de 1973), qui impliquent que le photon soit doué (comme toutes les autres particules) d'une masse au repos *non nulle*. L'interaction des photons issus des sources lointaines avec les milieux traversés (et cela implique plusieurs mécanismes possibles, dont certains ont dû être éliminés : collisions photon-photon, collisions photon-boson pseudo-scalaire ; mais d'autres restent possibles : ainsi l'interaction photon-éther de Dirac) ; cette interaction, donc, fait perdre de l'énergie aux photons issus des sources lointaines, de façon proportionnelle au trajet parcouru.

On notera que ce problème se relie aux supputations (Arp, Burbidge, Pecker et Vigier, et leurs collaborateurs, 1972 et années suivantes) selon lesquelles au moins *certains* quasars ou galaxies actives sont à des distances nettement plus petites que ne l'impliquerait le décalage spectral de leurs raies, selon la relation de Hubble ; la signification de ce fait, s'il était vérifié, serait qu'il existe des mécanismes susceptibles, pour certains objets, de produire un décalage spectral intrinsèque. Si cela était, la nature physique de ce décalage serait-elle, ou non, celle du décalage général qui intervient dans la relation empirique de Hubble entre z et d ? Le problème, au moins, mérite de n'être pas encore considéré comme résolu ; on a échangé des arguments de part et d'autre ; personne n'a convaincu personne, et s'il est vrai que la grande majorité des chercheurs reste attachée à la description classique de la cosmologie standard, cet argument de la loi majoritaire est d'ordre purement sentimental.

Il est plus facile de se débarrasser du rayonnement à 3 K. En effet, quasiment toutes les théories cosmologiques, avec ou sans singularité initiale, le prévoient. Sans entrer dans trop de détails, on peut rappeler que la découverte (1964) de Penzias et Wilson a conforté le Big Bang de Gamow, Alpher, Herman (1948-1954) qui prévoyait une température de fond du ciel, d'ailleurs fort mal évaluée par ces auteurs (qui, il faut le dire, n'avaient pas à leur disposition les données de l'observation pouvant permettre d'y aboutir). Mais, en 1954, Findlay-Freundlich et Max Born, dans des articles passés alors inaperçus, avaient, sur la base d'une théorie de la lumière fatiguée (et avec des valeurs numériques plutôt moins éloignées des valeurs réelles que celles de Gamow), prévu une température de fond de ciel de l'ordre de 2 K et la possibilité d'en observer le rayonnement grâce au développement de la radioastronomie[1].

L'abondance des éléments légers est un argument plus difficile à contourner. Il est hors de doute que, dans les conditions stellaires *usuelles*, on ne peut synthétiser l'hélium ou le deutérium en des quantités convenables. Trois solutions sont possibles. Ou bien He et D ont été formés aux premiers moments de l'expansion ; c'est la thèse des cosmologies standard classiques. Ou bien, de façon « presque classique », il faut admettre que des conditions locales (taux de compression et température élevés) ont régné, à certains moments, affectant des masses comparables à celle des galaxies, ou peut-être des amas de galaxies, et à ces moments-là, ont permis la synthèse des éléments légers. Si tel était le cas, on devrait s'attendre à trouver de légères différences entre les abondances en H, D et He de différentes galaxies, ou de différents amas. Au contraire, la théorie du Big Bang classique conduirait à des abondances d'hélium indépendantes de la distance, des objets étudiés, tous de formation postérieure à la nucléosynthèse initiale. Or, certaines indi-

1. Les projets de construction de très grands télescopes (classe des 15 m, voir le chapitre « l'Observation en cosmologie ») permettent d'envisager (par l'observation spectroscopique de nuages moléculaires extragalactiques froids) la mesure de la température T (z) du fond cosmologique de rayonnement dans une région de l'univers située à un redshift z. Le modèle standard fait à ce sujet une prédiction très précise : $T(z) = T_0 (1 + z)$ où $T_0 = 2.76$ K. Les autres modèles font soit des prédictions différentes soit pas de prédiction du tout. L'observation devrait trancher d'ici à quelques années ce point crucial (J.S.).

cations tendent à montrer que dans des objets lointains (QSS), les abondances d'hélium peuvent être « anormales » ; mais ces indications semblent très fragiles.

Une troisième solution consiste à admettre comme un phénomène général la *migration* différentielle des éléments. Ainsi, une région HII émet-elle la raie Ly α de l'hydrogène, mais pas les raies Ly α de l'He I et de l'He II dont l'énergie est utilisée à l'ionisation de l'hydrogène. Ce rayonnement exerce une pression sélective sur les atomes d'hydrogène, mais pas sur ceux d'hélium et il peut contribuer à l'expulsion de masses fortement enrichies en hydrogène, cependant que les régions non expulsées sont, *ipso facto*, fortement enrichies en hélium. Ce mécanisme proposé pour l'hélium (Pecker, 1972) ne convient cependant pas pour le deutérium.

Il faut enfin ajouter que la compatibilité des modèles cosmologiques standard avec les valeurs observées des abondances de l'hélium, du deutérium, du lithium n'est, à mon avis, obtenue qu'au prix de l'abandon des exigences de précision que suggèrent pourtant les mesures, prises séparément.

L'examen des faits cosmologiques classiquement exploités semble donc laisser ouvertes des possibilités d'interprétation différentes de celles que supposent les modèles classiques.

Plus grave est sans doute le caractère *ad hoc* du choix de ceux des faits d'observation que l'on considérera comme « cosmologiques ».

Un fait bien connu est le caractère *hiérarchisé* des structures, dans l'ensemble du domaine accessible aujourd'hui à l'observation. La distribution de densité se décrit comme une distribution « fractale » de dimension 1,3 [130]. En d'autres termes, ϱ_{AB}, densité moyenne entre deux points AB de l'univers, séparés par un intervalle s, dépend de s — et diminue avec s. Si l'on étend l'univers observé, la densité ϱ va-t-elle tendre vers une limite, celle qu'il faudrait alors introduire dans les équations standard comme « densité d'univers » ? Ou au contraire décroît-elle vers zéro, donnant ainsi une forme asymptotique minkowskienne à l'univers pour de très grandes échelles ? Nous n'en savons rien ; mais nous ne savons pas résoudre les équations d'Einstein autrement qu'en supposant la densité $\varrho = f(t)$ indépendante de x, y, z. Cette difficulté (liée à la difficulté du problème de Cauchy) ne serait-elle pas à l'origine de l'affirmation que l'on a le droit de considérer la densité moyenne de l'univers comme une quantité bien définie et raisonnablement bien connue ? Rien n'est moins assuré !

D'autres « faits » peuvent être considérés comme cosmologiques et impliquer une révision profonde des modèles : ainsi l'univers symétrique matière-antimatière de Souriau serait-il justifié par l'observation éventuelle d'une zone d'absence dans la distribution des quasars. Un tel fait exige encore d'être démontré par de nouvelles études ; sans doute n'affecterait-il pas les modèles à singularité, du genre de la grande explosion. Mais qui peut dire quels faits nouveaux devraient alors entrer en ligne, avec les explorations astronomiques du futur ?

Mais admettons même que les progrès futurs des observations donnent raison à la description de l'univers que font les modèles classiques, et passons sur la discussion ci-dessus qui, après tout, reste locale.

Devons-nous admettre comme incontournable l'idée souvent exprimée (voir par exemple H. Reeves) que, nécessairement, l'hydrogène et les éléments lourds aboutissent vers le fer, et que le stade ultime de l'évolution est un univers mort, de fer pur ? Cette évolution est-elle l'unique et inéluctable conséquence de l'existence d'une orientation du temps, constatée localement ? En raison du caractère « isolé » de l'univers, isolé presque par définition, ce raisonnement constitue une application à l'univers du second principe de la thermodynamique. Mais, de même qu'en « certains » moments et lieux (que nous ne nous hasarderons pas à définir mieux !), des conditions de densité et de température sont capables de reconstituer l'hydrogène, de même qu'en « certains » moments et lieux, la vie peut apparaître, manifestation d'une perte locale d'entropie, de même n'est-on nullement, à l'échelle de l'univers, nécessairement contraint au second principe, valide dans le système isolé, d'ailleurs imaginaire, du laboratoire.

L'existence de points singuliers dans une géométrie d'univers permet des trajets évolutifs quasi cycliques, symbolisés par l'inégalité cyclique A > B > C > A ; partout, localement, l'orientation y est unique et bien définie, mais, globalement, une conservation de quelque chose (entropie généralisée !) impose une contrainte à l'évolution. En d'autres termes, il ne paraît pas impossible d'envisager un univers globalement statique, mais statistiquement fluctuant, et en certains points, éventuellement, « catastrophique ».

Si les modèles standard semblent « contournables » (quoique difficilement), ils ne sont pas non plus, eux, capables de « contourner » certaines difficultés fondamentales. Sans vouloir ici entrer dans un débat réellement philosophique, dont l'auteur de ces lignes est d'ailleurs incapable, on est bien obligé de s'arrêter sur le problème de la signification, dans les équations, et dans les observations, de la variable *temps* : *t*. Nous savons ce qu'est une horloge — la rotation de la Terre, ou mieux les oscillations propres d'un atome, définissent, au laboratoire, des intervalles de temps. Mais deux galaxies, en mouvement relatif l'une par rapport à l'autre, ont-elles le même temps ? Peuvent-elles le vérifier, mettre leurs montres à la même heure ? Les observateurs de ces deux galaxies situeront-ils de la même façon la singularité initiale ?

Par ailleurs, dans la période « initiale », qu'est-ce que le temps ? Il n'y a plus (il n'y a pas encore) de Terre, ni d'atome. La variable *t* est donc une variable qui permet d'écrire les équations de la dynamique relativiste dans notre univers, et dont nous prolongeons la signification sans savoir le sens de cette prolongation, ni même si ce sens existe [85]. « Avant » la singularité... Ce concept a-t-il, dans ces conditions, un sens ? Et si l'on utilisait, au lieu de t, la variable $a \log (bt + c)$ qui coïncide avec t dans un intervalle aussi grand que l'univers observable le permet, à condition de choisir judicieusement a, b, c ? Aucune des équations usuelles ne serait invalidée dans son domaine usuel d'application.

Même en conservant une *période presque singulière*, plutôt qu'un *point singulier*, c'est-à-dire en *bornant* la grande explosion des modèles standard par une valeur *finie* de la température T, et par une valeur *finie* de la densité, permettant nucléosynthèse, expansion et rayonnement cosmologique, n'aurait-on pas alors un modèle strictement équivalent au modèle standard ? Le problème de l'« avant » serait dans ces conditions réglé par un univers, oscillant ou non, mais peu différent au fond de l'univers statistiquement stable et localement fluctuant que nous avons évoqué ci-dessus. On voit mal, entre cette façon de décrire la grande explosion et le modèle standard, quelles seraient les mesures cruciales susceptibles de trancher.

Il peut donc sembler que les véritables problèmes, les problèmes aux connotations métaphysiques, celui de l'origine, et celui de la création, ne peuvent être abordés, quelle que soit l'issue du débat proprement physique ou astrophysique. Ils se poseront, quelles que soient les réponses qu'apporteront les instrumentations futures et les théories à venir, sur la réalité, ou non, des décalages anormaux, sur la réalité, ou non, de l'expansion hubbélienne, sur la réalité, ou non, de la théorie nucléogénétique du modèle standard. Savoir s'il y eut trois premières minutes, ou si au contraire aucune minute n'est jamais première, est un problème qui peut rester longtemps du domaine de la pure spéculation. Les vrais problèmes de l'astrophysicien (densité moyenne de l'univers, lieux et conditions de nucléosynthèse, origine du rayonnement à 3 K, univers oscillant ou non, etc., voir ci-dessus) ou du physicien (définition du temps, états subquantiques, grande unification, entropie généralisée) n'apporteront vraisemblablement aucun élément au débat ouvert par Pie XII : que le *fiat lux* soit, ou non, identifiable au Big Bang ; car, quoi qu'on puisse en penser, cela n'est pas un problème d'astrophysique.

Qu'on le contourne donc, ou non, le Big Bang laissera entier le problème métaphysique. Cette constatation (qui confine à l'évidence) ne devrait-elle pas dépassionner un débat qu'il faut ramener à ses justes proportions, celles de la description d'observations astrophysiques par des modèles issus de la solution d'équations physiques ?

HUBERT REEVES

LA FLÈCHE DU TEMPS EN COSMOLOGIE

Directeur de recherches au C.N.R.S., Hubert Reeves travaille au Centre d'études nucléaires de Saclay. Il est l'un des astrophysiciens qui ont montré le rôle fondamental du deutérium dans la confirmation du modèle de la nucléosynthèse primordiale dans le Big Bang. Parallèlement à ces travaux, il mène une œuvre active de vulgarisation de l'astrophysique en particulier par ses livres *Patience dans l'azur* et l'*Heure de s'enivrer.*

Résumé

Quel lien la flèche cosmique du temps a-t-elle avec la flèche thermodynamique qui oblige l'entropie d'un système à être constamment croissante ?

Abstract

What is the relationship between the cosmic arrow of time and the thermodynamic one which compels the entropy of a system to be a constantly growing ?

LA FLÈCHE DU TEMPS EN COSMOLOGIE

Hubert Reeves

Nous sommes transportés par le temps comme par un train en marche. Par rapport à l'espace, nous sommes libres, nous pouvons aller à gauche ou à droite. Mais nous ne pouvons pas choisir d'aller à hier ou à demain. Il n'est pas question de descendre du train.

De cette « flèche du temps » qui nous charrie irrémédiablement du passé vers l'avenir, que pouvons-nous dire ? Le passé, par définition, c'est là où nous avons tous nos souvenirs, là où nous n'avons aucune possibilité d'action. Le futur, là où nous n'avons aucun souvenir, mais où sont ouvertes toutes les possibilités. Qu'est-ce qui détermine la direction de la flèche ?

Pour donner un contenu concret à notre discussion et éviter les spéculations oiseuses, nous allons nous livrer à un petit jeu de société. D'abord, nous allons inviter un personnage hypothétique que nous appellerons E.T., qui ne se contente pas d'être un banal extraterrestre, mais qui vient d'un monde où n'existent ni l'espace ni le temps. Le jeu sera de lui enseigner à reconnaître le sens du passage du temps.

On va lui faire passer des films. Sur ces films il y aura des séquences d'actions. On va lui donner les éléments qui lui permettront d'estimer correctement si la séquence filmée est passée à l'endroit ou à l'envers, c'est-à-dire dans le sens normal du temps ou à rebours.

La première séquence montre une table de billard sur laquelle circulent des billes blanches. L'image laisse voir une surface verte. Une bille entre par la gauche et sort par la droite. La séquence passe ensuite à l'envers. La bille entre par la droite et sort par la gauche. Impossible bien sûr de donner des instructions pour reconnaître la séquence réelle ! Les deux mouvements sont également plausibles...

La flèche du temps n'est pas inscrite dans le mouvement d'une bille sur la table. Elle n'est inscrite dans le mouvement d'aucun corps simple. Autour du Soleil, la Terre pourrait aussi bien tourner dans un sens que dans l'autre. Le physicien exprime cette réalité en disant que les équations des mouvements sont invariantes par rapport à un renversement du sens du temps. Les mouvements simples sont réversibles. Cela ne veut pas dire qu'on pourrait arbitrairement changer le sens du temps, cela veut dire que, mathématiquement, le changement de t en $-t$ ne modifie pas les énoncés des lois de la physique. En pratique, cela veut dire que notre petit E.T. ne pourra pas identifier la séquence correcte (je suppose un frottement nul de la bille sur la table).

Et voici une nouvelle séquence, avec cette fois un billard américain. Dans un coin de la table, dix billes multicolores ont été déposées dans une formation triangulaire. De l'autre coin une bille blanche arrive qui frappe le triangle et disperse les billes dans des directions variées. La séquence inversée montre dix billes multicolores qui se dirigent toutes vers un coin de la table où elles s'immobilisent brusquement en une géométrie de triangle. Aussitôt une bille blanche émerge et s'en va rapidement vers l'autre coin. Ah ! Et là on comprend... Les deux séquences font intervenir plusieurs mouvements individuels qui, bien sûr, obéissent aux lois de la physique. La seconde séquence cependant semble moins probable. Une telle coordination de mouvements pourrait se produire, mais avec une faible probabilité dans la vie réelle. Alors que la première séquence est monnaie courante.

La notion de probabilité qui nous guide ici émerge du fait qu'il y a plusieurs particules et donc plusieurs événements possibles. Il y a mille façons pour les billes multicolores de se disperser dans l'espace. Il n'y en a qu'une pour la bille blanche de se diriger du coin vers le triangle. C'est dans la multiplicité des actions individuelles imbriquées que le sens du temps peut être reconnu. Pas d'une façon absolue. L'inverse pourrait se produire, mais si rarement qu'on pourrait parier sans trop de risque...

Maintenant on observe une goutte d'encre noire qui vient de tomber dans un verre d'eau. Elle se dilue, se répand uniformément et l'eau devient grise. Ici aucun problème pour identifier que cette séquence est bonne par rapport à la séquence inversée. C'est qu'il ne s'agit plus de onze objets (les billes) mais d'environ 10^{25} molécules. La probabilité devient si faible de voir la goutte se reformer qu'on peut aussi bien l'ignorer. Aucune chance (en pratique) de se tromper.

Avec cet exemple, nous allons introduire deux notions importantes : l'information et l'entropie. Pour décrire l'état initial, je dois donner deux informations : *a)* une masse d'eau transparente, *b)* une goutte d'encre noire. Pour décrire l'état final, une seule information : une masse de liquide gris. On dira que le premier état contient plus d'information que le second, et que le passage du temps est balisé par de la *perte d'information* : spontanément on passe d'un état informé à un état moins informé.

La notion d'entropie peut se définir comme la notion inverse de l'information. C'est une mesure de désordre, ou mieux, de l'absence d'ordre dans un système. Plus un système est informé, plus son entropie est faible et vice versa. Une cathédrale, par exemple, contient beaucoup plus d'information qu'une petite église de campagne. Pour reconstruire Notre-Dame de Paris, il faudrait se procurer tous les plans de l'architecte initial : une quantité considérable d'information. Pour une église de campagne, l'information requise est nettement moindre. Et pour un tas de pierres, il ne faut pratiquement rien. Il y a mille façons, toutes différentes, d'être un « tas de pierres ». Le tas de pierres a une entropie maximale et un niveau d'information minimal. Si l'église ou la cathédrale sont abandonnées à elles-mêmes, avec le temps, les saisons, elles se détériorent progressivement et se transforment... en tas de pierres.

Voici la leçon que notre petit E.T. a mémorisée : avec le temps l'information se perd, l'entropie s'accroît et les systèmes ordonnés deviennent désordonnés...

Et maintenant, nous passons à une nouvelle séquence filmée. Cette fois cela commence par un ensemble d'atomes simples : du carbone, de l'azote, de l'oxygène, etc., éparpillés sur l'image. Ils sont représentés par de petites billes colorées selon la tradition des chimistes.

Dans la figure suivante, les atomes sont regroupés en un certain nombre de petites molécules. Les plus grosses ont dix ou douze atomes. On y reconnaît des molécules d'alcool, de formol, etc., semblables à celles que les astronomes identifient dans les nuages interstellaires. Nouvelle image : maintenant il y a des molécules plus complexes encore — des sucres, des graisses, des acides aminés incorporant plusieurs dizaines d'atomes. Puis on voit la célèbre double hélice de l'A.D.N. : une gigantesque structure formée de plusieurs centaines de milliers d'atomes — H, C, N, O, avec de surcroît du soufre et du phosphore.

Maintenant l'écran est rempli de petites cellules individuelles qui nagent dans une grosse goutte d'eau. Chaque cellule contient un noyau dans lequel sont abritées des quantités de molécules d'A.D.N. et autour duquel s'activent des myriades de molécules géantes : protéines, acides aminés, bases nucléiques, etc. Le tout est confiné par une membrane transparente appelée membrane cellulaire...

Puis voici de petits organismes simples : des méduses. Elles sont constituées d'un certain nombre de cellules qui ont trouvé avantageux de s'associer et de se différencier pour se protéger et se nourrir. Certaines cellules s'occupent de la locomotion, d'autres de la digestion, etc. Les images suivantes illustrent la progression des êtres vivants au cours des ères. Après les méduses, les oursins, les poissons, les amphibiens, les reptiles, les mammifères, les singes, les primates, et enfin l'homme moderne.

Quelle sera la réaction de notre petit E.T. devant cette série d'images ? S'il a bien compris la leçon précédente, il s'empressera de nous dire... que la séquence a été tournée... à l'envers. La séquence normale, pour lui, serait la régression de l'organisation vers l'entropie croissante et la perte d'information... Faut-il, au nom de la deuxième loi de la thermodynamique, inverser le cours de l'évolution biologique ainsi que celui de l'évolution chimique ? Le paradoxe va encore plus loin. Que nous apprend l'astrophysique sur le début de l'univers ? En gros, que c'est le chaos total. Une absence complète de structures et d'organisations. Ni plantes, ni animaux, bien sûr, mais aussi ni galaxies, ni étoiles, ni molécules, ni atomes, ni noyaux atomiques, ni protons, ni neutrons. Uniquement des particules élémentaires — le niveau zéro de l'organisation — baignant dans une purée parfaitement homogène, à une température extravagante. L'image du chaos, de l'absence d'information, du désordre complet. Cette purée, bien sûr, contient de l'énergie, mais la température est uniforme. Notre océan est également plein de chaleur, pourtant on ne peut l'extraire pour chauffer nos maisons et actionner nos bateaux. Grâce à Carnot, nous savons qu'il faut deux températures : une haute et une basse pour extraire de l'énergie et faire du travail. Or, notre univers initial est *isotherme*, il n'y a pas de gradient de température qui pourrait permettre de tirer de l'énergie et procéder à l'organisation. C'est mal parti...

Notons en passant que cette notion d'un chaos initial se retrouve dans quantité de mythologies ; chez les Grecs, avec Hésiode bien sûr, mais aussi chez les Indiens de la côte ouest du Canada, et en divers endroits de la Polynésie.

La question qui se pose à notre E.T., comme à nous-mêmes, est la suivante : comment du chaos l'ordre a-t-il pu apparaître ? Il ne s'agit pas seulement d'expliquer ici l'avènement de l'être humain, mais aussi celui des molécules et des atomes.

Pour étendre la question, nous allons revenir à nos séquences filmées. Voici d'abord une scène familière : un lac de montagne s'apprête à geler par une nuit froide d'hiver. Le gel de l'eau présente un gain d'ordre. Dans l'eau liquide, les molécules se déplacent au hasard ; c'est le « chaos moléculaire ». Dans le lac gelé, les molécules sont disposées selon un agencement parfaitement déterminé. Chacune a sa place fixe dans ce que l'on appelle une maille ou un réseau cristallin. Cet événement semble en contradiction avec les remarques précédentes selon le cours normal des événements : détérioration spontanée des bâtiments, etc. Pourtant, cela se passe tous les hivers sans l'aide d'aucune providence extérieure...

Regardons-y de près. L'observation importante, ici, c'est que, quand le lac gèle, il émet de la chaleur. Cette chaleur est émise sous forme de rayons infrarouges qui vont se perdre dans l'espace entre les étoiles. Or, le physicien sait que ce rayonnement est très désorganisé. Il possède une entropie élevée qu'il amène avec lui. C'est l'évacuation de ce désordre qui permet au lac de geler. Notre erreur auparavant était de comparer l'entropie (élevée) de l'eau liquide avec l'entropie de l'eau solide (moins élevée) sans ajouter, à cette dernière, pour établir un bilan correct, l'entropie rejetée dans l'espace.

On peut créer de l'ordre dans un lieu donné à condition de compenser ce gain local par un accroissement du désordre global de l'univers. On pourrait imaginer que tous ces rayonnements, accumulés dans l'espace, finissent par réchauffer l'univers. Après un certain temps, la « poubelle » serait pleine. Ici intervient un phénomène d'une très grande importance : l'expansion de l'univers. Toutes les galaxies s'éloignent les unes des autres. L'espace entre les galaxies s'accroît continuellement. Pour les photons rejetés par la matière, l'effet est double. D'abord, ils se déplacent dans un univers de plus en plus vide. Ils ont de moins en moins de chance de rencontrer un atome. Ensuite, à cause de l'expansion, ils perdent sans cesse de l'énergie (effet Doppler) et sont de plus en plus incapables de réagir, même quand ils rencontrent des atomes. Les deux facteurs s'ajoutent pour assurer qu'ils sont vraiment mis hors service et qu'ils ne réchaufferont pas l'univers.

Nous arriverons donc à une conclusion assez stupéfiante. Le phénomène d'expansion de l'univers, découvert il y a à peine quelques décennies, nous intéresse au premier chef. C'est le mouvement des galaxies situées à plusieurs dizaines de millions d'années-lumière qui nous explique comment la matière a pu et peut continuer à s'organiser sans être menacée par les « déchets » que cette structuration implique impérativement. Sans l'expansion, le ciel serait nuit et jour plein de lumière, mais personne ne serait là pour s'en rendre compte...

Maintenant il nous faut aller plus loin, aborder un aspect plus difficile mais tout aussi fondamental. Une nouvelle séquence filmée nous fait voir le gel d'un volume d'eau, mais cette fois dans un contenant fermé dans un laboratoire. L'eau ici est très lentement refroidie par un système approprié qui la garde à tout instant à température uniforme. Le passage à l'état de glace se fait d'une façon homogène partout dans le récipient. Cette séquence ressemble par certains aspects à la précédente, mais en diffère par d'autres. Ici, comme précédemment, il faut enlever de la chaleur pour durcir l'eau. Cette chaleur est absorbée par le système de refroidissement qui accueille ainsi l'entropie à évacuer du contenant.

Repassons maintenant le film à l'envers : l'eau se liquéfie grâce à la chaleur dégagée par le système. Notons cependant qu'il n'est plus possible de distinguer le véritable cours du temps ! La séquence *dégel* est aussi plausible que la séquence *gel*. Pourtant, il y a des myriades de molécules imbriquées dans une haute complexité. Véritablement, quelque chose nous échappe encore...

La séquence du lac ne présente pas cette ambiguïté. C'est qu'elle diffère à beaucoup de points de vue de la séquence de laboratoire. Pendant le gel, la température de l'eau n'est pas uniforme. L'eau est plus froide à la surface, c'est là que la glace se forme au départ pour se propager vers le fond. La séquence inverse montrant pendant une nuit d'hiver un lac qui se réchaufferait à partir du fond semblerait bien peu crédible...

Pour comprendre, il faut revenir ici aux notions de phénomènes réversibles et irréversibles et parler de « conditions d'équilibre et de déséquilibre ».

Le gel de l'eau en laboratoire est un phénomène réversible. Il se fait *très lentement*. Les réactions entre les molécules d'eau sont en équilibre. C'est-à-dire que tout se passe comme si on s'arrêtait indéfiniment à chacune des températures successivement atteintes. Dans ces conditions, l'entropie absorbée par les parois du contenant est très exactement égale à la différence d'entropie entre l'eau liquide et l'eau solide. Le gel ne représente pas un accroissement du désordre de l'univers mais un *statu quo*. Le gain d'ordre local (de la glace) est exactement compensé par le gain de désordre global (ici l'appareillage) qui, éventuellement, rejette cette chaleur vers l'extérieur.

Imaginons maintenant que l'expansion de l'univers se soit passée dans des conditions analogues. Supposons que tous les processus aient été réversibles, *i.e.* toutes les réactions entre particules aient toujours été en équilibre. Dans ces conditions, tous les protons et neutrons qui existaient à la première seconde se seraient combinés pour former des noyaux de fer. Tout l'univers serait en fer. Hypothèse sidérale et sidérante... Ces atomes se disposent en réseaux gouvernés par la force nucléaire. La force de gravité se serait rapidement chargée, toujours dans l'hypothèse de réactions en équilibre, de transformer l'univers en un gigantesque trou noir, guère plus hospitalier.

À la différence de l'eau de laboratoire, le lac de montagne gèle trop vite pour que les réactions restent en équilibre. Témoin de ce déséquilibre, le fait que l'eau ne reste pas à température uniforme. La cause profonde de ce déséquilibre c'est la présence du Soleil qui réchauffe la Terre bien au-dessus de la moyenne universelle. C'est parce que le ciel nocturne est à une température de 3 K (le rayonnement fossile) tandis que la Terre est environ à 300 K (tout juste au-dessous du zéro centigrade) que le gel du lac est très rapide. (Rappelons ici que la chute de température d'un corps est d'autant plus rapide que son entourage est plus froid.) Contrairement à l'univers isotherme du début, notre monde est le siège de nombreux gradients de température — les étoiles sont chaudes, l'espace est froid — qui précipitent les déséquilibres qui marquent le cours du temps.

De même, l'univers s'épand et se refroidit trop rapidement pour que les réactions nucléaires restent en équilibre. Le premier chapitre de la nucléosynthèse — formation des noyaux à partir des protons et neutrons — a été interrompu bien avant d'atteindre le fer. Après quelques minutes, il contenait encore 90 pour cent d'hydrogène avec environ 10 pour cent d'hélium (en nombre de particules). La fertilité ultérieure du monde était assurée par la présence de l'hydrogène capable de donner aux étoiles des vies très longues et aux molécules des richesses architecturales comme celle de l'A.D.N. : deux conditions importantes pour l'apparition de la vie. D'une façon analogue, le rythme propre à l'expansion n'a pas poussé toute la matière à se regrouper en un seul trou noir permettant aux étoiles de se former plus tard et de briller, engendrant les gradients de température qui assurent la progression de la complexité.

Qu'est-ce qui dirige le rythme d'expansion de l'univers ? Qu'est-ce qui lui permet de provoquer à certains moments des déséquilibres qui assurent à leur tour la fertilité de l'organisation bien en deçà de la stabilité maximale et stérile que ferait naître un univers en expansion réversible ? Ce rythme est relié à plusieurs données de la physique fondamentale : nombre de particules, masses de ces particules, etc. Il nous est difficile ici d'aller très loin dans cette explication. Grosso modo, on peut montrer quantitativement que ces données étant ce qu'elles sont, le taux d'expansion doit nécessairement, à un moment donné, devenir plus rapide que le taux de réaction des particules pour une certaine force. C'est ce qu'on appelle le temps de « découplage », le début des déséquilibres.

En résumé, la flèche du temps n'est jamais inscrite dans les phénomènes réversibles de la nature, que ce soient les mouvements des billes, des planètes, ou encore le gel de l'eau dans des conditions contrôlées du laboratoire.

Elle s'inscrit quand une situation spéciale de déséquilibre est préparée à l'avance par un expérimentateur, par exemple celui qui jette une goutte d'encre dans l'eau, elle demeure visible jusqu'à ce qu'un nouvel équilibre ait été atteint, puis elle disparaît.

Les déséquilibres de l'univers sont *préparés* par la nature des forces de la physique qui engendrent à la fois l'expansion et les réactions entre particules. Les modalités de l'expansion sont telles que l'équilibre n'est jamais retrouvé. Bien au contraire, on s'en éloigne de plus en plus. C'est là que s'inscrit la flèche du temps en astronomie.

LE PRINCIPE ANTHROPIQUE

Ingénieur physicien (option spatiale) et docteur ès sciences de l'université de Liège (Belgique), Jacques Demaret enseigne la relativité générale et la cosmologie à l'institut d'astrophysique de cette même université. Prix Agathon de Potter (1975) et Lemaître-Manneback (1980) de l'Académie royale de Belgique, ses recherches actuelles portent en particulier sur l'étude des implications cosmologiques, physiques et métaphysiques du *principe anthropique.*

Résumé

La disproportion vertigineuse existant entre les échelles humaine et cosmique nous a souvent conduits à nous interroger sur la nécessité pour l'univers d'être aussi vaste et de contenir autant de systèmes galactiques.

Une solution originale au problème posé par le caractère particulier de notre univers a été proposée en 1961 par Dicke. Ses idées, reprises et généralisées dans la suite par Carter, Wheeler, Collins, Hawking, Carr, Rees, Barrow et Tipler, constituent aujourd'hui une ligne de pensée appelée principe anthropique, *dont Carter a donné les formulations suivantes : « La présence d'observateurs dans l'univers impose des contraintes, non seulement sur l'âge de l'univers à partir duquel ces observateurs peuvent apparaître, mais aussi sur l'ensemble de ses propriétés (taille, densité...) (principe anthropique faible) et des paramètres fondamentaux de la physique qui le caractérise (principe anthropique fort). »*

Nous faisons ici le point sur les implications physiques et cosmologiques du principe anthropique et dressons un tableau critique des diverses interprétations de ce principe et, notamment, de celles faisant appel au concept d'ensemble d'univers.

Abstract

The vertiginous disproportion which exists between human and cosmic scales has often led us to wonder about the necessity for our universe to be as immense as it is now and to contain so many galactic systems.

An original answer to the problem raised by the particular nature of our universe has been put forward in 1961 by Dicke. His ideas, revised and generalized later on by Carter, Wheeler, Collins, Hawking, Carr, Rees, Barrow and Tipler, constitute today a line of thought called Anthropic Principle *of which Carter has given the following formulations : « The presence of observers in the universe imposes constraints not only on the age of the universe from when these observers can appear, but also on the ensemble of its properties (size, density...) (Weak Anthropic Principle) and of the fundamental parameters of the physics which characterizes it (Strong Anthropic Principle). »*

We give here a brief account of the physical and cosmological implications of the Anthropic Principle as well as a critical review of the diverse interpretations of this principle and, especially, of those appealing to the concept of ensemble of universes.

LE PRINCIPE ANTHROPIQUE

Jacques DEMARET

Adulé par les uns qui le portent au rang de principe fondamental régissant la structure de l'univers, violemment rejeté par d'autres qui n'y voient qu'un tremplin, sans aucun fondement scientifique, vers des positions métaphysiques, voire théologiques, auxquelles ils sont hostiles, le principe cosmologique anthropique occupe une place tout à fait particulière dans la littérature scientifique actuelle. Son impact est aujourd'hui tel qu'il a largement débordé les frontières du cercle étroit des spécialistes en cosmologie pour susciter un vif intérêt de la part des autres scientifiques, des philosophes et même du grand public.

En fait, le principe anthropique apparaît comme la première tentative sérieuse d'apporter, à l'intérieur d'une discipline scientifique avancée, une réponse à une interrogation formulée en termes de « pourquoi », ce qui, au premier abord, pourrait faire penser qu'elle se situe en dehors du domaine de validité de la méthode scientifique.

Plus précisément, la question posée par Dicke [39] en 1961 portait sur le sentiment de surprise de l'homme devant, d'une part, la taille immense, par rapport à la sienne, de l'univers dont il fait partie (on peut évaluer ce rapport à environ 10^{25}) et, d'autre part, le nombre impressionnant de systèmes galactiques qui peuplent ce dernier : Pourquoi l'univers est-il aussi vaste ? Pourquoi, par exemple, ne se serait-il pas borné à n'être pas plus grand qu'une galaxie ?

La réponse de Dicke est que c'est notre présence dans l'univers en tant qu'êtres vivants qui conditionne les dimensions de celui-ci.

Pour justifier cette réponse aussi hardie que surprenante, Dicke part du fait irréfutable que l'univers doit certainement être assez vieux pour que nous ayons eu le temps d'apparaître. Or, la vie n'a pu se développer qu'à partir de molécules organiques formées d'atomes suffisamment lourds (le carbone, dans le cas de la vie terrestre), dont les noyaux, comme nous l'a appris l'astrophysique nucléaire dès les années 1950, n'ont pu être synthétisés qu'au cœur des étoiles, au cours des phases avancées de leur évolution. S'il existe des êtres vivants, c'est que l'âge de l'univers est au moins égal à la durée de vie d'une étoile sur la séquence principale. Or, d'après la cosmologie relativiste, nous savons qu'un univers de même masse que l'univers actuellement observable, mais qui aurait la taille d'une galaxie, ne pourrait être âgé que de quelques années, ce qui est manifestement insuffisant pour qu'aient pu apparaître étoiles et planètes susceptibles d'abriter des êtres vivants. De même, un univers fermé qui n'aurait que la masse d'une galaxie verrait la durée de son cycle d'expansion-contraction considérablement réduite, à quelques jours seulement. Ainsi donc, un univers suffisamment vieux pour contenir des êtres vivants possédera alors, en vertu des équations de la cosmologie relativiste, une taille de l'ordre de celle que nous observons aujourd'hui.

Du même coup, Dicke offrait aussi une explication de cette mystérieuse coïncidence entre grands nombres construits à partir des constantes fondamentales de la physique ainsi que de quantités d'importance cosmologique, coïncidence déjà relevée au cours des années 1920 par Eddington [44]. Cette coïncidence, selon Dicke, serait caractéristique de tout univers abritant des observateurs et susceptible d'être étudié par eux : elle n'aurait lieu que lorsque seraient réunies les conditions physiques nécessaires à leur existence. Si l'âge de l'univers était beaucoup plus élevé que sa valeur actuelle, presque toutes les étoiles auraient eu le temps de terminer leur évolution et seraient donc devenues, suivant leur masse, des naines blanches, des étoiles à neutrons ou des trous noirs. Toutes ces configurations sont probablement incompatibles avec l'existence de la vie, à moins d'imaginer que la race humaine (ou toute éventuelle civilisation extraterrestre) ait pu s'adapter à ces modifications drastiques de l'environnement cosmique, en arrivant, par exemple, à domestiquer les énormes réserves d'énergie des trous noirs [35].

Il faudra attendre une dizaine d'années pour voir Carter [29] reprendre et approfondir les idées de Dicke, en les codifiant en un postulat auquel il donne le nom de principe anthropique et qu'il énonce sous deux formes différentes.

Selon la forme faible du principe anthropique, la présence d'observateurs dans l'univers impose des contraintes sur la position temporelle de ces derniers. C'est essentiellement l'argument précédent de Dicke.

La forme forte du principe anthropique est plus générale et plus spéculative : elle stipule que la présence d'observateurs dans l'univers impose aussi des contraintes sur l'ensemble des caractéristiques de celui-là, y compris les valeurs des paramètres fondamentaux de la physique qui le caractérise. Selon les termes de Barrow et Tipler [11], l'univers doit être adapté à l'apparition d'observateurs : les lois et les constantes de la nature doivent être telles que la vie puisse exister.

Ainsi donc, la structure de notre univers serait, au niveau fondamental, régie par le principe anthropique : l'univers est tel qu'il est, parce que nous existons ; il appartient à une classe de modèles capables d'abriter des êtres vivants et d'être étudiés par eux.

Il s'agit là manifestement d'une modification radicale de la façon conventionnelle de concevoir l'explication d'un phénomène, dans le cadre de la méthode scientifique traditionnelle.

Un bel exemple d'argumentation de type anthropique fort pour justifier une caractéristique fondamentale de l'univers est l'explication de l'isotropie de ce dernier qu'ont avancée Collins et Hawking, en 1973 [33]. Ceux-ci ont montré que les seuls modèles cosmologiques spatialement homogènes mais anisotropes (dits de Bianchi), susceptibles de devenir isotropes au cours de leur évolution, sont ceux qui, initialement, possédaient une structure géométrique très spéciale, en fait, très proche de celle du modèle critique isotrope de géométrie spatiale euclidienne (le modèle d'Einstein-de Sitter), comme c'est d'ailleurs le cas actuellement pour notre univers. Or, ce n'est, semble-t-il, que dans des univers particuliers de ce type que les galaxies (donc les étoiles et les planètes) ont pu se former, d'où la réponse de Collins et Hawking à la question : « Pourquoi l'univers est-il isotrope ? » : « Parce que nous sommes là ».

Le principe anthropique, dans sa version forte, est potentiellement riche d'une série d'implications, dérivées par Carter lui-même et d'autres [37]. Ainsi, on entrevoit la possibilité d'élucider, par le biais du fait de notre existence, certains problèmes cosmologiques et physiques qui n'ont pas reçu de réponse complètement satisfaisante dans le cadre des théories actuelles, telles, non seulement les coïncidences entre grands nombres, l'isotropie et l'homogénéité globales de l'univers, la valeur de son entropie par baryon, mais aussi les valeurs des constantes fondamentales de la physique.

Les tableaux I et II reprennent l'ensemble des contraintes imposées par l'existence d'êtres vivants, respectivement sur les valeurs des constantes de couplage des interactions physiques fondamentales et sur les propriétés géométriques de l'univers ; les conséquences, au niveau de notre existence, d'écarts notables par rapport à ces contraintes y sont envisagées.

Il apparaît manifestement que n'importe quel cadre cosmologique et n'importe quelle physique, plus précisément, n'importe quelle combinaison des constantes de couplage des interactions fondamentales, ne permettent pas l'apparition et le développement d'êtres vivants : il n'est certainement ni évident ni naturel que l'univers soit tel qu'il est. L'ensemble des arguments anthropiques reproduits dans ces deux tableaux constitue, en quelque sorte, un principe de *biosélection* des caractéristiques de l'univers, qui ne peut mieux être formulé qu'en ces termes de Dyson [42] : « Lorsque nous regardons l'univers et identifions les multiples accidents de la physique et de l'astronomie qui ont travaillé de concert à notre profit, tout semble s'être passé comme si l'univers devait, en quelque sorte, savoir que nous avions à apparaître. »

L'interprétation la plus immédiate du principe anthropique paraît être l'interprétation téléologique traditionnelle de la théologie classique : un seul

TABLEAU I - Conséquences anthropiques de modifications des constantes de couplage des interactions physiques fondamentales

Interaction	Domaine considéré	Conséquences d'une diminution de la constante de couplage	Conséquences d'une augmentation de la constante de couplage
Forte	Structure du noyau atomique	— aucun noyau autre que H n'existe — pas d'étoiles (car pas de réactions nucléaires : 4 H → He^4) — pas de carbone	— tendance excessive à la formation de noyaux lourds — le carbone n'existe pas, car les noyaux lourds, plus stables, sont formés de préférence
Électromagnétique	Structure des molécules Réactions chimiques	— aucune liaison chimique n'est possible — pas de molécules organiques complexes	— électrons trop liés au noyau. Peu de réactions chimiques sont possibles : elles demandent trop d'énergie
Faible	Désintégration ß	— pas de cycles de réactions nucléaires de combustion de l'hydrogène, de type proton-proton ou CNO (qui contiennent, comme étapes, des désintégrations ß)	— 100 % d'hélium cosmologique — pas d'eau — étoiles d'hélium peu stables
Gravitationnelle	Structure des planètes, des étoiles, des galaxies et de l'univers	— contraction des nuages interstellaires insuffisante pour que la température centrale soit assez élevée pour permettre l'existence de réactions nucléaires — pas de supernovae (donc pas d'éjection d'éléments lourds nécessaires à la génération des êtres vivants)	— réactions nucléaires tellement rapides que la durée de vie des étoiles est très courte — pas de planètes

TABLEAU II - Conséquences anthropiques de modifications des propriétés fondamentales de l'univers

Courbure de l'univers, reliée à la valeur actuelle du paramètre de densité (rapport de la densité actuelle à la densité, $\Omega_0 \sim 0{,}1$)	Si courbure plus élevée : effondrement de l'univers trop rapide pour que les étoiles aient le temps de fournir du carbone. Si courbure plus faible : pas de formation des galaxies.
Entropie par baryon de l'univers, reliée à la valeur observée actuellement du rapport de la densité de photons à celle de baryons : $\eta \sim 10^9$	Si valeur de η plus élevée : difficultés pour les galaxies de se former, suite à la valeur élevée de la pression de radiation. Si valeur de η plus faible : tendance à la formation excessive, au cours de la phase de nucléosynthèse cosmologique, d'hélium 4 et d'éléments lourds.
Isotropie	Difficultés de formation de galaxies dans les univers anisotropes (sauf ceux proches des modèles isotropes d'Einstein-de Sitter justement susceptibles de devenir isotropes au cours de leur évolution).
Masse totale de l'univers (supposé fermé) (ou son nombre de particules total)	Une réduction considérable de la masse de l'univers (fermé) (ou de son nombre de particules) conduirait à une durée du cycle expansion-contraction beaucoup trop courte pour que des étoiles, des éléments lourds et des planètes puissent se former et donc que la vie puisse apparaître.
Nombre de dimensions de l'espace	Si $n < 3$, difficulté d'imaginer l'existence d'organismes complexes avec des systèmes nerveux suffisamment développés. Si $n > 3$, pas d'orbites planétaires ni d'atomes stables.
Identité des particules de même type, présentes dans l'univers	Si les particules de même type n'étaient pas identiques, le principe d'exclusion de Pauli ne s'appliquerait pas et les noyaux constitutifs des êtres vivants seraient altérés, voire n'existeraient pas.
Existence même des particules élémentaires	Comment la vie pourrait-elle exister sans particules ?

univers dont les conditions initiales auraient été choisies parmi un ensemble défini de possibilités par un Créateur distinct de l'univers matériel en vue de l'accomplissement d'un projet : la création d'êtres humains.

Le recours à la notion d'ensemble d'univers constitue une tentative de porter au rang d'explication authentique ce qui n'était qu'une justification anthropique *post hoc*, mais aussi de trouver un substitut scientifique à l'explication théologique du caractère particulier de notre univers.

Le concept d'univers parallèles est un thème, bien sûr, cher à la science-fiction, mais il est aujourd'hui de plus en plus présent dans un certain nombre de travaux théoriques concernant la géométrie spatio-temporelle au voisinage des trous noirs ainsi d'ailleurs que celle caractérisant les toutes premières phases de l'expansion de l'univers.

Carter [29], dès 1974, avait imaginé qu'il pût exister réellement non pas un, mais une infinité d'univers différents, séparés, qui réaliseraient l'ensemble des combinaisons des propriétés géométriques et physiques possibles : les seuls univers où pourrait apparaître la vie seraient alors ceux dont les caractéristiques obéiraient au principe anthropique. Appartenant à l'un de ceux-ci, nous n'aurions plus alors à nous interroger sur son caractère extrêmement particulier puisque, en fait, nous ne pourrions nous trouver ailleurs...

Diverses propositions de réalisation concrète de ce concept d'ensemble d'univers ont été avancées : tout d'abord, celles qui considèrent des univers multiples séparés, mais possédant des lois et des constantes physiques fondamentales identiques, ensuite, celles qui envisagent des modèles caractérisés par des valeurs numériques des constantes physiques, différentes d'un modèle à l'autre, aussi bien que par des dimensions spatio-temporelles et des lois physiques différentes.

Le représentant typique de la première classe est l'univers multiple, caractéristique de l'interprétation d'Everett-Wheeler-Graham [38] de la mécanique quantique, une interprétation non conventionnelle qui associe à chaque résultat de mesure possible, effectuée à un endroit et à un instant quelconques, un univers tout aussi réel que le nôtre et qui représente une version différente de celui-ci.

Le concept d'ensemble d'univers regroupe donc ici toutes les copies de notre univers à l'instant considéré : nous occupons une copie qui n'est, *a priori*, pas univoquement déterminée, mais dont le choix doit être régi par le principe anthropique, de manière à permettre notre existence en tant qu'observateurs.

Peu de physiciens semblent cependant, à l'heure actuelle, disposés à accepter ce type d'interprétation de la mécanique quantique, bien qu'il ne semble pas exister, au niveau expérimental, de possibilité de réaliser une discrimination entre cette interprétation et celle, plus conventionnelle, de l'école de Copenhague.

Une autre réalisation possible — mais ne reposant encore, cependant, sur aucune base théorique — du concept d'ensemble d'univers, c'est celle proposée par Ellis [46]. Celui-ci a imaginé qu'il existe réellement un univers globalement inhomogène et chaotique, contenant une infinité (ou, en tout cas, un très grand nombre) de « mini-univers », constituant la matérialisation effective de tous les modèles géométriques compatibles avec la cosmologie relativiste. Nous occupons, dans ce vaste univers, justement une de ces régions privilégiées (un « mini-univers »), en expansion, spatialement homogènes et isotropes, dans lesquelles, suivant le principe anthropique, sont réunies les conditions favorables à l'émergence de la vie. Une telle conception de l'univers transpose, à l'échelle cosmologique, la vision darwinienne du monde biologique terrestre.

Dans le cadre des travaux sur les toutes premières phases de l'univers, fondés sur les récentes théories unifiées des interactions fondamentales, est apparue la possibilité d'expliquer physiquement l'origine d'univers multiples : ainsi l'univers primitif pourrait, au cours d'une phase inflationnaire, se scinder en un grand nombre de « bulles », pouvant donner lieu à des univers tels que le nôtre ; par ailleurs, les fluctuations quantiques du champ gravitationnel, durant l'ère quantique, pourraient peut-être engendrer une série d'univers de toutes tailles.

Ces hypothèses, bien qu'évidemment extrêmement spéculatives au stade actuel de nos connaissances, montrent que le concept d'univers parallèle a cessé d'appartenir exclusivement au domaine de l'imaginaire pur pour faire irruption dans le discours scientifique.

Toutes ces propositions d'univers multiples souffrent cependant d'un grave défaut, à savoir l'impossibilité de mettre en évidence des effets observables qui pourraient nous assurer de l'existence réelle d'autres univers que le nôtre.

La seconde classe d'ensemble d'univers, la plus générale, a pour seul représentant formalisé de manière relativement détaillée, le modèle cyclique d'univers fermé de Wheeler [134]. L'ensemble d'univers se réduit, dans ce cas, à un seul élément, notre univers en pulsation, mais les diverses possibilités pour ses caractéristiques seraient réalisées par l'infinité de cycles par lesquels il passe au cours de son évolution. Ces cycles sont complètement déconnectés l'un de l'autre puisqu'il est impossible de définir un temps sur un ensemble de plusieurs cycles, ce concept perdant son sens au cours des deux phases quantiques extrêmes d'un cycle.

Wheeler [135] a cependant été amené récemment à abandonner le modèle cyclique pour un univers à un seul cycle (commençant et se terminant par une singularité), représentant d'un type de cosmologie qu'il qualifie d'« autoréférentielle », et qui peut constituer une troisième interprétation possible du principe anthropique fort. Wheeler généralise de manière radicale le rôle joué par l'observateur en mécanique quantique en conférant à ce dernier un rôle actif capital de participant à la définition de la réalité et à la genèse de l'univers. Suite à une connexion mystérieuse du futur avec le passé, nous avons, en quelque sorte, conditionné la genèse qui s'est déroulée de telle manière que nous apparaissions et nous avons, par l'intermédiaire de nos multiples actes de communication, contribué à donner un sens à l'univers. Ces idées relèvent manifestement de la philosophie sous-jacente au principe anthropique poussée à son extrême.

Que peut-on conclure actuellement quant au statut scientifique du principe anthropique et de ses diverses interprétations ?

Il est, tout d'abord, manifeste que ce principe est complètement *a posteriori* et n'a pas encore pu être utilisé pour prévoir réellement certaines caractéristiques de l'univers. Une tentative dans ce sens a, cependant, été faite récemment par Carter [30], dans le domaine de l'évolution biologique : elle conduit à la prédiction de l'absence dans l'univers de nombreux systèmes biologiques évolués.

Par ailleurs, parmi les arguments anthropiques discutés, certains peuvent apparaître comme sujets à caution vu que, par exemple, les mécanismes de formation des diverses structures cosmiques (galaxies, supernovae, planètes) sont encore relativement mal connus.

Il peut aussi sembler hasardeux d'extrapoler nos connaissances locales concernant les organismes vivants présents sur terre à l'ensemble du phénomène de la vie, tel qu'il pourrait exister ailleurs. Les conditions nécessaires à l'existence d'organismes vivants, postulées dans la plupart des arguments anthropiques (support planétaire, température pas trop élevée, étoile centrale stable, molécules complexes...), paraissent cependant suffisamment générales pour s'appliquer à tout type de vie dans l'univers ; dans ce cas, les arguments anthropiques présenteraient évidemment un intérêt indéniable.

Pour bon nombre de physiciens, la portée attribuée au principe anthropique est très exagérée, en ce sens que les divers arguments anthropiques indiquent, en fait, des conditions nécessaires à notre existence, certes, mais totalement insuffisantes ; l'évolution aurait très bien pu s'arrêter après la formation des atomes de carbone ! Il est cependant probable que le long chemin entre un univers physiquement apte à recevoir la vie et l'apparition effective de celle-ci, sous la forme des diverses espèces vivantes, soit jalonné d'une multitude de phénomènes physiques complexes qui, eux aussi, auraient pu être complètement modifiés en cas de changements excessifs des lois et des valeurs des constantes physiques fondamentales.

En fait, le véritable statut du principe anthropique semble être, à l'heure actuelle, celui d'un principe explicatif de l'ordonnance et de la cohérence de l'univers matériel.

Quant au statut de l'interprétation de ce principe, en termes du concept d'univers multiple, on ne peut manquer de trouver quelque peu surprenante une réponse à une interrogation née du sentiment de surprise devant la taille de l'univers, qui fasse appel à une infinité d'univers tout aussi vastes et dont l'existence ne paraît même pas pouvoir être vérifiée par l'observation.

En outre, le problème de la création de ces univers multiples se pose de manière encore plus exacerbée que celle d'un univers unique et, tout compte fait, l'interprétation du principe anthropique en termes d'un ensemble d'univers est beaucoup plus proche qu'il n'y paraît, à première vue, de l'interprétation téléologique faisant appel à un univers unique : en effet, il convient encore d'expliquer pourquoi il existe au moins une certaine combinaison définie de lois physiques et de valeurs des constantes fondamentales, réalisée dans un univers particulier, qui permette l'existence de la vie !

Quel futur peut-on finalement envisager pour le principe anthropique ? En fait, celui-ci n'est encore actuellement guère plus qu'une hypothèse dont la vérification nécessiterait des recherches poussées dans un grand nombre de directions impliquant la plupart des domaines de la physique, de la cosmologie et de la philosophie. Il conviendrait, en réalité, de reconstruire toute la physique de mondes différents du nôtre, caractérisée par d'autres valeurs des constantes fondamentales, voire par d'autres lois. On mesure toute l'ampleur et toute la difficulté d'une telle tâche...

Par ailleurs, aujourd'hui plus que jamais, la recherche d'une théorie physique unifiée devant permettre de résoudre de manière satisfaisante toutes les énigmes qui subsistent est à l'ordre du jour. En aucun cas, le principe anthropique ne s'oppose à ces recherches et ne peut constituer une solution de facilité permettant de les abandonner.

Il est possible que, dans le cadre de cette théorie ultime hypothétique, les valeurs précises observées des diverses constantes physiques fondamentales puissent résulter d'une déduction, ce qui apporterait alors, du même coup, une explication scientifique de type traditionnel à toutes les coïncidences d'apparence anthropique. Si c'était le cas, il n'en resterait pas moins remarquable, comme le font très justement observer Carr et Rees [28], que les relations imposées par les théories physiques soient justement celles qui sont propices au développement de la vie.

DISCOURS DES ORIGINES, ORIGINES DU DISCOURS

Doyen de la faculté de philosophie de l'Institut Catholique de Paris, Jean Greisch est directeur de la collection « Philosophie » aux éditions Beauchêne. Il est l'auteur de nombreux ouvrages : *Herméneutique et Grammatologie*, Paris, éd. du C.N.R.S., 1977 ; *l'Âge herméneutique de la Raison*, Paris, éd. du Cerf, 1985 ; *la Parole heureuse : Martin Heidegger entre les choses et les mots*, Paris, éd. Beauchêne, 1987.

Résumé

L'escalade sémantique, qui invite à entrecroiser la question du statut du discours cosmologique sur les origines de l'univers et celle de l'origine du discours, est un thème important de l'épistémologie contemporaine. Cette réflexion concerne en outre l'archéologie du regard cosmologique que depuis ses origines mythiques l'homme porte sur l'univers, l'histoire de la conquête de la dimension temporelle par la pensée humaine, et la nouvelle alliance que la pensée scientifique contemporaine conclut avec le temps.

Abstract

Cosmological discourse on the origins of the universe calls for reflection on the origins of language itself. This reflection concerns the archeology of the cosmological outlook since the mythical origins of mankind through the history of the conquest of the temporal dimension of the universe by human though up until the « new pact » that contemporany scientific thinking seeks to make with time.

DISCOURS DES ORIGINES, ORIGINES DU DISCOURS

Jean GREISCH

Construit selon la figure rhétorique du chiasme, qui semble avoir davantage la faveur des philosophes que des scientifiques, ce titre propose quelques considérations philosophiques concernant ce que comporte de *vif* la question : Faut-il croire au Big Bang ?

L'ESCALADE SÉMANTIQUE

Notre premier point de repère pour cerner la nouveauté de cette question recourt à un critère qu'un philosophe contemporain, W.O. Quine, a baptisé « principe de l'escalade sémantique ». L'expression désigne une procédure, commune à la philosophie et aux sciences, permettant de passer du discours sur les objets au discours sur les mots, ou encore « le passage d'un discours où l'on s'exprime en certains termes à un discours où l'on parle de ces termes »[1]. Jusqu'à une date relativement récente, il pouvait sembler que le philosophe détenait le monopole de ce type de stratégie, ce qui le rendait d'ailleurs suspect aux yeux du scientifique, persuadé que lui-même s'occupait sereinement et efficacement des « faits », abandonnant aux autres les « mots ». Depuis que la réflexion épistémologique a montré qu'il n'est plus possible de se retrancher derrière la distinction nette des énoncés observationnels et des énoncés théoriques, ce partage des voix, finalement assez commode, est devenu impraticable. Aujourd'hui, parlant de la « patience dans l'azur » ou de toute autre

1. William V. Orman QUINE, *le Mot et la Chose*, Paris, Flammarion, 1977, p. 372.

chose, la science admet la portée universelle de ce principe de l'escalade sémantique : « La théorie de la relativité d'Einstein fut acceptée, non pas simplement comme une conséquence de réflexions sur le temps, la lumière, les corps rapides et les perturbations de Mercure, mais aussi sur la base de réflexions sur la théorie elle-même, en tant que discours, et sur sa simplicité, comparée à celle des théories rivales. Son écart par rapport aux conceptions classiques sur le temps absolu et sur la longueur est trop radical pour qu'on puisse en discuter efficacement au niveau du discours parlant des objets, sans le secours de l'escalade sémantique. » [2]

POUR UNE ARCHÉOLOGIE DU REGARD COSMOLOGIQUE

L'acceptation de la validité universelle du principe de l'escalade sémantique est difficilement compatible avec la représentation d'un progrès scientifique qui se ferait par simple accumulation quantitative des connaissances. Par le fait même, la science redécouvre ce qu'on pourrait appeler sa vocation *ontologique*, « qui ne consiste pas dans une description exhaustive de la réalité, mais dans la tâche de "comprendre" cette réalité » [3]. Sans doute cette vocation peut-elle être assumée selon des modalités extrêmement variées, dont toutes ne sont pas également fécondes. Mais là où elle est perçue, elle dessine une nouvelle configuration du dialogue entre la philosophie et la science, ayant pour enjeu la constitution d'une authentique *philosophie de la nature*. Comme l'ancienne métaphysique, elle reste la *science cherchée* et peut-être introuvable, pour tous ceux qui réfléchissent aux ambiguïtés, mais également aux enjeux du concept d'*image scientifique du monde*.

Les recherches contemporaines sur l'histoire des sciences apportent la preuve que dans la genèse d'une telle image du monde interviennent d'autres facteurs que des facteurs strictement scientifiques. Concernant le problème de la cosmologie et de la cosmogonie, nous ne pouvons plus nous contenter d'une simple histoire des théories cosmologiques, mais nous devons également prendre en compte l'archéologie du *regard cosmologique*, sans doute aussi complexe et énigmatique que celle du *regard clinique* dont Michel Foucault a décrit la genèse.

Depuis la première fois où un homme a élevé ses yeux vers la voûte céleste, saisi de frayeur et d'admiration, jusqu'aux conteurs contemporains de la « patience dans l'azur », ce regard a subi des métamorphoses extrêmement

2. William V. Orman QUINE, *op. cit.*, p. 374.

3. René THOM, « La science malgré tout... » *in : Encyclopaedia Universalis*, tome 17, « Organum », p. 7.

profondes, irréductibles à la représentation d'un œil humain, progressivement doté d'instruments de plus en plus puissants, lui permettant de voir toujours plus loin. Indépendamment du fait qu'en ce domaine *voir plus loin* signifie toujours aussi *regarder vers le passé,* il faut bien prendre conscience du fait que le regard humain, même le plus naïf, est toujours déjà le regard de la compréhension, chargé il est vrai de significations intentionnelles extrêmement diverses, mais dans lesquelles la hantise de l'origine est toujours déjà investie : celui qui contemple sur la voûte céleste les traces visibles de « l'Amour qui meut le soleil et les autres étoiles » (Dante) « voit » autre chose que celui qui est saisi de frayeur devant les deux infinis (Pascal) ou celui qui se montre soucieux d'accorder la vision du « ciel étoilé au-dessus de nous » avec « la loi morale inscrite au fond de nos cœurs » (Kant).

Une archéologie du regard cosmologique ne peut pas négliger les tours de toutes ces métaphores, de même qu'elle doit se rappeler que la théorie métaphysique de la métaphore la faisait évoluer selon une orbite héliotropique. Replacée dans un tel contexte, l'histoire de la cosmologie moderne peut apparaître comme l'histoire d'un désinvestissement progressif du regard cosmologique, contribuant ainsi puissamment au mouvement de « désenchantement du monde ». Mais cela rend d'autant plus urgente la question : que signifie exactement le besoin, de plus en plus répandu parmi les scientifiques, de *raconter* à leurs contemporains ce que la science leur a permis de *voir* dans la « patience de l'azur », la « logique du vivant » ou dans l'« homme neuronal » ?

LA RUPTURE DE LA BARRIÈRE TEMPORELLE

« Regarder au loin : regarder vers le passé », il fallait que la dimension temporelle correspondant à cette équation fût laborieusement conquise. Le processus est plus complexe que ne le pensent les philosophes qui estiment qu'une fois admis le concept d'un temps chronologique illimité, toute cette conquête était une simple « affaire de temps ». Les recherches de Stephen Toulmin et de June Goodfield [4] nous permettent maintenant de retracer l'histoire mouvementée de cette conquête de la dimension temporelle, qui devait pour commencer franchir le formidable obstacle épistémologique de la tradition judéo-chrétienne, assignant au monde une origine il y a six mille ans et interdisant à la pensée de s'aventurer au-delà de cette limite. Mais ce n'est là qu'un obstacle parmi d'autres. De la découverte des fossiles organiques

4. Stephen TOULMIN, June GOODFIELD, *The Discovery of Time,* Chicago-Londres, The Chicago University Press, 1963, 1977, 1982.

jusqu'au langage des astrophysiciens contemporains parlant de « fossiles cosmiques », vestiges d'une évolution stellaire, le chemin vers l'idée d'un *âge de l'univers* fut long à parcourir, parce que chaque nouveau pas en avant en direction d'une échelle temporelle défiant l'imagination agrandissait l'écart entre le temps humain et le temps cosmique, rouvrant à chaque fois la même blessure narcissique fondamentale.

Mais il faut apprendre à vivre avec des blessures narcissiques. La question philosophiquement décisive reste celle de savoir ce que recouvre exactement le concept d'une *histoire naturelle* agrandie à l'échelle de l'univers. Peut-être risque-t-elle en effet de neutraliser les différences insurmontables entre les *histoires* référées ainsi à une unique échelle temporelle cosmique. Ici notre formule, « discours des origines, origines du discours », prend peut-être valeur d'avertissement, dans la mesure où elle met en garde contre les « méprises catégoriales » liées à une extension aussi considérable de la notion d'histoire.

« Tout se passe comme si, par un phénomène de contamination mutuelle, la notion d'histoire avait été extrapolée de la sphère humaine à la sphère naturelle, tandis qu'en retour la notion de changement, spécifiée au plan zoologique par celle de l'évolution, avait inclus l'histoire humaine dans son périmètre de sens [5] ». L'analogie, qui autorise le scientifique à parler de « fossiles » ou d'« archives cosmiques », cache une différence irréductible, qui tient au fait que « les concepts d'action et de récit [...] sont non transférables de la sphère humaine à la sphère de la nature [6] ». La légitimité de ce genre d'analogie ne doit pas occulter la différence entre deux conceptions du temps, le *temps sans présent* et le *temps avec présent.* Parce que cette différence ne peut pas être neutralisée, le discours sur l'origine sera toujours et nécessairement multiple et le chiasme incontournable : « le laps de temps d'une vie humaine, comparé à l'amplitude des durées cosmiques, paraît insignifiant, alors qu'il est le lieu même d'où procède toute question de signifiance. » [7]

MONDE ENCHANTÉ ET MONDE DÉSENCHANTÉ : PENSÉE MYTHIQUE ET PENSÉE SCIENTIFIQUE

Reconnaître la multiplicité des discours sur l'origine modifie également la conception du lien qui rattache les théories cosmologiques les plus contemporaines aux récits mythiques, dans lesquels l'humanité affrontait l'énigme

5. Paul Ricoeur, *Temps et Récit III,* Paris, Ed. du Seuil, 1985, p. 135-136.
6. Paul Ricoeur, *op. cit.,* p. 136.
7. Paul Ricoeur, *op. cit.,* p. 135.

de l'origine des choses et de l'univers. Le lien de parenté ne doit pas être cherché au niveau des contenus, mais au niveau des schèmes mentaux. De ce point de vue, la pensée mythique peut être considérée comme précurseur de la science à un double titre : comme pédagogie de la transgression et comme pédagogie de la constitution [8].

Comme pédagogie de la transgression, le mythe apprend à la pensée humaine à transgresser la sphère de la réalité visible et observable, pour la référer à une origine invisible. Par le fait même, il développe les premiers schèmes d'intelligibilité permettant à une pensée cosmologique de se constituer. La pensée cosmologique contemporaine a moins de mal à accepter ce double rôle pédagogique du mythe, qui concerne également de part et d'autre le caractère opératoire de la pensée : « l'intelligibilité que procure la pensée de la constitution est [...] analogue à celle qu'apporte le calcul lorsqu'il nous permet de refaire, dans l'abstraction du formalisme, les opérations réelles que le formalisme s'efforce de représenter. La pensée du cosmos reproduit dans son mouvement même le déploiement originaire qui pose le cosmos comme cosmos, et en quoi le cosmos lui-même consiste [9]. »

Si, en dépit de ces homologies structurelles, il subsiste une différence infranchissable entre la pensée cosmologique scientifique et les constructions mythiques, celle-ci concerne une autre fonction du mythe, à première vue difficilement transférable au domaine de la science. Il s'agit de la fonction fondatrice du sens. Le mythe ne se contente pas seulement de constituer le sens, il dit aussi en quoi le sens consiste. C'est pourquoi le chiasme n'est pas seulement une figure rhétorique, mais une figure de pensée qui possède un rôle de dévoilement quasi ontologique, comme le montrent en particulier les formules héraclitéennes, et plus près de nous, le langage de Martin Heidegger, cherchant à déployer le « jeu du monde » selon la figure du « quadriparti » (*Weltgeviert*).

Chez Heidegger, la portée ontologique du chiasme est liée au fait que cette figure de pensée est directement accordée à la thématique de la différence ontologique et, partant, à la problématique d'une temporalité donatrice originaire. (En ce sens que, pour cet auteur, la modalité selon laquelle « il y a temps » est celle d'une [auto-] donation du temps.) On comprend que ce type de dérive a de quoi indisposer le scientifique. Pourtant, à travers une parenté avouée avec le mythe, elle désigne une tâche à laquelle la pensée scientifique elle-même ne peut pas se dérober, la tâche de l'interprétation. Le simple formalisme mathématique d'une théorie ne suffit pas encore à constituer une pensée du monde. Elle requiert un supplément d'interprétation, constitutif

8. Jean LADRIÈRE, *l'Articulation du sens, Discours scientifique et parole de la foi*, Paris, Aubier, 1970, pp. 191-210.

9. Jean LADRIÈRE, *op. cit.*, p. 210.

dre trop vite avec le besoin qui pousse de plus en plus de scientifiques contemporains à *vulgariser*, c'est-à-dire à mettre à la portée du grand nombre leur compréhension de la réalité.

LE TEMPS PERDU ET LE TEMPS RETROUVÉ : ANCIENNES ET NOUVELLES ALLIANCES

En ce point surgit une autre question qui mérite assurément d'être dite vive : la question des métamorphoses de la science, du modèle canonique constitué par la physique newtonienne jusqu'à la science contemporaine [10]. La question concerne la science elle-même, mais plus largement sa contribution à l'histoire culturelle de l'humanité. C'est une histoire complexe, où interfèrent en permanence la représentation que la science donne d'elle-même et le complexe d'attentes et de craintes que les hommes rattachent à cette discipline.

Ramenée à sa plus simple expression, la question fondamentale concerne l'affrontement de deux voix. La voix de la science classique, pour laquelle le sens de tout progrès scientifique consiste dans un désenchantement du monde, faisant prendre conscience à l'homme qu'il est, selon les termes de Jacques Monod, « seul dans l'immensité indifférente de l'univers d'où il a émergé par hasard ». À première vue, cette voix semblerait irréfutable, car on ne voit pas ce qu'on peut lui opposer, sauf à renoncer à la probité intellectuelle pour céder à des mystifications gnostiques. Pourtant, il faut noter l'apparition récente sur la scène scientifique d'une autre voix, qui proclame la nécessité d'une « nouvelle alliance », « l'ouverture d'un nouvel espace théorique *au sein duquel* s'inscrivent certaines oppositions qui auparavant avaient défini les *frontières* de la science classique. » [11]

Le fil conducteur pour comprendre cette métamorphose est le problème du temps en sa relation avec la complexité de la nature. Pour la science classique, ce problème restait en quelque sorte neutralisé, alors que pour le nouveau « dialogue expérimental » de l'homme avec la nature, il semble jouer un rôle central. « Nous explorons désormais une nature aux évolutions multiples et divergentes, qui nous donne à penser non pas un temps aux dépens des autres, mais la coexistence de temps irréductiblement différents et arti-

10. Ilya PRIGOGINE, Isabelle STENGERS, *la Nouvelle Alliance, Métamorphose de la science*, Paris, Gallimard, 1979.

11. Ilya PRIGOGINE, Isabelle STENGERS, *op. cit.*, p. 17.

culés. »[12] C'est cette multiplicité irréductible de temporalités différentes que le regard pensant doit découvrir derrière le concept englobant d'une histoire naturelle à échelle cosmique, où les étoiles et les galaxies elles-mêmes naissent et meurent.

Le temps cosmique des modèles standard de la cosmologie contemporaine, c'est-à-dire des modèles à courbure constante, en expansion au cours du temps à partir d'une singularité initiale, est sans doute la toile de fond du devenir cosmique. Depuis longtemps, les philosophes ont insisté sur l'irréductibilité de ce temps cosmique au temps vécu de l'expérience subjective [13]. C'est la différence déjà évoquée entre un « temps sans présent » et un « temps avec présent ». Le premier est la présupposition de tout discours des origines. Le second seul permet de penser l'origine du discours dans l'acte de l'énonciation. Mais il ne suffit plus aujourd'hui de maintenir cette différence. Désormais, nous assistons à l'intérieur même de l'espace scientifique à la tentative de bifurcation d'une pluralité de temporalités : « La physique, aujourd'hui, ne nie plus le temps. Elle reconnaît le temps irréversible des évolutions vers l'équilibre, le temps rythmé des structures dont la pulsion se nourrit du monde qui les traverse, le temps bifurquant des évolutions par instabilité et amplification de fluctuations, et même ce temps microscopique [...] qui manifeste l'indétermination des évolutions physiques microscopiques. Chaque être complexe est constitué par une pluralité de temps, branchés les uns sur les autres selon des articulations subtiles et multiples. L'histoire, que ce soit celle d'un être vivant ou d'une société, ne pourra plus jamais être réduite à la simplicité monotone d'un temps unique, que ce temps monnaie une invariance ou qu'il trace les chemins d'un progrès ou d'une dégradation. »[14] Certes, ces propos nous font sortir du discours scientifique *stricto sensu* et ils attribuent naïvement à la science physique ce qui, en fait, appartient à la phénoménologie et à son principal instrument, la langue naturelle ; mais du moins ont-ils le mérite de ne pas occulter la contradiction entre le « temps sans présent » et le « temps avec présent ».

En même temps qu'elle cerne le nœud de la question vive du lien entre la découverte de la complexité de la nature et la reconnaissance de la bifurcation, elle-même multiple du temps, cette citation permet d'entrevoir les multiples visages de cette nouvelle alliance, qui regarde simultanément en plusieurs directions : la direction d'une nouvelle rencontre entre la science

12. Ilya PRIGOGINE, Isabelle STENGERS, *op. cit.*, p. 29. Nous ne prenons pas ici parti pour ou contre la thèse citée, mais nous constatons que l'on tente aujourd'hui de problématiser cette question.

13. Jean LADRIÈRE, « Approche philosophique du concept de temps - le temps cosmique et le temps vécu » *in : Temps et Devenir*, Louvain-la-Neuve, Presses Universitaires de Louvain-la-Neuve, 1984, pp. 293-330.

14. Ilya PRIGOGINE, Isabelle STENGERS, *op. cit.*, p. 275.

et la culture, celle d'une redécouverte de la « nature » présocratique et de ce qu'elle donnait à penser et enfin celle d'un nouveau rendez-vous entre la science et la philosophie. L'avenir seul dira si cette nouvelle alliance peut tenir toutes ses promesses. Pour l'heure, elle formule un défi qu'une science, qui ne renonce pas au « dur désir de comprendre », et une philosophie, qui estime que les échecs historiques de la philosophie de la nature, de Hegel à Bergson, ne signifient pas nécessairement que la philosophie est définitivement condamnée à tourner le dos à la science, ne peuvent qu'accepter.

BIBLIOGRAPHIE

1. ABBOT E.A., *Flatland,* New York, Barnes and Noble, 1963.
2. AITCHISON I.J.R., « Nothing's Plenty : the Vacuum in Modern Quantum Field Theory », *Contemporary Physics,* 1985, vol. 26, p. 333.
3. ALFVEN H., « la Cosmologie : Mythe ou Science ? », *la Recherche,* juillet-août 1976, n° 69.
4. ARNOULD M., TAKAHASHI R., YOKOI K., *in : Astronomy and Astrophysics,* 1984, vol. 137, p. 51.
5. ARP H., *in : Colloques internationaux du C.N.R.S.,* 1976, n° 263, p. 377.
6. ARP H., FIELD G.B., BAHCALL J.N., *The Redshift Controversy,* Reading, Mass., Benjamin, 1973, Coll. « Frontiers in Physics ».
7. *Astronomy and Astrophysics for the 1980s,* Washington, National Academy Press, 1982, vol. I.
8. *Ibid.,* vol. II.
9. BARROW J.D., « Cosmology and Elementary Particle Physics », *Fundamentals of Cosmic Physics,* 1983, vol. 8, p. 83.
10. BARROW J.D., SILK J., *la Main gauche de la création : origine et évolution de l'univers en expansion,* traduit de l'américain [*The Left Hand of Creation*] par Nicolas BALBO, Paris, 1985.
11. BARROW J.D., TIPLER F.J., *The Cosmological Anthropic Principle,* Oxford, Oxford University Press, 1986.
12. BERNARD C., *Introduction à l'étude de la médecine expérimentale,* Paris, 1865.
13. BERSTEIN J., *The Cosmological Constant,* Columbia University Press, 1986.
14. BOESGAARD A.M., STEIGMAN G., « Big Bang Nucleosynthesis : Theory and Observations », *Annual Review of Astronomy and Astrophysics,* 1985, vol. 23, p. 319.
15. BONDI H., *Cosmology,* Cambridge, Cambridge University Press, 1960.
16. BORN M., *in : Proceedings of the Physical Society,* 1954, vol. A67, p. 193.
17. ID., *in : Sonderdrück aus Nachrichten der Akademie der Wissenschaften* in Göttingen, 1954, n° 7, p. 102.
18. BOTTINELLI L., GOUGUENHEIM L., PATUREL G., « l'Échelle des distances extragalactiques », *Annales de Physique,* 1984, vol. 9, p. 503.
19. BOUQUET A., « l'Unification des interactions fondamentales », *Universalia,* 1985, p. 294.
20. BURBIDGE G., HEWITT A. (ed.),*Telescopes for the 1980s,* Palo Alto, Cal. Annual Reviews Inc., 1981, coll. « Annual Reviews Monographs ».
21. CANUTO V., ADAMS P.J., HSIEH S.H., TSIANG E., *in : Physical Reviews,* 1977, vol. D16, p. 1643.
22. CANUTO V., HSIEH S.H., *in : Astrophysical Journal Suppl.* 1979, vol. 41, pp. 243-262.

23. ID., *ibid*, pp. 263-300.
24. ID., *ibid*, pp. 301-326.
25. ID., *Astrophysical Journal*, 1980, vol. 237, pp. 613-615.
26. ID., *ibid*, 1981, vol. 248, pp. 790-800.
27. CARNEY B.W., *Astrophysical Journal*, 1980, vol. 42, p. 481.
28. CARR B., REES M., « The Anthropic Principle and the Structure of the Physical World », *Nature*, 1979, vol. 278, pp. 605-612.
29. CARTER B., « Large Number Coincidences and the Anthropic Principle in Cosmology » *in :* Longair M. (ed.), *Confrontation of Cosmological Theories with Observational Data* (symposium IAU n° 63) Dordrecht, Reidel, 1974, pp. 291-298.
30. ID., « The Anthropic Principle and its Implications for Biological Evolution », *The Constants of Physics, Philosophical Transactions of the Royal Society of London*, 1983, vol. A. 310, pp. 347-363.
31. CIARDULLO R.B., DEMARQUE P., *in : Transactions of the Astronomical Observatory of Yale University*, 1977, vol. 33.
32. CLOSE F.E., *The Cosmic Onion : Quarks and the Nature of the Universe*, Londres, Heinemann Educational Books, 1983.
33. COLLINS C., HAWKING S., « Why is the Universe Isotropic ? », *Astrophysical Journal*, 1973, vol. 180, pp. 317-334.
34. COOLIDGE J.L., *A History of Geometrical Methods*, New York, Dover, 1963.
35. DAVIES P.C.W., *The Runaway Universe*, Londres, J.M. Dent, 1978.
36. ID. *The Accidental Universe*, Cambridge, Cambridge University Press, 1982, chapitre 5.
37. DEMARET J., BARBIER C., « le Principe anthropique en cosmologie », *Revue des questions scientifiques*, 1981, vol. 152, pp. 181-222 et pp. 461-509.
38. DE WITT B., GRAHAM N. (eds), *The Many-Worlds Interpretation of Quantum Mechanics*, Princeton, N.J., Princeton University Press, 1973.
39. DICKE R., « Dirac's Cosmology and Mach's Cosmology », *Nature*, 1961, vol. 192, pp. 440-441.
40. DIRAC P.A.M., *in : Nature*, 1937, vol. 139, p. 323.
41. DOLGOV A.D., ZELDOVICH YA. B., « Cosmology and Elementary Particle Physics », *Reviews of Modern Physics*, 1981, vol. 53, p. 1.
42. DYSON F., « Energy in the Universe », *Scientific American*, 1971, vol. 225, pp. 51-59.
43. ID., *les Dérangeurs de l'univers*, traduit de l'américain [*Disturbing the Universe*], New York, Harper and Row, 1979, Paris, Belfond, 1987.
44. EDDINGTON A., *Fundamental Theory*, Cambridge, Cambridge University Press, 1946.
45. ELLIS G.F.R., *Cosmology and Verifiability* [Conférence au Boston Colloquium for the Philosophy of Science, 6 novembre 1973].
46. ID., « The Homogeneity of the Universe », *General Relativity and Gravitation*, 1979, vol. 11, pp. 281-289.
47. ID., « Relativistic Cosmology : its Nature, Aims and Problems », *in :* BERTOTTI B., DE FELICE F., PASCOLINI A., *10th International Conference on General Relativity and Gravitation*, [Padoue, Italie, 1983], Rome, Consiglio Nazionale delle Ricerche, 1983.
48. ID., « Alternatives to the Big Bang », *Annual Review of Astronomy and Astrophysics*, 1984, vol. 22, p. 157.
49. ELLIS G.F.R., HAWKING S.W., *The Large Scale Structure of the Universe*, Cambridge, Cambridge University Press, 1973.

50. FANG L.Z., RUFFINI R., *Basic Concepts in Relativistic Astrophysics,* Singapour, World Scientific Publishing Company, 1983.
51. FARRINGTON B., *la Science dans l'Antiquité,* Paris, Payot, 1967.
52. FINLAY-FREUNDLICH E., *in : Sonderdrück aus Nachrichten der Akademie der Wissenschaften in Göttingen (Mat. Phys.),* 1953, n° 7, p. 95.
53. ID., « Redshifts in the Spectra of Celestial Bodies », *Proceedings of the Physical Society,* 1954, vol. A67, p. 192.
54. ID., *in : Philosophical Magazine,* 1954, vol. 45, p. 303.
55. ID., « Redshifts in the Spectra of Celestial Bodies », *Physical Review,* 1954, vol. 95, p. 654.
56. FLICHE H.H., SOURIAU J.M., TRIAY R., *in : Astronomy and Astrophysics,* vol. 108, pp. 256-264.
57. GALE G., « le Principe anthropique », *Pour la science,* février 1982.
58. GAMOW G., *My Worldline : an informal Autobiography,* New York, Viking Press, 1970.
59. GEROCH R., *General Relativity from A to B,* Chicago, University of Chicago Press, 1978.
60. GIBBONS G.W., HAWKING S.W., SIKLOS S.T.C., *The Very Early Universe,* Cambridge, Cambridge University Press, 1983.
61. GIRET A., « l'Univers est-il dû au hasard ? », *la Pensée catholique,* 1972, n° 139, p. 68.
62. GUNN J.E., LONGAIR M.S., REES M.J., *Observational Cosmology,* Saas Fee, Société suisse d'Astronomie et d'Astrophysique, 1978.
63. GUTH A., STEINHARDT P., « l'Univers inflatoire », *Pour la science,* juillet 1984.
64. HAKIM R., « The Inflationary Universe : a Primer », *in : Gravitation, Geometry and Relativity Physics,* Berlin, Springer-Verlag, 1984.
65. ID., « l'Univers inflatoire », *Universalia,* 1986.
66. HALL D.N.B. (ed.), *The Space Telescope Observatory,* Rapport NASA CP 2244, 1982.
67. HARRISON E.R., *Cosmology, the Science of the Universe,* Cambridge, Cambridge University Press, 1981.
68. HARWIT M., *Progrès et Découverte en astronomie,* traduit de l'américain [*Cosmic Discovery,* New York, Basic Books, 1981], Paris, Masson, 1984.
69. HEJLESEN P.M., *in : Astronomy and Astrophysics Supplement,* 1980, vol. 39, p. 347.
70. HOYLE F., NARLIKAR J.V., *in : Nature,* 1971, vol. 233, p. 41.
71. ID., *in : Monthly Notices of the Royal Astronomical Society,* 1973, vol. 155, p. 323.
72. HUBBLE E., *The Realm of Nebulae,* Oxford, Oxford University Press, 1936.
73. ILLIOPOULOS J., « Unified Theories of Elementary Particle Interactions », *Contemporary Physics,* 1980, vol. 21, p. 159.
74. ISLAM I., *le Destin ultime de l'univers,* Paris, Belfond, 1984.
75. JAAKKOLA T., MOLES M., VIGIER J.-P., PECKER J.-C., YOURGRAU W., *in : Foundations of Physics,* 1975, t. 5, p. 257.
76. JACOB F., *le Jeu des possibles (Essai sur la diversité du vivant),* Paris, Fayard, 1981.
77. JAMMER M., *Concept of Space,* Cambridge, Mass., Harvard University Press, 1954.
78. JANES K., DEMARQUE P., *in : Astrophysical Journal,* 1983, vol. 264, p. 206.
79. KIBBLE T.W. « Some Implications of a Cosmological Phase Transition », *Physics Reports,* 1980, vol. 67, p. 183.

80. KITCHIN C.R., *Astrophysical Techniques*, Bristol, Adam Hilger ltd, 1984.
81. KOLB E.W., TURNER M.S., « Grand Unified Theories and the Origin of Baryon Asymmetry », *Annual Review of Nuclear and Particle Science*, 1983, vol. 33, p 645.
82. KOESTLER A., *les Somnambules*, Paris, le Livre de poche n° 2200, 1960.
83. KOYRE A., *Du monde clos à l'univers infini*, Paris, Gallimard, 1962.
84. KUHN T.S., *The Copernician Revolution*, Cambridge, Mass., Harvard University Press, 1976.
85. LANDBERG P.T. (ed.), *The Enigma of Time*, Bristol, Adam Hilger ltd, 1982, p. 248.
86. LEE T.D., *Particle Physics and Introduction to Field Theory*, New York, Harvard Acad. Publ., 1981, chapitre 16.
87. LÉNA P., *Astrophysique : méthodes physiques de l'observation*, Paris, Interéditions/Editions du C.N.R.S., 1986.
88. LICHTENBERG B.D., « Quantum Chromodynamics », *Contemporary Physics*, 1981, vol. 22, p. 311.
89. LUCK J.-M., BIRCK J.-L., ALLEGRE C.-J., *in : Nature*, 1980, vol. 283, p. 57.
90. MAZURE A., « l'Univers à grande échelle : les grandes structures et leur formation », *Annales de physique*, 1985, vol. 10, p. 415.
91. NAMER E., *l'Affaire Galilée*, Paris, Gallimard/Julliard, 1975.
92. NICOLL J.-F., SEGAL I.E., SEGAL W., *in : Proceedings of the National Academy of Science of the USA*, 1980, vol. 77, pp. 6275-6279.
93. NIELSEN N.K., « Asymptotic Freedom as a Spin Effect », *American Journal of Physics*, 1981, vol. 49, p. 1171.
94. OMNES R., *in : Physics Reports*, 1972, vol. 36, p. 1.
95. PECKER J.-C., « Possible Explanations of non Cosmological Redshifts », *in : l'Évolution des galaxies et ses implications scientifiques, Colloques internationaux du C.N.R.S.*, n° 263, Paris, Ed. du C.N.R.S., 1977, p. 466.
96. ID., *les Faits cosmologiques*, cours du Collège de France 1981-1982.
97. ID., *Cosmologie d'observation*, cours du Collège de France 1983-1984.
98. ID., *Cosmologie d'observation*, cours du Collège de France 1984-1985.
99. PECKER J.-C., ROBERTS A.-P., VIGIER J.-P., *in : Nature*, 1972, vol. 237, p. 227.
100. PECKER J.-C., TAIT W., VIGIER J.-P., *in : Nature*, 1973, vol. 241, p. 338.
101. PECKER J.-C., *in : Astronomy and Astrophysics*, 1972, vol. 18, p. 253.
102. PEEBLES P.J.E., *Physical Cosmology*, Princeton, N.J., Princeton University Press, 1971.
103. ID., *The Large Scale Structure of the Universe*, Princeton, N.J., Princeton University Press, 1980.
104. PIE XII, « Existence de Dieu », *la Croix*, jeudi 29 novembre 1951.
105. PLANCK M., *Vorlesungen über die Theorie der Wärmestrahlung*, Leipzig, 1906.
106. POUR LA SCIENCE, *les Particules élémentaires*, Paris, Belin, 1983.
107. PRESKILL J., « Magnetic Monopoles », *Annual Review of Nuclear and Particle Science*, 1984, vol. 34, p. 461.
108. RAINE D.-J., *The Isotropic Universe*, Bristol, Adam Hilger Ltd, 1981.
109. RAMOND P., « Gauge Theories and their Unification », *Annual Review of Nuclear and Particle Science*, 1983, vol. 33, p. 31.
110. REINES F. (ed.), *Cosmology, Fusion and Other Matters : Georges Gamow Memorial Volume*, Londres, Adam Hilger Ltd, 1972.
111. RINDLER W., *Essential Relativity*, Berlin, Springer-Verlag, 1977.
112. SANDAGE A., *in : Astronomical Journal*, 1983, vol. 252, p. 574.

113. Id., *in : Annual Review of Astronomy and Astrophysics,* 1986, vol. 24, p. 421.
114. Schneider J., « la Mise en intrigue du Big Bang », *Traverses,* 1985 n° 35, p. 79.
115. Segal I.E., *Mathematical Cosmology and Extragalactic Astronomy,* New York, Academic Press, 1976, p. 204.
116. Setti G., Van Hove L. (eds), *Large Scale Structure of the Universe, Cosmology and Fundamental Physics* [ESO/CERN symposium 1983], Genève, ESO/CERN, 1984.
117. Smith R., *The Expanding Universe : Astronomers « Great Debate » 1900-1931,* Cambridge, Cambridge University Press, 1982.
118. Steigman G., « Observational Tests of Antimatter Cosmologies », *Annual Review of Astronomy and Astrophysics,* 1976, vol. 14, p. 339.
119. Id., « Cosmology Confronts Particle Physics », *Annual Review of Nuclear and Particle Science,* 1979, vol. 29, p. 313.
120. Struve O., Zebergs V., *Astronomy of the Twentieth Century,* New York, Mac Millan, 1962.
121. Taton R., *Histoire générale des sciences,* Paris, P.U.F., 1960, 1961, 1964, 1969, 4 volumes.
122. Tipler F.J., « Extraterrestrial Intelligent Beings do not exist », *Quaterly Journal of the Royal Astronomical Society,* 1980, vol. 21, p. 267.
123. Valentin L., *Physique subatomique : noyaux et particules,* Paris, Hermann, 1975.
124. Van den Berg D.A., *in : Astrophysical Journal Supplement,* 1983, vol. 51, p. 29.
125. Id., *ibid,* 1985, vol. 58, p. 561.
126. Van Den Berg D.A., Bell R.A., *in : Astrophysical Journal Supplement,* 1985, vol. 58, p. 711.
127. Van Flandern T., *in : Astronomical Journal,* 1970, vol. 75, p. 657.
128. Id., *ibid,* 1971, vol. 76, p. 681.
129. Id., *in : Monthly Notices of the Royal Astronomical Society,* 1975, vol. 170, p. 333.
130. Vaucouleurs (de) G., « The Base for a Hierarchical Cosmology », *Science,* 1970, vol. 167, p. 1203.
131. Id., *The Cosmic Distance Scale and the Hubble Constant,* Canberra, Mount Stromlo and Siding Springs Observatories : Australian National University, 1982.
132. Weinberg S., *les Trois Premières Minutes de l'univers,* traduit de l'américain *[The First Three Minutes : a Modern View of the Origin of the Universe]* par Jean-Benoît Yelnik, Paris, Seuil, 1978, collection « Science ouverte ».
133. Id., *Gravitation and Cosmology : Principles and Applications of the General Theory of Relativity,* New York, Wiley, 1972.
134. Wheeler J.A., « Superspace and the Nature of Quantum Geometrodynamics » in : De Witt et Wheeler J.A. (eds), *Battelle Rencontres 1967 : Lectures in Mathematics and Physics,* New York, Benjamin, 1968, pp. 242-307.
135. Id., *Frontiers of Time,* Amsterdam, North-Holland, 1979.
136. Will C.M., *Theory and Experimentation in Gravitational Physics,* Cambridge, Cambridge University Press, 1981.
137. Zeldovich Ya. B., « Vacuum Theory : a Possible Solution to the Singularity Problem of Cosmology », *Soviet Physics Uspekhi,* 1981, vol. 24, p. 216.
138. Id., *Relativistic Astrophysics,* vol. 2, *The Structure and Evolution of the Universe,* Chicago, University of Chicago Press, 1983.

BIBLIOGRAPHIE COMPLÉMENTAIRE

BUREAU DES LONGITUDES, *la Galaxie, l'univers extragalactique,* Paris, Gauthier Villars.

COHEN-TANNOUDJI G., SPIRO H. *la Matière espace-temps,* Paris, Fayard, 1986.

COSTA DE BEAUREGARD O., *le Second Principe de la science du temps,* Paris, Seuil, 1966.

DAVIES P.C.W., *Space and Time in the Modern Universe,* Cambridge, Cambridge University Press, 1977.

ELLIS G.F.R., HARRISON E.R., *in : Comments on Astrophysics and Space Physics,* 1974, vol. 6, p. 23.

HARRISON E.R., *in : Comments on Astrophysics and Space Physics,* 1974, vol. 6, p. 29.

LUMINET J.-P., *les Trous noirs,* Paris, Belfond Sciences, 1987.

MAC CALLUM M.A.H., « Cosmological Models from a Geometric Point of View » *in* : SCHATZMAN E. (éd.), *Cargese Lectures in Physics,* New York, Gordon and Breach, 1973.

MISNER C.W., THORNE K.W., WHEELER J.-A., *Gravitation,* San Francisco, W.H. Freeman and Co., 1973.

PENROSE R., « Singularities and Time Assymetry », *in :* HAWKING S.W. and ISRAEL W. (éd), *Einstein Centenary Volume,* Cambridge, Cambridge University Press, 1979.

RINDLER W., *in : Monthly Notices of the Royal Astronomical Society,* 1956, vol. 116, p. 662.

ROBERTSON H.P., *in : Reviews of Modern Physics,* 1933, vol. 5, p. 62.

SCHNEIDER J., « Les Lois de la physique sont-elles valables partout dans l'univers ? » *in* : BLANCHARD A. (éd.), *Avant, avec, après Copernic : la représentation de l'univers, XXXIe semaine de synthèse,* Paris, 1975.

TIPLER F.-J., CLARKE C.J.S., ELLIS G.F.R., *in* : HELD A. (éd.), *General Relativity and Gravitation,* New York, Pergamon Press, 1980.

UNITÉS ET SYMBOLES

pc	:	parsec (unité de longueur) = 3,26 années-lumière = $3 10^{18}$ cm.
eV	:	électron-volt (unité d'énergie) = 1,6 10^{-12} ergs = 1,6 10^{-19} joules.
c	:	vitesse de la lumière = 297 000 km/s.
G	:	constante de la gravitation de Newton = 6,67 10^{-8} $cm^3/g/s^2$.
m_e	:	masse de l'électron = 9 10^{-28} g.
m_p	:	masse du proton = 1.67 10^{-24} g.
h	:	constante de Planck = 1.05 10^{-27} $g/cm^2/s$.
$\hbar$	:	= h/2 π.
$M_\odot$	:	masse solaire = 2 10^{33} g.
$L_\odot$	:	luminosité absolue du Soleil.
H_0	:	constante de Hubble (taux d'expansion de l'univers) = 50 à 100 km/s/Mpc.
k	:	constante de Boltzmann = 1.4 10^{-16} ergs/K.
z	:	décalage spectral (redshift) d'un astre lointain
Ω	:	rapport de la densité de l'univers à la densité critique $\rho_c = 3 H_0^2/8 \pi G$

Symboles des préfixes :

k	:	kilo = mille
M	:	méga = un million
G	:	giga = un milliard
Δx	:	fluctuation, incertitude ou erreur sur une quantité x.

GLOSSAIRE

ACTINIDES. - Sous-famille d'éléments chimiques faisant partie de la famille des « terres rares » et dont le principal représentant est l'actinium.

ACTION. - Quantité mathématique (homogène au produit d'une énergie par une durée) caractérisant globalement l'évolution d'un système. Les évolutions réelles sont celles pour lesquelles cette quantité est minimale (« principe de moindre action »).

ADIABATIQUE (transformation). - Évolution d'un système physique au cours de laquelle il n'échange pas de chaleur avec l'extérieur (ex. : détente brusque d'une pompe).

ANNÉE-LUMIÈRE. - Distance parcourue par la lumière en un an. Vaut environ dix mille milliards de kilomètres. L'étoile la plus proche de nous, α Proxima du Centaure, est à 4 années-lumière.

ANTIMATIÈRE. - Matière formée d'antiparticules.

ANTIPARTICULES. - À toute particule fondamentale (proton, électron, neutron...) est associée une antiparticule de même masse et de charge électrique opposée. Sa propriété essentielle est de s'annihiler au contact de la particule correspondante pour donner des photons. Dans certains cas (photon), la particule et l'antiparticule sont identiques.

AXAF (Advanced X Array Facility). - Télescope satellisé à rayons X projeté par la NASA.

BARYON. - Classe de particules formées de trois quarks (ex. : neutron et proton).

BIT. - Atome logique d'« information » (*i.e.* réponse oui ou non à une question).

BOSON. - Particule élémentaire de spin égal à un nombre entier de fois $h/2\pi$.

BRISURE SPONTANÉE (de symétrie). - Situation mathématique dans laquelle une équation est invariante sous une transformation mathématique (symétrie) alors que ses solutions ne le sont pas (ex. : les lois [équations] régissant le mouvement des planètes autour du Soleil sont à symétrie sphérique mais les trajectoires, solutions particulières de ces équations, privilégient un plan particulier [celui de la trajectoire].

BROUT-ENGLERT-HIGGS (mécanisme de). - Plus connue sous le nom de mécanisme de Higgs, c'est une procédure mathématique grâce à laquelle les bosons de jauge de masse nulle acquièrent une masse apparente non nulle.

CAUCHY (problème de). - Étant donné la configuration initiale donnée d'un système physique, comment calculer à l'avance son évolution ? Ce problème mathématique dit de Cauchy a presque toujours une solution (unique).

CAUSAL (contact). - Existence d'une cause commune à des phénomènes qui se trouvent ainsi en contact causal.

CAUSALITÉ (loi de). - Les phénomènes ne pouvant pas se propager plus vite que la lumière, une cause ne peut avoir d'effet à distance que si celle-ci est inférieure à T/c où T est le laps de temps séparant les phénomènes et c la vitesse de la lumière.

CÉPHÉIDE. - Étoile à éclat périodiquement variable (période de quelques jours à quelques semaines) servant à calibrer les distances dans l'univers.

CHAMP. - Expression mathématique décrivant les particules dans ce qu'elles ont de non localisé.

CHAMPS. - Les interactions fondamentales sont supposées être dues à la propagation d'un champ.

CHROMODYNAMIQUE QUANTIQUE. - Théorie de jauge des interactions fortes fondée sur l'invariance sous un groupe de transformations à trois paramètres, groupe dit Su (3) (transformations à 3 degrés de liberté conservant la longueur des vecteurs transformés).

CORDES. - Dans la théorie des cordes, les champs décrivant un système ne sont plus des fonctions du point mais des fonctions d'une petite boucle appelée corde.

CORRÉLATION (fonction de). - Dans un ensemble d'objets, deux grandeurs les caractérisant peuvent être statistiquement plus ou moins corrélées. La fonction de corrélation est une mesure du degré de corrélation.

COULEUR. - Équivalent nucléaire de la charge électrique.

COURBURE DE L'ESPACE. - Dans la théorie de la relativité générale d'Einstein, la force d'attraction gravitationnelle est une apparence due à la variation, suivant le lieu, des longueurs des règles et du rythme des horloges. Cette apparence peut se traduire en un langage géométrique rigoureux en terme de « courbure de l'espace ».

DÉCALAGE SPECTRAL. - Lorsqu'une source se déplace, son *spectre observé* est décalé, par effet Doppler-Fizeau, par rapport à son *spectre d'émission.*

DÉCOUPLAGE. - Époque de l'évolution cosmique (un million d'années après le Big Bang) où les électrons et les protons se recombinent en atomes d'hydrogène.

De ce fait, la lumière n'interagit plus avec la matière, elle s'en découple. On l'appelle aussi époque de recombinaison.

DEUTÉRIUM. - Élément chimique dont le noyau atomique est le deutéron.

DEUTÉRON. - Noyau atomique formé d'un proton et d'un neutron.

DIPOLAIRE (distribution). - Se dit d'une grandeur qui, sur un cercle, varie comme cos φ où φ repère la position angulaire.

EFFET DOPPLER-FIZEAU. - Le déplacement, par rapport à un observateur, d'une source lumineuse la fait apparaître comme plus rouge ou plus bleue suivant qu'elle s'éloigne ou qu'elle se rapproche de l'observateur.

ENTROPIE. - Grandeur qui conceptuellement mesure l'écart à l'équilibre thermique d'un système.

ÉQUILIBRE THERMIQUE. - Un système est (thermiquement) à l'équilibre si toutes ses parties sont à la même température. Selon le deuxième principe de la thermodynamique, tout système isolé tend spontanément vers l'équilibre.

ESA (EUROPEAN SPACE AGENCY). - Agence spatiale européenne, équivalent européen de la NASA.

ESPACE DE PHASE. - C'est un espace abstrait, produit de l'espace ordinaire et de l'espace des vitesses, dans lequel on peut représenter par un nuage de points l'état dynamique d'un système.

ÉTALON DE LUMINOSITÉ (CHANDELLE STANDARD). - Astre dont on suppose l'éclat absolu connu d'une manière ou d'une autre.

EXTRADIMENSION. - Dimensions géométriques supplémentaires aux trois dimensions spatiales ordinaires que les théories du genre Kaluza-Klein ajoutent à celles de l'espace-temps usuel.

FERMIONS. - Particules de spin 1/2, 3/2, 5/2 etc. (demi-entier) dans un système d'unités où $h/2\pi = 1$ (voir également BOSONS).

FEYNMANN (diagramme de). - Représentation graphique des expressions mathématiques servant à calculer l'interaction entre deux particules.

FIBRÉ (espace). - Variété dont la structure peut se ramener localement (c'est-à-dire dans des régions limitées) à un produit cartésien VF où F (la « fibre ») est généralement un espace euclidien et V une variété quelconque appelée *base du fibré.*

GIGABIT. - Un milliard de bits.

GLUON. - Particule véhiculant les interactions fortes (ou nucléaires) ; sa masse est nulle.

GRAVITÉ INDUITE. - Conception de la force d'attraction gravitationnelle où celle-ci est une apparence due à une certaine « élasticité du vide ».

GRAVITON. - Particule hypothétique véhiculant l'attraction gravitationnelle.

HADRON. - Particule soumise aux forces nucléaires (ou fortes).

HAMILTONIEN. - Expression mathématique, sorte d'énergie généralisée, qui, en mécanique quantique, opère sur la fonction d'onde représentant un système pour la transformer en une nouvelle fonction.

HERTZSPRUNG-RUSSELL (diagramme de). - Abréviation, H.R. Figure dans laquelle on classe la couleur des étoiles en fonction de leur magnitude.

HIGGS (boson de). - Particule de spin nul inventée pour pouvoir faire fonctionner le « mécanisme de Brout-Englert-Higgs ».

HST (HUBBLE SPACE TELESCOPE). - Télescope optique de 2,40 m de diamètre satellisé en 1989 par la Navette spatiale américaine pour la NASA et l'ESA.

HUBBLE (constante de). - Mesure le taux d'expansion de l'univers. Selon la loi de Hubble, la vitesse d'éloignement d'une galaxie est proportionnelle à sa distance (en première approximation).

HYPÉRON. - Baryon auquel on attribue un nombre quantique d'« étrangeté » non nul.

INTERACTION FAIBLE. - Interaction responsable de la radioactivité naturelle.

INTERACTION FORTE. - Interaction nucléaire entre particules responsables de la cohésion du noyau atomique.

INFLATION. - Époque très primitive de l'évolution cosmique où l'expansion était exponentielle en fonction du temps.

ISO (INFRARED SPACE OBSERVATORY). - Télescope infrarouge qui devrait être satellisé en 1992-1994 pour l'Agence spatiale européenne par la fusée Ariane.

ISOSPIN. - Sorte d'équivalent, dans les interactions faibles, de la charge électrique. A la même structure mathématique que le spin.

ISOTHERME (transformation). - Évolution d'un système physique au cours de laquelle sa température est, d'une manière ou d'une autre, maintenue constante.

JAUGE (boson de). - L'exigence d'invariance du lagrangien d'une théorie par suite d'une transformation de jauge conduit automatiquement à l'introduction d'un nouveau champ de spin 1 appelé boson de jauge. C'est lui qui est responsable de l'existence des interactions entre particules.

JAUGE (théorie de). - Une « transformation de jauge » est une opération linéaire, soumise à certaines restrictions, qui opère sur l'expression mathématique décrivant les champs physiques (électromagnétique, faible, etc.). Une théorie de jauge est une théorie dont le lagrangien est invariant sous les transformations de jauge.

KALUZA-KLEIN (théorie de). - Théorie des champs dans un espace-temps à plus de quatre dimensions. Dénommée ainsi selon le nom de ses auteurs (dans les années 1920).

KELVIN (K.). - C'est une échelle de température déduite de l'échelle de Celsius par un déplacement du 0 à − 273°C (température du zéro absolu). Ainsi 20° C = 293 K.

LAGRANGIEN. - Expression mathématique d'une sorte d'« énergie généralisée », combinaison algébrique d'un champ et de ses dérivées spatio-temporelles. Soumis aux équations de Lagrange, il donne toutes les équations fondamentales d'une théorie.

LAGRANGIEN EFFECTIF. - Correction apportée au lagrangien lorsqu'on tient compte des effets de la mécanique quantique.

LEPTON. - Particule soumise exclusivement aux interactions faibles et électromagnétiques. Avec les quarks, ce sont, selon les conceptions actuelles, les particules les plus élémentaires de la nature.

MAGNITUDE. - Nombre servant à mesurer, sur une échelle logarithmique, l'éclat d'un astre. Lorsque l'on précise le domaine de longueur d'onde, on parle de magnitude ultraviolette (U), bleue (B), rouge (R), infrarouge (IR), etc.

MAGNITUDE ABSOLUE. - Magnitude intrinsèque d'un astre. Généralement désignée par la majuscule M, éventuellement indexée par U, B, V, IR, etc.

MAGNITUDE APPARENTE. - Magnitude telle qu'elle apparaît à un observateur compte tenu de la distance de l'astre. Généralement désignée par *m*.

MASSE CACHÉE, MASSE INVISIBLE. - Dans certaines régions de l'univers, on croit pouvoir inférer, à partir du comportement dynamique de la matière (étoiles, galaxies) avoisinante et des lois de la gravitation, la présence de grandes quantités de matière jusqu'à présent invisible car sans émission lumineuse. Le sujet reste controversé.

MÉCANIQUE QUANTIQUE. - Théorie de la physique dans laquelle un système physique n'est plus représenté par un ensemble, même infini, de « points matériels » mais par une « fonction d'onde » ou « fonction de probabilité » qui ne permet plus que de calculer des probabilités d'occurrence des phénomènes.

MÉSON. - Particule composée d'une paire quark-antiquark.

MESSIER (objets de, catalogue de). - Nom de l'astronome qui au XIXe siècle a établi le premier catalogue systématique d'objets célestes d'apparence nébuleuse (une centaine).

MÉTALLICITÉ (d'une étoile). - Proportion de la quantité d'éléments plus lourds que l'hélium, par rapport à celle de l'hydrogène.

MÉTRIQUE. - Formule qui, dans un espace courbe, donne la distance entre deux points infiniment voisins à partir de leurs coordonnées. Dans un espace plat, elle se réduit à la formule du théorème de Pythagore (« métrique euclidienne »).

MINKOWSKI (espace-temps de, métrique de). - Dans l'espace-temps de la théorie de la relativité restreinte (dit de Minkowski), la métrique de Minkowski donne la distance spatio-temporelle s de deux événements en fonction de leur distance spatiale d et du laps de temps t qui les sépare ($s^2 = d^2 - t^2 c^2$). Ces deux quantités sont relatives au système de coordonnées spatio-temporelles ; la distance spatio-temporelle en est indépendante.

NEUTRINO. - Équivalent électriquement neutre de l'électron.

NEUTRON. - Particule neutre qui, avec le proton, forme le noyau atomique. Il se compose de trois quarks.

NUCLÉON. - Nom générique donné au proton et au neutron qui composent le noyau atomique.

NUCLÉOSYNTHÈSE. - Synthèse des noyaux complexes comme l'hélium, le carbone, le fer, etc. à partir de l'unique noyau d'hydrogène (le proton) et du neutron.

PARALLAXE. - Déplacement apparent d'une étoile sur la sphère céleste dû à la rotation orbitale de la Terre autour du Soleil.

PARSEC. - Abréviation de parallaxe-seconde. Distance à laquelle l'orbite terrestre apparaît sous un angle de 1 seconde d'arc. Vaut 3,26 années-lumière.

PAULI (principe de). - Stipule que deux fermions appartenant à un même système ne peuvent être dans le même état (caractérisé par l'énergie, le spin, la couleur...).

PHOTON. - Particule de lumière.

PIXEL. - L'analyse quantitative d'une image conduit toujours à la décomposer en éléments finis appelés pixels (*picture elements*).

PLANCK (temps, masse, longueur de). - Étalons fondamentaux de temps, de masse et de longueur obtenus à partir des constantes fondamentales de la physique (constantes de Planck et de Newton, vitesse de la lumière). Voir le tableau des unités et des symboles.

POSITRON. - Antiélectron.

PRIMORDIAL. - Adjectif qui se rapporte à toute quantité physique, à tout concept ou théorie pertinents dans les phases les plus primitives du Big Bang.

PRODUIT CARTÉSIEN (de deux espaces, de deux ensembles). - Si E et F sont deux espaces (ensembles), le produit cartésien E F est formé des paires (a, b) où a est dans E et b dans F.

PROTON. - Particule positivement chargée qui, avec le neutron, est un composant du noyau atomique.

QUADRUPOLAIRE (distribution). - Se dit d'une grandeur qui sur un cercle varie comme $\cos^2 \varphi$ où φ repère sa position angulaire.

QUANTIFICATION. - Procédure qui consiste à exprimer une quantité physique dans le cadre mathématique et conceptuel de la mécanique quantique par un opérateur agissant sur les fonctions d'onde.

QUARK. - Composant du nucléon. Un nucléon contient toujours trois quarks. Dans les conceptions actuelles, particule la plus élémentaire de la nature, avec le lepton.

QUASAR. - Noyau, extrêmement brillant, d'une galaxie.

RAYONNEMENT A 3 K. - Fond cosmologique de rayonnement ayant un spectre de « corps noir » (*i.e.* d'objet à l'équilibre thermique) de température voisine de 3 K (2,7 K).

RECOMBINAISON (époque de). - Voir Découplage.

REDSCHIFT. - Néologisme dérivé de l'anglais. Désigne le décalage spectral vers le rouge.

ROBERTSON-WALKER (métrique de). - Métrique de l'univers en expansion à symétrie sphérique.

SCHROEDINGER (équation de). - En 1926, Schrödinger posait l'équation fondamentale, jamais démentie depuis, de la mécanique quantique $H\Psi = i \dfrac{\partial \Psi}{\partial t}$ où H est l'hamiltonien et Ψ l'état d'un système. C'est elle qui règle l'évolution quantique de *tous* les systèmes.

SUPERCORDES. - Cordes décrites par un lagrangien « supersymétrique » (*i.e.* invariant par transformation de supersymétrie).

SPIN. - Quantité ne pouvant prendre qu'un nombre fini de valeurs et qui, en mécanique quantique, mesure la vitesse de rotation d'une particule sur elle-même.

SUPERNOVA. - Stade d'évolution d'une étoile au cours de laquelle elle explose violemment pour devenir ensuite une étoile à neutrons, une naine blanche ou un trou noir.

SUPERSYMÉTRIE. - Opération mathématique qui transforme les bosons en fermions et réciproquement.

SYMÉTRIE. - Une symétrie est une transformation du type « miroir » ou bien particule antiparticule opérant sur l'expression mathématique des champs. Par extension on parle parfois de « symétrie de jauge » pour désigner les transformations de jauge.

UNITÉ ASTRONOMIQUE. - Unité de longueur égale à la distance (moyenne sur un an) entre la Terre et le Soleil. Vaut 150 000 000 km.

VARIÉTÉ. - Depuis Riemann au XIXe siècle, une variété désigne un espace courbe à *n* dimensions.

VARIÉTÉ COMPACTE. - C'est une variété dont le volume est fini (type sphère ou tore), par opposition au plan ou au cylindre qui sont infinis.

VIDE. - En théorie quantique des champs, tout système physique est toujours dans un certain « état ». L'état vide est l'état où l'énergie est la plus petite possible.

VLA (VERY LARGE ARRAY). - Ensemble de 24 radiotélescopes distribués en Y sur une longueur de 15 km dans le désert du Nouveau-Mexique.

VLBI (VERY LONG BASE INTERFEROMETRY). - Méthode de radio-astronomie qui détecte les interférences radio grâce à un couple de radiotélescopes séparés par une très longue base.

VLT (VERY LARGE TELESCOPE). - Classe de télescopes optiques en construction ou en projet dont le diamètre du miroir est de l'ordre de 15 m (au lieu de 5 ou 6 m actuellement).

INDEX GÉNÉRAL

TABLE DES MATIÈRES

Achevé d'imprimer en septembre 1987
sur presse CAMERON
dans les ateliers de la S.E.P.C.
à Saint-Amand-Montrond (Cher)
pour le compte de la librairie Arthème Fayard
75, rue des Saints-Pères — 75006 Paris

Dépôt légal : octobre 1987.
N° d'Édition : 4788. N° d'Impression : 1787.

35.26.7753.01

ISBN 2.213.01981.9

Imprimé en France

35-7753-3